北京市社会科学理论著作出版基金资助 | 北京社科精品文库（第2辑）

英国封建社会研究

马克垚 著

北京大学出版社
PEKING UNIVERSITY PRESS
中国人民大学出版社

图书在版编目（CIP）数据

英国封建社会研究/马克垚著．—北京：北京大学出版社：中国人民大学出版社，2016.5
（北京社科精品文库．第2辑）
ISBN 978-7-301-25911-5

Ⅰ.①英… Ⅱ.①马… Ⅲ.①封建社会—研究—英国—5世纪~15世纪 Ⅳ.①K561.3

中国版本图书馆CIP数据核字（2015）第121104号

北京市社会科学理论著作出版基金资助

书　　　名	英国封建社会研究 YINGGUO FENGJIAN SHEHUI YANJIU
著作责任者	马克垚　著
责 任 编 辑	陈　甜　刘　方
标 准 书 号	ISBN 978-7-301-25911-5
出 版 发 行	北京大学出版社　中国人民大学出版社
地　　　址	北京市海淀区成府路205号　100871
网　　　址	http：//www.pup.cn　新浪微博：@北京大学出版社
电 子 信 箱	pkuwsz@126.com
电　　　话	邮购部 62752015　发行部 62750672　编辑部 62752025
印 刷 者	北京中科印刷有限公司
经 销 者	新华书店
	720毫米×1020毫米　16开本　24.25印张　410千字 2016年5月第1版　2016年7月第2次印刷
定　　　价	72.00元

未经许可，不得以任何方式复制或抄袭本书之部分或全部内容。
版权所有，侵权必究
举报电话：010-62752024　电子信箱：fd@pup.pku.edu.cn
图书如有印装质量问题，请与出版部联系，电话：010-62756370

出版说明

20世纪90年代，为了解决社科类学术著作出版难的问题，北京市委市政府决定设立北京市社会科学理论著作出版基金，用于开展学术著作出版资助工作。1992年，出版资助工作正式启动，并在北京市社科联设立出版基金办公室。出版基金的设立，是北京市委市政府为加强理论工作、繁荣社会科学事业所办的实事之一，是推进学术创新，推出优秀成果，培养优秀社科人才的一项重要举措。

韶光留影，出版基金迄今已走过20余载历程。"一分投注，一分希望；一分耕耘，一分收获"。20多年来，出版基金成绩斐然，截至2012年共资助书稿41批，1000余部（套）著作业已问世，内容涉及40多个学科。其中，四分之一获得国家及省部级奖励。

为集中展示这20多年来的成果，北京市社会科学理论著作出版基金办公室在相关出版社的大力支持下，编辑出版了此套"北京市社科精品文库"丛书，旨在集萃历年资助出版作品之菁华，再次奉献一批学术价值高、社会意义广、研究价值大的优质图书以飨读者，并用具体而实际的行动响应"书香中国"的倡议。

北京市社会科学理论著作出版基金办公室
2015年7月

重排版序言

《英国封建社会研究》一书出版已经好久，当时因为要按规定时间交稿，仓促写定，所以十分粗糙，出版以来一直为之不安。幸得北京大学出版社愿意再版此书，借此机会对如下几个方面作了修改、订补：

一、加深了对封建社会工商业的论述。把原来14—15世纪的两章增为四章，原来的11—13世纪的工商业和封建庄园也都独立成一章，其中许多都涉及封建社会中的商业流通等方面。对原来欠缺的流通手段、商业机构等也作了补充。

二、对封建制度(狭义的)、农民经济、城市体制、法律制度、政治制度等诸方面，也都根据所知的最新研究成果，做了一些补充和改动。

三、修改的目的是想把它改成一本适合目前中国大学中的历史专业研究生和高年级本科生的读物，所以注意引导他们接触原始材料(注明相关文件出处)和介绍一些有关的史学史知识，还尽量从中国历史的角度对英国的封建历史做出解释，其中也许许多是本人的一孔之见，但仍然愿意提供大家参考。

四、改正了原书中的错误和疏漏。

根据个人认识，英国的封建社会应该终结于工业革命开始之时，所以16、17、18世纪上半叶的内容应属本书范围。但如此，对习惯的英国封建社会的论述就要全盘改动，一时实在力所不及，只能期盼有志同道合者另作研究。本书的叙述仍是沿用老的模式，结束于15世纪之末。其实这一时期应该只是英国封建社会的上半期，所以才生产落后，政制原始，依附关系严重。另外，从制度史的角度看，本书的最大缺点是没有中世纪教会的内容，因个人学力所限，未能写出。但书目中仍加上两本有关中文参考书，以为补救。现在英国史的研究日新月异，有大量的著作问世，中世纪时的一个城市、一个村庄、一个小地区的专门研究已累积甚多,用新理论、新方法写出的研究著作更层出不穷,个人能力有限,许多著作未能读过,所以不敢说此书各个方面都能反映英国史研究前沿,只希望在大问题上不出错误,则幸甚。

多年来在北京大学历史学系教书,教学相长,许多同学的质疑问难,开拓了我的思路;特别是和研究生的切磋讨论,更提高了我的认识。一些同学现在已学有所成,持一家言,发表了不少研究著作,本书的修改中即有征引,特致谢意。另外,本书新写的几章由我教研室同人彭小瑜、黄春高、李隆国、颜海英等讨论,提出改进意见,在此一并致谢。

对北京大学出版社在出版上给予的关照和责编刘方为本书付出的辛勤劳动,致以深深的感谢。

马克垚
2005 年元月
于北大蓝旗营寓所

序 言

本书原计划是我所写的《西欧封建经济形态研究》一书的补充。《西欧封建经济形态研究》是对整个西欧中世纪经济结构的描述，范围太广，不少问题难以深入。所以成书之后，即打算把范围缩小到我比较熟悉而资料又较易得的英国中世纪，再做一点工作，以解决一些自己想要解决的问题。本书的体系，仍是以从横切面上解剖封建英国的结构为主，重点突出 11—13 世纪的情况。但为了照顾垂直的发展，又补充了 6—11 世纪和 14—15 世纪的简况，按三个时期论述。和前一本书有所不同的是，本书探讨了封建社会的政治、法律组织，以揭示它和经济的关系。但工商业方面的研究仍未能深入，所以对 14—15 世纪这一阶段的叙述显得简略，未讨论封建主义危机、资本主义萌芽等问题。

写作本书的目的，仍是想阐发我在《西欧封建经济形态研究》一书中提出的一些想法。我认为，在前资本主义社会，在生产力大致相同的基础上，各地区、国家的社会结构应该有基本相同之处，当然也有其各自的特点。但是，19 世纪的历史学家（主要是西欧的历史学家），囿于当时的客观条件和主观认识水平，却以为人类过去的历史是大不相同的。西欧是一种模式，而其他地区是另一种模式，于是历史上就有了东、西方之分。东方的模式就是东方专制主义，而西方则是从奴隶制经封建主义到资本主义；东方是停滞的，西方是不断发展的；等等。20 世纪以来，特别是二战以来，对过去历史的研究大大深入了。许多学者都发现，这种对立东、西方的模式只建立在简单的直观材料基础上，夸大其特殊性，并不完全符合历史实际。第三世界的历史学家，还有不少欧美历史学家，都否定了对东方社会的传统看法。而对西方古代社会的细致研究也揭示出过去固定的、僵硬的模式并不与变动不居的历史现实相一致。可以说，对立东、西方历史模式的格局已开始打破,并在不断发展之中。

但是东、西方历史模式不同、发展不同的观点仍然十分强有力。我想这是因为一种观念一旦形成,就有了相当顽强的因袭力量。而当今世界发达国家与发展中国家的巨大差距,自然也很容易使人从过去各自的特点上看问题,而不是寻找其共同之处。所以我仍然提倡,选择一些典型,对其古代社会做深入的重新研究,相互比较以求得新的相同之处,这样我们会对世界历史发展的统一性有更深入了解,对各民族、各国家历史的特殊性也掌握得更为准确。

本书所负的使命是从上述原则出发,以英国为典型对西欧封建社会作重新剖析。提出这一目标看起来有点不自量力,因为今日中国对世界中世纪史研究的整体水平以及个人的学力,均无法达到这一高度。但我们也有自己的长处,即较少受西方历史模式的影响,可以利用对东方历史(主要是对中国历史)的一些了解,以比较的眼光看英国封建社会,这样也许可以提出一些新问题。

通过本书的探索,我想起码可以有下面三点认识:

一、作为西欧封建社会典型结构的封臣制(及与其相联系的封土制)、庄园制、农奴制等,原来主要根据法律规定所形成的概念和其实际状况往往很不相同。以至于它们可否作为一种典型形态概括似乎也成了问题。

二、被一般史学家作为东、西方发展差异起点而认识的西方城市在中世纪时并无以往人们所赋予它的那么多的独特性。它在政治上、经济上均属封建结构。在英国它受国家控制,执行各种政令,俨如一级行政组织。

三、英国的王权在中世纪时并不软弱。当时全国的行政、财政、司法机关均相当发达,其统治和剥削及于一般农民(包括农奴)。中世纪时英国的议会是国家政权的组成部分,并非贵族与第三等级抗衡国王的组织,不能用近代西方代议制的眼光看待它。

我并不否认英国封建社会有自己的特点,只是想从全球的比较眼光对这些特点作些剖析,希望有助于认识封建世界的普遍性与特殊性。

本书是国家社科基金资助的"七五"规划重点项目,原有本教研室彭小瑜、张执中同志参加,不久他们相继出国攻读学位,无暇再顾及此事,我又负担一些行政事务,愈加力不从心,只好在夹缝中奋斗。1989—1990年间我曾在英国苏塞克斯大学和丹麦哥本哈根大学访问,利用那段时间读过一点国内缺乏的书籍。彭小瑜也从美国不时提供各种信息,有助于本书的完成。但总因时间紧迫,有些问题未及深入,自己并不满意。可喜的是近几年来,国内研究英国史、中世纪史的青年学者不断涌现,做出许多成绩。他们定会把我国世界史研究发扬光大。我自己的粗疏不当之处,他们自会纠正,所以才敢于把此书奉献给读者。另外,本书因是《西欧封建经济形态研究》的补充,该书中已交代的问题这里就写的比较简单,但必须写的地方也不能略去,以免给人眉目不清之感,敬请读者留意。

马克垚
1991 年秋

目 录
Contents

重排版序言 /1

序 言 /3

第一编 盎格鲁—撒克逊时期

第一章 盎格鲁—撒克逊时期英国的政法机构/ 3
一 政治史述略/3
二 政法机构/6
　1. 王　权/6
　2. 行政机构/8
　3. 法律及司法制度/9

第二章 封建主阶级的产生/ 11
一 封建主的成长/ 11
　1. 封建军事贵族的产生/11
　2. 封臣制的起源/13
二 封建土地制度/ 15
　1. 国王对土地的权力/15
　2. 封建主的地产/19
　3. 领主司法权/22
　4. 庄园问题/24

第三章 农村及农民/ 28
一 农　村/ 28
　1. 农村公社问题/28
　2. 宗　族/31

3. 农村中的居民/32

　二　**农民依附关系之产生**/ 35

第四章　工商业和城市/ 39

　一　**工商业情况**/ 39

　二　**城市的起源**/ 42

第二编　11—13 世纪

第五章　封建英国的王权/ 47

　一　**政治史简介**/ 47

　　1. 诺曼王朝（1066—1154）/47

　　2. 金雀花王朝（1154—1377）/49

　二　**王　权**/ 53

　　1. 王权的发展趋向/53

　　2. 土地国有（王有）问题/55

　　3. 国王的收入/58

　　4. 王权的性质/63

第六章　中世纪英国的行政制度/ 69

　一　**中央机关**/ 70

　　1. 王　廷/70

　　2. 中书省/71

　　3. 财政署/73

　　4. 锦衣库的兴起/76

　　5. 宰　相/77

　　6. 御前会议的产生/78

　二　**地方行政机关**/ 79

　　1. 郡/79

　　2. 百　户/82

3. 村/83

第七章　法律及司法制度/ 85

一　普通法的产生/ 86
1. 王廷司法权的扩大/86
2. 陪审制的成立/88
3. 令状的使用/90

二　13 世纪普通法的形成/ 93
1. 普通法的形成/93
2. 普通法的各种法庭/97
3. 其他封建法庭/98

三　普通法的内容/ 101

第八章　封建土地所有制形式/ 103

一　封土制的不同类型/ 103
1. 封建制起源的争论/103
2. 封土的不同类型/104

二　封君封臣关系及其对封土的权利/ 109
1. 封君封臣关系/109
2. 封君对土地的权利/111
3. 封臣对土地的权利——继承及土地转移/115

第九章　封建地产/ 122

一　封建地产的分布/ 122
二　封建地产的运动/ 126
三　封建庄园/ 132
1. 庄园的定义/132
2. 英国的庄园化问题/135
3. 庄园的地位/140

第十章　庄园的经营管理 / 142

一　自营和出租 / 142
二　地租形态的变化 / 145
三　13 世纪庄园自营兴盛的原因 / 149
四　地产直接经营的兴盛 / 151
五　投资问题 / 154

第十一章　农奴制的法权形态 / 159

一　农奴的定义问题 / 159
二　维兰的人身依附关系 / 161
　　1. 维兰的买卖 / 161
　　2. 婚姻自由问题 / 162
　　3. 维兰的财产权利 / 163
　　4. 维兰被固着于土地问题 / 165
三　不自由土地问题 / 167
　　1. 不自由土地 / 167
　　2. 不自由土地的标志 / 170
　　3. 维兰土地的不稳定 / 171
四　维兰制的相对性问题 / 172

第十二章　农民与农民经济 / 177

一　农奴制的由来 / 177
二　自由农民和其他身份的农民 / 182
三　农民经济 / 186
　　1. 农民份地的变化 / 187
　　2. 份地缩小的原因 / 189
　　3. 农民土地的转移 / 193
四　农村公社 / 195

第十三章　中世纪的城市/200

一　城市的起源/201
1. 城市的兴起/201
2. 城市的发展变化/203

二　城市的政权结构/206
1. 城市中的居民/206
2. 城市的政权机构/208
3. 城市和国家（国王）的关系/213
4. 城市的经济政策/216

第十四章　中世纪的工商业/220

一　手工业/220
1. 中世纪手工业的特征/220
2. 建筑业/222
3. 采矿和冶金业/223
4. 毛纺织业/224
5. 手工业行会/226
6. 商人行会/229

二　中世纪的商业/231
1. 商业化问题/231
2. 商业化的背景/232
3. 交通运输/236
4. 市　场/236
5. 集市贸易/238
6. 市场网络/240

第三编　14—15 世纪

第十五章　统治机构的变化/245

一　政治史简述/245

二 政府机关的变化/ 249

1. 御前会议的发展/249
2. 其他中央机关的情况/253
3. 地方机构/255

三 法律制度的变化/ 256

1. 法　庭/256
2. 法律内容/258

四 议会的兴起/ 259

1. 议会的渊源/260
2. 议会的召集/262
3. 两院制的形成/263
4. 议会的权利和王权/265

第十六章　社会结构的变化/ 271

一 统治阶级的变迁/ 271

1. 封建主义的问题/271
2. 变态封建主义/273
3. 封建贵族的情况/275

二 庄园的瓦解和农奴制的衰亡/ 278

1. 庄园的瓦解/278
2. 农奴制的衰亡/281

第十七章　14—15 世纪的农业/ 284

一 农业的情况/ 285

1. 农业经济发展的轨迹/285
2. 劳动生产率的问题/289

二 农民的分化问题/ 293

1. 农民学的理论/293
2. 农民的分化/294

第十八章 中世纪晚期的工商业 / 297

一 城市和工商业情况 / 297
1. 商业和手工业 / 297
2. 城　市 / 300

二 对外贸易 / 304
1. 英国对外贸易的开始 / 304
2. 集中地制度的建立 / 306
3. 贸易组织和呢绒贸易 / 308

三 商业手段和商人 / 310
1. 货币和物价 / 310
2. 信　用 / 314
3. 商　人 / 315

第四编　16—18 世纪中期

第十九章 都铎王朝和斯图亚特王朝 / 321

一 政治史简述 / 321
二 社会阶层 / 324
三 城市和商品经济 / 329
四 政府机关的变化 / 332
五 国王和议会 / 334
1. 议会的权能 / 335
2. 国王和议会 / 336

第二十章 从英国革命到 18 世纪中期 / 338

一 政治史简述 / 338
二 政治制度的变化 / 339
1. 革命到光荣革命 / 339
2. 汉诺威王朝初期（1689—1760）/ 342
3. 议会和两党制 / 343

三　社会情况/345
1. 地　主/345
2. 工　业/347
3. 贸易和金融/348
4. 科学的兴起/350

参考书目/ 352
索　引/ 363
后　记/ 372

第一编
盎格鲁—撒克逊时期

第一章　盎格鲁—撒克逊时期英国的政法机构

一　政治史述略

5世纪初年，罗马占领军从不列颠撤走，原来的居民凯尔特人仍以部落组织在当地生活。不久北部的皮克特人、苏格兰人不断入侵，成为很大威胁。449年，不列颠人的一个领袖邀请大陆上的萨克森人前来相助，萨克森人在兄弟二人亨吉斯特和赫尔沙率领下乘三只小船前来，其他部落也接踵而至①，由此开始了英国历史上的盎格鲁—撒克逊时期。

从大陆上迁居英国的日耳曼部落有盎格鲁人、萨克森人、朱特人。他们的迁徙是当时"民族大迁徙"活动的一部分，不一定需要当地人的邀请。他们到来后既和当地居民作战，也互相攻伐。战胜的部落定居并发展壮大，战败的则被吞并、消灭，当地的不列颠人或被降服或西逃至威尔士。盎格鲁—撒克逊人在战斗中逐渐组成自己的国家，7世纪初大致有7个主要国家，即诺森布里亚、麦西亚、东盎格利亚、埃塞克斯、肯特、苏塞克斯、威塞克斯。史称七国（Heptarchy）。

在众多国家中，以诺森布里亚、麦西亚和威塞克斯最为重要。7世纪是诺森布里亚称霸的时代，它数度集军南下，侵入麦西亚，645年，其王

---

① Whitelock 1998，153.

奥斯维（641—670）击败麦西亚王品达（626—655），保持强大，直到世纪之末。8世纪则麦西亚崛起。716年艾塞尔伯特即位（716—757）。他与威塞克斯王伊尼（689—726）差不多同时。726年伊尼退位后，他力量越发强大，南英各国，包括威塞克斯一度都奉他为首。艾塞尔伯特死后，麦西亚内乱，奥发（757—796）即位后惨淡经营，始再度强盛，称霸南英20余年。奥发和大陆上的查理曼有往来，并且还和查理曼讨论过子女通婚事，但未能成功。8世纪过后麦西亚势衰，9世纪则威塞克斯兴起，其王埃格伯特（802—839）先后征服肯特、埃塞克斯、苏塞克斯以及麦西亚等地，称霸全英，但这时丹麦人侵入，英国陷入和丹麦人的长期斗争中。

793年是丹麦人开始侵袭英国的年份。9世纪上半期，这种侵袭十分频繁，几乎每年都有。他们结成小股，几条船或十几条船，从海上袭来，在近海岸地区焚掠，劫夺财货，杀害居民，深入大约10—15英里，冬季即退回本国，次年再来。英人因分裂内讧，又不熟悉丹麦人战术，所以起初遭受不少损失，不能组织有效的抵抗。

9世纪中期，丹麦人侵袭的规模越来越大，其部队渐留居被占领地区，冬天也不退走。东盎格利亚、诺森布里亚以及麦西亚各地，都被丹麦人逐步侵占。870年始，丹麦人进攻威塞克斯。其王亚弗烈特（871—899）领导抗击丹麦人之战。878年，在奇彭翰附近的阿丁顿击败丹麦人。886年，和丹麦首领贡特拉姆订立条约，划界以守，东北部原诺森布里亚、东盎格利亚等大片地区成为丹麦人居留地，后称丹麦法区，泰晤士河以南之威塞克斯等地则为亚弗烈特统治。他并于这一年进占伦敦。伦敦长期以来是麦西亚重要城市，以其贸易及财富，在英格兰占有越来越突出的地位。亚弗烈特此举十分重要，提高了他的威信。盎格鲁—撒克逊编年史说此后全英除丹麦人占领区外，都臣服于亚弗烈特。亚弗烈特是英国史上著名国王，他领导有方，为抗击丹麦人修筑堡垒，建立海军，并修订法典，提倡学术文化，他的统治为英格兰的统一打下了基础。

亚弗烈特死，子爱德华（899—925）继位，北进收复泰晤士河与亨伯河之间地区，麦西亚和苏格兰两地，以及据守约克的丹麦人首领，西北部的威尔士王都归附于他。爱德华死后子阿塞尔斯坦（925—939）继位，继续向北发展，击败丹麦人，并吞约克。他和大陆上的法兰克人、萨克森人都有往来，在其铸印上自称"全不列颠之王"，其发布的文书上则署名为"英国人的国王和全不列颠的统治者"。阿塞尔斯坦之后直到埃德加（959—975）统治之末，英格兰局势稳定，没有外族侵略，可称太平盛世。

10世纪末11世纪初，丹麦人又复进攻不列颠。这时丹麦人已在本国建立国家，对英采取征服政策。英国值埃塞尔雷德在位（979—1016），他领导无方，不能组织有效抵抗。各地方郡长也大都不积极抗战，反而采取贿买政策，乞求丹麦人不来进攻。991年，发生了著名的马尔登之役，英人战败，国王的塞恩被杀者甚多。埃塞尔雷德无法，只好交纳赎金求和，是为交纳丹麦金之始。

丹麦王斯文（1013—1014）不断率军入侵英国。1013年，他占领了诺森布里亚，进入麦西亚和威塞克斯，1013年底伦敦也向他投降。英国王埃塞尔雷德逃往诺曼底，斯文被接受为英国国王。次年斯文死，其次子克努特被在英的丹麦人奉为领袖。但埃塞尔雷德从诺曼底返回，和克努特争夺英国的统治权。1016年埃塞尔雷德和其子先后死去，克努特得以成为英国国王（1016—1035）。克努特以丹麦人统治英国，他一方面笼络盎格鲁—撒克逊贵族，以减少他们的敌意；一方面则倚靠教会及丹麦贵族，巩固统治。他曾分赠土地给丹麦贵族，造就支持自己的可靠力量。在英国巩固住地位后，他更出兵斯堪的纳维亚，夺取丹麦，进攻瑞典，一度成为挪威国王，建立了囊括北欧的克努特帝国。克努特统治晚年，地方贵族势力日益壮大，威塞克斯伯爵葛德文家族尤为著名。1042年，克努特之系绝嗣，英国贵族迎立原埃塞尔雷德之子爱德华为英王，这就是忏悔者爱德华（1042—1066）。爱德华在克努特时居诺曼底，长达25年，多在修道院中度日，因此笃信宗教。他即位后不大管理政事，仍以全力从事宗教事业，修建西敏寺修院等。强大的葛德文家族不服统治，危机四伏，爱德华引用诺曼人以自固，矛盾渐趋激化。1051年，葛德文和爱德华的冲突表面化，爱德华争取到其他地方贵族的支持，放逐葛德文，并进一步任用诺曼底人。据说这期间诺曼底公爵威廉还曾到过英国，并得爱德华答应为其继承人。葛德文不久集军返回英国，爱德华不能抗，只好又恢复他的地位和财产。葛德文之子哈罗德这时因屡建战功地位日隆。可能在1064年，爱德华令哈罗德访问大陆，见到威廉公爵，并向他宣誓效忠。

1066年爱德华死，无子，英人推举哈罗德为王，于是引发了诺曼底公爵威廉征服英国的事件。

二 政法机构

1. 王 权

盎格鲁—撒克逊人入居不列颠后，逐渐形成一些国家，互相攻伐、兼并。各国都有自己的国王，有时丧失独立的国家还有藩王。国王是统治阶级的代表人物，他的出现即意味着暴力统治，但初期的王权还残留一些原始的民主平等色彩。19世纪以至20世纪初的史家受当时思潮的影响，大都强调这种王权的民主性，晚近的研究多已证明对此不能过分突出，以免使人产生误解。从盎格鲁—撒克逊有记载时起，国王之职已由王族中人充任，王族是显贵家族，非一般贵族家族所可比拟，往往自认为乃日耳曼之神乌登的后代。王位一般父子相承，偶有兄终弟及者，有时则父子共治。威塞克斯王伊尼之位系来自祖父，其父并未继承王位，当伊尼在位时他作为一个贵族赞助国是。至于选举产生国王之事，则并无多少明确可信记载，大约只是紧急情况下才会出现的原始民主的复活，如忏悔者爱德华死后无嗣由贤人会议推选哈罗德为王的例子。废黜国王的例子偶然也有，如775年，威塞克斯王西吉贝尔特因行为不端而被废。① 不过这更像是强悍的贵族纠集一些人所为，不太具有民主意味。

国主身份高贵，和一般居民、贵族均有不同。如根据盎格鲁—撒克逊法律，每个人的住宅均有其不可侵犯性（peace, mund），破坏刻尔（ceorl）的和平，罚金6先令；破坏厄尔（eorl）的和平，罚金12先令；而破坏国王的和平，则罚金高达50先令。伊尼法典更规定，如有人在王家斗殴，则没收其全部财产，死生唯王之命。② 盎格鲁—撒克逊人均有偿命金，据残存之麦西亚法，甚至国王也有偿命金，为7200先令，6倍于贵族偿命金1200先令之数。③ 王之偿命金虽然数目过大，几乎无人能付得起，但它的存在却又表示王的人身似还不是神圣不可侵犯。这反映王权初期的情况。亚弗烈特法第4条则已规定，谋害王命者杀，并没收其全部财产；在王宫战斗或抽出武器，则其生死由王决定。国王的尊严进一步加强了。

6世纪末基督教传入英国，在王权的庇护下势力迅速发展。而教士亦

---

① Jolliffe 1937, 31; Sawyer 1998, 106.
② Ine 6, see Whitelock 1998, 以后所引盎格鲁—撒克逊法典，均见此书，一般不再出注。
③ Whitelock 1998, 470.

以弘扬王权为其使命之一。教会为王举行即位典礼，使其统治获得上帝之命的神圣性质。最初即位典礼的主要内容是由主教给国王行涂油礼，自大陆上查理曼行加冕礼以来，英国也流行即位仪式要给国王加冕，并由国王宣读即位誓词。这种加冕礼的意义，据当时的一个棕枝主日讲道词说："没有人能够自立为王，而是人民选择其所喜爱者为王，可是一旦他被教会行即位礼而为王后，他即统治人民，人民再也不能摆脱他的统治了。"①即位誓词大约出自教会人士之手，其内容为答应即位后：①为教会及境内人民保持持久的和平；②禁止以强凌弱及不公正；③公平裁判。② 当时社会中封君与封臣关系开始产生，效忠观念、效忠宣誓成为一种约束力量，国王遂也利用这一手段加强其对臣下的约束。10 世纪中期爱德蒙法规定，所有的人，应以上帝的名义，宣誓向爱德蒙王效忠，就如向其封君效忠一样。不得公开或者秘密争斗。要爱王之所爱，恶王之所恶等。③

  王权逐渐强大，权势日隆。国王占有广大地产，向国内征收各种捐税，并向他的贵族、官吏、主教等封赐土地；他握有强大的武装力量，除统率民军外，还不断强化其臣下组成的职业战斗部队；他握有各项行政管理权力，他的宫廷小吏渐演化而成国家官吏，他也向地方上派遣官吏；他实际上具有立法权，也有很大的司法权力，其法庭审理的案件所纳罚金均归他所有。日益兴起的盎格鲁—撒克逊王权是一种君主制，是没有疑问的。

  国王并非一个人进行统治。首先他要依靠王廷。王廷成员包括他的家属，更主要的是他的亲兵，负责保卫与作战，而国王亦供给他们生活所需。王廷事务日繁，遂出现一些小吏主管不同事项，这在以后讨论职官时再详细叙述。更为重要的机构是御前会议，当时称贤人会议（witan）。参加贤人会议的主要是王廷内的一些成员，以及国内教、俗大贵族，无定型，亦无定期，只是国王在各地遇有和战等疑难大事要决定时才召集商议，以作出决策。如比德记载诺森布里亚国王爱德温（617—633）曾召集贤人会议讨论是否接受基督教，取得大家同意后方才受洗。④ 它大约是原来部落议事会的变形，这时已成为封建贵族的会议，对王提出建议，参加重大事件的决策。国王制定的法律，一般要召集贤人会议讨论。国王封赐

---

① Whitelock 1998, 925.
② Sawyer 1998, 185.
③ Lyon 1980, 41.
④ 比德 1991, 133.

土地，也都和贤人会议商量，并由会议参加者副署。重大的特殊性税收，如征收丹麦金以求和于丹麦人，亦得经贤人会议讨论同意。它并非人民代表的议事机构，也并无明确职权范围，是原始民主的一种残存形式。

2. 行政机构

盎格鲁—撒克逊国家成立之初，统治机构还很不完备。王廷由王的家属及其亲兵等组成，并不具有国家公共机关之性质。由于王廷事务日繁，其中一些人渐演变成专职小吏，主要有总管（seneschals），负责整个王廷之供应；司膳（butler），主司供王之饮食；司宫（chamberlain），负责监管王之寝室及衣橱等；司厩（marshal），负责管理马匹及王之巡行。另外还有一些神父等主管王的精神生活、信仰等事项。这些小吏后来得到重要发展的有两种人，一种是司宫，另一种则是神父。他们逐渐演变成国家官吏。

司宫主管王之寝室及与之相邻的王之衣室，其中放置衣橱及其他箱子，保管的不但有贵重衣物，而且还有珍宝、金钱、书籍、文件等。所以司宫掌管着王最重要、最珍贵的东西。后来王廷收入日多，开支日繁，于是这些人逐渐管理财政收支，成为国家之公职官吏。在盎格鲁—撒克逊末期，每个国王大致都有两三人担任司宫，收取各地上交之间接税、丹麦金，以及折合成货币之实物地租等，同时也支出军事行动开支及向丹麦人纳贡之款项等。财政收支逐渐形成一套制度，并建立起相应的机构。

王廷神父主持宫中宗教事务。这些神父是当时的知识分子，能读会写，所以国王自然依靠他们起草文件、法令。大约10世纪初，这些人渐形成较定型的秘书班子，所发布的文书、令状等也都有了固定的格式，并用印来证明文件之真实可靠。

地方行政单位主要是郡和百户区两级。郡（shire）这个词的意思是整体之一部分，它有几种不同的起源。有些郡是原来的王国被兼并后成为郡，有些可能是原来的部落集居一地而成，但也有些郡是由王建立的。泰晤士河以南之郡，许多是亚弗烈特王时建置。他为抵御丹麦人，曾于各地筑堡，堡及其周围之乡下计为若干海德，作为税收之依据，联合若干堡区而成为一郡，某个堡则成为郡之管理中心。英格兰北部为丹麦人所占，也曾建堡设郡，有著名的5堡之目。①

郡的长官原称郡长（ealdormen），有当地贵族世家担任者，也有乃王

---

① 5堡是指丹麦人所占领的麦西亚地区的5个重镇，即林肯、斯坦福、诺丁汉、累斯特、德比5地。其中4个（斯坦福除外）后来都发展成郡的首府。

族显贵由王任命者。他主持郡内军事、司法及其他事务，执行王的各种命令，为此得到报赏，一般赏以土地并得取司法收入及所辖堡之税收各1/3。后来郡长一职渐成世袭，势力日大，一个郡长往往掌管好几个郡，威胁国王，也不履行有关职责，于是郡守一职渐取他而代之。

郡守（sheriff, shire reeves）原是王廷内的小吏，地位不高，在王田上收取租税及劳役，主持法庭等。到阿瑟尔斯坦时，始置郡守主管一郡。他的职权扩及军事、财政、司法等项，成为一郡之长，是十分重要的人物。郡守职权亦渐有世袭者，也发生过尾大不掉问题。不过英国郡守始终受王控制，与大陆上伯爵的地位不同。

郡下面的一级行政组织为百户。百户的起源不清楚，它是应出100人参军作战之地区，还是包含100家庭之地区，抑或是100海德之土地，难以肯定。丹麦法区的百户，则有另一个名称——wapentake，表示原始时代群众集会上，挥动武器以赞成之意，说明它的起源是部落聚居地。最早有关百户组织的法令来自10世纪上半期，规定百户内之人每4周应集会1次，进行审判，不到者要处以罚金，显系过去民众集会之反映。百户渐发展成一种行政组织，由百户长统领，如境内出现盗贼，居民应在其率领下追捕。百户下划分为十户，设十户长。十户是一种类似中国之保甲组织，居民应互相保证行为端正。百户法庭于每4个星期之星期日举行，由郡守或其下属主持，出席者有百户区内的地主、神父，以及各村的4名代表，多为殷实农户。许多自由农民名义上虽能出席，但多不参加，或虽参加也很难起大作用。于此审理民刑事案件，裁决纠纷，证明土地转移等。

从盎格鲁—撒克逊时期英国行政机构看，其原始性较明显。官职有世袭化倾向，地方长官作为国王代表或其属下小吏，在各地均统一行使军事、行政、司法等权，各项权力并未分别由不同的人担任，这是古代各国行政制度的一个特点。

3. 法律及司法制度

盎格鲁—撒克逊时期的法律及司法制度已得到一定程度发展，不过仍保有相当的原始性。这时仍未发展出独立的司法机关。国王的法庭实际是由王及贤人会议裁决一些大事。另外还有郡法庭、百户法庭及城市法庭。城市法庭以后讨论。而郡与百户这两级法庭与当时的行政机关并无区别。百户法庭前已述及，带有原始社会氏族、部落群众集会裁决纠纷的性质。它处理的案件当时多属刑事犯罪，郡法庭则审理土地纠纷等居多。私人封建主由于得到王的赏赐，也取得其地产上的司法权，或者得到一个百户或数个百户的司法权。所以司法制度呈现混乱状态。

原始社会的习惯之一是如有人对自己或本族成员造成伤害则实行报复,并不需要到哪里寻求公道,于是出现血族复仇制度。为防止过度仇杀,又出现偿命金制度。盎格鲁—撒克逊早期,个人复仇之事件仍然很多,许多法律也允许在特殊情况下,受害者得进行报复。如有人正值自己的封君受到攻击,自己的妻、妹受人奸污,或自己物品被盗时,均得起而杀死罪犯。① 这就是后来文明社会自助行为的渊源。一些法律规定也带有这种浓厚的个人自助色彩。如有人丢失牲口,他应立即高声喊叫,其邻居均有义务随之跟踪寻找,而且凡有牲口走入某家之印迹应同时找到走出之迹,否则该户即可被认为是贼。这种群众性的追寻不受阻碍,如有人阻拦则处以罚金。如贼当场抗拒,则格杀勿论。如贼在偷窃时被捕,则可把他偷窃之物绑之背上,将其带至不管什么样的法庭,不必经过审讯立即处死,而执行死刑者即是被盗之人。

国家成立之后,出现国王的和平观念。国王的和平虽和自由人的和平(mund)同源,但它渐具有公法意义,即国王应在其辖境内保持和平,防止强暴。于是逐渐产生了犯罪的观念,即如伤害别人不仅对受害人造成损失,而且破坏了国王的和平,所以这种犯罪者除对当事人赔偿损失外,还须对国王付罚金。重大犯罪如杀人、纵火、抢劫等则处死刑(吊死或杀头)。如男奴犯偷窃则用石头砸死,女奴则烧死。其他的伤害罪则付赔偿。如打掉人的一只耳朵,付 30 先令;打掉人家一只眼睛,付 66 先令 6 便士;如果眼睛还留着,则付 2/3 之值;砍掉人家的鼻子,付 60 先令等。② 监禁很少有,因为根本没有监狱。当时还不区别过失犯罪或故意犯罪。如有人立刀于地,别人撞上因而致伤或致死,则刀的主人亦须负责。自己的马借给别人,别人从马上跌伤,则马的主人亦负赔偿之责。

盎格鲁—撒克逊诸王曾颁布过许多法律,但这些法律条文大部分是关于刑法的,而缺乏有关民法的规定。民法部分如财产法当时还没有成文法,我们只是从各种赐地文书和财产诉讼的案例中,可知当时财产概念也是一种占有,缺乏明确的所有权观念,书面契约当时也是没有的,都是一种口头行为,故必须有证人在场。诉讼程序也已形成。这些当结合后面情况讨论。

---

① Ine, 12, 21, 35; Alfred, 42. 1-7.
② Lyon 1980, 93.

第二章　封建主阶级的产生

一　封建主的成长

1. 封建军事贵族的产生

盎格鲁—撒克逊社会从一开始就是一个等级社会，各等级名目繁多。统治阶级内部也有若干等级，并且还不断发生变化。7世纪时，肯特已有一种贵族名厄尔，其偿命金为300先令，3倍于普通民众（ceorl）100先令之数。威塞克斯的贵族称格塞特（gesith），其偿命金为1200先令，6倍于普通民众之偿命金。关于格塞特，我们知道较多的情况。

格塞特的原意为伴侣，所以它大概起源于国王的亲兵。最初大约是由国王供养的，后来逐渐取得地产，地位上升，成为贵族阶级。伊尼法典第63条说："一个格塞特出身的人迁往别处，可以携带自己的管事、铁匠和自己的乳母。"说明格塞特地产巨大，有管事负责经营。他的土地可能是以服军役为条件向国王领有的，因为同法典第51条规定，他应为国王服军役，如未完成军役，则处以120先令罚金并没收土地。伊尼法典第50条还规定，如一个格塞特为其家人（不管是自由人或奴隶）向国王或其臣下说情，则他无权分得罚金，因为他先前未在家中制止他们犯过失。这一条说明格塞特下面有依附的自由人和奴隶，并对他们的行为对国王负有一定责任，即对他们有一种控制权力。

上引材料大致可以证明，7世纪时围绕着国王已形成服役贵族阶层，成为高踞于刻尔之上的特权等级。但强大的血缘世袭贵族厄尔仍是一大势力。

大约9世纪时，格塞特这一名词消失不见，这时的贵族阶级主要是郡长和塞恩（thegn）。郡长前已指出，是政府官吏性质，出身王族或地方显贵，塞恩原意是指服役于别人的人，可能出身微贱，但不久即上升到贵族阶层，其偿命金为1200先令，和格塞特一样。他们服役于王，到各地传达王命，付诸实行，并也随王作战。他们从国王得到土地赏赐，一些赐地文书记为5海德。根据克努特法第71条1款，塞恩应是一种职业骑士，所以规定他们于继承土地时应纳继承金（heriot），计为4匹马（2匹有鞍2匹无鞍），2只剑，4支矛和1面盾，1个头盔，1件锁子甲，50 mancuses① 黄金。

塞恩阶层不断发展，他们之间也产生差别。富有的塞恩有广大的地产。10世纪，某塞恩名乌尔弗里克者，其被没收的财产归还时，文件提到计有柏克郡的8个村子，苏塞克斯5个村子，汉普郡2个村子。② 这些富强的塞恩下面也有依附者。但也有许多并不富有的塞恩，不只依靠国王，而且投靠其他大封建主，为其作战。他们的土地有的很少，甚至不及5海德。

11世纪的著名文件《人民的权利与等级》规定，塞恩享有书田的权利（书田问题以后详细讨论），即他得到国王封赐的土地。为了占用书田，他应负担三项义务（即军役、筑堡、修桥之役）。其他的义务还有在王宫附近看守鹿苑的围篱，装备一支战舰以防守海岸，护卫领主，交纳教会一些捐税等。③

种种迹象可以看出，塞恩已经是脱离生产，主要以战争为业的武装力量，围绕在国王或大封建主周围，受他们供养，也为他们服务。许多塞恩得到土地财产，靠剥削耕作土地的刻尔及其他劳动者为生，逐渐成长为封建主阶级。他们的行为举止也和一般人民不同。7世纪末，诺森布里亚和麦西亚发生战争，一个诺森布里亚的塞恩负伤被俘，起初他伪称是贫苦农民，后来对方从他的穿着及言谈举止上发现疑点，严加盘问，遂证明了他的真实身份。④ 这个故事说明塞恩已和一般群众在各方面都区别开来了。

但塞恩还不是一个闭锁的集团。11世纪初年的法律说，一个商人发了

---

① 盎格鲁—撒克逊时货币单位，合30便士。
② Stenton 1955，488。
③ Douglas and Greenaway 1998，875。
④ 比德1991，276—278。

财，三次以自己的费用出海，即有权成为塞恩；如果一个刻尔发了财，有5海德土地及其他财物，也有权成为塞恩。①

2. 封臣制的起源

诺曼征服前英格兰的封建贵族有无形成像大陆那样的封君封臣关系，是英国中世纪史学者长期争论的一个问题。他们大体分为两派，一派主张突变说，即盎格鲁—撒克逊时期没有封建制度（指的是封君封臣制度），是诺曼征服才把这一制度带到英国的。另一派主张渐变说，认为盎格鲁—撒克逊时期已成长起封建主义的各种因素。② 争论双方发掘出不少史料，但仍各执一端，相持不下。

我们认为，西方封建主义的概念是19世纪史学界经过一系列研究确定下来的。在确定的过程中，抽取了若干典型性的材料，而忽略了许多具体特殊性。近年来关于封建主义、封建社会已经发生了许多的争论（后面将略作介绍），我们没有必要跟随争论双方去进入考证的狭窄胡同。而要做的是，从我们的角度来论述盎格鲁—撒克逊社会如何开始产生封建主之间的人身关系。

西方封建社会的封建主之间一度盛行人身连锁，后来称为封君封臣制度，其产生的根源当然不止一种。盎格鲁—撒克逊人由大陆入居不列颠时，正属向阶级社会过渡之时，已经形成首领与好斗的亲兵集团，这是后来封君封臣关系的一个源头，盎格鲁—撒克逊人还保留有强烈的血缘宗族关系，每个成员都受宗族保护，族长与普通成员之间也有一种以血缘为基础的人身关系，成为封君封臣关系的另一渊源；另外，在当时社会秩序混乱情况下或为寻求衣食，或为寻求保护，弱者投靠强者，这也成为封建人身关系的一个源泉。

伊尼法典中已出现领主的名词，当时称为养主（hlaford），意为给面包的人，而领主的原意乃是庇护贫弱者并给予衣食之主人。投靠这些领主的人有普通的刻尔，他们应给主人服役劳动，所以同法典第3条2款说，一个自由人如无领主命令而在星期日工作，则应失去自由。同法典第70条则证明600先令、1200先令偿命金的人也都有了领主，可见领主与下属的关系在当时已相当普遍。这些人投靠领主大约不是为了生活，而是寻求保护，他们对主人的服役也更多是战斗，而不会是劳动。

---

① Whitelock 1998, 468-469.
② R. A. Brown 的《英国封建主义的起源》对有关争论有所介绍，可资参考。

当时社会不靖，政权软弱无力。强有力的封建主周围都会聚集一些人，成为他的武力。这些人中包括他同族的成员、投靠的刻尔以及塞恩、格塞特类型的人。血缘宗族关系日见减退，但仍起相当作用，领主与下属的关系颇有起而代之的趋势。所以当时宗族关系与领主关系并存，并且相互结合在一起。国家为了维持治安，也对宗族及领主关系加以提倡和依靠。伊尼法已规定杀死领主的下属，对领主也要付赔偿。而第39条更规定，如下属私自离开领主，被发现后要返回主人处，并付60先令罚金，用法律来保证领主与下属关系的牢固性。

亚弗烈特法中领主与下属的关系已很紧密，第42条5款说，当一个人的领主被攻打时，他可以为他的领主而战，对他不得进行血族复仇那样的报复；同样一个领主也可以为自己的下属而战。同条6款则说，当一个人的族人无故遭受攻击时，他可以为之作战，但不得由此而反对自己的领主。这就是说，领主与下属的关系在重要性上已经超过了宗族关系。同法第4条2款规定，如有人阴谋危害自己领主的生命，则应处死刑并没收其全部财产，或者交纳其领主的偿命金赎罪，这么重的处罚和危害国王的生命是一样的，可见当时这种关系的重要了。

《盎格鲁—撒克逊编年史》于755年项下记述了下列故事：西撒克逊王西尼武尔夫夺去了西吉贝尔特的王位，后又将他放逐以致被人杀死，他又要逐走西吉贝尔特的兄弟西尼赫尔德，结果被西尼赫尔德杀死，随同国王的塞恩亦大都被杀。还余下的国王的塞恩听到消息后，骑马赶来，包围了西尼赫尔德。西尼赫尔德告诉他们，愿意送给他们土地和金钱，只要他们拥护他为王。而且说他的部属中就有好多是这些塞恩的族人。但这些塞恩回答说，没有任何族人比领主更贵重，他们决不为杀其领主之人服役。同时他们又向西尼赫尔德下面的同族人说，可以不受伤害地离开。可是这些同族人说，他们也曾向原同国王西尼武尔夫在一起的族人提过同样的条件，那些人拒不接受而被杀，所以他们也不接受这条件。于是发生了战斗，西尼赫尔德及其部下全都战死。① 这一故事既说明了领主与下属关系和宗族关系纠缠在一起，同时也说明领主关系已取代了宗族关系，成为重要的社会纽带。

保存下来的920年左右的一件下属对领主的誓词说："在我主上帝的神迹之前，我宣誓效忠于某人，按照上帝的法律和世俗的习惯，爱主人之

---

① Whitelock 1998, 176-177.

所爱，恶主人之所恶。同时只要他遵守应给予我的一切，并实现我投存时我们订立的协定，则我无论从口头上或行动上将决不做任何他所不欲之事。"[①] 这一文书大约出自受西欧大陆封臣制观念影响的教士之手，但同时反映英国形成中的封臣制其领主与下属之间已有权利、义务的连锁，并形成下级对上级的忠诚观念。发生于10世纪末的马尔登之役，是英国人迎击丹麦人的大战，记述此事的歌词也表达了效忠思想。当一个封建主战死之后，他下面的许多塞恩都表示要效死疆场，为之复仇。其中一人说："这事对我的悲痛决不寻常，因为他既是我的族人又是我的领主。"[②]

不过这时的领主与下属，还不完全是封建主之间的关系，而是既有封建主之间的，也有封建主及农民之间的。当时血缘宗族关系已日渐消退，但公共权力并未强固，所以这种领主与下属关系成为维持社会稳定的一种力量。阿瑟尔斯坦法第2条规定，没有领主的人，族人应在公开集会上替他找一个领主，就反映这种情况。政府也要求领主保证其下属的行为。克努特法中对此有明确规定，第31条说领主应对其属下之人担保；第31条1款说，如其下属被起诉而后逃跑，则领主应向国王支付此人之偿命金；第31条1a款更规定，如有人控告说此人是在领主劝告下逃跑的，则他应找5名塞恩前来，才能洗脱罪名。可见这时领主与下属结成的团伙已形成对抗国家统一管理的力量，国家既要倚靠它又要与之斗争，这大约是原始社会转向建立国家时很容易出现的一种现象。封臣制后来发展成纯属封建主之间的关系，以及它在英国社会中究竟占何种地位，则以后再进行讨论。

二、封建土地制度

1. 国王对土地的权力

人类社会起初没有私有土地，土地都属部落或氏族公社所有。随着不平等的出现，各种私有土地（包括贵族的、公社内部私人的等等）逐渐产生，但土地公有的残余形态仍会不同程度地保留着。在国家形成后，国王逐渐以国家代表的面貌出现，取得对国内土地的某种处分权，产生土地属于国王所有的假象，这时各种土地所有制混杂，不易区分。而且在古代并

---

① Brown 1973, 145.

② Whitelock 1998, 323.

无明确的土地财产的法律观念,后人以现代思想分析古时情况,不可避免地产生若干疑义,更使土地所有制的说明成为一个难题。

盎格鲁—撒克逊时期的土地制度正值上述的过渡时期,许多问题难于分析。但因为封建社会中的土地制度是了解该社会的一个关键问题,我们仍努力对它加以说明。

盎格鲁—撒克逊时期诸国王都已有地产,7 世纪时肯特王艾塞伯特法中,已有王之 tun 这个名称。Tun 既指院落,也指村庄。所以这时有属于国王的村落当无问题。为国王的地产耕作的,大约是奴隶及其他依附劳动者。

早期盎格鲁—撒克逊诸王所占有的土地仍受氏族习惯法的约束,它似乎在许多情况下是王族的土地,不能由王随意处分。前引亚弗烈特王在把其土地分给子、女、妻、侄等人后,在其遗嘱中又说:"如果我有未清偿的债务,我要求我的族人定为之清偿。我愿意我遗赠给我的书田的人,在他们死后,勿将其给予族外之人,我愿当他们死后,把这些书田传给我的最近族人,除非他们有孩子(按:意思当指如这些人无孩子可以继承,则土地转归王之最近族人);如果他们有孩子,则应把土地传给男系中堪以继承它的人。我的祖父就是遗赠他的土地予男系而非女系。如果我曾把祖父的土地传给女系,那么,假如我的族人当她们还活着时即愿取得它的话,可以把它买来。如果没有这样做,那么当她们死后仍传给男系。"① 这说明王田也须遵守氏族传统,女系不得继承,不得传之族外。另一个例子是麦西亚王奥发和伍斯特教堂争地。这些土地是前一个麦西亚国王赐给某郡长的,后由该郡长之子转赠给伍斯特教堂。奥发以为这土地乃其族人之地,教堂无权继承。这一案件经 781 年布伦特福宗教会议裁决,其中有些地还给奥发,有些则由奥发赠送伍斯特教堂。② 这个案件实质上是教会封建主和世俗封建主争夺土地的斗争,但国王要求收回土地的口实却是土地不得传之族外的习惯,可见这时传统习惯仍很有力,王田也须遵守。

国家形态日益完备,王权日益发展,其表现形式之一是土地逐渐摆脱传统习惯的约束,英国出现了民田与书田的区别,而书田的出现与国王封赐土地有直接的关系。

根据长爱德华(899—924)时的法律,英国当时土地可分为民田与书

---

① Whitelock 1998, 537.

② Ibid., p. 506.

田两大类。民田的纠纷应到郡法庭上处理,而书田则不必。① 民田(folcland)与书田(bocland)究竟有何区别,曾长期争论。大体说来,民田是以习惯法占有的土地,而书田则是以赐地文书为根据占有的土地。即原来的土地都是民田,是按部落、氏族习惯占有的,当亦受习惯法的约束,如继承时不得传之族外等。后来国王出现,用文书来封赐土地给封建主或教会。起草这些文书的都是罗马文化熏陶出来的教士,所写文书上面都言明土地赐给某人是作为可以继承、转移、出让的财产,即通过赐地这一手段,使土地摆脱氏族习惯法约束,法律上取得私有的地位,这就是所谓书田。不过民田本来也有一定的转移自由,并没有受到太大的限制。②

书田的出现加速了土地私有的进程。但它和长期奉行的传统相违背,所以引起冲突。亚弗烈特王法曾规定,如果某人的书田是自其族人处得来,而原先该书田的占有者或第一个得到书田的人曾禁止把书田传之族外,那么它便不得传之族外。③ 前引的亚弗烈特王遗嘱中便提到这一点。但这种规定其实是逆潮流的,发展的总趋势乃是土地私有的倾向不断加强,氏族旧传统的羁绊日益被抛弃。

下面我们再仔细考察一下国王封赐土地的情况。

国王封赐的土地,有些在文书中就言明是他自己的土地,或是他先人的土地,这是王田,当然他可以拿来封赐别人,至于王田中要区分哪些是王之私产哪些是王之职田(crown lands),是根本不可能的,也没有必要去做这种区分。④ 王田的规模不小,虽然不断因封赐而有减少,但到诺曼征服时,大片大片的地产仍是王田。赐田中王田只是一小部分,大部分国王用来封赐的土地,是人民的土地,即有农民在上耕作居住的土地。如比德曾记南撒克逊王阿塞尔威赫赐 87 海德土地给威尔夫利德主教,指出连人带土地一起,并说明当地还有 250 个奴隶及女仆。⑤ 7 世纪时,苏利的藩王(sub-king)夫利特渥得赐给切特西修院 300 海德之广大地产,包括田地、树林、草地、牧场、河流等。这当然也是农村的土地。⑥ 所以,从赐地文书出现,赐地之举开始时起,即可证明国王已取得了支配国内土地的权力,把广大人民群众世代占有、耕作的土地,分封给臣下,造就出新的封

---

① Maitland 1921, 244.
② Britnell 1996, 52; Reynolds 1996, 333.
③ Alfred, 41.
④ Maitland 1921, 245-255.
⑤ 比德 1991, 255—256。
⑥ Whitelock 1998, 479.

建主阶层。王权已成为凌驾人民之上的统治与剥削的一种权力。不过，诚如前所指出，英国王权开始时还有民主遗风，所以赐地文书上也往往写明，国王某得其臣下的允许而赐地，或由贤人会议成员在文书上画押表示同意。后来王权日强，这种同意也渐流为一种形式。

现在保留下来的盎格鲁—撒克逊时期的赐地文书约一千件。这些文书反映的内容很多：一般说来，只有国王才有权赐地，而臣下赐田应得王之允许。肯特王埃格伯特曾赐给坎特伯里教堂一块土地，后被麦西亚王奥发收夺，其理由即是埃格伯特是他的塞恩，而无他的见证不能把土地分赐给别人。① 另外还有王赐地给自己的事，这大约是为了使土地脱却传统习惯的约束。② 也有人赐地于王。③ 有的赐地是得到土地的教会要交一笔款项给国王，类似土地买卖。也有该土地本已在受地者手中，只是通过国王封赐使其享受免税特权而已。

上面我们说，赐地的作用是使该土地摆脱传统约束，成为受地者可以自由处理的财产，即成为受地者的私有财产。但这只是从法律形式上说的。在实际的经济利益上，赐地究竟意味着什么？赐地所产生的经济后果，就是受地者取得在该地收取贡赋及罚金之权。因为当时国王对全国的土地可以征收食品地租以及法庭罚金等，受地者当即代替国王收取这些收入。而赐地文书上一般还都注明该地之三项义务不免，当地居民仍向国王负军役、筑堡、修桥之役，说明国王对分赐出的土地仍有一种控制权。梅特兰一再指出，盎格鲁—撒克逊时期的赐地，与其说赐的是土地，毋宁说是一种政治权力。赐的不是所有权（ownership），而是一种统治权（superiority）。④ 因为私有财产的产生最终并不以法律词句为转移，而是现实经济条件的结果。由此也可了解，用赐地推论土地国有制的存在，也并不一定可靠。

可是赐地最终还是产生了重要的后果，得到土地的封建主，在获得收取租赋的权力后，也就控制住了土地上的人，并日益把它当作自己的私产看待。随着控制的进一步加强，这些土地也就日益转化成为受地者的财产了。世代耕作土地的农民由此丧失了自己对土地的权利，经济上依附于封建主，逐渐被转化成依附农民。

---

① Whitelock 1998，510.
② Ibid.，p. 522.
③ Ibid.，p. 521.
④ Maitland 1921，231-234.

2. 封建主的地产

封建地产可分为教会封建主的土地和世俗封建主的土地，他们的地产情况稍有不同。基督教于6世纪末传入英国。教士接受罗马教育，宣传拥护王权。在王权庇护下，教会势力迅速膨胀。8世纪中，英国大约已有17个教区，每一教区由1个主教管辖。主教名义上由教区的教士选举产生，实际上大都由国王指定，出身贵族世家，成为王权的重要帮手。修道院也迅速建立，11世纪初大约有30多个男修道院，6个女修道院。①

最初的传教士是异邦人，不属任何一个当地的氏族，来到后无以为生，所以须由国王赐给他们一块土地，供其居住及生活。如奥古斯丁初到不列颠，即由肯特王艾塞伯特赐他坎特伯里附近的一块土地居住。② 教会势力强大后，为了供养他们，酬谢他们，国王就把土地赐给他们，用土地上的农民的贡赋供他们生活。负责草拟赐地文书的传教士，根据大陆上的例子，称这种土地可由教会长期享用，可以自由转让、处分等，把它作为罗马法上的私有财产对待。

各国国王大量分赐教会土地，现存的赐地文书主要都是记录着赐给教会的土地。据统计，7—9世纪间593件赐地文书，只有29件是不属于教会的。③ 743年，比德在写给主教埃格伯特的信中，抱怨当时诺森布里亚由于赐地给修院过多，以致亲兵和退伍老兵都无地可得。④

赐给教会、修院的地产有的很多。如688年，伊尼王赐给修院长泰恩45海德土地，分布在附近3个村中。某一女修院长埃巴在675—697年的22年间共得赐地78海德，马姆斯伯里修院的创始人阿里吉尔特两次得赐地共计100海德。⑤ 855年，盎格鲁—撒克逊编年史记载说，威塞克斯王阿塞尔武夫（839—858）曾把全国土地的1/10用来赐给教会，以拯救自己的灵魂。⑥

据古列维奇说，教会修院地产，大都由国王赏赐而来，私人赠地很少。即使私人赠地，也须经由国王赏赐的形式，以使该地免除某种负担，因为只有国王才具有这种特权。至于农民个人捐赠土地给教会的事，则在

---

① Loyn 1991, 251.
② 比德 1991, 64。
③ Средние Века XII, 26.
④ 比德 1991, 414。
⑤ Средние Века, XII, 1.
⑥ 盎格鲁—撒克逊编年史 2004, 75。

英国根本不见记载。① 这也许是当时小块土地的赠与未采取文书形式，所以没有大陆上那么多种多样的文书程式留传，难以知道农民捐赠土地拯救灵魂之事。另一种可能是农民公社关系还较强固，个人赠地之事较难产生。

世俗贵族的地产，首先是氏族、部落显贵于定居时即已取得。地名学的研究中可以发现有某人的 tun，某郡长的 villa，某领主的 ham 等，这就是最初的世俗贵族土地。后来成长起来的亲兵、贵族，也都由国王处得到赐地，但赐地文书记载者甚少。因为当时世俗贵族不识字，所以也就不用文书，可能是像大陆那样于祭坛前授予土块以象征土地封授。以后随着塞恩队伍的扩大，领主下属关系的逐渐建立，世俗贵族的地产也不断成长。

封建主地产情况，可看一些实例。9世纪时郡长亚弗烈特的遗嘱中，对其地产有所描述。他留给其妻及女的土地计104海德，其中有些在苏利，有些在肯特，包括这些土地上的牲口，收获的谷物，以及其他设施，并给她们2000头猪。他还留给另一个儿子3海德土地及100头猪（此子可能系另一妻之子），给予他的某族人1海德土地及100头猪等。② 可证这个郡长拥有100多海德土地及众多的牲畜，比起一般农民来要高出不知多少倍了。

在世俗封建主取得土地的方式上，这时已有土地出租现象。根据梅特兰意见，盎格鲁—撒克逊时期封赐土地和出租土地在法律形式上区别不大，出租土地可以当作短期赐地，而赐地则可以是长期租地。只有量的区别，并无质的不同。因为当时缺乏土地所有观念，以为封建主土地都领自国王。③ 土地出租者大多是教会或修院，而承租者多为塞恩。所以这并不是我们中国人所理解的那种地主与农民的租佃关系，而是封建主之间的关系。租期很长，短的是终身，长者为3代，租佃期满，再把土地还给教会。承租者的负担各式各样，有的交付租金，有的交纳象征性礼物如一些蜂蜜，但也有的义务似乎是军役，由此引起这种土地出租是否为封赐封土性质，招致不少争论。

引起争论的赐地材料主要是关于伍斯特教堂的。这个主教教堂在伍斯特以及邻近的郡握有巨大地产，主教奥斯瓦尔德在职期间（961—992，一说为962—980），前后共出租土地70余块，共计180海德左右，其中大部分地块在5海德以下（计56块），只有5块较大。土地的租期多为三代，

---

① Средеие Века, IV, 59.
② Whitelock 1998, 538.
③ Maitland 1921, 299-300.

承租者是教会的塞恩、骑士（称 miles, knights）等，承租的条件在文书中说的不很明确，大多只是忠诚和服役等，而未言明有固定的租金。但是，在后来奥斯瓦尔德写给国王埃德加的信中，却谈到了这些土地出租的条件。他说："我曾封赐土地给他们，要他们领受之。其条件是，他们应完成骑士（equitandi）所应完成的骑巡规定，还应交纳教会有权享有的一切东西，即教堂捐、牲畜税、牧猪捐及其他捐纳，除非主教向某人免除其某项负担；他们还应宣誓，当他们领有土地时，应一直恭谨地服从主教的命令；此外，他们还应使自己能够供应主教的一应需要，应能出借马匹，自己骑马出巡，修筑桥梁，为修建教堂烧炼石灰。他们还应为主教出猎准备好鹿栅，当主教需要时就借给他狩猎用的长矛。还有，为了供应主教的其他需要，不管是主教或是国王所要求的服役，他们都应恭顺地服从他的主张及意愿。"① 下面还述及当这种租地传及三代之后，应收归主教处置，或自营或再转封别人。如他们疏忽义务而不改正，则土地将被没收等等。

梅特兰以为根据这样的条件，这些地产是采邑性的，即该地产以服军役为条件领有，如不完成义务则被没收，因此受地者无疑是主教的封臣。但更多的人则以为这并不符合严格的采邑制，受地者既非都是骑士，义务也非明确的军役，不能说成是封臣制的形态。②

教会大量出租土地，而租期又长达三代，三代之后事过境迁，土地往往不能收回，导致教会财产遭受损失，有的地方曾有改租期为一生的规定，所以终身租地也相当流行。③ 9、10世纪时，不少教会土地租期仍是三世。

通过上面分析，我们可以总结盎格鲁—撒克逊时期土地财产的情况。从土地属于什么人这个角度，可把它分为：

（1）王田，这是属于王或王族的土地，面积广大，散布各处，国王派人管理，并获取收益。另外，王对全国其他部分的土地有征收赋税及司法罚金等权。他用封赐土地的名义，赠予教俗贵族地产，实际上即封赠他们以收取赋税之权。

（2）教会贵族及世俗贵族的地产，其中有些是祖业，有些则由国王封赠而来。国王通过赐地把民田变成书田，即封建主的私产，但同时以租佃地名义封赠的地产也发展起来。

---

① Brown 1973, 133-134.
② Maitland 1921, 305-306；Brown 1973, 53-58.
③ Loyn 1991, 184.

(3) 农民刻尔的地产，公社对之还有一定的控制权。

如果从垂直方面分析上述情况，则同一块土地上也往往重叠着不同的权利。如刻尔耕作的土地，公社有一定的控制权，国王还有征收贡赋的权利，而且可以把它封赐给贵族。这种情况，大约是早期国家的共同现象。

从当时法律形态上考察，则土地可分为：

(1) 民田，是指受氏族、公社传统约束的土地，土地的主人无完全自由的处分权。这种土地大量是农民的土地，也包括盎格鲁—撒克逊早期的王田、贵族土地等。

(2) 书田，是传教士带来的土地法权观念，这种土地可由主人自由处分，如交换、买卖、转让等。在这一时期也确有土地交换、买卖的现象，并有文书为证。①

以上两种地产不是以某种条件领自上级，可说它们是自主地（allod）。

(3) 租佃地，这是有条件的占有地，受地者应向封地者（或出租者）履行一定义务，如不完成则土地要被收回。这种土地被有的学者解释为采邑类型的，有的学者则不同意。这种土地权利的特征是封赠者虽然封出土地，但仍对土地有一种控制权；受地者以完成某种义务为条件占有土地，没有完全的处分权，如不完成义务会失去土地。产生这种土地财产形态的原因，大约是因为国家机构不发达，政治秩序混乱，大封建主要有一些人为之巡狩管理，防卫作战，用分封土地的办法供养他们，用有条件的分封以维系他们，是最便捷的办法。因此这种土地财产逐渐发展起来。

3. 领主司法权

领主司法权是西欧封建社会的一个重要特征，梅特兰甚至强调它比军事封土制更为重要，是封建主义一切现象的深刻根源。② 它还是和东方封建社会的重大区别之一，因此我们应对它的起源作一番探索。

谈领主司法权一般都认为它来自国王的赐予，其实它最早的形态当不是国家权力的分赐，而是社会自然形成的一种职能。我们已经分析过盎格鲁—撒克逊社会的宗族和领主关系，并且指出血缘宗族关系日益为领主与下属关系取代。这两种关系也时常混合在一起，族长也就是领主，他下面的许多依附者多半是其族人，受他的控制和管辖。这些人发生违法行为时，按公社传统当全体集会在一起裁决，而主持者即是族长兼领主。随着

---

① Robertson 1956, 59, 107, 187.
② Maitland 1921, 258.

领主权威日高，他对全族的控制权力也就越强。国家因为行政机构不健全，既认可这种情况，也依靠它维持社会安定。前引伊尼法第50条，说明格塞特应对自己的依附者——包括自由人及奴隶的行为负责，并可收取部分罚金。就是领主司法权的一种反映。

领主司法权的另一个来源是国王的赏赐。从 8 世纪起，一些赐地文书上往往注明免除"一切世俗的负担"，或直接说免交罚金，这也就是说该地产上的犯罪者所交罚金应归受地者。但不清楚的是受地者可以自己设立法庭进行裁判以收受罚金呢，还是他只是收取百户法庭这种民众法庭上的罚金，即收取罚金不一定意味着有司法审判权。大约最早的时候，赐地文书上的说明并不在于要赐给受地者以司法权，而只着眼于使受地者能从中取得罚金，以增加收入。但发展的结果，受地的贵族自然而然地取得了法庭的控制权，这是和上述由宗族关系自然形成的司法权相结合的。816 年，麦西亚王在他的一件给伍斯特教堂的赐地文书中曾说，"如有坏人于此犯罪 3 次被捕，则应将他送至国王的庄园"。这意味着，如系初犯和第二次犯罪，则归当地主教审判。① 亚弗烈特王法的序言中，指出根据基督教义的教导，"世俗领主对不论何种罪行的初犯都可以收取罚金，这些罚金都有规定。"② 可见领主收取罚金的办法已十分普遍。

领主司法权存在的确证，为时较晚，是在 10 世纪中期。956 年，埃德维王赐地给约克大主教，该地产在诺丁汉郡，分散在好几个村子中，并不连成一片，而与其他人的土地交错，在这件赐地文书中有一句话说 with sake and soke。sake 的意思是争端，而 soke 的意思是寻求一个领主或一个集会以解决此项争端，所以这一名词的含义即为给予此地的受地者以司法权。该文书所以有此注明，是因为所赐土地地块分散，要说明它们处于一个法庭的控制之下。③ 埃德维的这一文书以及差不多同时的另外一件注明 with sake and soke 的文书，证明这种赐予，并不是特殊的事例，当时领主司法权已经流行。

11 世纪时，赐地文书上注明有司法权的习惯已大为流行，忏悔者爱德华在位时赐予的这种司法权很多。当时使用的术语是 with sake and soke，toll and team，with infangenetheof。toll 是指有权在该地产上征收牲畜等交易税，team 是指可以在那里设立法庭审判盗窃牲畜等物之权，infangenetheof

---

① Stenton 1984, 493.
② Whitelock 1998, 408.
③ Ibid., p. 557.

则是指有权审判被抓获的持有盗窃之财物的贼。有人指出，这一系列术语，不宜视作官方规定司法权具体内容之尝试，而应是采用了民间对大封建主具有的司法权的通俗表述。① 从其内容也可看出，司法权还是和收取税款等密切联系的，其意义在于给封建主以收入。

克努特法中规定，国王保留对全体居民的司法审判权利计有，破坏国王和平，强入住宅、伏击、庇护放诸法外之人，以及疏忽军役义务等。但是他也可以把审判这些案件的权力赐予别的大封建主。② 上述罪行都系大罪，故其审判权归国王，而分赐给一般封建主管理的则是 infangenetheof 以下的小罪。另外，赐封建主以掌握百户法庭的事也不断发生，到忏悔者爱德华时更为流行，不少百户法庭落入私人控制之中。

通过领主与下属关系的形成及国王赏赐这两条途径，封建主对其领地上的农民取得了某种程度的司法审判权力，遂使农民落入封建主的强力控制之下，这成为西欧、英国封建制度的一个特色。

4. 庄园问题

盎格鲁—撒克逊时期，封建主的地产是否采取了劳役制庄园形态来经营，有多少地产是劳役制庄园，材料比较零碎，不易证据确凿地说明全面情况，只能作一些简单阐述。

盎格鲁—撒克逊英国最早的地租形态是食品地租（详情见第三章），这种地租是招待国王及其随从的习惯的变形，不宜称之为实物地租。在当时的条件下，要在全国范围内征收食品地租并非易事、加之运输、保管，都很不容易，难于实行。所以它大约只在一些地区偶然征收。当时由于经济落后，统治阶级必须有一种直接经营的经济，有一部分直接供驱使的劳动力，才能保证生活。这就必须有人为他们制备食品及其他生活用品，修建城堡房舍，饲养马匹，制造武器，种植粮食，进行畜牧、园艺劳动等等。早期材料中所指的国王、郡长的 tun、ham、villa 等，大约就是这种经济。

起初这种经济中的劳动者是奴隶，包括磨坊女奴、捧杯者以及其他奴隶。因为奴隶的劳动全部由主人支配，所以适合供应统治阶级生活的需要。不过盎格鲁—撒克逊时已盛行给奴隶授产，或把奴隶释放并授予土地，使其成为奴役身份的劳动者，这样也许更便于管理。当时的一些遗嘱

---

① Stenton 1984, 497.
② Whitelock 1998, 456.

透露出这方面的情况。如一个遗嘱说,释放其所有的人,每人都可得到他自己的份地、牲口及谷物。另一个遗嘱说,释放奴隶,并让他们得到当奴隶时在其上劳动的地段。有的遗嘱则说这些被释奴隶可得到当奴隶时占有的一切,只是土地除外。① 10 世纪末,一个富孀遗嘱处分其财产,她的财产中有一些是有妻子、家庭的奴隶,其中两打之数她予以释放。她在萨默塞特有一处地产,其上有奴隶和牲畜,这给她的女婿,而格布尔则随土地一起归某个修女。另一处地产也在萨默塞特,她释放了那里的 2 男 1 女,其余的人和牲畜则给其女,但被释奴隶除外。② 由此可见,直到 10 世纪末,某些地产上仍盛行奴隶劳动。

奴隶劳动并未能在盎格鲁—撒克逊时期发展起来,这大约一方面因为奴隶来源不畅,另一方面也因为奴隶劳动管理不易。但经济的不发达使统治阶级仍必须保有其自营经济,因此他们要积极寻求其他劳动力以进行生产,于是自由人或其他依附者服劳役的现象很早就已发生。伊尼法第 67 条说:"如果有人以定额租立约租种 1 码地或更多的土地,并耕种过它。如领主向他要求服劳役以增加租额,但未给他住处,他可以拒绝接受劳役;但他的收获要被没收。"从这条可知,在封建主的土地上有两种劳动者,一种是以定额租租种土地的人,这种人不服劳役,但封建主也不供给其居处,即他大约是身份自由的租佃农民。另外一种人则是由主人供给茅屋令其居住并服劳役的贫弱者,而且前一种人可能还变成后一种人。这些劳动者的种子大约也是主人提供的,否则不会因拒服劳役而被没收其收成。

11 世纪汉普郡赫尔斯特伯恩修院地产记录,记有在其上劳动的刻尔负担情况,其内容计有,他们应于秋分日为每 1 海德土地纳 40 便士,3 mittan(量名,约合 8 蒲式耳)的麦酒,3 sesters(即蒲式耳)做面包用的小麦;他们还应耕 3 英亩地,用自己的种子播种,并将收获送到仓库;还须交 3 磅大麦,割半亩草并将它堆成干草垛,交 40 fothers(1 车干草、木材之量)的木材,也堆成垛,交 16 支用来做篱笆的杆;在复活节他应交两头母羊两头绵羊,如系小羊则两头合 1 头;他们还应给羊洗浴、剪羊毛,并按照命令每周劳动,只有 3 周除外,即冬季 1 周,复活节 1 周,祈祷日 1 周。③

这里的刻尔已沦落到封建主的控制下,他们每周都应劳动,劳动的内

---

① Средние Века IV, 95.
② Finberg 1972, 510.
③ Douglas and Greenaway 1998, 879.

容各种各样,如耕田、播种、收割、割草、伐木、洗羊、剪羊毛等,看得出是一个自营庄园经济所必需的。这些刻尔每周劳动的天数未予规定,不过据其劳动的内容推测当不会太少,已是一种正常的周工。刻尔们都另有自己耕作的土地,仍以海德计算,因此也有自己的独立经济,可以用自己的种子为教会领主播种。其他实物、货币交纳对他们也是一种沉重的负担,从这个记录推测,这种庄园大约是封建主侵占农民土地而逐渐形成的。也许国王把此地赐给他们,起先这些封建主名义上是在此征收税款,后来逐渐建立住宅,夺取土地,要求居民服劳役,成为一个庄园。

庄园的典型材料是名为《人民的权利与等级》的文件。① 这个文件的时间约当忏悔者爱德华时,当诺曼征服前的半个世纪。文件强调各地区的习惯并不相同,所记的只是某些地产上的情况。据英国农业史介绍,这一文件的作者可能是任伍斯特主教及约克大主教的乌尔弗斯坦,从其前任奥斯瓦尔德手中接受有关记载而最后完成,反映英国中西部地区地产的组织情况。② 有人以为这个文件甚为重要,和法国的《庄园敕令》具有同等地位,只是研究尚不充分。③

文件反映了一个组织完备的庄园情况。庄园上有农业、畜牧业,以及供应领主生活的食品加工诸业。有住宅、仓库、牲畜厩及其他设施,土地已有领主自营地和劳动者份地之分,领主自营地由格布尔的无偿劳动耕作。劳役已有周工和农忙时节另外增加的帮忙,而劳役的内容也很多,包括各种农业劳动及畜牧业劳动、运输、修建等等。庄园上还有由主人供饮食的各色奴隶,担负各种内外劳役,为主人服务。还有管事及仓库保管等执事人员,所以它描绘的是十分完备的庄园情况,可与后来的典型庄园相比拟。

文件提到庄园上有各式各样的劳动者,首先是格尼特。格尼特的义务很复杂,有些是农业劳动,如收割庄稼、收割饲草、运送东西、修整住宅等;但也有些骑士性的义务,如充当领主的卫士,替他传递信件等。上世纪初梅特兰、维诺格拉道夫等认为格尼特是小封建主,是封臣。④ 但也有人主张格尼特是农民。⑤ 此后关于格尼特的意见不少,并不一致。伊尼法

---

① 文件全文见 Douglas and Greenaway 1998, 875-879。
② Finberg 1972, 512.
③ Средние Века IX, 85.
④ Maitland 1921, 328-329; Vinogradoff 1920, 233.
⑤ Средние Века IX, 60.

第19条规定格尼特偿命金为1200先令，与格塞特相同，但同法第22条又说，格尼特会偷窃和逃跑，为了防止逃跑，还须有保证人。10世纪埃德加法中规定格尼特土地应交什一税，则格尼特似为佃农。还规定如格尼特未按规定时间交租，则领主应宽恕他，只要拿到地租即不再予以处罚。但如格尼特抗租不交，心怀不满，则领主盛怒之下可将其处死并没收财产。①如此格尼特是地道的佃农。但晚近英国农业史作者仍主张格尼特是农村中的上等人，他的义务主要是骑役。②

列在格尼特之后的是卡特尔。他只占有5英亩土地，须为领主长年服劳役，每周星期一劳动1天，农忙时节则为每周3天。但文件明确说明他是自由人，所以应交纳灶税，并交教堂捐。可是不交纳地租（即指实物租）。卡特尔是身份自由的贫苦农民，为庄园上一种重要劳力。

卡特尔后面为格布尔，他无疑是庄园上的主要劳动力，每周服劳役2日，有时3日。劳役内容很多，包括耕作、播种及运输。他对领主还有其他实物货币交纳，圣马丁节（11月11日）交23 sesters（即蒲式耳）大麦，2只母鸡，复活节交1只羊和2便士。他的份地较大，一般有1维格特（30英亩）。他也交纳自由人身份所应交的灶税。但另一方面，看得出他有严重的依附关系。即他是贫穷的投存者，定居在领主庄园上时领主曾给予他耕牛、农具、家具等，所以当他死后，领主当取走他的全部遗产，这就是中世纪时著名的死手，成为农奴身份的主要标志之一。

从以上的材料我们可以说，英国封建主已逐渐组织起一种农业自营经济，剥削各种依附农民的无偿劳动，以满足自己的需要。但这种经济在整个农业经济中占有多少比重则不得而知。

---

① Finberg 1972, 515.
② Ibid.; Loyn 1991, 197.

第三章 农村及农民

一 农 村

1. 农村公社问题

盎格鲁—撒克逊人入居不列颠后,与原来的土著关系如何,文字记载稀少,只可依靠考古学、地名学提供的材料推测。现在已不认为不列颠人在英格兰大都被杀或被逐走,他们有一部分逃到威尔士,不过也有不少人留居下来并与盎格鲁—撒克逊人逐渐融合。后来在英格兰地区还有丹麦人侵入并定居,留下了不少遗迹,在社会、文化上发生影响。但总的说来,5—11世纪这六百年间的英格兰,从语言、文化等方面看,是盎格鲁—撒克逊人的社会。

盎格鲁—撒克逊人以部落、氏族等为单位,在首领的率领下,在英格兰各地逐渐定居,从事农耕,种植大麦、小麦及燕麦等作物。他们多定居在丰腴的耕地及草地的附近,聚落形式不一,视地形条件、氏族习惯等而有差别,既有一个家族单独居住的独家村,也有若干家庭聚居的村庄,数户或数十户不等。住宅十分简陋,为用茅草和泥土等盖成的茅舍,大小一般为 3×2 米^2,呈长方形,下掘 0.2—1 米,是一种半地穴式房屋。国王、贵族的居处较为高大,但也多是土木结构,只有教堂、堡垒等才用石料建筑。盎格鲁—撒克逊人的村庄叫做 ham 或 tun。Ham 原意为居处、家,后来渐有村庄、庄园等之意。Tun 则本指篱围，大约是住宅周围的防护设施，后来也有村庄等之意。① 这也说明有些村落是由人口繁衍而逐渐形成的。

聚居为村落的盎格鲁—撒克逊人是否有一种农村公社的组织？这种公社是什么性质？当时是否存在耕地的公社所有制？有没有实行开田制度等？学者们的看法差距甚大。19 世纪德国中世纪学界提出马克说后，一度十分流行，直到 20 世纪初年，马克说仍占上峰，所以那时不少人主张盎格鲁—撒克逊存在农村公社。但近几十年来，进一步的研究对过去的马克说提出许多疑问，否定的意见居多。

盎格鲁—撒克逊农村中的普通居民称作刻尔，以户为单位拥有宅地及耕地。威塞克斯于 7 世纪时制定的伊尼王法典第 40 条说："一个刻尔的宅地必须在冬夏两季用篱笆圈起，如未曾圈起而邻人的牲畜从其豁口闯入，他对闯入的牲畜没有任何权利，只可把它赶走而忍受损失。"这反映各户占有相当大的宅地可以耕作而获取收益。但如未圈好致使邻居的牲畜进入而造成损失，则也只能忍受。

伊尼法第 42 条还规定："如果刻尔们有一块共同的草地或其他土地，已将其划成小块进行圈围，而有人圈起或有人未圈，以致牲畜闯入吃了公共的庄稼和饲草，那些留下豁口的人应对圈起篱笆的人赔偿损失，但他们对牛羊的主人也可索要赔偿。"一些人以为这是公社土地所有制存在的有力证明，即公社拥有耕地（种庄稼）及草地，但已分配到户。各户土地彼此相邻，故要求于耕作时须圈好以防牲口闯入。各户份地大约也是划分为一些狭长的条田，分散交错，表示原来公社分配土地时力求按土质好坏、距离远近等平均分给各家，以求平等。即已实行份地分散交错，收获后作为共同牧场的耕作制度。"公共的庄稼和饲草"等当不是公共所有的收获物，而是泛指大家的东西。但也有人认为这一条只能说明农村中存在公共牧场，即如后来庄园也有公共牧场一样，不能证明太多东西。也不能证明开田制，耕地分散交错等。强调当时刻尔的土地归其私有。②

各户农民的土地，有统一的名称，威塞克斯称海德（hide）。比德在其著作《英吉利教会史》中称海德为一户之地（terra unius famillae）③，而且一般认为海德有标准面积，11 世纪时为 120 英亩（当然实际上海德在各地所指面积大小很不一样），这就可以证明各农户田地大小相等，是农村公

---

① Finberg 1972, 424.
② Ibid., pp. 262, 398, 417, 487; Stenton 1955, 280.
③ 比德 1991, 64.

社分配的结果。正是由于海德有一个标准的大小，所以盎格鲁—撒克逊时期用它作为土地面积单位，当时许多赐地文书上都注明该地为若干海德。另外，在早期的文献中，遇有海德则拉丁文都译为 carucate，即一架犁一年内可耕之地，这也说明当时认为每个农户应有同样大小的土地、一架犁和一个牛队，彼此大致平等。海德同时也用作财政单位，是用来估计应对国王所纳贡赋数目的，所以文书上注出之海德多为整数，赐地文书上就多注为 5 海德或者是 5 的倍数。如此，海德的公社起源色彩就为之减弱了。①

伊尼法中还有另一种土地面积单位，称 yard（码），原意指量地的竿，当亦与份地分配有关。此字后来转为 perch，多写作 virgate，作为农民份地单位名称使用。11 世纪时 1 海德为 4 维格特，所以中世纪英国维格特的标准大小是 30 英亩。

盎格鲁—撒克逊时期农民对牧场、草地、树林等的依赖很大。是放牧牲畜、采摘野生食物、捕猎小兽、砍伐木材、拾取薪火等之必需。当时地广人稀，农村周围多有这类土地，往往亦由大家共同使用。伊尼王法典第 43 条载："如有人在树林中烧掉一棵树而被发现，他应付全部罚金，即 60 先令，因为放火犯就是盗贼。"第 43 条第 1 款："如有人在树林中砍倒不少树木而被发现，他应按每棵树 30 先令付 3 棵树的罚金。不管他砍了多少，也不必付的更多。因为斧子是一个报信者，而不是贼。"在处分上的这种差别，大概可以这样解释：即因为树林公用，所以虽然有人违反规定砍伐很多，也只按 3 棵树处罚，并且不认为这是盗窃。至于烧，哪怕一棵树，即付 60 先令罚金，直接原因大约是怕引起火灾。

以上各条材料，综合起来看，公社说论者主张 7 世纪时威塞克斯王国存在着耕地分配到户，牧场、树林公用的公社，而反公社论者则以为并无有力证明，不足为据。

这时的各农户份地是否归其私有，看法也不一致。但大约一开始田地仍不能由女系继承。伊尼王法典第 38 条："如丈夫和妻子同有一子，丈夫死后，孩子归妻子并由她抚养，则为供其抚养应给他 6 先令，夏天给 1 母牛，冬天给 1 公牛，族人应负责照应其父住宅，直到孩子长大。"这就是说，女子不能继承份地，所以丈夫死后，妻子如领养孩子，夫方族人应供给其赡养费，直至孩子长大继承其父份地为止。不过情况很快就发生了变化。写于 8 世纪初的比德的《英吉利教会史》说，一个人的财产分为 3

---

① Finberg 1972, 412-415.

份，1/3 归己，1/3 分诸子，1/3 给其妻，如妻再嫁，所得土地应归丈夫的家族。[①] 9 世纪时的亚弗烈特王在所立遗嘱中，虽然也说过去其祖曾把土地传给男系而非女系，但他自己的地产就分给其子、女、妻、侄等人。到 11 世纪克努特王法典中也提到女子继承土地。其关于俗人之律第 73、73a 条规定，寡妇守节 12 个月后可以再嫁；如果她不满 1 年即行改嫁，那么她从前夫处得到的财产及晨婚礼（这是丈夫于婚后次日给妻子的财产，有时亦为一块土地，妻子有自由处分权）被没收，其土地及其他财产均由（前夫）的最近族人继承。换句话说，如果她满 12 个月才改嫁，则一应土地财产便归她所有了。

一般认为女系可以继承地产为土地私有的重要标志，上面的介绍有助于我们理解英国盎格鲁—撒克逊时期土地财产的情况。

2. 宗 族

盎格鲁—撒克逊人虽是农耕定居民族，但血缘氏族关系仍十分强烈，特别是早期阶段，这种关系在社会上起很大作用。盎格鲁—撒克逊人的氏族组织在迁徙、战斗、成立国家过程中经过不少变化，已不是原始社会时的形态，应该说是一种宗族，以父系为主，但母系也还很有影响。

当时一个人必定属于自己的宗族，对之负有义务，同时也受其保护。各宗族之间冲突时起，斗殴成风。如本族有一人被杀，则全族人有义务为之复仇，杀死凶手或其族人以为补偿。这种血族复仇制引起宗族间持久的仇杀，造成很大破坏，于是兴起偿命金制度以代替。即不同等级的人各有不同偿命金，如他被杀，凶手或其族人可付偿命金给被杀之族，避免流血。当时刻尔的偿命金为 200 先令，是一个很大的数目（伊尼王法典第 55 条 1 只母羊和 1 只羊羔共值 1 先令），凶手个人往往付不起，所以有时由族人偿付。如阿瑟尔斯坦法第 6 条规定，如有人用巫术杀人，并经神判法证明有罪，则其族人应付 120 先令给国王，并付给死者族人以偿命金。但肯特则规定偿命金由杀人者负担，这可能是因为肯特的宗族关系较为淡薄造成的。

除了收取和支付偿命金外，为同族人担保也是一项重要义务，有不少有关规定。如阿瑟尔斯坦第 2 法第 1 条 3 款说，如贼被投入监狱，应监禁 40 日，然后以 120 先令赎回，并由族人担保永不再犯。同法第 8 条规定，如有无地之人到别郡服役于人，后又返回，则族人应收留他。如他犯罪，

---

① 比德 1991，331。

则应带他出庭，如他负债，则代他偿还。这说明虽然贫穷无地之人到别处后脱离本族，失掉宗族关系，但一旦返回故乡则本族人仍负有不可推卸的收留他的义务，他仍然是一个族人。亚弗烈特王律第1条2款还规定如有人犯法被囚，无食时由族人供食。

宗族形成很大势力，保护自己族人；而个人如无本族保护，则也几乎无法生存。各族之间因利益冲突及其他原因，斗争时起，虽然有偿命金制度，但流血的战斗仍然不断，对社会治安造成很大危害。当王权弱小，统治机构不健全时，国王有时不得不倚靠宗族进行统治，如前述族人担保制度等便是。但总的倾向是国家不断加强对宗族的控制，限制其血族复仇活动，以维持社会安定。如阿瑟尔斯坦王对强悍的氏族加以打击，把他们举族迁往别处，和我国史上徙豪富于京师或边疆之举相似。如他们逃归，则以盗贼论处，如果富家大族胆敢庇护本族之盗贼，则郡守应率兵进攻，尽杀盗贼及与之共同反抗之人。① 爱德蒙王更严禁血族复仇，专门颁布有关法律。规定如有人杀人，应由个人负责，除非宗族先前已经分摊了偿命金。宗族可宣布放弃复仇，也不庇护杀人者及供其饮食，也不为之负担偿命金。如果被杀者的某族人对杀人者的族人进行报复，则为对王及对全族之恶行，将被没收其全部财产。②

3. 农村中的居民

盎格鲁—撒克逊时期农村中的基本居民是刻尔，他们是自由人，在威塞克斯其偿命金为200先令，而肯特则为100先令③，他们耕种小块土地，过一种基本上自给自足的生活。其对土地的权利受到保护，别人不得侵犯。埃塞尔伯特法规定，如有人强入别人的家宅，须付6先令以为赔偿。④ 亚弗烈特法也规定，如强入刻尔的圈围地，须付5先令。⑤

他们有义务参军，是一个战士，这是沿袭了古代全体成年男子皆须服兵役的传统。伊尼法第51条规定，如刻尔不服军役，须付30先令罚金。对于参军作战之人，则利益受到保护，如亚弗烈特法说，如强入刻尔的圈围地发生在他应召出征之时，应加倍赔偿。⑥

---

① Athelstan VI, 8. 2；8. 3.
② Whitelock 1998, 428.
③ Loyn 1991, 306.
④ Ethelbert, 17.
⑤ Alfred, 40.
⑥ Ibid., pp. 40, 1.

刻尔在当时的法律体制下是权利主体,有权出席法庭。地方上的百户法庭实是公社会议的变形,例须全体成员出席,对一些案件由全体按习惯法进行裁决。另外刻尔还须参加地方上维持治安等的活动,缉捕盗贼。在王室法庭上,刻尔也可进行诉讼、担保等。

刻尔间基本上是平等的,是自耕的自由小农。但从很早的时候起,他们已经存在着贫富的差别。如伊尼王法第3条2款说,如果一个自由人没有主人的命令在星期天工作,则失去自由。可见这个还未失去自由的人已经依附于主人,并且是在主人的命令下工作的了。前引亚弗烈特法中提到流落他郡的无地之人,应也是一种贫穷的刻尔。可另外也还存在着有奴隶、有依附者的刻尔①,当比较富有。

在国家形成的条件下,农村基本居民对国家负有一定义务,主要是赋役负担。盎格鲁—撒克逊时期也是如此。据伊尼王法规定,有食品地租的名目。10海德的食品地租为10桶蜂蜜,300条面包,12安普(量名)麦酒,30安普清酒,2头大牛,或10只阉羊,10只鹅,20只母鸡,10块干酪,1安普牛油,5条鱼,20磅饲料,100条鳗鱼。② 这种食品地租的起源,大约原来是王(氏族部落军事首领等)出巡时人民负责招待其食宿③,后来转化而成一种经常性的剥削,所以以交纳各种食物的形式出现。法典中说明依海德计征,但如何分配到各户,如何收集,并不清楚。后来的赐地文书上有的也有食品地租之目,言明收取食品地租之权即归受地者,但也有部分仍归国王者。④

从8世纪开始,居民普遍存在一种力役负担,称三项义务(Trinoda necessites),即修筑桥梁、堡垒以及军役。赐地文书上一般都言明该地这三项义务不能免除,说明它十分重要。此外,居民也还负担教会的什一税等。

盎格鲁—撒克逊农村居民并非完全是自由平等的刻尔阶层,而有许多不同等级。最低的是奴隶。奴隶也有各种名目,一种肯特的女奴其名称意为捧杯者,当为家内女奴,如有人强奸她,则按主人身份不同给予不同价格的赔偿;还有一种磨坊女奴,赔偿价格则与前者不同;男奴隶称theow,法典中也时常提到他。盎格鲁—撒克逊社会奴隶来源不少,外族战俘可变

---

① Ethelbert, 16, 25.
② Ine, 70, 1.
③ Ethelbert, 8 规定王在民家饮酒,有人在那里犯法,须付双倍罚金,可证。
④ Whitelock 1998, 506-507.

成奴隶，本族人因犯偷窃、通奸、引诱修女离开修院，甚至星期天违反教规去劳动，都可被罚做奴隶。父卖子为奴的事也有。负债亦可沦落为奴。① 丹麦人入侵，和盎格鲁—撒克逊人长期作战，社会秩序混乱，奴隶数目更为增加。1014 年，约克大主教乌尔夫斯坦记载，丹麦人的到来，造成很大破坏，许多人被卖出国外。发生了几个人共买一妇女，父卖子，子卖母，兄弟相卖等事。当时天下大乱，如奴隶杀死塞恩，不付偿命金，而塞恩杀死自己的奴隶，反而要付出一个塞恩偿命金的价格。奴隶们起来捆绑主人并把他变为奴隶。② 这种说法可能也有夸大，但无疑反映一定事实。

奴隶地位很低，是别人的财产，所以他没有偿命金，对他的伤害只向奴隶主赔偿。奴隶本身也没有财产，所以他犯法后按规定不交罚金，而是处以鞭笞、刖刑或死刑等。当时有相当活跃的奴隶市场，奴隶的身价大约为女奴半镑，男奴 1 镑。一个男奴相当于 8 头牛。③ 奴隶除了为主人作家内服役外，农业劳动上也使用不少奴隶。所以盎格鲁—撒克逊时期奴隶的数目还是不少的。有人以为比同时的大陆上更多，大地主土地很多用奴隶耕作。④

除了奴隶之外，其他身份的劳动者还很多。有一种人称 esne，身份和奴隶差不多，但有妻室，也有独立经济。⑤ 另一种人称 laet，一般说他是半自由人，或为被释奴隶，或是被征服的当地土著。⑥ 还有威尔士人，地位也较一般自由人低，一个威尔士佃户偿命金为 120 先令，无地的威尔士人则只有 60 先令，也有威尔士奴隶。只有占有 5 海德土地的威尔士人偿命金才是 600 先令，这大约是原不列颠贵族的后裔。

身份和刻尔类似的人有格布尔（gebur）和纳租者（gafolgelda）。后一种人是租种土地的人，可称纳租者，前者则大约是人身自由但经济上依附于领主的耕作者。伊尼法第 6 条 3 款说，如有人在格布尔或 gafolgelda 之家殴斗，则应付 120 先令罚金并付 6 先令给格布尔。这和对刻尔家宅的保护类似，可证他们的身份亦大致相同。

---

① Finberg 1972, 435.
② Whitelock 1998, 931-932.
③ Finberg 1972, 507.
④ 波斯坦 2002, 238。
⑤ Ethelbert, 85, 86, 87; Wihtred, 9, 10.
⑥ Ethelbert, 26.

二　农民依附关系之产生

盎格鲁—撒克逊时代长达600余年。在这期间，农村劳动群众的状况发生了什么变化，是一个至关重要的问题，如能解释清楚，则有助于深化我们对封建社会，尤其是早期封建社会的认识。

从一开始，盎格鲁—撒克逊农村就有众多的阶层。其中有些不自由人、半自由人，如 esne、laet 以及贫穷的威尔士人等后来都消逝不见，大约已和其他阶层融合。奴隶到11世纪诺曼征服时仍然存在，占当时总人数的10%，由于我们并没有前此的奴隶统计数字，所以不能得知他们发展的趋势是增加还是减少。但可以肯定的是诺曼征服后奴隶逐渐消失了，奴隶制没有在英国社会中发展起来，所以我们对它不必详细讨论。

要集中研究的是农村中劳动者的主体刻尔这个阶层。如果我们承认他们是农村人口的大多数，是自由的独立小农，那他们后来的命运如何？是否有一个沦落的过程？而且是如何沦落的？即经济上是否发生分化，少数人上升，多数人贫困破产；身份上是否逐渐丧失自由，是整个阶层地位降低，抑或是部分人；是什么原因，通过什么手段造成这一发展的。虽然对这些问题我们尚不能说得十分肯定，但仍必须探讨一番。

刻尔是独立的自耕农民，对统治阶级有各种负担，我们试列举如下。

前已提到盎格鲁—撒克逊国家向农民征收食品地租，这本是居民招待国王及其随从的一种陈规，除征收食品外，招待仍时常进行，可能造成不少骚扰。822年一份文书提到这种招待义务除对国王外，还有对郡长、主教、庄头、收税吏、马夫、犬夫、鹰夫以及国王派往各地干办事务的人等。[①]

国家还向居民征收丹麦金。丹麦金是对丹麦人交的贡纳，以换取他们不来劫掠。991年，发生了著名的马尔登之役，英人战败。盎格鲁—撒克逊编年史记载说："这一年首次向丹麦人纳贡，计10000镑。"以后的记载还有994年，16000镑；1002年，24000镑；1007年，36000镑等。[②] 丹麦金并非每年都征收的定额税收，而是应付丹麦人的临时措施，其征收办法不详，但肯定无疑都落到农民身上。它在诺曼征服后还征收过若干次，但

---

① Whitelock 1998, 515.
② Blair 1956, 96.

已不是用来纳贡,而是诺曼王朝利用这种办法敛财。当时大约是按百户区征收,每海德收 2 先令之数,这也许就是继承了盎格鲁—撒克逊时期的办法。

农民还负担三项义务,即兵役、筑堡、修桥之役。这和中国古代一样,由于自然经济比重大,国家征发兵役、徭役是十分重要的,所以当时一般赐地文书上都要注明三项义务不免。兵役和徭役的征发如十分频繁,当然会影响刻尔的生计。特别是丹麦人入侵时,连年战争,肯定对小农经济有影响。

农民另外还对教会有多种负担,计有犁捐、教堂捐、灵魂捐等项。灵魂捐乃志愿捐献以拯救死者灵魂,无固定内容,多为死者后裔捐献。犁捐则为每年复活节后 10 日内,每架犁向教会交纳 1 便士。教堂捐的数目起初不一定,11 世纪时约为 1 海德交 1 匹马驮载的谷物①,是一个很不小的数目。它后来逐渐演变而成什一税。历代国王都强调要向教会交纳什一税,这是农民的沉重负担。②

以上我们只是列举了刻尔的负担。这些负担对他们的经济产生什么影响,我们没有确切的材料说明。有一点可以肯定的是英格兰农民从有文字记载时起,即已不是一个平等的统一的阶层,而是有贫人、有富人。这些负担对贫人与富人产生的影响是不同的,但我们也无法说明它是否使贫者愈贫,富者更富。我们只可以说,农民贫富区别在整个盎格鲁—撒克逊时期都存在。如早在 7 世纪的艾塞伯特法中,已经有了有女奴的刻尔。③ 9 世纪上半期,肯特的一个农民占有 2 索隆土地或更多,他送给他兄弟 1/2 索隆土地,4 头公牛,2 头母牛,1 头公绵羊,50 头母绵羊,他还送给教堂 10 头公牛,10 头母牛,100 头母绵羊,100 头猪,另加 500 便士。他的产业可以想见十分巨大。④ 前引 11 世纪文件曾说,如果刻尔发了财,拥有 5 海德土地,则可以变成塞恩。这些都证明一直有富裕的刻尔存在。另一方面,贫穷的无地之人,为人佣耕、寻求养主的刻尔等等,也在各法典中提到。

从一般规律推断,盎格鲁—撒克逊社会初期,农民之间贫富差别应该较小,大多数农民是独立自耕农民。以后由于各种经济、政治原因,这种

---

① Stenton 1955, 153.
② 有人以为教堂捐并未转化成什一税,见 Finberg 1972, 457。
③ Ethelbert 16;Alfred 25.
④ 《史学译丛》1957 年第 5 期, 90。

差别日益扩大。一些人经济地位上升，另一些人则贫困，或丧失土地，或寻求养主，投靠别人。在 10 世纪的埃德加法中，就提到穷人、富人的差别。① 到 11 世纪的克努特法，更提到贫富、贵贱的差别。但在古代社会，一般成员都以各种纽带和其他人相联系，组成各种集体，如宗族、领主与下属，农村公社等等，彼此之间互相依靠，也互相支持。生产不发达，商品关系薄弱，小生产者还不会受到价值规律多少影响。所以在盎格鲁—撒克逊时期还不能说农民有多大的分化现象。和欧洲大陆封建化过程不同，盎格鲁—撒克逊农民较少发生委身、投存求庇等现象，几乎没有这方面的材料。这也许是盎格鲁—撒克逊社会较之大陆更原始、更不发达所造成的。

如果追寻整个农民阶层在盎格鲁—撒克逊时期地位有何变化，也还有一些迹象可以考察。在早期阶段，我们已经指出，刻尔是全权的自由农民，只有国王统治他们，在他们上面还并无领主。在伊尼法中，还提到有格布尔和纳租者两种人，该法第 6 条 3 款说，如有人在他们家中斗殴，则应付罚金 120 先令并付格布尔 6 先令。这种处分和有人在刻尔家斗殴罚 6 先令是一样的，也可说明他们身份和刻尔相同。可是亚弗烈特王和丹麦王于 886 年立的和约，却用偿命金把人分为两等，一等是所有的英国人和丹麦人（当指自由人），其偿命金为 8 个半金马克；而租种土地的刻尔和丹麦的被释奴隶，则偿命金为 200 先令。② 即租种土地的刻尔虽未丧失自由，可是地位已降至和一个被释奴隶差不多。

到 11 世纪，刻尔这一名词消逝不见。在著名的《人民的权利与等级》文件中，提到庄园上的主要劳动者是格布尔，他们每周要为主人服劳役 2—3 日，还有其他许多实物及货币交纳。领主供给他劳动工具及生活用具，他死后领主取走他遗留下的东西，意味着他没有财产权利。这种地位和中世纪的维兰几乎一样。但同一世纪汉普郡赫尔斯特伯恩地产记刻尔的义务，和上述格布尔的十分相似，只是其劳役义务记为每周都应劳动，不像格布尔那样明确规定为每周 2—3 日。③ 由此可以推知，相当数量的刻尔转化为格布尔，并可能再转为维兰。

根据上面的线索，大致可以看出，一些农民在盎格鲁—撒克逊时期逐渐沦落，经济上他们丧失独立，变成服劳役的依附劳动者，身份地位也日

---

① Whitelock 1998, 432.
② Ibid., p. 428.
③ Robertson 1956, 206.

渐降低，要受封建主的控制。农民沦落的途径，我们可以说主要有两条。第一是由于国王赐地而使被赐土地上的农民经济上落入封建主控制下，向他交纳贡赋，从而丧失对土地的权利。另一条就是农民在司法上受封建主审判，从而进一步丧失人格独立，身份降低，这既包括国王把司法权封赐给封建主，也包括由领主与下属关系形成的封建主对农民的控制，伴随着这种身份的降低，也往往会产生经济上的依附。

要从整体上降低农民阶级的地位，是一件很不容易的事。农民理所当然地要对之进行反抗。所以我们会发现农奴制的形成在英国经历了漫长的过程，形成后也并不能维持很久。而与农奴同时还存在着强大的自由农民阶层，他们的历史作用也许要比农奴更为重要。

第四章　工商业和城市

一　工商业情况

历史上生产与交换几乎是同时发生的，在具有原始生产的同时，也出现了原始的交易。原始的交易不必等待有商品生产的存在，也不必等待农业与手工业的分离。只要有最低限度的剩余产品，部落之间、集团之间以至个人之间的交换便可能发生。

盎格鲁—撒克逊社会的贸易活动也是与其社会同时出现的。肯特的劳塞尔和艾德里克法记载："如有肯特人在伦敦购买财物，应有两三个诚实的刻尔或是国王的城守作为证人。"① 当时交易的商品多指牲畜等物，显然是剩余农产品。伊尼法也规定了买卖牲口受骗后的处理办法。② 这时流通大宗是牲畜，另外还有畜产品、粮食、鱼等。

毛纺织品也很早起便作为商品流通。毛纺织品的生产本是农村家庭副业，但在一些封建主庄园上，也组织较为优良的纺织品生产。8世纪末查理曼致奥发王的信，已提到英国的斗篷出售于大陆的事，这种斗篷可能即是王室庄园或某些封建主的庄园生产的。保留下来的有一张纺织工具清单，可证这种手工业的存在。清单所开列的工具有10几种，包括梳毛的梳

---

① Hlothhere and Eadric 16.
② Ine 56.

子、箆子、纺轮、线轴、刷子、经线轴、梭子、针、斧头等，说明它属于较复杂的手工作坊，非一般农家副业。① 清单地点不详，大约为西部英国。这些庄园上生产的纺织品主要供封建主本身的消费，转化为商品的只是很有限的剩余部分，带有偶然性。

其他的商品还有铁、盐、陶器等。英国铁矿不少。文献中屡见格塞特的铁匠、国王的铁匠等。11世纪有名的艾夫里克对话集中，反映铁匠制作犁铧及犁刀、渔钩、针、砧等物。铁器贸易情况不详。亚弗烈特法第19条3款说的似乎是加工订货性质。这一条说："如果一个磨剑工为别人磨武器，或一个铁匠为别人制造工具，他们在交还武器或工具时应未用它犯过罪，犹如他们接受它时那样；如他们未坚守这点，则雇主可不给予报酬。"

盐和铁一样是群众生活必需品。英国当时用卤水煮盐。产盐的地方有格洛斯特、赫里福德、沃里克、施罗普郡以及牛津郡，其中最著名的是伍斯特的德罗威奇。王室及封建主控制自己领地上的产盐地区，对其交易征收税款以取利。盐的生产是在铅盆中煮卤水以得盐，因为煮盐要烧大量木材，所以有时也用木材换盐。

亚弗烈特法第34条，提到了专职商人。这一条说，商人们应把他们带来的人，领到公众集会上国王的庄头面前，说明一共有多少人；他们所带领的应是以后可以带到公众集会上令其受审的人；之后他们在旅途中需要更多人时，亦须在集会上在证人面前向国王的庄头说明。看来这时商人活动成群结伙，而又时常带一些异乡人前来。当时商业活动诸多危险，有些商人也是强盗，所以需要有证人。

埃德加王时，立法中有类似统一度量衡的内容，这是商业活动的发达所要求的。其中规定，"在国王治下，应通行一种货币，任何人不得拒绝使用"。"应有统一的度量衡标准，应在伦敦和温彻斯特一样使用"，"1维（重量单位，合182磅）羊毛售价半镑，任何人不得更高"，"如果有人以贱价出售，不管是公开地或秘密地，则不论买方卖方均向国王交60先令罚金"。②

商业的发达也可从货币的流行中看出来。盎格鲁—撒克逊人来到不列颠后，起先在伦敦、约克等地仿造大陆上墨洛温王朝的铸币，为金币，合1/3索里达，叫tremisses，约重1½克。这种货币可能出现于6世纪末，但

---

① Loyn 1991, 117.
② Whitelock 1998, 433.

英国封建社会研究 ┃ 40

也有人主张铸造于 670—700 年这段时间，可能出自大陆上墨洛温王朝的匠人之手。

从 7 世纪起，英国开始出现银币，到 7 世纪末时它完全取代了金币（这和大陆上金币消失、银币出现的时间相同），最初的银币称 scettas，和后来的便士差不多。它在海峡两岸的英国和弗里西亚等地铸造，形制相同，无王名，有的铸有小妖及龙的图案。8 世纪后期这种货币最为流行，在北欧及马赛均有发现，说明它是北海贸易区的一种国际货币。

7 世纪末英国出现了称为便士的银币，伊尼法中已有。据说这一称呼可能来自麦西亚王 Penda。麦西亚奥发（757—796）时，对亨伯河以南地区铸造的银便士的形制使其统一。银币正面为国王头像及名字，背面为铸工的名字。坎特伯里是它的铸造中心。这种银便士成为英国稳定的通货，达 400 多年。

银便士起初各地均可铸造，各主教、大主教在需要时都铸造它。以后国家渐行控制，以便于使其统一。从 10 世纪起，国王便计划垄断铸币权。阿塞尔斯坦规定只有在堡（burh）中始能铸币，如匠人铸作伪币，则处以断手之刑，并规定各地铸工的数目，以及归属于国王、主教、修道院长的数目。① 埃塞尔雷德更规定，如匠人铸作伪币，经三重神判法定罪后应处死刑，并把铸工全部收归国王。② 这一规定以后未能严格执行，仍有属于主教的工匠。他还更进一步限制一般城市只能有 1 名铸币工，主要城市才能有 3 人。③ 但这个规定也未能执行。

诺曼征服前夕，英格兰各地已有铸币地点 87 处。其中有约 30 处只是断断续续地工作，但其余 56 处则长年都有铸币匠在此铸币。④ 国家为了使币值统一，曾规定铸模之制作限于少数地方，在王家监督下进行，然后分发各地铸币匠使用。对各种伪造铸模、铸伪币者均处以重刑。

货币的流行说明了交易一定程度的繁荣，但其流通范围仍很有限，广大乡村仍多是物物互易。当时不但国王，而且封建主及一般居民，在需要时都可拿银块到匠人处请求铸币，所以发行量不稳定，而且由于技术水平不高，各地所铸货币在成色、重量上不可能一致，这是中古时代货币的一大特征。

---

① Whitelock 1998, 420.
② Ethelred III, 8, 8. 1, 8. 2.
③ Loyn 1991, 128.
④ Hilton 1992, 31.

英国的对外贸易自古即有其历史特点。本土地区狭小，通过海洋通道和西欧大陆及北欧诸国紧密联系，而盎格鲁—撒克逊人又来自大陆，以后维金人更不断前来，形成北海贸易区的联系是十分自然的事。所以英国对外贸易一开始即相当发达，较少受国家限制。

6、7世纪时，圣徒传中已提到有英国商人到达马赛及巴黎附近圣德尼集市。8世纪时，活动在大陆及英国沿海的是弗里西亚商人。他们航行在北海、波罗的海等地，贸迁有无，把英国、斯堪的纳维亚、西欧大陆联系起来。

英国和大陆贸易的情况，还可从查理曼写给奥发的信得知。信中谈到，对从英国来的朝圣者，允以安全通过，不予留难。但这些香客中有些人名为朝圣，实则进行贸易，对他们须课以关税。查理曼还允以对英国商人加以保护，他们不论在何处受到不公正的对待，都可向国王或其法官申诉。同时查理曼也要求在英国的法国商人，遭受不公正待遇时也可上诉。最后，查理曼还谈到英国卖给他们的斗篷质量不好、尺寸太短这件具体的事。① 英国当时和大陆贸易不断。大陆输往英国的货物有玻璃器皿、优质陶器、酒以及一些从东方转输来的奢侈品。从英国输往大陆的，除了毛织品外，还有奴隶。比德曾记述过教皇在奴隶市场上看见英国奴隶的情景。②

丹麦人的侵袭曾暂时损害英国的海上贸易，但以后建立起和北欧的巩固联系，对外贸易更扩大了。991年埃塞尔雷得和丹麦人订的条约中，已经注意到对商船的保护。③ 11世纪时，伦敦已成为重要外贸中心，北欧、法国、德国商人均于此建立居留地，进行频繁的贸易活动。英国商人也远至大陆各地直至丹麦。贸易商品较前增多，英国输出的除毛织品外，还有一些手工业品、盐、黄油、奶酪等，奴隶则逐渐减少。

二　城市的起源

盎格鲁—撒克逊时期，随着经济的发展、社会生活的复杂化，也发生了城乡分离的过程，城市逐渐兴起。

城市的萌芽形态是堡。它和当时的 tun、ham 的不同之处，是它有一个围墙，土围子或木栅。伊尼法第45条规定了侵入国王、主教、塞恩、格塞

---

① Whitelock 1998, 849.
② 比德1991, 101。
③ Whitelock 1998, 438.

特等的堡所应纳罚金之数。亚弗烈特法第 40 条除重复这些规定外，后面还有一句说如侵入刻尔的 edor，罚金 5 先令。刻尔的居处不称堡而称 edor。按 edor 的意思是篱笆，一般农村居民对自己的住宅只能围以围篱，只有国王、贵族对其住宅才能设防，筑起围墙而称之为堡。9 世纪时丹麦人入侵，造成不少骚扰破坏，亚弗烈特王乃令各地筑堡以防丹麦人，遇有袭扰居民可以躲入，这样堡即取得设防军事据点的意义。筑堡之役成为居民一项重要义务，乃不可豁免的三项义务之一。堡成为城市的最早起源，这是世界各地较为普遍的现象。

堡垒筑成之后，附近居民须负责守卫。编定于 10 世纪初的文件曰 Burghal hidage，记有英国南部各堡的名称，著名者有黑斯丁斯、南安普顿、温彻斯特等，各堡之下都记有海德数，如黑斯丁斯为 500 海德，温彻斯特有 2400 海德等。这些数字即是按照海德多少，出兵若干，以防卫堡垒之用，据说每海德出兵 1 人。①

堡既然奉王命而筑，所以自然就在王的保护之下。商人愿在堡进行贸易，以求安全，于是一些堡逐渐向工商业、首先是商业中心发展，堡逐渐变为城市。这涉及 port 的称呼。

Port 一词可能来自拉丁文 portus。但它在盎格鲁—撒克逊时期的英国，并不指港口，而指市场。无论该市场是在沿海抑或在内地，均可称为 port。由于堡逐渐演化为工商业中心，于是一些堡也可称为 port，但并不是所有的堡都可这样称呼。阿塞尔斯坦法规定，值 20 便士以上之物不得在城外交易，除非是有证人在场作证。一切交易应在城内进行。② 这说明城市内部大都有了市场。不过这一规定大概极其不便，不易遵行。后来的埃德加法说只要有证人，则交易不论在城市或百户区均可进行。

初期的城市还带有很大的农业性，直到末日审判时，仍有一个城市分属几个庄园，向庄园负担租役的情况。居住在城市中的人，既有刻尔阶层，也有塞恩阶层，他们大都向国王领有属于城市的土地，负相应义务。他们经营商业，要向国王纳税，这成为王室重要财源。由于城市是一个郡的中心，郡法庭、百户法庭也往往在城市中召开。城市是否已发展出自己的法庭，其说不一。埃德加法第 5 条规定，城市法庭应 1 年召开 3 次，则城市应也具备了司法职能。

---

① Robertson 1956, 246-249.

② Whitelock 1998, 419.

第二编
11—13 世纪

第五章 封建英国的王权

一 政治史简介

1. 诺曼王朝（1066—1154）

1066年黑斯丁斯之役，英王哈罗德战死。诺曼底公爵威廉乃得即位为英王，是为威廉一世（1066—1087）。残余的盎格鲁—撒克逊贵族在各地继续反抗，战乱不断。其中以1069年的北方约克为中心的反抗最烈，威廉亲自率兵于1070年将其平服，并大肆破坏，造成人口流徙，土地荒芜，经济衰落。威廉乘战胜之余威，厉行中央集权，加紧对英格兰的控制、榨取，其中最著名的一项措施便是进行全国土地调查。1085年，威廉王在格洛斯特召开会议，讨论了所占领的英格兰情况，"然后派遣他手下的人到英国每个郡中去，要他们调查各郡有多少海德，国王本人在全国有多少土地和牲畜，他在各郡一年内可收多少收入。他还要求记下他的大主教有多少土地，以及他的主教、修道院长以及伯爵（earls）有多少土地。更详细地说，就是在英国占有土地的每个人都有些什么以及各有多少，有多少土地以及牲畜，它们都值多少钱。他进行的调查十分仔细，没有1海德或1码（yard）土地（说起来简直可耻，但他做起来却不以为耻），1头牛或1

头猪被遗漏而没有载入记录。这全部记录以后都交给了国王。"① 1086 年所进行的调查结果编定成册，保存至今，是为末日审判书。它肯定了威廉征服英国后对土地的占领，剥夺了广大农民的土地权利，在历史上起了十分重要的作用。

威廉虽为英国国王，但同时兼为诺曼底公爵，且英国历代国王直至失土王约翰丢掉诺曼底为止，都把很大精力花在管理或者争夺诺曼底上。1087 年威廉死后，次子威廉继承英格兰，长子罗伯特继承诺曼底。威廉是一个残暴、贪婪的红脸汉子，故称鲁弗斯（Rufus，1087—1100）。他掠夺教会产业，以雇佣军队到大陆作战，和其兄罗伯特争夺诺曼底。并用酷刑治人，砍头、剜目、断手、宫刑等多有。1100 年，在温彻斯特附近森林的一次狩猎中，他被人用箭射死。是误伤抑是预谋，难有定论。

威廉·鲁弗斯死后，其弟亨利立即前往温彻斯特，占领王室金库。第二天即笼络一批男爵们选他为国王（1100—1135），又过两天即在西敏寺教堂由伦敦主教举行加冕礼。可谓以迅雷不及掩耳之势，攫夺了王位，是为亨利一世。亨利一世有教养而明智，知人善任，即位后发表著名的加冕誓词，以讨好广大的贵族。其主要内容是向各级贵族允诺革除鲁弗斯的弊政，恢复爱德华王及其父威廉一世时的良好法律及秩序。答应不再出卖或出租教产，于大主教、主教、修院长死后有继承人时不再向教产上收取任何东西。答应当男爵、伯爵死后其后代继承土地时不再像鲁弗斯那样征收过多的继承金，只收取合理的部分。答应对骑士也不再横征暴敛，以使他们有财力武装自己随王出征。② 以后历代英王即位加冕时大多发表这一种誓词，向贵族、臣下做出许诺，这被一些史学家列为西方民主的一种古代表现。其实此举当时纯为收买人心，亨利从不打算实行它，也并未实行它。如果过分强调，那正如拿中国古代皇帝的罪己诏等等来证明中国的古代民主一样。

亨利一世统治时所做的一件大事是取得诺曼底。他和诺曼底周围的安茹、曼恩、佛兰德斯、布列塔尼等结成同盟，孤立诺曼底，然后于 1104 年出兵进攻，1106 年取得胜利，俘其兄罗伯特，囚禁 28 年直至他死去。接着他又在诺曼底弥平内乱，恢复平静。不过亨利占领诺曼底引起大陆上法王等的不满，争执时起。

---

① Douglas and Greenaway 1998, 168.
② Ibid., pp. 432-434.

在亨利一世执政的 35 年间，英格兰形势较为稳定，生产发展，文化进步。1120 年，亨利的继承人威廉不幸在渡过海峡时淹死，于是只有其女马蒂尔达——德皇亨利五世的遗孀为合法继承人。亨利一世又令马蒂尔达和安茹伯爵之子乔弗里结婚以取得保护。只是二人感情不和，很少生活在一起。1135 年，亨利在大陆因病去世，英国从此陷入内乱之中。

亨利一世生前，已强迫他的男爵们宣誓承认其女马蒂尔达为合法继承人。但这些贵族并不同意，不过敷衍而已。亨利死后，其姊之子斯蒂芬（即威廉一世之外孙）起而要求王位，他是大陆上的布伦伯爵，在英国也有地产。他赢得一些英国贵族支持，于 1135 年即位为英王（1135—1154）。斯蒂芬本人乃一骑士型人物，虽骁勇善战，可政治上不善决断，过分软弱。从 1138 年起，马蒂尔达集合支持自己的力量，和斯蒂芬争夺王位，酿成内战。双方都倚靠雇佣军，进行一些局部性战争，造成不少破坏。各大贵族于内战中乘机扩大势力，加强割据。1145 年，斯蒂芬已占领英国大部地区。1153 年，马蒂尔达死，双方签订温彻斯特和约，规定由斯蒂芬管理英国，但他死后应把王位传给马蒂尔达的儿子亨利，于是 1154 年亨利即位为英王，是为英国史上著名的亨利二世（1154—1189）。

2. 金雀花王朝（1154—1377）①

马蒂尔达与安茹伯爵乔弗里生子亨利。他于 1150 年首先由其父手中继承诺曼底。1151 年乔弗里死，亨利继位为安茹伯爵。1152 年，他又和阿基坦的埃林诺结婚，由此取得阿基坦大片土地。1153 年亨利出兵英格兰，1154 年斯蒂芬死，亨利乃得继承英格兰王位，是为亨利二世。

亨利二世雄才大略，文武兼备，在位时多所革新，为中古英国的伟大帝王。他统治的除英格兰外，在大陆上还有诺曼底、安茹、曼恩，以及阿基坦、普瓦图、布列塔尼、加斯科尼等地，领土巨大，史称安茹帝国，或金雀花（plantagenet）王朝。亨利二世的主要精力，仍然集中在对大陆领地的管理与争夺上。在他在位的 34 年中，21 年居住在大陆。然而，由于他的才智及用人有方，其在英国的统治仍然是功效卓著，许多制度为后世所沿袭。

亨利即位后于短短半年内，就结束了长期内战的混乱局面，驱逐斯蒂芬的雇佣军，夷平各贵族擅自建立的城堡。但对原来反对过马蒂尔达的贵族，亦加抚慰，让他们中的一些人在其政府中工作，以求和平。然后他向

---

① 本节写到 1307 年止。

苏格兰、爱尔兰用兵，迫使这些地方臣服。但亨利在大陆上的统治遭到不少困难，各领地都是强大的割据势力，表面上的臣服都不易做到，而法王又利用各种机会，策动对亨利二世的反抗和叛乱，使他不时陷入不利的境地中。

1173年时亨利二世的势力可谓达到顶峰，他不但在法国的领土上取得和平，而且通过王室联姻等手段，和佛兰德斯、德国规尔夫家族、卡斯提尔国王等都结成盟好，甚至支持伦巴第同盟反对德皇腓特烈一世（1152—1190），把手伸向意大利。但也就是在这时，在其妻埃林诺、法王路易七世（1137—1180），及一些心怀不满的贵族支持下，亨利二世之诸子发动了叛乱，包括长子亨利以及理查、乔弗里3人。亨利二世行动迅速，囚禁埃林诺，并集合大批雇佣军，转战各处，于1175年平定叛乱。对其3子则宽大处理，仍然赏赐以土地及金钱，对其钟爱的幼子约翰也赏以在英格兰的土地及堡垒。

其后10年，亨利二世的统治大体在和平中度过。1183年其长子亨利死，1186年乔弗里也死去。但这时法王腓力二世（1180—1223）向亨利二世发起挑战，并煽动其子理查及约翰起而反叛。亨利接连战败，身患重病，最后在屈辱中向法王行臣服礼，让出大陆上不少土地，承认其子理查为唯一继承人，于1189年在大陆的希农死去。

理查（1189—1199）虽然在英国妇孺尽知，实际上却是一个不称职的君主。他是典型的骑士，全力从事征战，主要在大陆活动。对英国国务既不了解，也不关心。在其在位的九年半中，只两次到过英国，总共不过5个月，而来英的目的也只是搜刮钱财，供他作战使用。

理查即位之后，对原来他父亲亨利的亲信，仍宽厚待之。对他的诸兄弟，特别是约翰，大加封赏。把英国事务主要委之于伊利主教、中书令威廉·朗香，然后离英赴大陆参加第三次十字军远征。这次十字军之役因遇上阿拉伯著名统帅萨拉丁的抵抗及内部不和而没有什么成就，在返国途中理查被俘，成为德皇亨利六世（1190—1197）的俘虏，1194年始得以重金赎回。

理查长年不在英国，政事委之朗香。他擅权专政，排斥英格兰贵族，惹起各方不满。理查之弟约翰利用时机，挑起内战，并和理查的宿敌法国国王腓力二世相勾结。1199年，在大陆一次战斗中理查中箭，感染而死。

约翰（1199—1216）继理查而为英王。他在英国史上以向教皇屈服、丧失诺曼底、签署大宪章等而蒙受恶名，号称失土王。其实约翰还是很有行政能力，而且力图革新政治，有所作为。只是不能坚持到底，而又反复无常，贪婪残暴，因而得罪了贵族，导致失败。

依长子继承制原则，乔弗里之子亚瑟应比约翰更有王位要求权。但理查生前已深感亚瑟过于年幼，所以决意把王位传给其弟约翰。约翰虽取得英王位及诺曼底公爵位，然大陆许多地方却为支持亚瑟的贵族掌握。这时法王腓力二世又出面支持亚瑟反对约翰。后于1200年双方议和，约翰得为继承人，亚瑟得布列塔尼等地。

不久，约翰和昂古列姆的公主伊莎贝尔结婚，但伊莎贝尔原先已和约翰的一封臣订婚。该封臣受此羞辱，乃上诉于腓力二世。腓力按封建原则召约翰出庭受审，约翰不至，被宣布没收其封土，在法国的领地也受到进攻。约翰举措不当，后又谋杀其侄亚瑟，丧失人心，于是被腓力击败，丢掉罗瓦尔河以北之大片属地，只剩阿基坦仍为英领地。

1204年之后，约翰主要留驻英国，渐变成名副其实的英国国王，而在英的法国贵族亦须决定究竟以何处为自己的领地，从此英、法两国逐渐分离，纠葛减少，英国形成独立于西欧大陆外的国家。

约翰在和教皇英诺森三世斗争失败后，仍不忘进军法国北部，击败腓力二世，收复失土。但1214年布汶之役，英、德以及佛兰德斯的联军被法军击败，约翰无功而返。约翰的失败加剧了贵族的不满，他们起而反叛。约翰于1215年被迫签署了大宪章。不久教皇宣布大宪章无效，内战又起。1216年约翰去世，其子亨利得贵族拥立继位，是为亨利三世。

亨利三世（1216—1272）继位时年方9岁，由元老重臣威廉·马歇尔摄政。马歇尔短期内组织起一个支持亨利的政府，用再次颁布大宪章吸引贵族的承认和拥护，然后迅速用兵，击败反政府的贵族，俘其骑士300人（1217）。法王路易的对英进攻亦遭受失败，1217年秋议和，于是英国复归平静。

1219年马歇尔死，主要由宰相赫伯特管理国事。赫伯特对待封建贵族较为严厉，打击他们的势力，整顿国家财政及法律，加强中央的力量。这些事激起贵族不满，利用年事渐长但又缺乏政治经验的亨利反对赫伯特。亨利向威尔士和大陆的几次用兵均遭失败，归咎于赫伯特的阻挠，1232年将他罢免（他死于1243年），从此亨利三世亲自主政。

亨利三世的漫长统治时期，政局不稳，变乱时起。他的母亲、妻室均是法国人，有大量法国亲友蜂拥而至英国，均得厚赏，充斥宫廷，惹起英国贵族不满。另外，亨利三世还继承了其父约翰遗留下来的受教皇控制的重负。教皇把英国视为实现其野心的财源，时常派遣意大利人到英国出任教职。这些人从不到任，唯以搜刮为务，加重了英国人的负担。

亨利三世入侵法国，想恢复安茹帝国的版图。但他缺乏军事指挥才能，在大陆上的战争连遭败北。后来他又听从罗马教皇的劝诱，想为其子取得西西里王位。为筹措进攻该岛的军费，触发了一场危机。

起而造反的贵族首领为西门·德·孟府。他本是法国贵族，1230年到英，与亨利三世关系密切，1238年并与亨利之妹伊林那结婚。但不久二人关系恶化，西门转而成为反对派贵族的首领。当1258年亨利三世在牛津召集大会商议如何筹措所需军费时，贵族以兵戎相见，要求改革，于是出现了历史上著名的"牛津条例"，条款规定没有大会议的同意，国王不能没收、分封土地或对土地实行监护，也不能决定出征。条例规定成立由15名贵族组成的会议，不得到他们的允许国王不能做出任何决定。另外还选出12人委员会，享有立法权，一年聚会3次，与15人会议共商国是。这实际上是建立了贵族的寡头统治。1259年，根据牛津会议上诸男爵的申诉，又进行了一系列立法改革，公布了西敏寺条例，主要是关于土地的立法。

贵族执政并不能使国家状况有多少好转。不久他们内部因争夺权力出现分裂，一部分倒向国王，团结在太子爱德华周围。1261年，亨利获教皇许可，不必遵守忠于牛津条例的宣誓，于是他宣布废除该条例，结果导致内战爆发。西门的军队于1265年刘易斯之役击败亨利并把他俘虏，并于当年召集有骑士、市民代表参加的议会以商讨国家大事。不久爱德华从看管下逃跑，重新集结军队，于伊夫夏姆之役击败西门，并把他杀死。亨利三世继续执政，但实行一定程度的改革，于1267年颁布马尔巴罗条例。政事实则由爱德华主持，直到1272年亨利三世逝世。

爱德华一世（1272—1307）是英国史上负有盛名的英明国王，号称英国的查士丁尼，政绩斐然。他即位时已32岁，富有政治斗争经验，故能取得成就。在他统治时期有一系列土地立法，对土地产权做了符合当时历史发展的规定。司法组织更加完善，议会亦具规模（1295年模范议会）。为了改变亨利三世时期贵族叛乱所造成的混乱局面和王权的衰落，他组织了多次著名的调查，以查清王的土地、财产、特权等是否受到破坏。1275年开始进行著名的百户区调查，以查明亨利三世时期王田是否受到侵占等，调查结果即编为百户区卷档。以后还调查贵族的司法权是否有国王的封赐为依据，否则就要收回，为此和贵族展开激烈斗争。1297年有著名的宪章确认书通过，以后逐渐形成非经议会同意，国王不得随意征税的惯例。

爱德华多次进攻威尔士,将其征服,并封其子为威尔士亲王,从此英国太子均依例享有威尔士亲王头衔。他对苏格兰也多次用兵,但未能成功,使苏格兰问题和英法之间的斗争联系起来。1307 年,他死于进攻苏格兰的途中。

二 王 权

1. 王权的发展趋向

西方学者对西欧中古国家做过很多解释,基本倾向是认为当时的国家存在着两种原则。从封建的原则看,则国家形态是一种个人的联合,上级与下级靠个人之间的效忠与保护关系维系着,是一种私法关系,而非公法关系。如此由最下级的封臣上推到最上级的封君,即为国王。高居于封建等级之巅的国王对臣下只能依靠封建的纽带联系,他只是众诸侯、众封建主之间的一个,甚至不是最大的一个。他的司法行政诸权力只限于自己的直领地之内,而其他封建主在其直领地之内也具有与国王几乎同样的权力,所以当时国家的特征是主权分散,无政府状态。而主权分散则往往是各封建主篡窃的结果,一些人甚至以为中古无国家,因为主权不可分割,分割了主权当即意味着国家不存在。①

但另一方面,统一国家的原则在中古西欧并未泯灭。无论如何微弱,公法的系统仍然存在并且发展,这就是行政机构、税收、财政、司法以及军事等等。国王仍力图伸张其各种权力于自己直领地之外,和臣下形成一种非个人的、政府与民众之间的关系。

一般论者都以为中古西欧国家这两种原则互相矛盾,进行斗争,互有消长。但也有人主张,基于个人联合的封建制度(即封臣制)并非与非个人的、有组织的政府绝不相容,它在发展过程中逐渐呈现出一种走向非个人的政府机构的趋势。这就是统治者的司法权逐渐扩及全国,形成领土国家。基于个人联系的领主权亦为现代国家的基础,因为现代领土国家也不能没有个人义务的成分。这一过渡,当以诺曼英国和南意大利开其端,然后向其他地方扩展。②

把封建的原则与国家的原则对立起来的看法,主要出自 19 世纪史家。

---

① Cheyette 1975, 49, 358.
② Mitteis 1975, 5-6; Cheyette 1975, 50.

他们是从当时西方代议制政府、主权国家这些既定概念出发，去分析认识中古西欧的封建国家的，这样自然会得出所谓封建的原则与国家的原则不相容这种观念。① 事实上当时这些原则、因素并存于西欧中古社会中，它只是反映在由氏族社会向阶级社会过渡时，在西欧特定情况下发生的一些情况。个人效忠、原始民主、王权有限、离心倾向等等，都是原始社会晚期，氏族、部落并立、互争雄长时必有的现象。而国王对全国的统治、司法、行政诸权开始集中，也是这一时期必然要发生的，它往往表现为君权神授、君权属于特定贵族世家、君权世袭等因素。国王依靠这些因素及一定阶级力量，不断努力扩大权势，加强统一，使国家在克服离心倾向过程中成长起来。

所以，说封建的原则与国家的原则在中古的矛盾冲突，事实上也可以说就是一般古代、中古国家都存在的向心与离心倾向的斗争。不过西欧封建割据确有其特殊性，这就是当时王权微弱，各封建主都具有独立行政司法权力，领主权的广泛存在使西欧封建国家在统一时要克服更大阻力，有的甚至长期分离。

诺曼威廉征服英国后，通过分封，建立了封君封臣关系，索尔兹伯里宣誓更使大多数封建主均受威廉节制，便于指挥。末日审判调查则显示全国范围的封土制的建立。威廉是全国土地名义上的最后的所有者，一切封土最终都是领自国王威廉的。在这里，可以说封建制度（封臣制）与国家制度相吻合，诺曼英国当为典型的封建国家。

但威廉并非只靠这种封臣制统治、维系全国。他自称英王忏悔者爱德华的合法继承人，要遵守盎格鲁—撒克逊英国的一应制度。王位世袭制已然建立，君权神授的原则通过国王即位时的加冕礼充分显示出来。盎格鲁—撒克逊时期的行政区划仍然保留，并且在不断加强。中央与地方行政机构逐步建立，政府官员渐从宫廷小吏中分化出来，成为领薪俸的国家公职人员。当然我们也必须指出，封建时代普遍现象是公法与私法不分，国王的官吏与国家的官吏无从区别。所以当时的官职均由国王任命，成为国王的一种恩典，接受者往往可以世袭占有它，甚至国王也不能随意将他或其后代免职。如果政务繁忙，则由占有官职的人另雇若干代理人协助，而并非由国家（国王）任命副手。另外办事机构权限不明，相互重叠，司法行政军事诸权经常同归一个部门，国家官吏与宫廷小吏也常由一人兼任等

---

① 孟广林 2002，第一章有详细介绍。

等。所以我们可以说，当时的政府就是国王的政府，各级官吏只向国王负责，和国王也还是一种个人联系的性质，而不是一种非个人的国家公职人员的性质，不能用近代国家的官僚制去想象它，要求它。

在英国王权发展过程中，明显看得出有向心力与离心力的冲突。一方面，英国国王是全国行政、司法之源，他的法庭逐渐取代其他法庭的势力，他向全国征收赋税，要求兵役，向一种主权者的方向发展。但另一方面，独立的封建主时起抗争，大宪章、牛津条例等即为其明显标志。这样一种抗争，是基于保护封建主的私利，即封建主要维护其领主制下所应具有的特权。从斗争过程及结局看出，离心倾向一步步被克服。王权逐渐加强，国家形态日趋完备。但这两种倾向在中古英国国家机器的发展中留下了自己的痕迹，使它具有一些特点。

2. 土地国有（王有）问题

亚非古代国家曾有所谓土地国有问题，即国王、君主对全国土地有名义上的所有权，这种权利当然是一种法律虚构，或者只是一种虚构的理论，不能从现实的经济关系上去考察它。比较起来，封建英国的国王根据封土原则，成为英国土地的最高所有者，倒更具有土地国有气息。当然这也只是一种法律虚构，其表现形态与亚非国家稍有不同。后来因为西欧物权发达，这一点反不为人所注意了。

威廉征服英国后，整个英格兰成为被他征服的土地。忏悔者爱德华所占有的土地被他接收，反抗的盎格鲁—撒克逊贵族的土地全被没收，少数归降的盎格鲁—撒克逊贵族虽保有其土地，但也奉威廉为封君。威廉除留下不少土地作王田外，还把许多土地赏赐给随他前来的诺曼贵族。通过1086年进行的全国土地调查，建立了全国土地受封自英国国王的概念，即英国封建土地领有的公式是："某人向某人……向国王领有那块土地。"①土地调查登记以郡为单位，各郡依次排列在郡内占有土地的人的名字，上自国王，下至各教俗贵族，然后把散布本郡各地属于某人的土地均系其名下，从而实现了封建西欧的"没有无领主的土地"的原则，各领主的土地直接间接均受自国王，国王是封建等级之巅，是全国土地的最高领主，因此英国不存在自主地（allod）。② 至于这次征服是否建立起西方学者所说的

---

① Pollock and Maitland 1923, v. 1, 232.
② 近来雷诺兹提出诺曼征服并未使国王成为全国土地之主，他是就如何认识私有财产立论的。Reynolds 1996, 360。但我想，我们从封建英国的法律中不能排除这一结论。

那种典型的封建制度，特别是随着封土有没有相应的军事义务，即有没有建立骑士领的制度，一直争论很多。现在多已认为并无足够的肯定这种说法的佐证①。封臣制以及相应的各种权利义务是逐渐发展起来，到13世纪的法学家之手定型的。

根据英国封臣制的原则，对于已分封出去的土地，特别是国王的直接封臣（即总佃户）的土地，英国国王仍享有许多权利。其重要的如封臣死后无继承人，土地可以收回；封臣犯重罪，国王也可没收他的土地，以后随着对重罪解释的扩大，国王的没收权也逐渐扩大到全国的土地；封臣死后如继承人未成年，则国王有监护权，监护期间，其土地由国王管理，并取得全部收益，但须抚养继承人。另外，根据封建原则，国王还可向这些土地征收盾牌钱、协助金、继承金等。即使被总佃户转封出去的土地，国王也仍然有间接的权利及一些收益。可见英国国王对全国土地的控制权还是相当大的。

英国国王还在英格兰占有巨大的地产，即王田，其面积包括原盎格鲁—撒克逊王室的田产，再加上没收得来的土地，估计占到全国耕地的1/7或1/5。在全国土地年收入73000镑中，王田收入占12600镑②，根据末日审判书情况看，王田散布全国各地，地块大小不一，有巨大的庄园，也有零散的小块土地。有些王田由王室派有管家，但多数王田均由各郡郡守管理，而且往往采取包租的办法，由郡守或其他包租人负责经营，只要年纳租金即可。

王田上的农民所受剥削很重。对比忏悔者爱德华时期，则威廉明显增加了土地上居民的负担。如萨福克郡，在林斯费尔德，有12个自由人在爱德华王在位时并无负担，但在1086年时却要交15镑。在巴恩比，8个自由人原来只交13先令6便士，威廉时则要交30镑。在赫林福里特，一庄园的出租之价原为60先令，1086年调查时涨到100先令。③

王田是维持王室一应军国费用的基础，王室对它当然十分重视。许多封建主也希望王田能维持好，以供应王室所需，免得向他们求索。可是为了维系封臣，取得军役，扩大势力，历代国王都不断把土地分封出去，以致王田时有减少。斯蒂芬在位时，内战不休，政局混乱，他把大量王田分赐臣下，所以王田急剧减少。这可由12世纪时北安普顿、林肯、累斯特三

---

① Reynolds 1996, 350-352; Richardson and Sayles 1963, 75-77.
② Miller and Hatcher 1980, 15.
③ Hoyt 1950, 79.

英国封建社会研究 | 56

郡调查得知。在北安普顿郡，威廉时保有王田的百户区中，全部或一半以上王田转封出去的占到1/2。在末日审判书中记为王田的22处地方，只剩9处还在国王手中。在林肯的林赛地区，1086年记为王田的地方12世纪时已全部转封。在累斯特郡，其8个百户区中国王在1086年有22处地产，12世纪时只剩下10处。①

亨利二世时对王田加强管理，一方面收回许多斯蒂芬时分赐出去的土地，另一方面推行直接由财政署向王室庄园管家收取租赋的办法，不再由郡守经手，以免他们从中干没。同时也由巡回法庭监督各地王田的管理，了解情况，纠察非违。后来一些国王在即位时大都申明保持王田，可是又因为政治斗争等各种原因不断把王田转封出去。发展的趋势是王田愈来愈少，到15世纪中期降到最低点，它的收入在王家岁入中不占重要地位。

英国国王还对国内广大的森林有控制权。威廉曾划大片森林为王室森林，为王家狩猎之所，禁止人民到里面伐木打猎。后来历代国王不断扩大王室森林，亨利二世时达到最大，据估计占全国土地总面积的1/3。② 森林区不仅包括森林，而且还包括城镇乡村，一度像埃塞克斯整个郡都属森林区。森林区设森林官管理，通行森林法。1184年森林法规定任何人不得侵犯国王的森林及其狩猎权，未经允许，任何人不得于王林中挟弓矢带鹰犬；如有人在森林区中有树林，不得随意砍伐；在国王于森林中放牧牲畜之前，他亦不得放牧；如有人于夜间猎取野兽，不论在林区或其外面，都要处以一年监禁及罚金。③ 由此可见，王林并非国王的私有财产，他只是在那里享有封建特权而已。

历代英国国王都设法保持大片森林，不仅作为狩猎场所，而且也把它当作一种财源，出售所产木材、兽皮等以获利。如有人要求把某地划在森林区之外，予以解脱，则要付给国王一大笔钱，为此王林面积的大小经常成为国王和贵族摩擦的一个因素，时起纠纷。有时国王也被迫把一些王林解除，归还别人。

总体上可以说，英国国王高踞于封建等级之首，又是征服形成的国家之国王，因而对全国土地有较大的支配权力。他除了自己占有大片土地外，对别人的土地根据封建原则或国家原则，也享有没收、监护及分取部分收益等权，而对于森林、矿山等也享有一定专用权。所以，早在13世

---

① Hoyt 1950, 89.
② Poole 1955, 29.
③ Douglas and Greenaway 1998, 451-453.

纪，就有土地属于国王的看法："全部土地都属于王国内的王位并且是国王之尊严的一部分。"① 直到18世纪，著名法学家布莱克斯通仍然说，"从法律上说，国王被尊为王国所有土地的最初所有者"。② 这些说法当然并不能拿近代的所有权来理解，毋宁说他讲的是一种统治权，而中古时代统治权与所有权是混淆在一起的，当时的财产都带有政治的或社会的附属物，而未采取纯经济的形态。从英国国王对土地的支配权来看，中古英国国家形态并非单是封建等级的集合体，而是具有政治权力及经济基础的统一体。

3. 国王的收入

讨论中古英国王室的岁入，一般都认为，根据西欧封建原则，国王应该靠自己的收入过活（lives of his own），即国王应主要靠其封建权利的收入供应其一应开支（包括王室宫廷支出及军国费用），这种收入大约包括王田的收入，法庭罚金收入，城市交纳费用，对下级封臣（即总佃户）所征收的协助金、继承金等，以及空位时期的主教座的收入等等。如这些费用不足，始得征税。所以把王室收入分为正常收入和额外收入两部分，正常收入即上述国王应得之一切费用，而额外收入为另外对臣下所征的税。国王应以正常收入供应一切支出，征税似乎不是必要的，所以征收时往往要征得臣下同意。但也有人指出，国王要靠自己的收入过活，把他的岁入分为正常和额外两部分这一些说法，中世纪时很长时间人们并不知道，是直到14世纪，为了反对国王的强买政策勒索过甚、为害甚大方才出现的，英国革命后这一说法经资产阶级学者逐渐确定下来，遂广为流行。其实，中世纪的英国，大约是基督教世界征税最经常、最重的国家，王室的收入主要是靠征税得来的。③

把王室收入分为正常收入和额外收入这种分法，所遵循的正是视国家为封建国家——按封臣制结构建立的国家这样一种原则。把它应用于英国，确有不妥之处。中世纪英国作为一种政治的有机集合体的国家实体自盎格鲁—撒克逊以来即不断存在、发展，其统一的司法、行政、财政、军

---

① Wilkinson 1961, 100, 84-85. 这里的王位英文为 crown, 是指独立于国王个人之外的抽象化的王位, 孟广林和蔺志强都译为君权, 而且有详细的说明, 参看孟广林 2002, 37—39；蔺志强,《13世纪英国的国王观念》,《世界历史》2002年第2期。

② 布莱克斯通 2006, 332。

③ Wolffe 1971, 9-10. 最近已有人指出, 中世纪的英国国王既不能靠自己过活, 也不必靠自己过活。参看: 施诚,《论中古英国"国王靠自己过活"的原则》,《世界历史》2003年第1期。

事职能也不断发展,因而可以说,作为全国性的税收制度在英国是一直存在的,虽然迭经变化,但总的倾向是它越来越加强,成为国家机器强化的有力支柱。

还有一种意见认为,国税的标志是:①为了国家的公共需要,以统一标准向国内所有自由臣民及社团征收;②必须得到代表全体之团体同意,即要满足公众必需(public necessity)、公众同意(public consent)这两个条件。用这一标准衡量,则英国国税的起源是1207年征收的1/13动产税。①

国税当然应该向全体臣民征收。不过要注意的是,由于分封制实行的结果,英国中世纪初期国王直接控制的劳动者(包括自由农民、各种依附农民以及农奴)并非是全国性的,所以他一开始不能实行古代亚、非国家以农民为主要征敛对象的统一国税,他的岁入一大部分是根据封建惯例取得的。如有不足,则勒索的对象首先是封建主,而且往往首先是大封建主,后来扩及城市、再及城乡广大居民,这有一个过程。当然对封建主的勒索最终还是落在农民、劳动者身上,可是它首先涉及剩余劳动在国王和教俗封建主之间的再分配问题。因此我们才可以了解为什么西欧封建主和国王的冲突有时会那么激烈,其深刻的根源是经济利益问题。

公众必需这一条件的提出,我想它原来根据的也是西欧封建的原则,即国王应依靠自己的收入为生,但在紧急情况下其臣民——首先是直接封臣有义务对国王实行帮助,国王可向他们征税。这种征收当然是临时性的,不经常的。中世纪西欧国王最大的开支是军费。军事技术日益进步,战争日益频仍,其费用也日益高昂,所以战争之时就是必须帮助国王之时。国王无力筹措军费,有时只好举债,债务应偿还之时,也成为一种紧急需要,但其根源仍在于军费。不过何时应该在战争中帮助国王,国王往往与其下级封臣间存在争论。因为封臣可以说对封君的战争已应召服过军役了,不应再给以额外的帮助。随着时间的推移,罗马法的复兴,民族、国家观念的发展,对战争的解释当有变化。它不再被认为只是保卫国王个人的权利,而是国王有义务以公益的名义保卫国土并要求臣民帮助,这就产生了公众必需的新观念,使得国王因军费需求而征税的权利愈来愈得到巩固、发展。当然,如何证明这种公众必需的存在,如何证明这种战争是保卫国土的正义战争,仍然有许多争论。不过发展的趋势是战争都是一种

---

① Harris 1975,3.

必需，而征税越来越频繁。

公众同意也是从封建原则出发的，当时不曾产生，也不会产生私人财产神圣不可侵犯的观念。所以要大家同意，是因为国王征税的对象首先是封建主，而且被认为这种征收是紧急状态下的临时措施，而非封臣应尽义务，须由下级讨论通过，表示同意。讨论的机关则为王廷。王廷并非所有封建主参加，一般只是少部分国王亲信的大封建主，但征税则不仅及于大封建主，还及于非国王直接封臣的中、小封建主及一般居民，甚至征及农奴。西方有的学者解释大封建主的同意即代表了其下面的封臣也同意，似乎是想说明这种同意的全面性，其实也不一定非要从法理上找寻这种根据。公众同意在当时也只是一种习惯说法，并没有形成究竟由什么机构同意的惯例。亨利三世时，议会刚处在形成过程中，历次所征之税表示同意的机构也不尽相同。有时由俗界封建主同意；有时要征得教会贵族同意，因为征收涉及他们；有时则由萌芽的议会——实际仍是大会议及骑士、城市代表参加的会议讨论同意。

下面我们研究几项英国中古时期较正规的税收。

首先一项是丹麦金，丹麦金本为免除受丹麦人的骚扰而向他们交纳的贡金，并非每年征收，盎格鲁—撒克逊编年史记有若干征丹麦金的数目，但征收办法不详。威廉征服后，丹麦金不再向丹麦人交纳，而为国王取得。征收的数目约为每海德2先令，全国每年约可收5000余镑，比盎格鲁—撒克逊时期取得的数目大为减少。有人认为，丹麦金很可能只征及佃户，包括封建主的自由佃户及维兰，他们把应交的丹麦金交给封建主，再由封建主上交。甚至连封建主自营地上应交的丹麦金，也分摊到劳动者身上。①

丹麦金看来是按土地面积征收，所以是一项土地税。但在当时封建土地层层分封的情况下，这种征收办法可想而知很难维持，继续一段时间后到亨利二世时即消失不见（1162）。理查时曾又征收过土地税，第一次为1194年，按末日审判书所记财政单位（海德或卡鲁卡特）征收，以付理查赎金。第二次为1198年，以100英亩为1卡鲁卡特征收，并派人到各百户区核查土地面积。于1200年又征一次，每卡鲁卡特征收3先令。亨利三世时也征收过3次。之后这种土地税即不再征收，看来征收土地税不合中古英国实际情况，国王必须找寻别的财源。

第二大项为盾牌钱，根据封建原则，这是道地的封建义务，即封臣有

---

① Maitland 1921, 6; Miller and Hatcher 1995, 46-47.

义务为封君服军役，如不能服役时需纳盾牌钱，以金代役。但在英国条件下却也转化为一种税收。① 从亨利一世时开始即有以交钱代军役的事例发生，以后日渐发展，亨利二世时更为经常。国王每有征召，即向臣下收盾牌钱，然后另用钱雇人作战。盾牌钱数目一般为每骑士领 2 马克，但因军费开支很大，国王遂不断设法增加征收的数目及次数，这引起封建主的反对。亨利二世于 1166 年还举行过著名的调查，调查其直接封臣应向国王所负之军役及他们实际拥有的骑士领数目，以增加盾牌钱之征。约翰时更多次征收盾牌钱，而且增加其数目为每骑士领 2.5 马克或 3 马克，结果导致在大宪章中出现限制盾牌钱征收的规定。亨利三世和爱德华一世时，仍然继续征收盾牌钱，并且有时还向其封臣征收一笔总数更大的钱名曰罚金，即除了骑士领应纳盾牌钱外，封臣不到战场指挥作战还须纳罚金。之后因封臣制日益崩坏，盾牌钱的征收无法进行，逐渐停止。

盾牌钱是直接向封建主征收的，但封建主有时也把它向下转嫁，对其佃户土地加征一种盾牌钱。可是这不能说是一种全国性的土地税，亦非每年征收。大约中古英国共征收过 40 余次盾牌钱，引起封建主与国王的一些冲突，不过它对国王的财政补益不多。

第三项值得提出的税收是任意税（taille）。任意税的征收是自古以来国王的特权，因此它不需取得全国公众同意（即议会无权干涉），由国王及其御前会议（小会议）即可决定。征收的范围是王田及直属王管辖的城市，所以不是全国性的税收。其征收的办法是国王认为有必要时，即派出官吏，到各城市及王田上之各庄园和其代表协商，决定税收数目。然后各庄园、城市再根据各户的动产、不动产情况，分摊数额，收齐上交国王。由于英国中古时大部分城市均属国王，王田面积亦很大，所以也是一项重要收入。亨利二世时大约每征一次可得 5000 镑。13 世纪时仍多次征收，到 14 世纪逐渐停止。

封建英国征收的直接税中最重要的应该说是动产税，这是金雀花王朝起实行的，亨利二世于 1166 年为进行十字军战争征收这种动产税，每镑动产收 6 便士，即为 1/40 的税率。但看来这项税收未能实行。理查时于 1188 年收萨拉丁什一税，即按个人动产、收入的 1/10 计征，实为后来动产税之先声。约翰时继续征这种性质的税，其最重要的是 1207 年的一次，每马克动产征收 1 先令，税率为 1/13，征收对象包括教俗两界人士，虽然

---

① Richardson and Sayles 1963，79-80.

教会人士极力反对，但此次税收仍取得很大成功，总计收入 57000 镑巨款。① 而当时通常一年岁入不过 20000 余镑。② 自此之后，向全国征收动产税成为国王经常使用的增加收入的手段，但比例及征收对象时有变化，1/10、1/15 或大到 1/6 不等，13 世纪末城乡采取两种不同比例，城市高于乡村，这一方面因为城市财富多，而且有些动产如金银等容易隐匿不报，所以多征一些以符合实际财产状况。到 14 世纪，它逐渐固定为农村征 1/15，城市征 1/10。

　　征收这种动产税要先进行估产的工作。每郡由若干骑士及自由人，加上国王派来的官吏及郡守等，组成专门班子，进行估产。估产起初分两种单位，一是以男爵领为单位，另一以郡为单位。后来估产越来越按行政区划进行，逐村实施。封建主属下的自由佃户和农奴的财产，由郡守等估算并征收税款。封建主的财产则由自己申报，即自行估产。爱德华一世时，因连年对苏格兰作战，军费开支很大，1294—1297 四年连续征收动产税，而 1297 年召开的讨论税收之会，只有少数爱德华的亲信男爵参加，他们同意征收很重的 1/8 税，大多数教俗封建主起而反对，甚至以武力威胁抗拒，当时爱德华已赴大陆作战，英国政府被迫召集男爵及各郡骑士重新讨论此事，宣布前此所同意的 1/8 税无效，而只同意征收新的 1/9 税，并以国王再次确认大宪章及森林法为条件，这就是有名的宪章确认（Confirmatio Cartarum），其中有一句话说："朕及朕的后代，赐予大主教、男女修院长及教会其他人士，伯爵与男爵以及本土各团体，之后如无全国公众之同意并为了王国之共同利益，除了古代应纳之协助金及税金外，将不再向王国征收协助金、税金等。"这句话仍是大宪章第 12 条的重申，内容依旧含糊。但一般认为征收动产税须先取得议会同意的原则由之成立。③

　　我们前面还曾指出，中世纪英国的税收首先是向封建主征收的，只间接影响农民。但后来随着税收制度的发展，其征收愈来愈多地落到农民身上。这一情况大约始自爱德华一世时，当时农民的负担主要有 3 项。第一即是动产税的征收。封建主往往隐瞒自己的动产，而一般农民（包括维兰）的财产却由郡守等官吏估算，不得隐瞒。所以动产税成为一项重要负担。第二是国王的强买（purveyance）政策。这是国王的特权，即在他所

---

① 波斯坦，里奇，米勒 2002，256。
② Bolton 1980, 325。
③ 关于动产税征收的情况，可参看顾銮斋，《中西中古社会赋税结构演变的比较研究》，《世界历史》2003 年第 4 期，7—8。

过之处，可以为供应其宫廷及军队需要向当地居民勒索食品及运输工具等。这些东西名义上由国王购买，实际并不付款，而是向各百户区征收牲畜、粮食、马匹、车辆等。征发最多的是大牲畜，如 1338 年，诺丁汉郡郡守即向当地一些农民征收牛，有时 1 人达四五头之多，致使农民耕畜完全被掠，只好出卖土地。① 第 3 项是兵役负担。随着战争规模的扩大及时间的延长，愈来愈多的农民被征发到军中充当步兵及弓箭手。农民被征发对本人来讲是一大损失，不仅冒生命危险，而且田地无人耕种，所以有人被迫以高价雇别人前往。对于当地其他居民来说，还须负担维持被征发农民在军中的开支，这也成为一项沉重的剥削。

贫苦农民生活本已困苦，再加国家重税盘剥，所以有不少为此而破产，土地荒芜，无人耕作，一片衰落景象。②

4. 王权的性质

英国封建国家的政体是君主制，这是没有疑问的。君主制，就其体制而言，是一种个人政府。即一切行政司法大权都归君主。官吏由君主任免，他们也只对君主负责。这是世界各国君主制的统一特点。所以列宁才说："国家实行君主制时，政权归一人掌握。"③ 西方学者往往强调西欧封建国家君主制的特殊性：君主只是最高宗主，政令不出其领地以外，封建割据，君权微弱等。这一方面确实反映一些客观情况，另一方面也是从封建主义（feudalism）原则出发分析，因而夸大了西欧封建君主制的软弱性。前面已经指出，封建原则只是后人分析的结果，它不过是各封建国家均存在的离心倾向而已，而发展的进程则是这种离心倾向不断被克服。

英国封建国家由征服形成，王权从诺曼王朝起即较为强大，所以不少人认为当时实行的是专制主义统治。④ 而亨利二世所建立的金雀花王朝，王权比诺曼王朝还要强大，更是专制主义的统治。⑤ 究竟如何认识这一问题呢？

专制主义被广泛用来描述一种统治方式，但它的含义却相当模糊。在多数情况下，它说明君主个人实行强有力的统治，独断专行，集军事、财政、行政、司法诸权于一身。如果这样，那我想封建君主制应该即等同于

---

① Maddicott 1975, 31.
② Ibid., pp. 62-64.
③ 《列宁选集》第 4 卷，1975, 51。
④ Maitland 1946, 60; Lyon 1980, 138.
⑤ Lyon 1980, 244.

专制主义,因为任何封建时代的君主制都是一种君主个人的统治,而不是其他。但个人统治的成功与否往往很大程度上决定于个人的品格。成功的君主可以宰制天下,孱弱的君主不过是妇人、权臣、宦官之属的玩偶,被人玩弄于股掌之上。所以说个人的独裁统治即为专制主义似乎只是一种简单的描述,而非科学的定义。但许多专制统治正是在这个意义上被使用的。

西方史学家所认识的专制主义,是从早期近代的君主政体总结出来的。那时封建贵族的特权日渐消退,割据状态缓和,统一的国家机器强化,王权日隆。西方学者对比中世纪时政府机构的情况,称中古晚期、近代早期的一些国家政体(英、法、西)等为专制主义。由于是从对比角度讲的,所以他们认为专制主义下其统治的特点为建立了常备军、常设官僚机构、全国性的税收、统一的成文法以及开始建立统一的市场等。① 这个特点大部分是从法国的情况得出的,而与英国不相合。英国王权有其强大的基础,征服后末日审判土地调查确立了国王对全国土地的最高所有权,因之较早即建立了全国性的税收制度。官僚机构也相当发达,在全国有郡、百户、村这样的行政组织。普通法作为全国统一法律日益流行,领主司法权大为削弱。即使就常备军而言,英国虽长期没有建立,但与封臣制军队并存的一直有民军及城市民兵可以依靠,也和单纯依靠封建骑士作战的封建领主不同。

从对比而得出的西欧专制主义特征的描述还有一个明显缺点,即它未对王权本身做任何论断,而一般认识专制主义的核心还是一个君主权力大小的问题,所以这种描述也不能当作一个定义来使用。

比较通行的西方对专制主义的定义是考虑君权受不受限制的问题。专制主义(absolutism)一词即意味着君权是绝对的(absolute),不受限制的(unlimited),而受限制的、相对的君权当即是封建社会前期的君主制。这种限制,应从两方面认识,一个方面是指受法律的限制,另一方面是指受社会力量的限制,在西方是指贵族、教会等。而君权受法律限制与否尤其受人重视。

西方学者普遍认为中世纪西欧通行的一条原则是王在法下,王低于法律,受法律的限制。在英国也是如此。英国中世纪时法律被认为具有更高

---

① 安德森,《绝对主义国家的系谱》,上海人民出版社,2001,4。这里的绝对主义就是我说的专制主义,我想这一译法是要把它和西方人说的东方专制主义(despotism)区别开。

的权威，国王也须服从。盎格鲁—撒克逊时期的伊尼王法典，亚弗烈特王法典，都说明是收集的前王的法律，经与贤人会议讨论增删而成，这样法似乎比王更具权威性。后来的法学家如勃拉克顿等，也都谈到法律高于国王的问题。

要了解这种看法存在的理由，首先必须弄明白当时法律是指什么。中世纪初期还保有一些原始社会的遗习，认为法律是远古即存在的习惯，它不是由某人制定的，而是找到的客观存在的惯例，一切人均应遵守。所以法律先于国王，高于国王。正如中国古代所说的天理一样，是至高无上的，当然皇帝、国君也不得违背。这种法律并不是具体的实体法，而是一种抽象的永恒真理，可说是自然法，或者是由上帝的永恒法产生出的自然法。①

但实际上，一个社会不能只靠习惯维持，还必须有具有一些强制性的共同行为规范，所以法律本身主要还是人制定的实体法。英国中世纪早期，随着社会生活的复杂化，人为的法律也日益增多。君王及政府机关颁布的法令、条例，私人收集、著述的具有法律效力的著作，以及各地的判例、习惯等，不断涌现。统治阶级为了维护自己的利益，更不断利用手中的权力制定法律，亨利二世时颁布的许多敕令即足以证明。法先于王，法律是找到的，法大于王等等，只是一种残存的观念。法律对王的限制也只是一种习惯说法。这正如罗马法一样，罗马法最初也存在神法（fas），习惯形成的法（ius）和人为制定的法（lex）的区别②，只是罗马的政治发展中后来没有王的地位，所以不存在王和法孰大孰小的问题。在中世纪的英国，王是不是受法律的限制，理论上和实践上一直有着矛盾。

威廉二世时，因为神命裁判放走了他的敌人，十分不满，抱怨说上帝的裁判不公正，不如他自己的裁判好。12世纪末法学家格兰维尔在其《英王国的法律及习惯》一书中，透露出君主制定法律、高于法律的思想。他说："英国的法律虽然未写下来，但无疑应该称之为法律（因为君王所喜者即有法律效力，这本身就是法律），我的意思是说，那些法律可能都是经由君王的权力，在贵族们的建议下，遇有疑难时在他们的会议上做出决定，然后公布的。"③ 格兰维尔这番话大约有感于亨利二世时频繁的立法活

---

① 关于中世纪永恒法，自然法，实体法的关系，参看《阿奎那政治著作选》，商务印书馆，1963，106—107。
② 朱塞佩·阁罗索，《罗马法史》，中国政法大学出版社，1994，97，104。
③ Glanville 1980，XXIX；君王所喜者即为律这句话见《法学总纲》，第1卷，2章6条。

第五章 封建英国的王权

动,所以才指出法律由君王制定这一事实。不过对罗马法的原则君主所喜即为律仍未说得十分明确,说明他还受法高于王的习惯思想的约束。

1215年约翰王被反叛的贵族击败,被迫签署了大宪章。大宪章旨在限制、约束国王的权力,但它一开始时并不是法律,而是国王在被反叛的封建主打败后被迫与之订立的一个协定。1215年版的大宪章中有可由贵族用武力胁迫国王改正错误的条款(第61条),但这一版的大宪章很快即被教皇下令废除。亨利三世年幼时,为和贵族妥协,几次颁布大宪章,每次均有修改,现在公认的版本是1225年版的大宪章,共37条,言明所以颁布它是为了换取教、俗贵族直到自由人都得向王交纳1/15税。① 大宪章的内容主要是贵族要求国王改正他侵犯贵族权利的一些错误做法,其中最有名的第29条(1215年版为第39条)对自由人非经其同级之合法审判,或本土法律的审判,不得逮捕,监禁,夺去其自由地产、特权,或者放诸法外,或者流放等,后来被赋予尊重人权的意义,其实当时只是贵族要求国王不得对他们进行逮捕,监禁或随意没收财产,并没有今天的人权考虑。自由人在当时即指贵族,对于全国1/3的非自由人,这一条是不涉及的,正如美国的独立宣言中所说的人权也和当时的美国奴隶无关一样。13世纪以后大宪章逐渐被英国人淡忘、直到资产阶级革命时才重又捡起它作为和国王斗争的武器,于是上升到宪法的地位。

勃拉克顿是中世纪英国最出名的法学家,普通法的集大成者。他在著作中重申国王低于法律的原则,说王不在任何人之下,但在上帝和法律之下,法律造就了国王,如果一个地方是由意志而非法律统治,也就不会有国王。可是却又明确地说无人能限制国王。他说除上帝外没有人能高于国王,所以如国王犯错误,则无处告发他,只可向他提出请求,望他改正。如他不改正,别人也无可奈何,只能等待上帝解决。② 这样他的王在法下的命题只有抽象的意义,如国王违犯法律,并无有效办法制止。而且,在统一的英国,普通法的推行,使国王具有全国性的司法权,正如有人指出的那样,中古英国司法的特点是在民法上,所有自由土地的案件归王廷审判,刑法上则是国王对所有人的刑事案件都有审判权,从自由人直到农奴。③ 国王的司法权不断扩大,他制定的法律也越来越多,国王高于法律

---

① 1215、1216、1217、1225年的大宪章都收在Rothwell 1998,317-349,可以参看。大宪章评价还可参看霍尔特:《大宪章》,2010,第一章。
② Bracton 1968, v. 2, 33;关于勃拉克顿论王权的复杂内容,参看前引蔺志强文,95—96。
③ Clanchy 1998, 99.

的思想也越来越有力。1242年，王座法庭就提出王高于一切法律，1279年它又宣称王不受法和令状的约束，爱德华一世时，也多次出现了王高于法律的宣示。① 当然，反对国王的力量也在起作用，发生了1258年的牛津条例，对国王的权力加以种种约束。

从1215年的大宪章到1267年马尔巴罗法令王权取得胜利，可说是英国史上王权和贵族反复斗争的时期。王权几度受挫，贵族之间分为拥王与反王的两派相互斗争，分合不定，形势错综复杂。但这时我们也看到王权的上升，主要表现为王的司法权的扩大，行政制度的日益发展和规范化。所以亨利三世在亲政之后，就认为他自己是上帝的代理人，有责任照顾他的子民，子民在他的羽翼下生活；他也是一家之长，有全权管理自己的领地。当反叛的贵族向教皇控告说亨利三世的亲信唆使他把自己置于法律之外，因而使王国处于无法无天的状态时，亨利三世回答说，他是要恢复王位的尊严，并且王国一直是在依法治理的。② 当1248年贵族反对国王使用外国人的政策时，国王回答说："任何的一家之长都可以自由地任命其内府（household）的任何人担任任何职务，也可以自由地将其解职，你们要剥夺你们国王的这种权利的做法是轻率的，因为没有任何仆人可以加条件于主人，封臣也不能这样对待君主。相反，任何被认为是下级的人都应该服从其主人的意志和喜悦的引导与支配。"③ 可以看得出来，在亨利三世那里，神命王权、家长权威和封君权力等等，是君主制的政治原则和理论武器。

贵族有什么原则和理论武器呢？

一般认为贵族举起的是公社（communitas）的旗帜。公社一词出现于12世纪，它是在大陆上城市和农村反抗教俗贵族的盘剥和统治而兴起的组织，其成员通过相互盟誓而组织起来，所以它被认为是一种反叛和暴乱的组织。1191年，伦敦曾经成立过公社，而1205年，当约翰王战败，受到法国入侵的威胁时，也曾要求全国的12岁男子宣誓组成公社，以保卫英国。1258年，7个反对派的贵族起初是自己组成公社，然后胁迫国王和太子爱德华也宣誓加入，而在要实行改革的牛津会议上，到会的贵族也都在

---

① Wilkinson 1961, v. 3, 154.
② Clanchy 1998, 159-160, 原文参看巴黎的马太（Matthew Paris, 3vols. 1854, London）v. 5, p. 52。
③ 转引自蔺志强论文，原文见巴黎的马太，卷5，20，1248。

67　第五章　封建英国的王权

英格兰公社（le commun de Engleterre）的名义下宣誓。①

但是，我们要注意，所谓牛津条例仍然宣称忠于国王和为了英王国的幸福②，后来的15人委员会也只是挟持国王执政，并没有取代国王。亨利三世利用教皇的权威，由教皇宣布誓约无效，解除了亨利和其他人士遵守誓约的义务，而且认为贵族的行为是一种叛逆，破坏了国王的权威和特权。这就是重申了王权神授的原则，否定了誓约的神圣性。反叛的贵族把和国王的争端提交法国国王仲裁，也是根据封建的原则来行事的，而法王理所当然地站在英王一边，谴责贵族的叛乱，宣称亨利在其王国内应享有完全的权力和自由。即使在刘易斯之役后贵族击败国王、完全控制了局势后，西门行事的原则仍然是牛津条例，他并不敢废黜国王。由此可见，贵族并没有提出和王权神授、封建王权等对立或独立的原则，他们进行的只是一场反对国王过分盘剥的斗争，争权夺利的斗争，并没有什么新的东西。而在这场斗争中，贵族并没有打着王在法下的旗帜，大约因为这时普通法已经广泛流行，君王的立法权已是不争的事实了。

总起来可以说，法律高于国王在中世纪的英国只是一种远古遗迹的残留，法律对王的限制也只是一种习惯，国王经常可以逾越它。王受不受法律的限制，经常是一个力量对比问题。如果我们以为中古英国便是一个法治国家，那是过分相信辉格派史学家的宣传了。

中世纪英国的王权是封建君主制，从阶级本质上说它是封建主的专政，从体制上说它是一种个人政府，君主具有军事、司法、行政等各项权力，当然理论上及实际上也受到一定限制。如果我们认为专制王权是绝对的、不受限制的，则英国的君主制当然不是专制王权。可是晚近的研究都认为专制王权也不是无限的，它受到种种力量的限制，这样我们对中世纪英国王权的定义更加遇到困难。考虑到人们依然把16、17世纪的英国王权称为专制主义统治，那么我们还是暂时称在此之前的王权为封建君主制，待问题进一步研究透辟以后再加改动。

---

① 参看 Clanchy 1998, 194-195。

② Rothwell 1998, 363。牛津条例没有正式文本保存，可能是亨利三世把它从档案中销毁，史家只能根据编年史所记内容论述。

第六章 中世纪英国的行政制度

英国史学家对中世纪行政制度史的研究相对薄弱,远在60年前,史学家陶特写其巨著、6卷本的《中世纪英国行政制度史述》时已指出过。①许多人的兴趣集中于研究宪政史,自矜其宪政乃近代西方民主国家之典范及滥觞,而忽略行政制度史。推其原因,也许是他们仍然认为西欧的封建国家建立于封建制度之上,并无发达的行政制度,当然也更谈不上官僚机构的存在,所以未予足够的重视。

我以为中世纪英国的行政制度、官僚机构还是相当发达的。在理论上,我们不能像马克斯·韦伯那样,用合理性的标准把官僚制在西方仅归之于近代,而得出中古无官僚制的结论。在实际比较上,则我们必须记住,中世纪的英格兰是一个小国。小国的管理必然比像中国这样的大国要简单一些,但并不是没有与之相应的管理机构。有此两个出发点,则我以为自必能认识,中古英国的官僚制度相当发达,并非西方学者所说的那种无官僚的"封建"国家。

在盎格鲁—撒克逊时代的叙述中,我已指出当时从中央到地方,开始形成一些行政机构,有其相应的职能。诺曼征服后,11—13世纪这一段时间,英国行政机构、行政制度的发展,就是一些机构逐渐脱却国王宫廷管理者的性质,而取得国家行政机关的名分与权能。当然也还必须注意到,

---

① Tout 1920, v. 2, 1.

因为中古英国法权的特征之一就是公法与私权不分，所以要把国王与国家分开十分困难，国家的行政机关与国王宫廷的管理机关仍然时有混淆，但二者分离的趋势却是明显的。

一　中央机关

1. 王　廷

诺曼征服后，王廷起初仍和盎格鲁—撒克逊时期相似，是国王宫廷生活管理中心，兼为国家行政中心。王廷称 curia regis。管理国王日常生活的中心又称内府（household），其成员除国王家属外，主要是地位不高的各种执事人员。我们保留有1135年的一份文件，详细载明其人员构成及报酬情况。① 如中书令（chancellor），日工资5先令；总管（steward），如住在宫外，所得与中书令同，如住在宫内，则为3先令6便士；膳食长（master-butler）、所得报酬与前二者同；此外同等报酬的官职还有宫室长（master-chamberlain）及其下面的国库长（treasurer）、司厩长（master-marshal）和警卫长（constable）等。这些人除得到金钱外，还有面包、酒、肉、蜡烛等实物。上述都是第一等的官职。其他第二、三等官职，薪俸减少，属宫廷仆役性质，如厨子、面包师、车夫等。

诺曼王朝时任用的这些人，大都出身较低，而且也未将其拔擢，委以重任。当时没有一个担任此项职务的人曾被授予伯爵，而且除了一个例外，也没有一个男爵在担任这种职务时被提拔为伯爵。警卫长的职务，并非统率卫队之类，而是照管马匹、鹰、犬等。司厩长的职责和警卫长相似，地位则更为低下。

王廷的另一职能，则是国家行政管理中心，其名称虽然仍然是 curia regis，但其参加者除了王廷中原来的重要成员外，还有一些重要的封建主、大主教、主教、伯爵、男爵等，与国王共议国是，商讨解决重大问题。这在盎格鲁—撒克逊时期，即有贤人会议的名称。但这时这种会议与贤人会议有所不同，因为是在诺曼征服、封臣制推行开来之后，所以有人说这种会议按理国王的直接封臣都应出席。当时的一些史料亦称其为大会议（magnum concilium）。不过从实际情况看，并非所有国王的直接封臣都出席。诺曼征服后，直接封臣约有500人，其中170人是大封建主，可是出

---

① Douglas and Greenaway 1998, 455-460.

席者从未超过75人，一般是50人左右。① 大会议召开的时间，亦渐形成定制，即一般一年开3次，复活节、圣诞节和五旬节（复活节后50日）。会议讨论的是一些重大事件，如当国王与教皇或其他国家发生争执时，则于此讨论以取得臣下支持。亨利一世和教皇为英国主教的授职权进行斗争时，即在大会议上讨论其事。但并不是说已形成了一应大事均须由大会议讨论通过的制度。即以立法而言，并非所有法令均须于此讨论，亨利一世的许多法令即未在此讨论。亨利二世时，也只是一些重大法令，如克拉伦敦宪章、北安普敦敕令等曾在此讨论过。大会议亦具有司法权，于此审理大案要案，如亨利二世与坎特伯里大主教贝克特发生争执，则由大会议决定处理。不过英国中世纪时法庭权限不明，即王廷亦不可避免，有时案件审理时意见分歧，引起混乱。

除了大会议之外，还有一种小会议存在。大、小会议甚难区别，都可以说是一种国王与之议事的机关，其基本成员也相同。只是小会议圈子较小，是国王的亲信，在当时国王一年四处巡游的情况下，经常随侍左右，因而便显得是一常设机关，时常和国王讨论国家大事。由于其组成多属国王亲信，所以与国王有矛盾的封建贵族对小会议的权威便有异议，大宪章第12条所强调的，便是向贵族征收盾牌钱与协助金需得大会议之同意。

无论大、小会议，只是一种咨议机关，并不能说有多少决定权。事实上当时国家大事，基本上由国王决定，金雀花王朝时期尤其如此。国王召集大、小会议，只不过听取一些意见，讨论何种问题，由哪个会议讨论，都由国王决定，也几乎没有发生过这些会议反对国王意见的事。王权这时是强有力的。

由于国事日繁，从王廷中成长出国家官吏，并相应的组成各种行政机构，其中重要的有中书省（chancery）、财政署（exchequer）以及宰相（justiciars）等。

2. 中书省

盎格鲁—撒克逊时期，从7世纪开始，已有统治阶级的文书出现，多为国王封赠土地给教会的证书（charters），数量较少，大约出自一些教会人士之手。9世纪时，国事渐繁，文书日多，王宫中的教堂神父及其他圣职人员，便因其具有文化修养而担任起草及书写各种文书的工作。到10世纪，文书形式日渐规范化，而且数量也比以前增加许多，据此推测中书省

---

① Lyon 1980, 143.

已分立而成一常设机构。

当时文书主要有两种，证书及令状（writ），都写在羊皮纸上。证书较正规，先呼圣父、圣子、圣灵之号，接着为其内容。如为封赠土地，则大多叙述赐地者及受地者之名，以及赐地理由，土地四至（一般有详细描述），然后说明谁如破坏必遭天谴等。最后是日期及签字，赐与者及证人均写上名字，并由本人画十字为据。为了防止作伪，有时要在一张羊皮纸上写两份内容相同文件，然后从中以锯齿形线裁开，当事人双方各执一份，如二者裁缝相合，方为真品。令状是后来于10世纪时出现的一种公文程式，较为简捷，没有向上帝祈祷等的开头，也无后面冗长的证人名单，只用国王向某人致意作为开头语，下面直接叙述国王的命令，令某人完成某件任务等。为了防止作伪，令状上开始用印，即把一个两面盖过印的泥块缚在文书上，表示其权威性。11世纪用印文书日益流行，国王的印（可依中国习惯称其为玉玺）成为鉴别文书真伪、体现王权之标记，取得重要地位。于是中书省中有一人专门负责保管它，此人即为中书令，是为中书省的首脑。这个职务，大约出现于忏悔者爱德华统治时期。①

诺曼征服后至金雀花王朝时，中书省机构更有所发展。中书令兼为王宫教堂之首领，另外还有副中书令（中书省副长官）负责掌管玉玺，并代表中书令出席财政署之工作会议。文书室主管（master of writing office）率领若干名文书，负责各项公文缮写工作。而公文的类别除了前述的证书及令状外，这时又增加了公开信（letters patent）和密信（letters close）两种，前者是公开的，多为下达到各郡令向有关人士或群众宣讲的公文；后者则只向有关个人发送，这种公文在形式上则将其折叠，以表示不让其他人知道。各类公文用语，则由古英语、古法语逐渐转为拉丁文。

中书令地位显要，为国王所重视，多由主教转任，离任后亦任主教。亨利二世时，由著名的汤玛士·贝克特任中书令（1154—1162），离任后转为坎特伯里大主教。约翰王（1199—1216）时，著名大臣赫伯特·瓦尔特一度也曾担任中书令，他有丰富的管理经验，开始建立中书省的档案制度。于1200年建立证书档案，即把发出的证书复制一份，逐项抄在羊皮纸上，加以保管，以便查阅，以后其他种类的公文档案也陆续建立。于是中书省工作日益繁重，增加了若干成员。所存档案日多，自然不宜随国王四处出巡，而要有固定地点办公，这是导致中书省独立为国家机关的一个

---

① Jolliffe 1937, 133.

诱因。

中书省本为国王的一个秘书班子，在王廷之内，随王四处转移为之办事。由于国事日繁，中书省档案充斥，不便转移，乃有王廷内的锦衣库（wardrobe）取代其部分职能。约从约翰王统治时起，出现了小玉玺，由锦衣库掌管，以便随王行动时能及时发出各种文书①，这样中书省便逐渐被人们认为是一国家机构，而不是王廷之内为国王个人服役的机关。在亨利三世统治时期，一度没有设立中书令之职，所以在西门·德·孟府领导的男爵反叛中，牛津条例有一条要求即是设立中书令。② 从1258年任命中书令起，中书省的官吏亦变成有俸官职，用从行使玉玺盖印得来的钱为他们发年俸。不过到爱德华一世时，中书省的独立性又减弱了，它又复成为王廷的办事机关，与锦衣库几乎是合为一体，且位居其下。锦衣库长官掌管大、小玉玺，指令中书省官员为其工作。它完全独立成为像财政署那样的机构还是以后的事。

3. 财政署

诺曼征服后英格兰行政机关的一大变化，而且可以说是最重要的变化，是独立的财政机关的出现。原先国王的财政与国家的财政并无区别，一切收入都交入宫室（chamber），一应开支也都由此支出，收支事项由司宫（chamberlain）主持。12世纪初年，王宫中出现了国库（treasure）。国库起初只保管、收藏各郡守上交的金银宝物等。由于交通不便，难以转移，它渐固定设在温彻斯特。后来它不仅只保管现金，同时也支出现金，兼有财政机关职能，并设立了国库长，是第一等报酬的官职。

从亨利一世时起，兴起了另一个财政机构——财政署，它迅速取代国库成为国家财政收支管理中心，形成一整套复杂而准确的收支计算办法，并裁决有关王室负担之各种案件，建立了自己的档案制度（pipe rolls），其档案记录成为研究英国封建财政的宝贵资料。

财政署的组建要归功于索尔兹伯里的罗杰尔。他起初为亨利一世宫内教堂之神父，亨利即位之初被任命为中书令，1102年转任索尔兹伯里主教，兼为国库长，权势甚盛。约于这时他改组王廷，组建了财政署。财政署名称的来源，即因为桌子上放着计算现金用的有似棋盘的格子布。每年复活节和圣诞节期间，财政署官员集会，各郡守前来交纳应纳款项，计算

---

① Chrimes 1966, 78.

② Douglas and Greenaway 1998, 364.

收支，进行结算，而所记录的账目即为财政署档案。这一套制度，并非罗杰尔个人发明，而是来自欧洲大陆，而欧洲大陆早于10世纪时已从西班牙学得阿拉伯人的算盘计算，但阿拉伯人的算盘计算，则来自中国。这是东西方文化交流中值得深入研究的课题。①

亨利二世时，罗杰尔的后人名菲兹尼尔者，任国库长达40年之久，据云他即是《财政署对话集》的作者。有了这一对话集，我们对财政署的活动了解的相当详尽，可以对之进行较为细致的描述。②

财政署人员可分为上下二部。上部组成实际上即是小会议的成员。主持者一般为宰相，参加者有中书令、司宫、司厩、国库长及其他贵族等，但这些人在此集会期间则被称为男爵。下部亦称收支部，其主要成员是国库长及司宫的代表，负责整个收支部的活动。

国库长的代表主持下部工作，他还负责给装入所收货币的袋子盖封印，记下收入的数目、交纳者姓名及交纳的项目，并把收入的数目刻在木质筹码上。两个司宫的代表是两个骑士，他们负责保管装货币箱子的钥匙，称量收来的货币，支出货币，并监督制作木码。在这三个人下面，则有各种执事人员，如银匠、衡员、化验工、计算工、警卫等，而最忙的人则是两个木码制作工。这种木码是一条约8英寸长的木棒，在上面刻粗细不等的线表示所收到的钱的数目，并用文字简单记下各种款项的名目，然后把木棒一劈为二，一半交给郡守等交款人作为收据，另一半留存国库为证，防止作伪。交来的货币还须称量、化验，如成色不足，则要扣除相应的数目，并给交款人一木码记下减去之数。当时使用木码计数，是因为郡守等交款人大都不识字，计算困难。这一办法在英国一直沿用到19世纪。

下部只是财政署的执行机构，做财政收支的技术性工作，而上部才是其神经中枢，除了上述的重要成员外，有时国王也来参加其会议，或派某贵族代表自己，监督其财政收支。当然，像宰相、中书令、国库长等在财政署工作期间只负责对某些原则性问题或疑难问题做出决断，而大量的具体计算则由其下属进行。

根据当时的习惯，王室财政采取半年结算一次的办法，每年复活节和圣诞节时财政署在西敏寺进行工作。但在结账之前，上部执事人员要做大量准备工作，以发出召集有关纳款人（包括各郡郡守及其他人等）前来结

---

① Lyon 1980, 160, 262.
② 此一文献的现代英文译本已全文收入 Douglas and Greenaway 1998 中，财政署活动可参看其前半部分523—559页。

算的令状。令状中要列出所应交纳的项目及金额,以及所应减免的内容。这个通知的账目应做得仔细而准确,不得有误,发出之后不得再行更正,所以要做大量复杂的计算。这些计算好的令状除了发给郡守外,还发给其他应向国王交纳款项的人,包括大的王领上的管家、城市的管事、出缺之主教座、修院之监护人等。

交款结账一年进行两次。复活节时,只交一笔大致为全年应纳之款一半的数目,口头说明应扣除的开支。到圣诞节时,则应根据令状要求结清欠款,对应扣除之开支尚须提出证明。结账之时,郡守等交款人应携带一应物品、货币及助手前来,这时财政署上部的人员亦都出席,大家围坐在一张长方形桌子四周,交款人坐在主持人宰相的对面,桌子上摆着一块格子布,其作用有如我国的算盘,是用来进行计算的。桌子四周的官员,最重要的是两个人,一个是中书令的属员,他负责检查交款人的账目是否有误,并检查其有关应纳之款及应扣支出之证明,他还拿发出的令状来对照财政署档案及中书省档案,看其是否确实,他甚至可以检查国库长的行为。另外一个人即是计算员,他利用桌子上的格子布进行计算。格子布为黑底白条组成方格,每格宽约1英尺,从右往左数一共7格,其代表的货币单位是便士、先令、镑、20镑、100镑、1000镑、10000镑。计算时用两种筹码,在上边栏内摆上交款人应纳之数,下面相对应摆上实际收到之数,然后在每格内进行减法运算,即可得出所欠之数。

财政署在亨利二世及其子理查、约翰王时期,可称全盛,工作效率很高,全国财政大部归其掌握。但亨利三世即位后,情况发生变化,许多郡守拖欠应交纳款项,以中饱私囊,王室收入遂渐减少。虽累经整顿,但并没有多少改善。1237年,对郡守的财权进行了削减,即把原由他们管理的各郡王田收回,由国王另派2名管理员(keeper)管理,收取租金。而留给郡守管理的则为郡法庭、百户法庭上之罚金及其他习惯捐纳等,对这些项目也加以调查,记入档案。于是郡守的收入王廷完全掌握,它应上交给财政署的数目也十分明确,以防止作弊。

13世纪为改善财政状况还对国王的财产做过多次调查,其中最有名的为百户调查和司法权调查(quo warranto)。通过调查加强了财政管理,向财政署呈报账目的人员比以前大为增加,账目增多,分类愈细,工作量愈大。相应地,这时财政署官员走向专业化,原先的宰相、中书令等不再出席,中书令下面的属员地位日益重要,他由国王直接任命,成为财政署署长(chancellor of the exchequer),负责领导工作。另外,财政署的司法权

75 | 第六章 中世纪英国的行政制度

能也日益发展，一应有关财政诉讼都由它审理。

13世纪中叶封建贵族与亨利三世发生内战，导致财政署工作紊乱，收入锐减，以后又逐渐恢复。但13世纪末爱德华一世时，因为战争需要，更多地依靠锦衣库处理紧急财政问题，并且让郡守等收款人直接就地支付王室所需费用，不再经过财政署，导致财政署衰落。

4. 锦衣库的兴起

中世纪英国行政制度的一个特征，就是机构重叠、权限不明，一个机关往往兼管司法、行政、财政工作，而且机关的职权也容易因为国王个人的喜好或形势的变化而发生变化。13世纪发生的财政署的没落和锦衣库的兴起即能说明这一问题。

前已指出，王廷本是国王的宫廷管理中心，当中书省、财政署等渐发展成为独立的国家机关后，王廷还保留着主管王室供应、侍卫及备咨询等职能。其中一个主要机关是宫室（chamber），原为王之寝宫，所以其成员一直跟随在王左右。当时英国国王仍过着流动生活，往返于大陆及英伦，即使在英伦也因战争等而流动于威尔士前线及其他各地。每到一处，都有许多事情要处理，所以宫室成员就要担任起中书省的一些工作，发放各种证书及令状。王廷中还另有一机关称锦衣库（wardrobe），原来只是保管国王行李的地方，但在国王流动办公的情况下，它还兼保管各种公文档案，并管理现金收支，地位日益重要。

封建时代官僚机构的发展似乎有这样一种规律：官僚组织的完善化自然导致其独立性的加强，形成其自身的运行机制，而这和国王个人的意志往往发生冲突。所以国王更愿意利用自己的近侍进行管理，这种矛盾冲突时有发生，中外皆然。中国皇帝之利用宦官，和英国国王之利用锦衣库，其表现形式虽然不同，内容却是相通的。

从理论上说，锦衣库似乎是在宫室的控制之下，但锦衣库逐渐成为王廷的中心，并发展成为国家行政管理中心。这一变化主要发生在亨利三世当政时期。亨利三世亲政之初，喜欢任用其妻子的法国亲友，以实现个人统治，宫廷中有所谓普瓦提埃党或普瓦提埃制等名目。1232年，普瓦提埃人彼得·德·里沃当政，他被任命为宫室、锦衣库的监督、小玉玺的管理员，一切市集上的国王的收买吏，并被授予兼任20几个郡的郡守职务。里沃集大权于一身，目的是想进行行政机构改革，以改善亨利三世窘迫的财政状况。但这种企图引起封建贵族的反对，他们更愿意强化中书省和财政署，使其成为国家机关，受诸男爵的监督，以取消亨利三世实行个人统治的措施。斗争的结果导致1258—1265年的内战,锦衣库一度中衰。但在亨利三世当政后期和爱德华一世时期,锦衣库的势力又复上升,成为国家行政管理中心。

锦衣库当时的职能一是起中书省的作用,起草、发出各种证书及令状,为此而持有小玉玺。有时它也使用大玉玺发出各种文书。其人员、职能和中书省互相渗透,甚难区分。另外一种职能即是财政方面,这是更重要的。原来锦衣库因为经常随王行动而管理一些财政收支问题,但其账目仍须送呈财政署。后来的发展是锦衣库日益独立处理财政,就地收取货币,就地开支,不再经过财政署。它的财政来源,主要有在各地直接收取王室之经费,由财政署拨款,以及向外国及本国大商人借款等,这后一项尤其重要。在爱德华一世统治时有资料可统计的27年间,其财政收入总计达130万镑,平均每年为49000镑,数目可观。① 而其开支,主要是就地为爱德华的军事行动提供一应经费。由于爱德华好大喜功,连年征战,所以老是入不敷出,到他死后,还有6万镑的债务。② 锦衣库因为财务工作频繁,遂建立了自己的组织及制度完成这方面的工作,例如也发行木码给债权人,债权人可凭此到当地郡守处取货币,郡守则持木码到财政署结账。发展的结果是锦衣库是财政收支机关,而财政署变成一个结算部门。

此外,锦衣库还兼起军事指挥机关作用。它征召各种兵员,如雇佣军、各郡民兵等,只不管封建军队(按封臣制组成的军队)。它还负责军需供应的筹措,如武器、马匹、粮秣等。其作用类似现在的总参谋部。

总之,13世纪时,锦衣库以其经常在王左右、无定型、灵活性大等特点,上升为国王主要依靠的行政管理机关。这一发展说明封建政治体制的特点。

5. 宰 相

封建英国政府短时间内曾设立过宰相一职,后来无形中废止,其变迁经过也颇发人深省。正如中国的宰相一样,他的存在往往对国王的权力构成一种威胁,所以他的历史命运便不会太好,直至消亡。

英国宰相起源于威廉征服之后,因当时国王往返于海峡两岸,经常不在英国,所以特设此职,主管司法、财政等一应事宜,代王行使职权,权力很大,就如中国所说的摄政王一样。不过起初这职位并非常设,当威廉

---

① Chrimes 1966, 141.
② Ibid., p. 143.

返英后即将它取消。到威廉二世时，宰相转成为常设官职。亨利一世时著名的索尔兹伯里的罗杰尔即为宰相，他组织财政署，并加强行政管理，引用亲信，势力很大，被称为 secundus a rege，颇似中国"一人之下，万人之上"的称呼。

亨利二世建立起安茹帝国，英王更风尘仆仆于海峡两岸之间，时常不在英国。亨利统治英国 34 年多，其间出去 14 次，有 21 年多不在英国；理查统治 9 年半，只在英国待过 5 个月，其他主要时间在大陆作战；约翰在英时间还较长，在其统治的 17 年半中，有 5 年不在英国。国王经常不在，宰相一职遂更形重要。当时有若干人担任此职，其中一人为主任。他们召集王廷、大、小会议议事，发出各种王家证书、令状，主持财政署工作，审决重大案件等，均代王行使职权。

亨利二世初年，有二人同任宰相，他们主持了一些法案制定工作，并处理与大主教汤玛士·贝克特的纠纷。1180 年，著名的格兰维尔担任宰相。亨利二世时许多行政、法律工作之改善，大约都和他有关。他还著有《英国的法律和习惯》，是勃拉克顿之前最重要的法学著作。理查即位后，突然将他解职，并令他偕理查同赴大陆，参加第三次十字军之远征，以免有后顾之忧。格兰维尔死于 1190 年之十字军征途中。

理查时担任宰相、起重要作用的是威廉·朗香。他初任中书令，后更兼宰相，专横跋扈，不可一世。甚至用自己的印章代替玉玺，作为各种文书的凭证。理查乃密令卢昂大主教、库坦斯的瓦尔特处置此事。1191 年，在瓦尔特主持下，召开贵族会议，废黜朗香，而由他自己出任宰相。不久理查作战被俘，瓦尔特为之筹措赎金，并赴德为人质以赎救理查。

1193 年，赫伯特·瓦尔特出任宰相，同时还担任坎特伯里大主教。他可说是中世纪英国最有名的宰相，在理查不在的情况下，他筹措军费，进行财政、司法改革，征收土地税（carucage）以代替久已不行的丹麦金。

约翰在位时期，喜欢亲自处理政务，而且自失去诺曼底后英王也很少出国，所以宰相一职渐失去重要性。亨利三世幼年，赫伯特·德·布赫曾任宰相 16 年。他可说是英国史上最后一位有权势的宰相，处理内外事务，使英国恢复和平，并重振金雀花王朝时期的一整套行政管理制度。亨利三世成年后，要亲自处理国事，再加之他的政敌——普瓦提埃党人的反对，遂导致布赫于 1232 年去职。此后宰相一职遂告废止。

6. 御前会议的产生

13 世纪英国中央机关的另一大变化，便是御前会议的产生。前已指出，王廷在发展中分化出大、小会议，小会议是随侍左右的国王亲信，国王经常向之征询意见，并完成各种国王命令他们完成的工作，但它仍是一个无定型的组织。

亨利三世幼年，有一个贵族组成的摄政会，我们不好说它是大会议抑或是小会议，其主要成员有当时著名贵族威廉·马歇尔、彼得·德·洛奇以及教皇的代表等，议决国家大事。但亨利更信任的还是赫伯特·德·布赫。此后的发展，是国王和贵族为控制小会议而斗争的时期。国王希望小会议成为他得心应手的工具，由他任命或黜退其中的成员，而男爵们则希望小会议成员能代表他们的利益。1234年，在封建贵族的攻击下，普瓦提埃党垮台。亨利被迫接受贵族同意的9人为其小会议成员。不久亨利又复引用私党，导致斗争再起，1237年，为取得贵族同意支付一笔急需的协助金，亨利被迫接受12个贵族认为合适人选为其小会议成员，他们宣誓要向国王提出信实的建议，而国王则宣誓接受它。但此后亨利又利用各种手段，逐渐把小会议成员变成自己的亲信。

从1257到1265这八年间，是亨利三世和封建大贵族激烈斗争的时期，发展到以兵戎相见，不过亨利三世最终还是击败反对他的贵族，取得胜利。这场斗争的一个副产品，就是小会议定型化了，其人员的组成、职权等都有所明确，可以说御前会议由之产生。一度御前会议成员就职时须进行宣誓，故宣誓者始得为其成员。宣誓之习明确记载开始于1257年，誓词内容大致为他们应提供善良忠诚之意见，保护王领完整，根据王国之法律及习惯进行快速与公正之裁判，并不得接受贿赂及报酬等。① 参加此会议人选，到爱德华一世时，主要为中书令和国库长（他们一般召集和主持御前会议），还有王廷中的成员、财政署男爵以及中书省的官员，还有代表贵族的伯爵和主教等。它的职权则包括在行政、财政、司法诸方面，向国王提出重要建议。后来权力越来越大，也做出各种决定，有些决定甚至是在国王不在的情况下做出的，成为国王下面的得力机构。

二 地方行政机关

1. 郡

前已指出，盎格鲁—撒克逊时期，英国已形成郡、百户、村的三级行

---

① Wilkinson 1961, v. III, 141-142.

政管理系统，其中最重要的是郡。郡中长官为郡守。诺曼征服后，出任郡守者多为该郡之大地主，且为威廉之亲信，以控制当地居民。但不久郡守之职渐有世袭倾向，形成和国王抗衡的势力，这被称为郡守职务的封建化。为了纠正这一弊端，威廉二世时，乃擢升曾供职于王廷中之小骑士等担任郡守，这一政策在亨利一世时仍然继续，郡守成为贯彻王命的得力工具。但紧接着斯蒂芬时期的内乱，又导致郡守坐大，有的甚至比国王还更强有力。

为了削弱郡守势力，王室逐渐往各郡派驻法官，后来更形成巡回法官的制度，到各郡主持有关王廷应审理的案件，郡守职责则只是督促有关人员到庭并保持法庭秩序。他既不能主持此项法庭，当亦不能取得有关收入。另外，财政署工作制度的形成，也迫使郡守必须向财政署申报、结算一应账目，不得中饱私囊。

由亨利二世开始的金雀花王朝，中央权力强大，郡守在中央命令下完成各项工作，遏制了其职位封建化的倾向。1170 年，亨利二世几乎把全部郡守及其下属之管事撤职，然后组织调查人员，向各郡内的贵族、自由人甚至维兰调查其郡守的行为，内容计有他们榨取的钱财，购买的土地，所犯的恶行，以及为掩饰自己而给予别人的好处等。① 调查的主旨在于查清郡守是否侵吞国王应得的收入，所以据说后来有些郡守又得复职，告发他的百姓遭到报复，大吃苦头。不过在亨利二世及其后代的统治下，奠定郡守一职成为国家公职的基础，避免了大陆上伯爵职务的封建化命运。

13 世纪时，郡守一般由财政署之国库长任命，而任命之条件则为国王是否喜欢。所以被任命的人当为国王亲信，能为王办事者。地方封建主为此与国王展开斗争，要求选举产生郡守，另外他们也要求郡守任期仅为一年。但这两条都未能实行，特别是任期一年显得过短，不能保证其工作效率。

郡守的职责包括行政、财政、司法、军事等，相当广泛。占据他大部分时间的一项工作是执行王室之令状。14 世纪初年，贝德福德郡的郡守在 17 个月之内共接到令状 2000 份②，其数量相当可观。这些令状大部分涉及诉讼，郡守应督促诉讼双方人员出席法庭，不得已则实行扣押或用强力迫其到庭。另外一部分令状则为收缴该郡属于王室应得之收入，主持调查王

---

① Douglas and Greenaway 1998, 469-472.

② Lyon 1980, 393.

英国封建社会研究

室财产收入等。郡守还应负责逮捕罪犯,加以看管(监禁在其堡垒中)以待审讯;召集陪审员,或则执行司法职能,或则进行各种调查。他还应负责召集民军,征集他们的给养,维修并防守境内之王室堡垒,传达王家命令给境内的直接封臣等。

郡守在财政方面的职责,主要是征收境内王室的收入,首先当然是王田上的收入,其次还有法庭罚金以及没收的封建地产及空缺之教职收入,另外他还参加征收盾牌钱、任意税、协助金等等。还有一项重要任务,就是负责供应王出巡于当地时之消费以及国王军队的有关消费,为此他行使国王授予的特权——负责采购一切所需,事后付款(即强买)。有时王室并不付款,变成公开掠夺,引起贵族及居民等很大不满。1236年,对郡守的职责进行了一次改革,王田的管理权被从郡守手中收回,由财政署任命专门的官员管理。其他关于国王的监护、没收的地产的管理,也转到新设立的管理人员手中。郡守不能在郡内收入中随意截留部分作为自己的收入,而只能领取规定的津贴,所有的收支都要向财政署申报。此后郡守一职的独立性更大为丧失,成为国王的行政官员。

郡守更重要的一项职责即为主持郡中的法庭。封建英国有郡法庭(county court)的设立。不过如果从其职能上说,将这种法庭称为衙门(按照我国习惯)也许更为合适。它并不是单纯的法庭,而是郡守处理一应有关军事、行政、诉讼、财务的场所。他于此宣布国王的法律及令状,召集陪审员进行调查,处理各种行政事务,当然也进行审判。如果单按法庭性质考察,则在诺曼征服后相当长一段时期,郡法庭审理各种民刑事案件,和普通法兴起后法庭种类繁多、职权范围各别的情况不一样。这时也无上诉制度。这还都保持了一些原始的风习。

郡法庭在盎格鲁—撒克逊时期为一年只开两次,后来渐有增加,13世纪时为每6周或每月一次,每月一次较为普遍。法庭召开之处,有时按照古习,仍在某地区之露天草地。但后来已更多是在郡守所在的城市中其堡垒附近,或是专门建立的集会场所。出席法庭的成员,随要解决的问题不同而不同,不容易明确规定。有时是郡中所有的直接封臣,有时则是所有的自由土地领有者,甚至有时维兰也被召来出席。出庭是一种责任,同时也是一种负担。所以很多人不愿出席,设法从国王那里得到豁免的特权。到13世纪时,郡守对本郡地主具有了强制性的令其出席法庭的办法。他掌握一个名单,这些人被称为suitors,应由本人或其管家、代理人出席每月一次的郡法庭,如不出席有被扣押财产或处以罚金的危险。这些人组成了郡法庭的核心，多次出席法庭使得他们也熟悉了国王的政府的运转方法，成为地方上执行王室命令的得力助手。①

郡法庭的诉讼制度仍是古老的一套，郡守只是主持人，判决是由出席者按当地习惯做出的，而且往往还采取司法决斗或神判法等落后的办法来进行审讯，随着王室司法权的扩大，巡回法庭不断到各郡审理案件，也干预地方法庭的工作，郡法庭的权力不断被削弱。

郡守还有一项任务，即每年两次到各百户区进行诚实保证调查，看其有无脱漏违法情事。英国乡村中也有一种类似中国的保甲制度，称十户（tithing），各家庭须由家长参加，无论其为自由人或农奴都必须加入，当然封建主除外。十户组织有十户长，各户互相保证其成员品行端方，无不轨行为。如有人犯罪，其他家庭均需受罚金的处分。当郡守来到时，首先向十户长查问其组织是否健全，然后还要他们揭发怀疑犯有罪行的人以及破坏治安的事件。这种揭发向百户区中的陪审员作出，陪审员根据情节决定是否受理，然后由郡守在有关法庭中裁决。后来随着十户制度的日渐崩坏，这种制度变成各百户区的陪审员向郡守揭发并处理违法行为的一种法庭，称为郡守的巡视（tourn）。它和巡回法庭的区别，主要在于它处理的是轻微过失，如偷窃、斗殴、逃跑、破坏食品法令、伪造度量衡等。由于郡守滥用其巡视权力，欺虐人民，引起各方反对，1461年规定郡守无权逮捕人犯及收取罚金，而应将其案件转移到治安法官处，标志着巡视的终止。

2. 百　户

百户是郡下面的行政区划，但英国中世纪时各郡的百户区，其大小及数目很不相同。如肯特、苏塞克斯，一郡有60多个百户区，而面积很大的兰开夏，却只有6个百户区。所以南部诸郡中百户区的面积不超过2平方英里，而兰开夏的百户区则平均为300平方英里。②

百户区名义上为郡下之行政区划，但自威廉以来，各国王多有分赐百户给封建主之事发生，以致不少百户区由私人控制。据统计，爱德华一世时，共628个百户区，其中270个由国王掌握，而358个由私人掌握③，分赐之后，一般的行政、司法等项事务，则归该封建主掌管，而有关收入也

---

① 转引自前引蔺自强文。
② Pollock and Maitland 1923, v. 1, 558.
③ Lyon 1980, 399.

归封建主。百户区的私有化（封建化）倾向削弱了国王的权力，侵害了他的利益，所以1274—1275年曾根据爱德华一世的命令进行过调查，要求封建主提出有关封赐的书面证据，清算其篡窃行为。[①] 调查的结果被编定成册，这就是有名的百户区卷档，是英国中世纪重要的经济史资料。百户区被封赐出去以后，一般说来，即不再归郡守管辖。不过情况也很复杂，往往郡守仍在其上拥有一定管辖权，如执行巡视任务，裁决有关的案件等。而且，无论是郡守管辖的百户区，抑或是私家的百户区，最后仍然都被国王控制，只是管理的渠道不同而已。

郡守在他所辖的百户区派管家管理，私家百户区上的管家则由私家封建主派遣。管家一般为当地殷实可靠的小地主充当，而他下面还有各种执事人员帮助工作，执行郡守所发布的各项行政、财政指令。管家还主持百户法庭。这种法庭每3周召开一次，审理的多为细小的民事案件，如债务、侵权等。它的职权越来越小，也一天天衰落下去。

3. 村

百户下面的行政单位是村。不过中古时期英国行政区划并不像近代那样整齐划一，能否说有统一的完整的郡—百户—村这样的区划，也还是有不同看法。因为作为行政组织的村缺乏明确的资料说明它的存在，而有明确资料的则是庄园和教区（parish），但庄园属经济组织，而且村和庄园在较多情况下并不吻合，也有一些地方根本没有庄园。教区是宗教组织，在英格兰南部它和村大致一致，在北部则比村要大。所以这二者都不能用来代替村作为一级行政组织看待。

村首先应该是自然村，即自然形成的居民点。可是由于自然环境、耕作制度等的差异，自然村的景观也十分不同。英格兰中部地区大体上实行开田制，村子一般是一个集中的中心区，周围环绕以耕地、森林等。而在西部及西北部地区，人口稀少，缺少集居的村落，而是分散的独家庄（hamlet），彼此相距较远。在这种自然村落的基础上，村作为一种组织、一种团体（community）在中古依然存在，有人甚至指出它比百户、郡有更多的团体性。[②] 这实际上就是说，古代的农村公社，仍然以不同形态存在着。国家的一些行政管理职能，就这样落在了村这个组织的肩上，使人感觉到它像是基层行政组织一样。

[①] Rothwell 1998, 392-396.
[②] Pollock and Maitland 1923, v. 1, 563.

村作为一个团体具有多种义务，它必须出席郡守的巡视，到百户法庭和郡法庭报告案件，其居民应履行诚实保证调查，还要分担郡内的各种罚金及财政负担。它还有许多维持治安的义务，如逮捕境内罪犯先行看管然后转交郡守，推举守夜人、警卫等。如果境内发现有人被杀而抓不到罪犯，则村亦受罚金处分。从这些方面看，村无疑是最低的行政组织，只是其组织情况限于资料不很清楚而已。

第七章　法律及司法制度

中世纪英国法律具有鲜明的特点。12、13 世纪以王室法律为基础，形成统一的普通法，和大陆诸西欧国家形成以罗马法为基础的大陆法系区别开来。不过当时英国除了普通法为主外，还有教会法、城市法以及各地方习惯。它们都具有效力，有其适用范围，这和大一统的中国之法令归一统是很不相同的。普通法的内容主要是土地法，对于各种土地占有的名分，权利及所受的法律上的保护，都有详尽说明，法学著作讨论的也大都为土地财产。这也许是受封建法和罗马法影响的结果。但中古英国的刑法却不发达，只有一些由国家颁布的成文法有刑法内容。普通法的产生是从程序法开始的。它所以能够推行，占据优势，主要就是因为它的诉讼程序较为合理，不像习惯法那样实行野蛮的神命裁判和司法决斗。但由国家颁布的成文法却较少，只在亨利二世和爱德华一世时期有一些。沿袭发展的结果便是普通法内容主要由判例组成，时日越久，判例越多，庞杂重复，而且实体法与程序法纠缠一起，不易区别。其诉讼程序后来僵硬化成一种死板模式，阻碍了法律的发展。所以中古后期又逐渐出现了衡平法，以匡救其弊。

从司法方面考察，起初英国也是行政机关兼理司法。普通法兴起后，出现了许多专门的法庭，各有各的管辖范围，同时也存在着权限不明、互相错杂的问题。因为中古英国的司法权具有西欧封建主义的特征，它不单只表现为国家的一种权力，同时是一种财产，可以为某个人所占有，也可转让甚至出售。"司法获大利"是当时流行的谚语，各封建阶级为争夺司法权斗争激烈，司法权遂也被争夺得支离破碎。另外，司法权还是维系社会的一种纽带，封臣有义务奉召出席封君之法庭是封建君臣关系的重要内容，而封建主对农奴和一般农民的控制权，主要内容之一也是对他们的审判权。所以，我们要理解西欧封建社会的结构，考察其法律体系是十分重要的。

一 普通法的产生

普通法产生的第一个里程碑是亨利二世时期，有些书称之为亨利二世的司法改革，其实这不一定妥当。许多制度从诺曼征服以来即已见其滥觞，到亨利时使之更集中化、制度化。亨利当时风尘仆仆于大陆及英伦之间，在英国的时间不多，但他娴熟法律，而且得到其他大臣如格兰维尔、菲兹尼尔、贝克特、赫伯特·瓦尔特等的共同努力，遂在推行法律统一方面做出很大成绩。

1. 王廷司法权的扩大

从威廉一世开始，英国国王即已注意扩大其司法权力。威廉曾发出关于教俗审讯分离的令状，其中规定主教或执事长不得在百户法庭审判，而涉及灵魂的案件也不得在俗界法庭审判。① 诺曼王朝诸王时已形成王座之诉（pleas of the crown）的概念，即一些重大犯罪被认为是破坏了国王的和平及特权，这些案件只能由王廷审理，其收获也归王所得。后来出现的所谓亨利一世律（这实际是一本 12 世纪的法律著作）中曾列有这些犯罪的内容，包括破坏国王的和平、背叛、破坏效忠宣誓、谋杀、伪造、抢劫、强奸、疏忽军役等。②

亨利二世更努力扩大王廷司法权，由之和教会以及封建主都发生冲突。他通过和贝克特的斗争，进一步划分教会法庭和王廷的权限。1164 年通过的克拉伦敦宪章③，规定关于圣职推荐（advowson），教会庇护等争执，归王廷审理。教士如犯杀人罪，由王廷传唤之即先由王廷审理，后再到教会法庭作为教士受审。国王的总佃户及王田上之官吏，在未向国王申

---

① Douglas and Greenaway 1998, 647.
② Lyon 1980, 189.
③ Douglas and Greenaway 1998, 766-770.

诉前，不得处以开除出教之罪。如主教、大主教等是国王封臣，则应遵守封建习惯完成一应义务。如王田上之主教职、修院长职出缺时，应收归国王掌握。而这些职务的补缺选举，应在国王的小教堂中进行，所选人员应得到国王同意。选出的人选在就职前，应先对王行臣服礼及宣誓效忠。

亨利二世的立法也打破了世俗领主的独立性。如克拉伦敦敕令规定，城市、堡垒等均不得阻止郡守前往进行诚实保证调查，也不得阻止郡守入内逮捕重大刑事罪犯。① 由此可知，英国封建主的独立性相当有限。

亨利二世时所通过的克拉伦敦敕令（1166）、北安普敦敕令（1176），对刑事犯罪有所规定，把杀人、抢劫、盗窃等案犯及其窝主均收归王廷审理，并建立陪审制来揭发这些罪行。其中对刑事罪犯之处置相当酷烈，如北安普顿敕令第1条说，被陪审员揭发之各种刑事犯罪，均须进行水的神判法，如被判有罪，则应断右手及足然后放逐。② 在民事案件方面，亨利二世时以令状形式发布的大敕令及小敕令，主要是关于土地诉讼案件，而这些案件由此尽归王廷审理。这样可以说，重大刑事案件及民事案件，通过亨利二世的立法活动，几乎全归王廷审理，王廷的司法权大为扩大。

作为法庭的王廷，亦即和我们所分析过的中央的小会议相一致，例须由王出席主持，或者由某一宰相主持。当案件日益增多之后，这种还须同时处理全国各种行政、财政、军事等事项的王廷就更感到忙乱，缺乏时间作为法庭活动。另外，国王及王廷一年巡行各处，经常流动于英格兰、威尔士、大陆之间，诉讼的人花许多时间及金钱追逐法庭，且追赶不上，一个案件由此拖延五六年、七八年以至十几年，并不少见。客观情况逼迫人们必须改进法庭工作。

大约1178年，亨利二世命令组成永久性的5人法庭，包括3个俗人2个教士，固定在西敏寺审理有关案件，只有特别重大案件才到国王及其小会议上审理，这被认为是以后王座法庭或普通诉讼法庭的开始。③

但这种固定在中央的法庭还不足以解决全部问题，因为许多王座之诉的案件发生在地方，需要就地审理，于是逐渐形成巡回法庭（eyre）的制度。本来从威廉派遣专人到地方上进行末日审判调查以来，英国历代国王就都有组织专门人士赴各地调查或审理案件的情况。大概是索尔兹伯里的

---

① Douglas and Greenaway 1998, 442.
② Ibid., p. 444.
③ 关于这一法庭的性质的考察，参看李红海2003，120—124。或说这一法庭是12世纪90年代由财政署法庭派生出来，参看程汉大2001，59。

87 | 第七章　法律及司法制度

罗杰尔当政时期，开始正式组织赴各地审理王座之诉的巡回法庭。从1116年开始，不断可以见到在各地有这种法庭活动的记录，盎格鲁—撒克逊编年史曾记载，1124年，累斯特郡的巡回法官吊死的贼之多前所未有，短时间内即达44人，另还有6人被弄瞎眼和受宫刑。① 到亨利二世时期，巡回法庭的活动走向正规化。他派遣由宰相、中书令及警卫长等组成的巡回法庭，赴各地审理有关民、刑事案件，克拉伦敦敕令中的一些条款即为对他们的指令。在1176年制定北安普顿敕令后，更组织18个法官分为6组去巡回审判，1179年，则有21个法官分4处巡回。这样王廷的活动就扩大到全英各地，一应有关王座之诉均可近便审理。但一开始时因为巡回法庭注意扩大王室的收入，所以多审判有关刑事案件或与王室权利相关的案件，而且刻意网罗疑犯，株连无辜，所以名声很坏，上面累斯特郡的案件即为一例。有时居民听说巡回法庭的人员到来，就纷纷逃走。

巡回法庭虽然名义上也是一种王廷，但它的权力似乎略低于小会议、西敏寺的永久性王廷以及财政署法庭。它的不为民众所欢迎的综合巡回审判逐渐减少，分为专门审理指定案件的法庭，这里面最重要的就是民事案件的巡回审判，也就是地产案件的审判（commission of assize），因为有一系列的令状为依据，审理简便快捷，通行各郡，解决问题。刑事方面，则有审理郡陪审团提出的重罪案件的法庭和专门清理郡监狱的法庭，都对普通法的推广起了很好作用，所以成为国王的得力工具。通过巡回法庭活动，不但各地自由人之案件可以得到娴熟法律之人审判，推动了普通法的形成，而且国王的管理权限也更为之加强，郡守的割据性为之削弱，中央与地方的联系更紧密了。

2. 陪审制的成立

中古英国的陪审制（jury）并非只是法庭判决时使陪审员参加，而是一种广泛应用于司法、行政各方面进行调查、裁决的制度。陪审制的起源问题不很明朗，研究者意见分歧甚大，有的追溯其源自盎格鲁—撒克逊时期一些类似现象，有的则认为它由诺曼输入。考埃塞尔累得法第三部中3条1款云：每个wapentake的集会上，有12个塞恩及区长宣誓，不起诉好人，不隐匿坏人。这似乎与后来的检举陪审制有关，但此项规定以后消失不见，所以也有人主张是查理曼时期就已实行的由邻里揭发、调查为其源

---

① 盎格鲁—撒克逊编年史，2004，290；Douglas and Greenaway 1998, 201；Lyon 1980, 191 据编年史说，其中很多人实属冤枉。

头。有学者更发现在盎格鲁—撒克逊时期的忏悔者爱德华时，两个修道院发生地产诉讼，就由5个年长的俗人组成陪审团进行裁断，解决纠纷。①而末日审判调查，当也是使用一种陪审员弄清事实真相的办法。这却是由诺曼人引入的。所以大概英国本土和大陆两方面的因素都有。以后在调查审判中让一些熟悉情况之人参加，提供证词的方法逐渐推广，到亨利二世时渐正规化。

亨利二世为加强社会治安，打击犯罪活动，在刑事案件检察中使用陪审制，这被称为检举陪审制或大陪审制。在此之前，自由人之间关于刑事案件争执，其审判办法或是司法决斗，或是神判法，国王关心的只是收取罚金。这事实上不是一种有效的、使人信服的审判办法。为了使刑事审判真能对维护治安有利，亨利二世采取了另一种方法。根据克拉伦敦敕令，应于每百户区内遴选守法人士12名，会同各村之内遴选之守法人士4名，揭发本地区内发生的杀人、抢劫、偷盗等各种罪犯，郡守应即将这些罪犯逮捕，并加以看管。这就是所谓大陪审制或检举陪审制，它用来对罪犯进行检举揭发。揭发出来的人犯，当在巡回法庭上接受水的神判法，如他被证明有罪，则当受断手刖足之刑然后放逐。这种普遍的揭发制度对搜查出罪犯较为有效，因之逐渐得到推行。

关于民事案件，当时较多的是土地财产案件，这种案件原来大都用司法决斗来进行审判。亨利二世时，在民事上推行令状诉讼制度，令状中规定的诉讼程序，摒弃了司法决斗，而改由熟习该案情况之人士，一般为12人，到庭宣誓说明事实，如12人意见完全一致，则该案由之可得到裁决。这就是所谓的小陪审制或称识别陪审制。由于它的诉讼程序较为合理，于是民事案件之有关人士竞相使用，在推广普通法方面起了很大作用。

陪审制演变成为证明和裁决的一种制度经过了长期的历程，这和英国中世纪司法的特点有关。我们知道，中世纪英国的法庭，多是一种群众集会或者群众代表的集会，主持者或为封建主或为其管家，他们既没有法律知识，也不必具有法律知识，因为他们并不做任何裁决，而只是把裁决交给上帝，即或者是司法决斗或者是神命裁判。这种裁判方法不能为诉讼者主持公道，也许会带来不少灾难，虽然当时的人大都相信冥冥之中上帝的存在，可是实际的利害却是清醒的现实，所以他们只是在无奈下使用这种诉讼。陪审制把裁决交给邻里，他们可能对案件的事实比较清楚，也许能

---

① 卡内冈2003，99。

做出比较公正的裁判。① 不过当时陪审员也不必有多少法学知识和推理能力，因为在令状诉讼的形式下，他们只需说出事实真相，令状的内容已经把应该如何裁判说得一清二楚了，特别在民事诉讼上是如此。所以陪审制的理性是有限的，是和神命裁判比较而言的。另外，陪审制得以推行，还因为1215年拉特兰宗教会议禁止教士参加任何形式的神命裁判，这就使得神命裁判无法进行，转而使用陪审制。而陪审制的广泛推行，则是因王室法庭不断推广和加强，普通法逐渐取得胜利。

3. 令状的使用

用令状进行诉讼是普通法的一大特点，这也是随着王廷司法权的增大而逐渐形成的。令状本来只是一种公文形式，采取类似信件的叙述方式，由王发出，命令郡守或其他官吏进行或不进行何种工作。后来在王廷干预地方法庭或封建主法庭时，也使用这种令状，例如命令郡守公正审判，或命令把有关案件转移到王廷审判等。令状本来只是一种行政命令，在发展过程中逐渐转变成为司法文件，之所以能发生这种转变，有两方面的原因。一是因为英国王权强大，国王可以用这种行政命令的方式干预封建主的司法，体现了中古国王主持正义，公正审判，君主所喜者即为律的这样一种思想；二是国王法庭使用陪审制的审判比封建法庭、地方法庭所采用的神判法、司法决斗等更为合理，诉讼者乐于接受，所以主动寻求国王的司法救济。王廷的这种活动，我们有许多的例子，如阿宾顿编年史记载说，修道院长英格尔夫因其封臣海因姆拖欠税费而没收了其部分财产（即因不履行封臣义务而对其实行扣押），可是海因姆和其岳父西蒙（是他把此庄园转让给了海因姆）认为这不能接受。1153年，西蒙之子图斯丁到国王面前控告修道院长不正当地获得了他应继承的土地，花了钱在国王那里获得救济，于是国王通过令状命令图斯丁应该毫不迟延地恢复其占有。修道院长不服，召集封臣会议商量对策，图斯丁不出席封臣会议，到国王前再次请求救济（当然更重要的是奉送财物），国王用令状命令柏克郡郡长依照国王的法律处理此事，土地由之返还给了原告。不久斯蒂芬去世，亨利二世即位，修道院控告图斯丁，要求返还土地，国王又连发两道令状命令柏克郡郡长审理此案。几经周折，最后在王廷上修道院终于胜诉。②

在国王那里可以获得救济，讨还公道，或者虽不公道但获取到利益，

---

① 参看福蒂斯丘2008，75。
② 转引自卡内冈2003，45—46。

所以人们纷纷走向王廷，国王不断发出各种令状，干预司法。起初这种令状只是临时发出的，解决某个具体问题，但后来同类事件屡有发生，于是相应的令状采取一种固定程式书写，发给有关人士，加以应用。亨利二世时，自由人如要在王廷起诉（前已指出王廷的陪审制较为先进，使他们愿在那里进行诉讼），须先取得相应的令状（当时是要花钱才能买得），然后根据令状上的程序，进行诉讼。于是普通法的诉讼就演变成必须要使用令状进行。

亨利二世时最著名的几个令状是关于民事诉讼的，亦即关于土地财产的诉讼令状。我们知道，封建英国在封建主之间发生纠纷最多的是土地财产案件。根据封建习惯法，封臣的这种案件应在封君法庭上受审。如果纠纷是在封臣与封君之间（这种情况相当多），很明显封臣在这种法庭上难讨公道（虽然判决应是由其他封臣一同作出）。即使纠纷是在封臣之间，这种法庭上所使用的落后的审判办法也为大家所不愿接受，所以王廷遂使用令状对土地纠纷案件加以干预，使之转移到王廷审理。

这些令状中有 4 种是保护自由地产占有的，称之为小敕令。第 1 种可称为何种地产敕令（Assize of utrum），这大约是 1164 年克拉伦敦宪章颁行即附有的规定，即当一块地产性质发生疑问，究竟是教会财产呢，还是俗界财产，有关人士可向王廷取得这一令状，到王廷诉讼，而由王廷司法官员召集 12 陪审员决定土地的性质。

第 2 种可称为新近被夺占有敕令（Assize of novel disseisin），它大约制定于 1166 年。如有人之自由地产被人夺去，他可立即向王廷申请这一令状，令状的大意是说，国王向郡守致意，某某向我申诉，他被不公正地和不经审判地夺去某处之地产，命令你于该地邻居中召集 12 人，在王廷前宣誓作证，如果情况属实，即应将该地产归还某人。这一令状意味着自由地产的占有受到最迅速、直接的王室保护。凡占有自由地产的封臣，不管其封君是国王抑或比国王要低的封建主，他的地产均直接受王廷保护，而不受上级封君的干涉。后来在大宪章中，也依然肯定了这个令状的效能[①]，证明土地财产权之归属直接占有者，是一个必然的趋势。

第 3 种可称为死去先人占有敕令（Assize of mort d'ancester），即如果有人占有可继承之自由地产，他死后其继承人继承该地产发生争执时，其继承人可从王廷取得这种令状。令状命郡守召集有关 12 人，到王廷前宣誓回

---

① 1215 年大宪章第 18 条。

答，该人之父死时是否占有该地产，该人是否是其父之继承人，如果对这两个问题的回答均属肯定，则地产当由这个人继承。这个令状更是保护土地的直接占有者的，因为在封建西欧，往往发生封君在其下级封臣死时夺去其地产不让继承人继承的情况，有了这个令状的保护，则封君也必须服从，交出该地产给其封臣之继承人。

第4种可按令状内容称之为圣职推荐敕令（Assize of darrein presentment），即当某教堂圣职出缺，而其圣职推荐权发生争执时，则应召集12人组成陪审团，令其宣誓作证说明上一个圣职是由谁推荐的，则这次仍由他推荐。在中世纪的西欧，圣职推荐权（advowson）也被看作是一项财产，可以对之实行占有，因为掌握了这种推荐权即可推荐自己的亲信去享受此一肥缺，而且自己也可成为教堂的庇护人，谋取相应的收入，所以圣职推荐权成为封建主之间争夺的对象。①

以上的令状，特别是后面的三种，都是保护占有者的。从理论上说，英国当时只有国王是土地的所有者，其他的封建主都是占有者，都是直接、间接从国王那里领受土地。但是实际上，在占有的后面依然有所有问题。保护占有的令状实现的是罗马法的原则，即占有者甚至可以受到保护以反对所有者，可是这与实际情况不符。例如，根据死去先人占有敕令，某人临死时占有的地产应断归其继承人，但可能他是非法地占有该地产的，而另一方反而是得到国王封赏、应该占有该地产而没能得到。所以必须有另外的法令解决这更深一层的所有问题。亨利二世时也出现了这方面的敕令，被称为大敕令。② 应用此敕令，可以决定争执自由地产之双方，谁有更佳的权力（maius jus）。

据格兰维尔说，这种大敕令是英明君主所制定而赐予臣下之恩典，采用这种诉讼程序可以保全两造之生命及体面，避免决斗造成的不决可疑状态，也可避免决斗可以3次延期而造成久拖不决，这样既可迅速结案，又可省省花费。③

大敕令也有好几种令状，一种可称之为权利令状（writ of right），即当自由人地产之权利发生争执时，他应向国王取得此项令状，使此案到王廷解决。即召集郡内之骑士4名，再由他们指定了解情况的12名骑士出庭，宣誓作证说争执双方谁对该地有更佳的权力，由此作出裁决，使土地归某

---

① 这四种令状的格式，可参看格兰维尔的书，收入 Douglas and Greenaway 1998，506-509。
② 这种敕令可能是最早使用的，参看李红海 2003，138。
③ Douglas and Greenaway 1998，497-500.

人。另外一种是命令令状（writ of praecipe），是当自由地产发生争执，当事人一方感到在封建法庭得不到正确解决时，便可向王廷取得此项令状。该令状说，兹命令某人立即归还他夺去的某人在那里的土地，如他不这样做，则传唤他到王廷来受审。① 这一令状作用很大，因为它使封建主法庭无法审理土地案件，而只能由王廷审理，所以在大宪章中造反的贵族曾反对它②，但实际上它却一直应用下去，并不断扩大其效果，在推广普通法方面建立了功绩。

总起来我们可以说，亨利二世时期所推行的、所完成的一些司法改革，其倾向在于保护中、小封建主的财产权益，使其免遭大地主、大封建主的侵夺，这大约是中世纪英国王室所推行政策的一个重要内容。③

二　13 世纪普通法的形成

1. 普通法的形成

普通法的形成一般都归之于 13 世纪，其内容基本完成，诉讼程序亦形成固定格式，出现了勃拉克顿这样的法学家，写出《论英王国的法律和习惯》，对它作出了全面的总结。接着，爱德华一世颁布许多法律，以补充、完善民、刑法的各个方面，他被誉为英国的查士丁尼。从此普通法在英国实行多年，直到 19 世纪才加以改变。

普通法就是王室法，所以普通法显示了统一的王权的权威，许多法学家都强调英国普通法的中央集权性。不过普通法也并非全是王室制定之法，正如前面指出的，它大量的仍是在实践中形成的判例，仍是一种习惯。中世纪时人对于制定之法和非制定之法（即习惯）并无意明确区分，也没有这方面的明确观念，而把它们完全混杂在一起。从法律的渊源上说，既有国王颁布的敕令、令状，也有经大会议甚或国会通过的法律，也有各种习惯的记录。

13 世纪主要是亨利三世统治的时期，这时制定的法律甚少，但他曾颁不少敕令，另外，法官还发出许多令状以补充法律的不足，所以这时普通法仍迅速发展，特别是在土地法方面。但亨利三世时经过和贵族的斗争，

---

① Douglas and Greenaway 1998, 504, 496.
② 1215 年大宪章第 34 条，Rothwell 1998, 320。
③ Гутнова 1960, 264.

大约形成了法律要由国王和大会议或国会共同制定的想法，爱德华一世时也接受了这种想法，虽然实践上并不一定完全如此。例如，十分著名的 1279 年的死手律（见后）就是以国王命令法官执行这一法律的形式出现的，不过在其中说明这一法律是在王的御前会议的顾问下作出的。① 所以国王任意制定法律的意识仍然十分强烈，最多只是和他的法官进行商榷。1305 年，爱德华的一个法官对法学家说，不要对法律说三道四，我们比你们知道的要多，因为我们制定了它。②

爱德华时期，法律（statute）与法令（ordinance）有了明确区分，前者是指国王在大会议或议会中制定者，而后者则由国王在小会议中制定。至于发出令状之权，也受到许多限制。大贵族对于令状不断增加甚为不满，在牛津条例中甚至提出只有得到国王和大贵族之同意才能为新的令状加盖玉玺使之生效。③ 所以到 13 世纪中期法官发出令状适应新情况之事实际上停顿，普通法亦渐呈僵硬化。

13 世纪也是议会逐渐形成的时期，议会出现后，法律之制定需由国王在议会中提出然后通过。英国议会与法国三级会议不同，其发展的结果是教士退出不参加，只有郡和城市代表参加。所以议会的立法活动渐和教会无关，普通法内容不包括教会法。教会法是一个独立系统，有其自己的法律体系及适用范围，它的主要内容涉及婚姻、家庭等方面。

随着普通法的形成，其诉讼程式越来越固定化和复杂化。首先，诉讼人必须向中书令申请合适的令状才能开始诉讼，而选择合适的令状是一个十分困难的任务。令状的数目越来越多，据当时的令状登录册统计，1227 年有令状 9 页（folio），56 个条目，而 1531 年的令状登录册则有起始令状 321 页，司法令状 85 页。④ 每一种令状都有它的特定的诉讼程序、法律用语、适用的案件，如果令状选择不当，法庭会拒绝受理，甚或导致败诉。

令状被接受之后，当事人就可以到法庭上提起诉讼，进行陈述。这时法庭陈述已经成为一项很具有技术性的工作。如以当时最多见的地产诉讼为例，原告应指明他要求的土地的方位、数量和其相关附属物，然后要向前追述最早保有该土地的祖先的名字和该祖先在哪一位国王在位时保有该

---

① Rothwell 1998，419.
② Clanchy 1998，214.
③ 牛津条例没有官方文本，只保存在编年史的记载中，有关内容参看 Rothwell 1998，363。
④ 卡内冈 2003，156。

土地，还要说出该祖先如何对那块土地行使权利，如获取多少谷物等，接下来要说明从该祖先起一代代传承的系统，还需说明自己是以什么条件领有该土地的，在那块土地上如何行使过权利等。被告的答辩也有一定的规定，他可以就原告提出的问题进行总的答辩，即全部否定，也可以就具体的问题反对原告的理由。经过双方相互辩难，陪审员最后做出裁定。这样法庭辩论就具有了很专业的色彩，语言有专门要求，事实必须按照要求叙述清楚，如在叙述过程中发生错误，就会导致败诉。

诉讼发展成为需要专门知识才可进行的事项，于是出现了专门帮助别人进行诉讼的人。一种人称助诉人（pleaders），原是当事人的朋友，出庭帮助他进行诉讼，此习早在亨利一世时已然出现。助诉人出庭只是帮助当事人进行诉讼，所以他的一举一动并不代表当事人，如他的言谈、举止不符程式、犯有错误时，当事人可以否定这一错误，避免导致败诉。后来此习日益流行，13世纪中期时，法庭记录显示助诉人在王室法庭上已是一种专门职业，戴着特定的帽子，以资识别。他们通晓法律，懂得何种案情该申请什么令状以进行诉讼才更有利，他们出庭时接受当事人的金钱或实物报酬，其意见和法官的意见一样受到尊重。他们是后来律师的先辈。

另一种职业法学家称代诉人（attorneys），是代替当事人出庭进行诉讼。不过谁可以由代诉人代他诉讼却不是随意的，这是一种特权，需要王室赐予。12世纪时，当有人赴外国，或参加十字军或有王命在身，才可指定代诉人。本人需先出庭，指定某人为其代诉人，并经法庭之令状予以确认，方为有效。这个代诉人和助诉人不同，他完全代表当事人的意见和行为，他的出庭也就是当事人的出席，所以他要对案件的胜利或失败负责。13世纪时，出现了专门的代诉人来代替别人打官司，他们是通晓法律、别人希望通过他的活动帮助当事人取胜的人士。助诉人和代理人的活动日益频繁，逐渐形成了律师的职业群体，他们通晓法律知识，和当事人商讨案情，研究对策，出庭进行辩护，领取报酬，有的还发了大财，拥有地产。爱德华一世时，辩护律师终身受雇于某一当事人的现象已经相当多，他们的年薪，在王廷上的是20或40先令，在地方法庭上的为20先令或1马克（合13先令4便士），多以实物和货币两种形式支付。①

普通法形成的另一标志，就是法律从业人员队伍的出现。因为司法任务日益繁重，国家机关兼管司法已不能胜任，所以13世纪时司法机关独立

---

① 程汉大 2001，128。

化。从 1268 年开始，逐渐任命法官，主持王室法庭，专管司法事项，从此 justiciar 一词即专指法官而言，不再有宰相的含义。起初法官多选拔教士充任，因为唯有教士才是知识分子。但教士多熟习教会法，维护教会权益，与扩大王廷司法权相矛盾。罗马法复兴后，西欧俗人研习法律者日多，法官也渐由俗人充任，不再任用教士。法官也逐渐不再由王廷的其他官员兼任，而成为独立的职业工作。从 1216 年到 1239 年，在西敏寺法庭判决书中见证的法官共有 45 人，其中 13 人出现次数最多，意味着他们已经成为一个职业群体。①

法官由国王任命，其职位不是可以世袭、转让的一种财产，而是一项国家职务，从开始即可得到工资报酬。据记载，1268 年首席法官工资为 100 马克，其他法官各得 20、40 镑不等。当时因为国家岁入无常，经常入不敷出，所以不能保证按期给薪，法官还得另辟收入途径才足维生。他们除了发出各种令状时收费取利外，还收取贿赂，枉法行私。亨利三世时此风日盛。爱德华一世于 1289 年组织专门班子调查，揭发出各种丑闻。王座法院 3 个法官中，2 人被免职，普通法院 5 个法官中 4 人被免职，另外 5 个巡回法官及其他一些官吏，也均犯有罪行。②

法学家的队伍日渐扩大，当然就要有培养他们的场所，在先各种法学家均收一些徒弟，帮助工作，兼习法律。爱德华一世时出现了专门的法律行会或兄弟会，即一些法学家的学生组织起来，在中央法庭所在地西敏寺，利用实习之机，讨论各种疑难案件，这成为日后法律学校之开端。因为他们寄居的地方是一些酒馆、饭店，所以被称为 inn，后来形成了著名的四大律师学院，即林肯学院（Lincoln's Inn），格雷学院（Gray's Inn），中殿学院（the Middle Temple），内殿学院（the Inner Temple）。（被称为 temple 是因为它们占用的是圣殿骑士团的地址。）学生们通过旁听法庭辩论，听老师讲授法律法规、案例分析，自己组织模拟法庭等办法学习。他们在法庭旁听时所做记录，称为年鉴（year book），是中世纪的重要史料。律师学院的活动，培养了不少法学的人才，而且成为英国法学如此成长的一大特征，即它不是在学院中闭门学习，而是在实践中学习，有助于其学习成果的应用。

---

① 程汉大 2001，115。
② Holdsworth 1922, v. 2, 295.

2. 普通法的各种法庭

中世纪英国法律制度的特点之一是有多种司法机关——法庭存在，其职权各有不同，但往往也互相交错重叠，下面分别叙述。

普通法在中央的法庭有三，即普通诉讼法庭（court of common pleas），王座法庭（King's bench）和财政署法庭（exchequer）。普通诉讼法庭与王座法庭本来多与王廷重叠，二者之间也甚难区别，直到13世纪后期方才分立。王座法庭例须由王出席主持，其特征是不固定一处，经常随王转移，它审理的是有关王座之诉的案件，许多是刑事案件，但即使是民事案件，如被认为破坏了国王的和平，亦归王座法庭审理。它还有权改正下级法庭的错误判决，但并不是一种上诉法庭，因为当时并无上诉制度。而是要由当事人取得一种令状，到王座法庭来推翻原判中的错误部分。另外，王座法庭还有权监督王室的官吏，听取关于他们的申诉。

普通诉讼法庭固定在西敏寺，其职能主要是审理臣民之间的讼案，所以多为民事案件，包括动产与不动产纠纷。另外，它也有权改正下级的郡法庭、百户法庭的错误判决。至于财政署法庭，要到14世纪初方才和财政署分开，成为独立的专门审理财政、税收案件的法庭。

另外一种普通法的法庭即巡回法庭，是由王室派遣法官赴各郡巡回就地审讯。根据委托给它的不同职权，这种法庭也可分成好几种。13世纪时活动的首先是总理巡回法庭（justices in eyre），它在所巡回的一个郡或几个郡中，有权听取全部民刑事诉讼，其所起的作用和使用的方法和原来郡守的巡视（tourn）差不多。主持者为王室派遣之巡回法官，而出席者则包括当地的大、小封建主，从主教、伯爵以至普通的骑士、自由土地持有者，还有各村的庄头（reeve）及代表4人，城镇代表12人，以及所有上次本庭巡回以来发生的一应案件有关人员，所以人数众多，据计算1313—1314年间肯特郡的这种法庭，其出席人数多达1500—2000人。① 法庭开庭后主要工作是由当地陪审员检举案犯，加以逮捕审判，处以罚金。这成为国王聚敛的一个主要手段。另外它也调查当地官吏之篡窃、枉法行为，加以惩处，有助于改善吏治。由于这种巡回法庭多以收取罚金为目的，造成不少损害，人民闻其到来，纷纷逃入森林藏匿以避之。14世纪中叶，它的职责渐被别的法庭取代，活动停止。②

---

① Holdsworth 1922, v. 1, 267.
② 参看李云飞，《从高效到超载：中世纪英格兰巡回法庭的兴衰》，《世界历史》2012年第4期。

13 世纪更为重要的一种巡回法庭是民事巡回法庭（justices of assize），它负责审判有关土地占有的案件，依据前述的各种保护占有的令状，使用陪审制进行。因为民事案件，尤其是土地案件审理起来更为复杂困难，所以此法庭须有一人是王室派遣的法官，其他人员则为当地骑士。它的活动，大宪章中曾提到为一年 4 次，不过后来一般为一年 1 次。到 1285 年西敏寺第 2 律颁行，使民事巡回法庭的职责更为加重。在此之前，有些案件在西敏寺的中央法庭审理，诉讼双方以及当地的陪审员都要前去，路途遥远，负担沉重，诸多不便。所以西敏寺第 2 律规定，有关案件之当地郡守应带领陪审员等于某一确定之日期前来西敏寺进行裁决，但如在此期之前，民事巡回法庭来到本郡，则案件由它审理。同时，该律还规定，民事巡回法庭应一年开庭 3 次（然事实上大都为 2 次）。这样，有关案件都可由它在当地审理了。所以这种法庭活动日益频繁，成为主要的普通法法庭。

另外还有的巡回法庭则为刑事巡回法庭，专门审理刑事犯罪案件和清理在郡监禁的刑事嫌疑犯，以便把监狱清理出来。

3. 其他封建法庭

中世纪英国除了普通法法庭外，还有其他众多的法庭。最具特色的两个法庭系统为城市法庭和教会法庭，城市法庭一般即为市议会，主持者为市长或王室、领主派遣的管事，审理各种民、刑事案件，许多涉及城市情况如合同、师徒关系、高利贷等。所依据的法律有城市受封的各种特权及本身的习惯，普通法也逐渐在城市中流行。

教会法庭应属除普通法法庭外最重要的法庭。其基本组织是各主教在其主教区内的法庭，一般由主教本人主持，有时由他派遣的代表主持。13 世纪主教区划分为小区，各小区也有法庭，由执事长（archdeacon）主持。教会法庭还有上诉制，所以一个案件可由执事长法庭，上诉到主教法庭、大主教法庭，以至教皇法庭。

教会法庭所审理的案件，可分为 3 大类。第 1 类包括教士所犯的刑事案，宗教性犯罪如异端、巫术、渎神、酗酒、骂人、高利贷等，以及在宣誓下所订立的契约、允诺等案件；第 2 类包括婚姻、遗嘱等；第 3 类则为关于宗教性事件如圣职授予、祝圣、教士身份问题，宗教财产如土地、圣职推荐权，以及教会税收等。

在何种案件应归教会法庭审理的问题上，教会与世俗封建主，特别是王权进行过激烈的斗争。许多案件界限不明，双方互相争夺。斗争的结果是教会权力日衰，教会法庭审判的案件也渐趋减少。

中世纪英国另一类法庭可称为特权法庭。所谓特权法庭，即得到国王封赏的具有司法权的特殊法庭。中古英国王权较强大，法令较统一，法律的制定和司法都属于国王，其他单位、个人如取得司法权，必须是国王封赐才可。爱德华一世于1274—1275年组织对全国各地进行调查，调查内容就有些是各郡之王田、森林、没收、监护等项权益是否被篡夺，还有就是如封建主在当地拥有司法权，则必须回答"Quo warranto"（凭何权力），即必须出示正当文件或其他依据，证明其司法权是由王室赐予的，否则便要被收回，调查结果编定成为著名的百户区卷宗。这一调查以后也还进行过。

调查结果表明，许多封建主都拥有大小各不相同的司法权，很多根本提不出证明。因为这种司法权的来历相当复杂，有些来自盎格鲁—撒克逊时期，当时文书使用不普遍，所以没有证明；有些来自诺曼王朝时期，这时许多司法权的赐予也是口头表示的，并无书面文件证明；更多的司法权是各封建主在混乱时期篡窃而来，当然就更没有证明。爱德华一世这一调查并准备收回司法权的行为，侵及各封建主的切身利益，激起他们激烈的反抗。据说瓦隆伯爵拿出一把生锈的剑对着法官说，这就是我的证明文书，我的祖先拿着它和私生子威廉（即威廉一世）一起征服了这块土地，我也要拿着这把剑保卫我的土地以反对想要夺去它的人。① 最后王权与封建主的矛盾冲突以妥协告终。1290年Quo warranto律规定，封建主司法权如无文书证明，但自理查王即位以来即不间断地拥有此权者，仍然可以承认其司法权合法，即援引了时效原则。而在此之前此类司法权被没收者，可以要求发还。②

Quo warranto律虽属妥协，但它却肯定了一切司法权均属国王，别人拥有的权力乃由王封赐而来的原则。以后巡回法官在各地所进行的调查，均有Quo warranto的内容，发现证据不足或滥用的司法权都要没收。不过封建主仍然顽强地维护其土地上的司法权，终中古之世，它仍然保留下来。

由国王赏赐而具有司法权的特权法庭在中世纪英国种类繁多，情况各别，兴衰变化不同。下面简要介绍一下几种特权法庭。

一种是森林法庭。从诺曼征服起，英王即控制大片森林，作为狩猎之

---

① Clanchy 1998, 215.
② Rothwell 1998, 464-466.

所,并颁布森林法以管理之。王室森林由王派出法官,与森林区的其他官吏组成法庭,对违反森林法、侵害国王狩猎权益的人进行调查、审判及惩处。森林法十分严酷,如1184年森林法规定,任何人不得侵犯国王的森林及其狩猎权,未经允许任何人不得于王林中挟弓矢带鹰犬;如有人在森林区中有树林,不得随意砍伐;在国王于森林中放牧牲畜之前,他亦不得放牧;如有人于夜间猎取野兽,不论在林区内外,都要处以一年监禁及罚金。森林法官时常滥用权力,盘剥小民,惹起群众很大不满。亨利三世时,乃颁1217年森林法,规定调查亨利二世以来所划之王林,如侵犯别人的树林或共有的牧场则应解脱之,森林区以外的居民不受森林法官的审判,理查王及约翰王所划的王林全部予以解脱,禁止森林法官向人民无理勒索某些实物,今后任何人不再因触犯王之狩猎权而丧生或被处肉刑等。①1225年和1297年,爱德华一世曾重新肯定这个法令的效力,但各种弊端仍然存在。②

第二种是矿业法庭。这一般是在王田范围内采矿的工人,向国王交纳一定费用,由王授予司法特权。这些特权多为对采矿者习惯的承认。具有这种司法特权的地区如邓森林的铁矿、德文和康沃尔的锡矿等。其法庭由王家派的长官或其管家主持,法庭可审理矿工的一般民、刑事案件,但涉及土地、生命及肢体等案件仍由王室法庭审理。

还有一种法庭是大学法庭。大学原本属于教会,其司法权也归教会法庭,但后来英王提倡文化,也赐予某些大学以独立司法权,由校长主持,行使对校内人员的审判权。

特权法庭中最主要的还是封建主的法庭。如按13世纪法学家的观点,封建主的法庭还可分为两类:一类是封建法庭,即封君依据封臣制原则召集下级封臣组织起来的法庭,另一类则为凭借国王赐予特权而掌握的法庭。前一类在英国不发达。封建主征召其下级封臣审理彼此间纠纷本来就不容易,而自普通法兴起后,这种法庭最主要的权力即对土地案件的审理渐被普通法法庭取代,所以这一类法庭多为名存实亡。需要叙述的是封建主的特权法庭,这就是我们一般所说的西欧封建主在其领地上都具有的司法审判权,公认是西欧封建领主制的特征。

前已指出,英国的传统是司法权属于国王,所以像大陆那样独立的诸

---

① Rothwell 1998, 337-340.
② Ibid., p. 488.

侯领自成司法系统、中央不得干预的情况很少，只有达勒姆主教区、兰开斯特公爵领、威尔士马克等几个，还大都是后来形成的，而且也不能完全摆脱中央法庭的支配。比较习见的是封建主在其领地上根据掌握的各种特权（当然也有不在其领地上的单独的司法特权）而组织的法庭，这些特权大都由国王赏赐而来，有证书证明，种类繁多，总的可称为 franchises。其中有免税特权（免征丹麦金、任意税、各种封建捐纳等），免除各种封建负担的特权，各种司法权，进行诚实保证调查的特权，对出售之面包及酒审查的特权等。另外，当时一些大封建主往往还得到王室赐予百户法庭，由此掌握了百户法庭所具有审理某些民、刑事案件、警务等的权力。

封建主的各项司法特权，大都具体实现在他所掌握的庄园法庭上。庄园不单是他对土地的经营单位，而且也是实现其领主权的单位。这种法庭一般每3周举行一次，庄园上的农奴及自由佃户以及小封建主均须出席，主持者为封建主本人或他的管家，依庄园习惯审理各种案件，多为处分农奴及农民对封建主的侵犯，另外则是村民间发生的纠纷，也依据封建主的特权，进行诚实保证调查，审理轻微刑事案件等。法庭收入归封建主所得，体现了中世纪"司法获大利"的特征。

三　普通法的内容

普通法的主要内容为土地法。13世纪英国封建土地法内容已十分完善，形成一整套法律体系，包括土地封受、权利义务转移、继承等，这些在叙述封建土地制时当详加论述。

普通法的刑法部分却是不发达的，没有像我国古代发展出详细的罪名及规定了相应的处罚。到爱德华一世统治之末，只有一种罪名即大罪（felong），包括杀人、纵火、强奸、抢劫、偷盗等。Felong 这个字在大陆上本来是指封臣对封君之背叛，可是英国普通法中 felong 却不包括这种罪行。到14世纪中叶，规定如背叛对君主的忠诚，是为更大的大罪，即为叛逆罪（treason）。叛逆罪包括谋害国王、王后、其长子或其继承人，强奸王后或国王之未婚长女，起兵反对国王，归附于国王的敌人并给他以帮助，盗窃国王的大玉玺或小玉玺或钱财，运入伪币，杀害中书令、国库长或王座法庭的法官等。[①] 以后随着王权的加强，叛逆罪的内容也不断更新。

---

① 1352年律，cf., Myers 1998, 403。

偷盗是指和平时期强入教堂、民宅和城乡之墙及门以偷财物者。而偷窃则区分为大小，如所窃财物在 12 便士以下，则为小偷，不属 felong，如所偷财物值 12 便士以上则为大罪。以上各项，如经判定有罪，则或处死刑，或断其肢体或放诸法外，其财物没收归王，土地则归王一年零一天，然后归其领主。刑事罪的责任观念开始产生，对于年幼、精神失常犯罪及过失杀人、自卫杀人者可以宽宥。

刑事罪这种大罪都是归王廷审判的，其起诉的方式有陪审制揭发及个人控告两种，但后者很少见，大都是巡回法庭或郡守巡视时由陪审员揭发的。这种揭发的案件一般为嫌疑犯，并非在犯罪现场抓获者。在审讯时，被告不得请律师帮忙，而只能自己抗辩。审讯办法用原来的神判法及司法决斗都已不行，而用陪审制审理。可是在陪审制下，揭发者和裁决者往往是同样的群体，所以被告一经被揭发等于即已定罪，事实上不一定公正。被告往往不愿使用这种办法受审，于是王室规定用酷刑迫使他们就范。即把他们用镣铐锁在狱中最坏的地上，一天只给一点水喝，次日再给一点面包吃，有时还要用重镣和大石头压迫被告，使其倍加痛苦。在这样的折磨下，有些人被迫接受陪审制审理，但有些人则宁死不接受。因为如一旦被定为大罪，则其财物土地均被没收。如果未被定罪，则土地财物仍可传给后代。为了纠正陪审制的这种弊病，乃逐渐改变陪审员的组成，使揭发者与裁决者非同一人，但这种弊病的完全改变要等待 5 个世纪之久。

第八章　封建土地所有制形式

一　封土制的不同类型

1. 封建制起源的争论

大部分英国学者所说的封建制，和我们的理解不同。我们把封建制度、封建主义作为一个独立的社会经济形态看待，其内容主要指该社会的生产力及生产关系部分。西方学者所说的封建制度多从政治制度、法律体系上理解，其主要内容指的是法典化的西欧的封土制与封臣制。所以他们讨论的封建制的起源多属封土制与封臣制的起源问题。

英国封建制起源的讨论，主要有两派。一派代表为兰德，他于1895年著文《骑士军役之介绍入英》，认为关于英国的封土制、骑士制等全由诺曼征服带来，在盎格鲁—撒克逊时期没有这些东西，是为突变说，也可称之为导入说。后来的梅特兰则主张渐变说，认为在盎格鲁—撒克逊时期封土、骑士、军役等已渐产生，诺曼征服则是其完成期。这两种观点各有支持者，长期进行深入钻研与讨论。

主张盎格鲁—撒克逊时期已有封臣制者认为，当时的塞恩即为国王服军役的下级武士，受土地封赏，如果不履行义务，其土地要被没收。其他如忠诚观念、下级对上级效忠、效死疆场，以至臣服礼等迹象，都可在当时找到。但反对者不这样看。他们认为塞恩虽然为王服役，但不是封建意义的骑士。斯坦吞以为塞恩的义务是否军役,资料并不明确。当时负国家军役义务的是民兵,由5海德出1人的原则向农民摊派,而塞恩的义务可能是各种杂役。另外塞恩的土地也并非全由国王赏赐,许多是祖传地产。①

有的人主张塞恩不是骑士,是因为英国当时还没有骑兵。盎格鲁—撒克逊时期一直保持步战之习。军队中的马只作为行军骑乘之用,以使行动迅捷。抵达战场后,军士仍然下马步战。克努特征服英国后,其亲卫队由手使大斧的步兵组成,更无骑战之习。所以后来黑斯廷斯之战中哈罗德的步兵经不起威廉骑兵的冲击,终至失败。至于封土,则盎格鲁—撒克逊时期一种土地即租佃地与之有关。这种土地多属由教会赐给塞恩等,以服役为条件,但服役内容不能肯定为军役。其领有的时间则为终身或者三代。这种土地能否称得上是封土,看法也不一致。

这些议论,因为和我们要了解的主题关系不大,所以只概略加以介绍。

2. 封土的不同类型

根据其权利是否受普通法保护,英国封建时代的地产可分为自由土地和不自由土地两大类。我们这里讨论的只是自由土地。我们可以把自由土地称为封建土地,这是指其权利的内容服属当时封建的普通法。可是并不能认为自由土地全属封建主的地产,其中也有相当部分是农民的地产,不过我们主要讨论的仍是封建主的地产罢了。

根据普通法的原则,全国的封建土地,最终都是向国王领有的。其中某些封建主的土地直接领自国王,这些人称为总佃户。总佃户如土地广大,还可把其中一部分分封给另一人,另一人的土地则间接领自国王。如此层层封受,可以形成多层阶梯,但最终均上溯至国王,所以国王是全国土地的名义上的所有者。英国不似中世纪的法国,它没有自主地(allod),一切土地均是领自别人的,任何土地领有者上面均有一领主,只有国王除外。这一原则,是由威廉征服后执行的土地调查从法律上确定下来的。

通过封受而领有的土地称为封土(fee)。封土在英国所指的范围较广。如德国的封土是严格以服军役为条件领有的土地,英国的封土则不管其领有条件是什么,只要它是自由土地,并可由领有者世袭,即可称为封土。

由土地的封受,结成封建主之间的君臣关系,上一级为封君,下一级为封臣,封臣之下还有封臣。土地的分封,是以一定义务为条件的,封臣领有土地后应向封君完成规定的义务。封臣又可以另外设定的条件把该土

---

① Stenton 1932, 116-119.

地再转封给另一人,并且还可依次转封下去,三四级阶梯是常见现象。土地转封之后,该封臣对上级负担的义务并不能免除,只是他可以作为封君享受下级对他的服役。例如,甲以服军役为条件把一块土地分封给乙,乙又以纳货币为条件把该土地转封给丙,于是出现了乙对甲的军役义务,又出现了丙对乙的货币义务。如此层层封受,一块土地上凝固了多种权利、义务,形成了中世纪土地所有权的奇观。由于封土世代相袭,这种权利、义务也依相同条件不断继承下去。这就是土地的人格化,土地和他的主人一起具有名分、头衔、等级等。

由于分封土地的人可以设定其条件,所以形成领有条件互不相同的各种土地。13 世纪英国的封土可分为 4 大类即教会领(frankalmoin)、军役领(military service)、杂役领(serjeanty)和索克领(free socage),其中最主要的是军役领,下面我们依次介绍各种封土的情况。

(1)教会领

这种土地应是教会或教士领有的自由施舍(free alms)的土地。它应不附带义务,只出于慈善的动机。末日审判书中已记有这种土地,它是由国王出于慈善、怜悯而赐给残废者、盲人,不附带义务,但国王也可随时收回它。到 12 世纪,国王、封建主不断分赐给教会、教士个人大量的土地,名义上都是自由施舍,即受地者不向领主行效忠礼,没有确定的义务,也不再收回。这是因为这种土地虽说是授予某宗教团体或某教会人士,但却被认为是通过它(他)奉献给上帝的,对上帝当然不敢要求义务的报偿了。不过事实上,当时俗界人士分封土地给教会,目的仍是在于希求得到宗教、灵魂方面的报偿,所以 13 世纪时教会领这种土地已定型化为一种有确定义务的地产,其义务多属宗教性质,如受地者为分封土地者本人或其家族祈祷、举行弥撒等。教会领的土地上往往还带有世俗性质的义务。这是因为许多这种土地都由中间领主(mesne lord)分封。而他们接受的这种土地则是军役领,上面已存在军役义务。当他们再转封土地给教会时,往往把其上的军役也转嫁给它。另外,国王直接以军役义务为条件分封土地给教会或教士的事也并非绝无仅有,当时的一些教会人士实际上仍是赳赳武夫。

教会领这种地产不受世俗法庭审理。1164 年的克拉伦敦宪章规定,如有教俗二人争讼某块土地,前者主张它是教会领,后者主张它是世俗封土,则应由宰相会同 12 名其他人士共同考察决定究竟它是何种土地。如果它是教会领,则归宗教法庭审理;如果它是世俗封土,则归王廷;如果两造均属同一封君之封臣，则归封君之法庭。但后来王廷权限不断扩大，不断削弱教会法庭的权力。到 13 世纪末对世俗封土的解释愈益广泛，把许多教会领都包括进来，不被认为是世俗封土的地产往往只剩下教堂或修院本身，这样教会领所享受的审判上的特权遂告消失。

13 世纪之后，这种土地日渐衰落。1279 年通过的死手律，规定未经国王批准，土地既不能转卖也不能分封给教会，所以这种土地很难再增加。根据 1290 年的买地法，则教会向中间领主领有的教会领当该领主死后无嗣、转向上一级封君领有时，只能依照某种世俗封土的条件。这将导致教会领的减少。

（2）杂役领

根据法学上的解释，杂役领的义务是一种个人的服役，即受地者本人亲身执行的服务。它大致上可分为非军事性的和军事性的服役两大类。

非军事性的服役从记载上看，许多是国王宫廷内的执事人员所从事的工作，如为王执旗、持矛，为王捧剑、上食等，或者是王宫内的司膳、司厩、司宫等职。从事这种工作的人都可由此得到一块封土以为报偿，这种封土即称为杂役领。而司膳、司厩、司宫等职往往成为一种世袭职务，所受封的土地由之传给后代。其他为王服各种杂役的人还有很多，如为王送信、为王运送财物，王的看林人、养蜂人、养鹰人、石匠、木匠等，也都可得到杂役领土地。除了国王以外，其他一些大封建主也需要各种服役人员、供应人员，他们也都得到杂役领土地。

军事性的杂役领，则为国王或大封建主分封给随同他们作战的骑士以外的人的土地。领有这种土地的人包括参战的步兵、轻骑兵、弓箭手、运送军火粮秣的人等，其数量也相当不少。

杂役领因为是封给受封者亲身服役的土地，按理它不得继承，受地者死后由领主收回。13 世纪时它也转化为世袭地产，但它的继承金无定数，由领主随意规定，另外这种土地也不能分割继承。这仍反映了杂役领不得世袭的原则。

13 世纪以后这种土地也逐渐减少。只军事性的杂役领还保留了一部分。

（3）索克领

索克领起初本是农民的地产。在末日审判书中，主要在原来英国的丹麦区，记录到一种自由身份的农民，称为索克曼，其领有的土地当是索克领的来源。后来的庄园中，仍存在不少索克领，其领有条件为向领主纳货币或实物，也有轻微劳役。

后来索克领这个名称也转用到封建主领有的土地上，其领有的条件多种多样，以至于甚难给它一个界说，只可以说自由土地中，除了教会领、军役领、杂役领之外，其他地产均属索克领的范围。梅特兰曾经举过这种土地的领有条件的例子：

有一种索克领，其义务只是象征性的，如一年献一朵玫瑰花，这可能是领主把土地分封给自己亲人或亲信的一种办法，也可能实际上是一种土地买卖。还有一种条件是交纳一些实物，如年纳一副手套、一只雀鹰、一磅胡椒等。也有一种是交纳货币地租的索克领。①

（4）军役领

以服军役为条件领有的土地是一切封土中的最主要部分。从威廉征服开始，国王的总佃户主要是以服军役为条件向国王领有土地。总佃户的情况相互之间差别很大，有些是占有广大土地的教会或世俗封建主，但也有只有小块土地的骑士。对这些封建主的土地，都规定有应奉召服役的骑士数。这种数目可能是威廉战胜之后规定的，但没有确切的记载。应出骑士数是否与总佃户所占土地大小成正比，也不能肯定。12世纪时几个大修道院彼得博罗、圣爱蒙兹、圣奥尔朋斯和拉姆齐所应出的骑士数为60∶40∶6∶4，与它们的财富不成比例。拉姆齐修院占地广大，仅亨廷顿郡就有好几个百户区，可是所出骑士数却只4个。②

供应一个骑士作战的土地称骑士领（Knight's fee），它应是一定面积的土地。所以也时常用它作为表示封土大小的单位，称某块封土合几个或几十个骑士领，或者只有1/2、1/4、1/8骑士领不等。地产广大的总佃户，其封土含四五十个骑士领，这种地产多称为男爵领（barony），该大封建主也多称为男爵。但一个骑士领究竟有多大面积，却很难说。通常认为标准的骑士领为5海德，可有的地方1海德可算1骑士领，也有的地方24卡鲁卡特才算1骑士领。

1个封建主的土地合若干骑士领，就是他应奉召为王提供的骑士数。骑士的来源主要是该封建主的封臣。他可以把土地划成小块分封给骑士，这些骑士直接组成作战的军队；他也可以把土地分封给中间领主，中间领主再分封而率领一定数目的骑士前来应召服役；他也可以把土地全部自己

---

① Pollock and Maitland 1923, v. 2, 291-292.
② Ibid., v. 1, p. 258.

经营，在家中养一批无地骑士，遇有王命时率领参军。无论如何处置，对国王应负的骑士数不得变更，义务必须完成，如不完成就要受到扣押土地的处分。

总佃户对国王的军役，按惯例须亲身应役。如他应出骑士50人，即应自己率领49名骑士奉召为王作战，只有本人因年老生病不能应役时才得由别人代行。如总佃户是妇女或教会人士，则也可以由别人代替，因为妇女不能执干戈为王前驱，教士按宗教法规也是不能参战的。不过实际上中世纪时有教士头衔的封建主参军作战之事已屡见不鲜。当时服军役是一项沉重负担，参加者须自备马匹、武装，自带粮秣和随从，一应费用皆由己出。因此，在服军役的时间和地点上，国王和臣下常起冲突。13世纪时服役天数大致限定为每年40日，过期其费用由国王负担。服役的地点即是否赴海外（欧洲大陆）作战是一大争执点，发生过好多次骑士拒绝赴海外作战的事。

关于国王和其封臣的封臣的关系，则不十分明确。法国的惯例是"我的封臣的封臣，不是我的封臣"。英国则因威廉征服后举行索尔兹伯里宣誓，似乎不承认上述原则，但实际上也很难说国王对封臣的封臣有直接的人身关系，他仍然应通过其总佃户才能征召总佃户的封臣前来应役。不过英国和大陆不同，在这里私战不合法，即任何封臣只能在国王的部队中，为国王作战，而不得为其他封建主作战。即使他是自己的封君，又对他负有军役义务，也不得为他进行私战。实际上封臣为封君私战之事在英国也常有发生，只是不为法律所承认罢了。

和军役领相联系的是盾牌钱问题。一般以为盾牌钱的正式施行是1159年亨利二世向其总佃户征金代役，而总佃户也可向其下面的封臣征收盾牌钱，但实际情况却比这要复杂。从总佃户一方面说，率足够数目的骑士奉召为王服役一开始就是一件很难完成的事。因为当时这种君臣关系并不理想，封建主彼此之间矛盾重重，他的封臣、骑士不一定召之即来。如果骑士数不足，则算对国王疏忽军役，要受到扣押或罚款的处分，罚款数目由国王决定，是沉重负担。从国王方面说，虽然征服之初因为和本地居民敌对迫使他十分重视军役之保持，但这种封建军队之缺点已经暴露无遗，召集不易，桀骜不驯，指挥不灵，常常不敷应用，所以很早已有以金代役的办法，即国王向总佃户征收一笔钱来付给他的雇佣军作工资。1100年，已有亨利一世豁免某修院长盾牌钱的记录。① 亨利二世时，征收盾牌钱的记

---

① Stenton 1932, 178.

英国封建社会研究

录日多,盾牌钱的数额当时一般为每个骑士领1马克或1镑。① 总佃户发现征收盾牌钱是一种生财之道,有时向其封臣随便加征,而下面的中、小封建主当然也会把盾牌钱的负担再分摊到农民身上,所以有时农民份地上的负担也有盾牌钱。亨利二世为了增加收入,根据一切军役均属国王的原则,要求臣下所收的盾牌钱比国王所要求的数目多出的部分也要上交,所以1166年进行了一次调查,要求总佃户报告:①他们在亨利一世逝世之前,共分封了多少骑士;②自从亨利一世逝世起,又分封了多少骑士;③为了完成应向国王负担的军役,还须再分封多少名骑士。如果发现所负之军役较封出的骑士为少,则予以增加。调查结果曾记录在册,这就是有名的男爵领清册(Cartae Baronum)。②

从亨利三世开始,总佃户向臣下征收盾牌钱的任务有时交给国王,由各郡的郡守直接征收,盾牌钱逐渐更演变成像是国家的税收。如果总佃户要向自己的封臣收盾牌钱,也得有国王的令状才行。但征收盾牌钱自必引起封建主的反抗,国王被迫另外开辟财源,到14世纪盾牌钱渐渐停止征收。

二、封君封臣关系及其对封土的权利

1. 封君封臣关系

封建主之间结成的君臣关系,是一种人身关系,这种关系应是以土地的封受为基础的,两者紧密结合在一起。但从形式上看,土地的关系和人身的关系也可以分开,西方学者在探寻封建制的起源上曾分别追溯其两方面的来历。③ 英国则自诺曼征服起,这二者的关系就是密不可分的,所以封臣也可称为佃户。但结成封君封臣关系所举行的仪式是行臣服礼和宣誓效忠,分封土地则仍要有文书为证。

在结成君臣关系上,按照西欧封建原则,最重要的是臣服礼(homage)。定义上认为臣服礼是使某人成为其领主之人(homo)的仪式,而宣誓效忠(fealty)则是佃户向其领主表示忠诚的誓言,由之承担一应义务。爱德华一世时的法庭年鉴上说,效忠并不使某人变成佃户,只是使其承认

---

① 《财政署对话集》所记,Douglas and Greenaway 1998,559。
② Douglas and Greenaway 1998, 968-970.
③ 马克垚2001,90—99。

有关义务，而臣服礼才使其成为佃户。①

臣服礼的仪式是领主坐着，佃户双膝跪地，不束腰带，光头，双手合掌置于领主掌中，向他说：由于我领受你的封土，变成你的人，除了首先忠诚于国王外愿以生命、肢体、尊敬忠诚于你，反对你的一切敌人。然后领主还要亲吻其佃户。这样双方就结成了封建的君臣关系。宣誓效忠在臣服礼之后举行，在别的情况下也可以举行，它并不象征着封君封臣关系的组成。宣誓时封臣站着，手举圣经或圣像，对封君说忠于他，保证完成其应尽的义务。这具有用宗教权威巩固君臣关系的作用。

封建君臣关系在当时被认为是封建主之间一种重要的联系，一些法学著作中都提到它。格兰维尔说，除了忠诚以外，一个封臣对他的领主并不比领主对他的封臣有更多的义务。他们的义务是相互的。② 勃拉克顿认为，臣服礼是一种法律上的关系，使领主有义务保证、卫护其佃户占有的土地，反对其他人，但这以在分封土地时说明的一定义务为代价。同样，佃户也有义务忠诚于自己的领主，服相应的义务。所以，领主对臣下所负义务的多少，和臣下对领主的义务相等。当然臣下对领主还应尊重。③ 梅特兰根据这点，认为封君与封臣之间是一种契约关系，这是一桩关于封土的交易，租地者应负担有关义务，而出租者则保证其租佃者的名分权利。④

西方学者大都强调封君封臣关系是一种契约关系，以此证明西方自由平等之源远流长。不过如正确分析，则封君封臣之间不能说是平等的，这种关系的结成也不能说是志愿的。它是一种人身依附关系。⑤ 它之所以被说成是契约关系，在中世纪时是受罗马法教育的法学家们的一种想象，而在近代则是一些资产阶级史学家的想象。如果中世纪的封建君臣关系是契约，那么亨利·梅因的"从身份到契约"的名言真是无的放矢了。

封君封臣关系不是双方平等的自由契约，因为双方的义务并不平等。封臣的义务是具体的，有详细明确的规定，如不完成要受到惩处，而封君的义务却并不具体。勃拉克顿也说臣服礼中的握手仪式意味着封臣要服从和尊敬封君。因此封臣对封君有一些服侍性的义务，如当他上马时为之执马镫，或为之护卫等。⑥

---

① Holdsworth 1924, v. 3, 54.
② Douglas and Greenaway 1998, 1007.
③ Bracton 1968, v. 2, 228.
④ Pollock and Maitland 1923, v. 1, 301.
⑤ 参看马克垚 2001, 104—105。
⑥ 转引自 Ganshof, F. L., Feudalism, London, 1951, 82。

封君封臣关系不是契约，还表现在它一旦结成，则轻易不能背弃，在双方都要世世代代继续下去，虽然封君或封臣死亡后其继承人还要与对方举行一定仪式以示这种关系之赓续。根据亨利一世律这一法学著作的意见，即使封君凌虐其封臣，如夺去其土地，或使其生命处于危险之中，封臣还应忍受 30 天（战时）或 1 年零 1 天（平时）始得背弃之。如果臣下杀其封君，则算犯了亵渎圣灵之罪，应处以活剥皮之刑。① 如果臣下不忠于封君，则算犯了大罪（felong），要受没收土地的处分。

西方学者十分执着于说封建君臣关系是一种契约关系，潜意识中仍然认为契约是由享有意志自由的平等主体志愿做出的。虽然他们已经指出封君封臣之间并不平等，不过仍然愿意说明西方的民主、平等由来已久，把它追溯到封建时代。其实从历史上看，契约有多种多样的形态和性质，订约的双方并不一定平等，更不一定是完全出于志愿。罗马十二表法规定债权人可以将债务人拘禁、戴上镣铐，甚至砍切成块，完全没有平等的意味。西方中古早期流行的奴役文书、卖身文书，名义上是一种契约，难道也是出于志愿吗？这样说封建君臣是一种契约关系，也就没有了平等的意义。

大史学家布洛赫曾经指出，西欧的封君封臣关系乃是对日益衰落的家族血缘关系的取代②，这点我倒是十分同意。由此我们便不会奇怪何以封建的西欧、封建的英国要出现这种社会现象。布洛赫指出说，体现古代血缘关系最主要的义务是血族复仇，而封君封臣关系中效忠与保护的主要内容也是这样。另外，封臣的儿子要在幼小时送到封君那里抚养，教以作战技术，封君对封臣死后其子女婚姻的干涉权等，也都体现了这原是大家族中家长的权利与义务。前述的盎格鲁—撒克逊时期，一些法令往往规定族人或封君要对某人的行为负责等，也说明封君封臣关系是在取代家族血缘关系，二者之间是有着渊源的。

2. 封君对土地的权利

英国封建土地所有制被称为等级所有制，这是就其法律形式而言的。即土地经过封建主之间层层相互封受，封建主人身的等级和相应的权利、义务也凝固在土地上，似乎土地也具有了主人的属性，形成不同的等级。

根据封建原则，任何一个封建主都可把受封得来的土地再转封出去，

---

① Plucknett 1940, 478.
② 布洛赫，《封建社会》上册，商务印书馆，2004，362。

而且还可设定其领有条件。在当时情况下，一个封建主惯常向好几个封建主领受土地，因此他有不止一个的封君，同时他也把得来的土地的相当部分再转手分封出去，因此有好几个封臣。这就使土地领有关系十分复杂，一块土地几经转手，上面有好几个封建主对它享有不同的权利，谋取不同的收益，只有他的直接领主（demesne lord）才是经营该土地、剥削其耕作者的封建主。

由于一块土地上有好几个主人，所以中世纪的英国很难确定谁是土地所有者。勃拉克顿称一块土地的直接领主为 dominus（主人），而称其封君也是 dominus，同时封君对封臣土地之权也称 dominus。长期以来，英国中世纪没有所有权一字，使用的是占有（seisin）一字。① 称直接领主占有那块土地，也可说其封君、封君的封君都占有那块土地。中世纪的所有权，和近代资产阶级的所有权概念很不相同。资产阶级法学强调所有权的绝对性、排他性，可是英国中世纪的所有权却是相对的、有条件的。封君、封臣对土地的权利都受到对方的限制。直接领主作为封臣，虽然经营该土地，取得主要收益，但其支配、处分该土地的权力也受到上级封君的限制。

现在我们即以军役领为例，说明作为直接领主的封臣和其封君对土地的权利。

封君把土地分封出去以后，最主要的是仍享有该土地上封臣提供的军役，这种军役不久就转为盾牌钱的征收。此外，他还保有享受协助金、继承金及先占、监护和婚姻、没收和收回这几种权利。诚如有人指出，这些权利，实际上都是一种收入。② 所以归根结底，是对耕作该土地的农民的剩余劳动如何瓜分的问题。由此我们才可以理解封君与封臣之间为如何实施这些权利时起争执，而在英国特别表现为英王（作为最高封君）和臣下也因此而时起争执，引发政治危机。

（1）协助金

封建原则只是说在封君需要时封臣有义务对他提供财政援助，起初并无定制，封君，尤其是英王当然可用各种借口向下级勒索钱财。1215 年大宪章始定纳协助金的三种情况为：封君长子晋封骑士时，封君长女出嫁时，封君本人被俘需赎身时。不过其他情况下封君要求臣下纳协助金的事

---

① seisin 还不是罗马法上的 possession，详情可参看李红海 2003，173—196。
② Bean 1968, 4-6.

英国封建社会研究

仍然时有发生。至于协助金的数目，迄 13 世纪时一般也只说应是"合理的"，可能它与一骑士领上之盾牌钱相当。① 1272 年，定每骑士领应纳协助金之数为 20 先令。

（2）继承金

继承金起源于封臣死后，应把原来封君发给他使用的马匹、盔甲、武器等交还封君（这些在当时是十分昂贵的），后来演化为当封臣死后其继承人继承封土时，应向封君纳一笔继承金。继承金的数目，12 世纪时说每骑士领应为 100 先令，但实际上封君往往可以任意规定，尤其英王对其领有男爵领的总佃户，更利用征收继承金之权或打或拉，对亲信者予以减免，对厌恶者加重收取。约翰王在利用这一权利上尤为突出，所以大宪章中规定继承金男爵领为 100 镑，骑士领为 100 先令，这在当时是一笔不小的数目。可能由于男爵们的反对，后来男爵领的继承金减为 100 马克。其他封土上的继承金数，则为该土地一年之收入。

在封臣继承封土时，封君有先占权，即当封臣死后未纳继承金之际，封君可以先行占有土地，这种情况多发生在封臣死时继承人不在，或有二继承人互争继承权时。封君在暂时占有该地时，往往滥加使用，损害继承人的利益。如宰杀大量牲畜，毁坏永久性建筑设施等。有的封君滥用先占权，即使继承人立即交纳了继承金，他也要先行占有土地。为了纠正这一弊端，1267 年马尔博罗法律规定，如果封臣死后确有继承人存在，领主不得将他逐走，不得取走、移动该土地上之任何东西，只能实现简单占有（意为不惊扰继承人之占有）。如果领主逐走继承人，则后者可以根据新占有令状的原则恢复之。② 不过，1267 年的规定对国王这个最高的封君例外。所以在国王的总佃户死后，国王一般都对其土地实行先占，并进行死后调查（inquisitio post mortem），看他有无损害国王的各项权益，其财产是否都合乎正当手续。然后继承人才能向国王行臣服礼，纳继承金，再从国王那里取得土地。

（3）监护与婚姻

协助金与继承金的交纳可以说是偶然性的。继承金一个人一生只纳一次，协助金则如其封君子女双全，一生也只能征两次。有人据此算出，一个骑士领一代人所纳之数，两项合计不过 7 镑，而一个骑士领一年之收入

---

① Painter 1943，142.
② 该法第 16 条，Rothwell 1998，390。

一般为20镑，所以按其总收入计，此数不能说很多。① 但监护与婚姻权的实施却使封君得到很高的收入，而国王由此得益最多。②

监护与婚姻权是指如封臣死时其继承人未成年（男未满21岁、女未满14岁），封君有监护权。实行监护时封君管理封臣的产业，取得全部收入，但须负责养育被监护人，保护其人身，教育他成为合格的骑士。被监护人长大成人后，其婚姻应取得封君同意，由封君决定其配偶。这种权利的施行，只限于军事封土，从封赐军事封土的原则上看它是合理的。因为赐给封臣土地的目的即为要求他服军役，当发生臣下不能履行服役义务时，封君当然应暂时管理封土，用其收入供应另一服役之骑士。而所以封君有权决定臣下的婚姻，是因为不管对方是男是女，都涉及这人和封君发生的关系。如他是男，则要代其妻为君服役，封君当不希望这个人是自己的仇敌。如她是女，则万一其夫死后，其妻可能把一部分产业（地产的1/3）带走另嫁。所以封君当然要考虑其继承人的婚姻对象是何许人了。

实际上分封出去的封土可以继承时，都已转化为封臣（直接领主）的私有财产，所以封君与封臣双方都从收入利益着眼考虑监护与婚姻。封君实行监护时，一般说来可取得很大利益（除非该地产因特殊原因已无利可图），往往利用这种权利尽量榨取，更利用其对继承人婚姻的决定权设法侵吞臣下的产业，引起臣下的不满与反对。所以1215年大宪章中对此有一系列规定。如规定监护人应保证其封臣产业之完整，不得损毁（第4条），继承人成年后应即将地产交还，不得再收取继承金（第3条），监护期间应对土地上之房屋及其他设施加以修缮，置办农具，以后连同地产一并归还继承人（第5条），而继承人应在不贬抑其身份之情况下结婚（第6条）等。

后来在1236年的梅尔通法律中，有一些保障领主监护权的规定。如某领主之被监护人被人诱拐他可上诉，如被监护人未得监护人允许而结婚，则应付领主两倍之婚姻费，在此款未付之前，领主还可占有土地。同时说明监护人固不可强迫被监护人结婚，但被监护人如拒绝接受领主为其选择之对象，则也要付罚金。③ 因为在许多情况下，一个封建主往往同时既是封君又是封臣，他既享有监护权，他的产业也有被监护的可能，所以才有这两方面的规定。

---

① Painter 1943, 148.
② Bean 1968, 9.
③ 该法第6条 Rothwell 1998, 353。

（4）没收与收回

如封臣不履行义务，封君可以实行扣押。所谓扣押，就是进入该土地夺取其动产，一般就是土地上的牲畜。即使该土地已由封臣转封第三者，牲畜为第三者所有，封君仍然可以实行扣押。但对扣押之物，封君不能变卖或干没，只能保管以待义务履行后归还。

实行扣押并不容易，这是一个实力问题。封君如不能或不愿实行扣押，可以向王廷提起诉讼，胜诉后由王廷迫使封臣履行义务。在这些情况下，封君并不能收回土地。1259年的西敏寺条例，又规定封君如无国王令状不能实行扣押，以维护封臣的利益。①

没收是封君将其封给封臣的土地又收归己有，这"似乎是领主其他一切权力的基础"。② 但这只有在特定情况下才能实行。一种是如封臣死后无嗣，无人继承土地，则土地没收归封君。另一种是如封臣犯大罪，封君可没收土地。大罪意指封臣背叛封君，是封建道德所不允许的。后来由于王权的扩大，法令的统一，大罪也包括杀人、抢劫等，这样领主没收权就有所扩大。不过这时土地应由国王先占有一年，然后再归封君。

3. 封臣对土地的权利——继承及土地转移

封臣（这里指直接领主）对土地的权利，即是他占有那块土地，直接经营，取得主要收益。但他的一部分收益要以各种名目被上级封君取去，他支配、处分该土地的权力也受到上级封君的限制。所以，这块土地也不是封臣的"自由的"私有财产。

封臣对土地的处分权，主要涉及土地的继承与转移问题，下面我们分别考察。

（1）封土的继承

按照人类共同的习惯，土地的继承大约都是诸子平分的。法兰克诸王死后，即有国土诸子瓜分之习。盎格鲁—撒克逊时期因为王位继承无定制，还没有见到瓜分国土的记录，可是大封建主的土地大约仍是诸子平分。这种平分土地的习惯，可能是家庭财产共有原则的体现，既然诸子都是男性家庭成员，当然有权利要求分得一份主要财产——土地。后来的军事封土推行长子继承制，它的起源引起法学家的长期困惑。我想它既不应简单地完全归结为军事封土本身的要求——分割继承会妨碍军役之实现，

---

① Rothwell 1998, 372.
② Pollock and Maitland 1923, v. 1, 351.

也不应认为是个人主义原则之胜利。事实上，它倒更接近于梅因所分析的，是一种更古老的原则的体现。即当时封君封臣似乎是一个宗法家庭，实行长子继承，由长子代表全族管理财产，则可使家族强大而持久，每个成员均从中得到好处。① 不过当这一继承制度推广开来之后，封君封臣关系已和宗族关系分开了。

当诺曼征服之时，欧洲大陆上的采邑可以说已转化为世袭封土，但长子继承制原则并未确立。威廉征服后英国的军事封土，现存赐地证书都没有明确说明它是终身的或是世袭的。（由于文化水平很低，这时许多赐地都没有证书。）实行的大约是继承人要想继承土地须和原封君协商，得其允许，而能否得到允许的条件即看是否交纳继承金以及继承金的数目是否符合封君的要求，但封土之继承是一个不可阻遏的趋势，所以封建主（直接领主）的土地大都实行继承，而对于军事封土，也有了长子继承制的要求。长子继承制和人们的思想、习惯很不相符，实行起来并不容易。当时土地继承的情况大约是，因为许多封建主都在英国和诺曼底有封土，所以他死后一子继承其在英国的土地，另一子继承在诺曼底的土地，其他更小的幼子则不能继承土地。

12 世纪法学家格兰维尔，关于土地继承有一些说明。他说一个人可将其自由封土之一部分给予女儿作为嫁妆，或给予某人作为其服役的报偿，或给予教会作为慈善事业。即一个自由人可在生前将其封土之合理部分分给别人，并不要继承人同意。另外，如此人有合法生子，则无继承人同意不得把其土地的任何部分给予次子。② 可以看出，格兰维尔时代，军事封土（军役领）上已肯定了长子继承的原则，但诸子分割继承仍是强有力的习惯。所以家长把土地分封给外人不需继承人同意，而分封给诸子反得继承人同意了。

13 世纪时，封土从法律原则上说应实行长子继承制，如无子嗣则女儿可以继承封土，习惯是诸女共同继承。如子女均死，则他或她的后嗣可以继承。如为同等亲，则有男嗣时女嗣不得继承。在同等男嗣中最长者继承，女嗣则共同继承。已死后嗣由其本身的后嗣代替的原则优于男性胜于女性的原则。例如已死长子之女可以继承封土，而她的诸叔反不得继承。从这些情况看，土地的私有财产属性已是十分巩固了。但封建的原则却使

---

① 梅因 1959，129—135。

② Glanville 1980, 138-139, 152.

自由土地不得遗嘱继承，这就给英国的土地制度带上了许多的特殊性，形成了十分复杂的继承、转让办法和有关的法律规定。

（2）封土的转移

根据封建土地法，英国中世纪时自由土地的转移都采取分封形式，即使许多土地实际上是用买卖转移，可是形式上仍称为分封，仍因土地封受而结成封建君臣关系。封君封赐土地时，在其证书上规定了受地者应遵守的条件、应享有的权利，即不但说明其因领有土地而应尽的义务，也说明这块土地是否继承，如何继承，是否归还封君等问题。所以说土地赐予者的权力是很大的。梅特兰说这种分封形式的土地转移并非单纯把赐地者享有的权利转移出去，而是创立一种新的权利。[①] 13世纪末爱德华一世时期，通过立法以及司法上的习惯等，根据土地分赐证书的不同类型，确立了不同权利、不同继承办法的地产。这时拉丁文 status 一字，不仅用以指人的身份，也用来指土地的等级。"因为当时时代的特点即一个人的身份——即他在法权体系中的位置，是和他的财产权利紧密联系的。"[②]

13世纪确立的不同权利类型的土地为：

无条件继承地（fee simple）。这种地产是在分封时，证书上说明封给"某人及其后嗣"（to a man and his heirs）。这里的后嗣未加任何限制，土地可以传给任何合法继承人，所以可称自由继承封土。当然他也可以把这种土地用分封的办法转封给另外的人，只是例须取得其继承人的同意。但13世纪时土地转移频繁，继承人对这种地产的限制不符合经济发展的需要，法庭法官也支持、鼓励土地的自由转移，所以他们把 to a man and his heirs 这句话的意思解释成它并没有给予继承人任何权利，没有规定他（她）一定要继承该土地；这句话只是说该土地是给予领有者及其继承人一起领有的。只要领有者有继承人，则该土地自由转移的条件已经满足，领有者就可以把它转移出去。如继承人死亡，则土地要交回给上级封君。在1290年买地法通过后，则这一层限制也随之消失。

有条件继承地（fee conditional）。这种地产是在分封时说明赐给某人及其本身的后嗣（to a man and the heirs of his body），即这种土地应传给受地人之直系卑亲属，旁系不得继承。这是当时大封建主分赐土地时采取的一种措施，保证分封出去的地产按封建原则转封，自己享受的权利得到保

---

① Pollock and Maitland 1923, v. 2, 11.
② Ibid., p. 79.

护，土地也不被受地者中途转移。但法官们对这句话也仍然解释成一个限制词，即并非指明该封土一定要传给受地者本人的后代，而是由受地者及其本身后嗣一同领有该地是为该封土存在之条件。而逻辑的结论是，只要受地者的孩子一出生，则它就具有了和无条件继承地一样的条件，可以自由转移。

限嗣继承地（fee tail）。法官对有条件继承地的解释，损害了大封建主的利益。所以在 1285 年通过的第二西敏寺律中，规定土地的继承应遵守其证书中说明的条件，不得变更。这一法律也被称为限嗣继承法，由此出现了另外一种地产——限嗣继承地。这种地产的转移受到限制，应世代相替地传给继承人——受地者本人的后代。但这和当时土地买卖转移日益频繁的潮流不合，所以后来在法律上出现逃避这种限制的取巧办法，是为英国土地法史的特点。

13 世纪末时，自由地产主要就是上述三种。另外也还有少量的终身地产，那可能只是历史遗留以及寡妇产等。从这些地产法权形式上看，它的形成都是自由转移及反自由转移斗争的结果。英国封建土地产权的特征即转移受到两方面限制，一方面是上级封君的权力对它的限制，另一方面则是继承人继承土地的要求对它的限制。自由转移即是要排除这两方面的限制。而对许多英国封建主来说，他本人往往既是封君又是封臣，既是地产领有者又曾是继承人，所以其要求错综复杂。不过总的来说，土地的领有者要求对其土地有完全自由转移的权利则是明确的，而且愈是小封建主，愈要求自由转移封土。① 这也就是说，随着物质生产的发展，地产要设法摆脱其上面的许多政治的、社会的附属物，采取纯经济的形态，变成法律意义上的完全的私有财产。13 世纪的土地立法总的趋向就是这样的。

前已指出，英国封土的转移，法律行为都是分封。分封一般说有两种办法，一种是封臣把其封土之一部或全部转封给别人后，自己退出封建阶梯，使新的受封者成为原来封君的封臣，这称之为代替（substitution）。另一种是他把封土之一部或全部转封给另一人后，和该人结成君臣关系，如此延长了封建阶梯，这称为再分封（subinfeudation）。这两种转移，都和封君的利益密切相关。虽然根据封建原则，土地即使几经转手分封，对原来封君的义务也不能疏忽，不过事情并不如此简单。假如这种转封采取代替的方式，那么这个代替的人可能比原来的要穷，可能对封君不够忠诚，也

---

① Bean 1968, 49, 94-96.

可能是原封君的敌人，这些都对原来的封君不利。如果这种转移采取的是再分封方式，同样损及封君所应享有的一些对土地的权利。如他实行监护时得不到该土地的全部收入，而只是原来封臣封出土地后所应享有的义务或地租等；如在无继承人情况下他要实行收回土地时，则收回的也只是这些义务了。还有，土地转封会因设定条件不同而更形复杂，如一个封臣以军役为条件领有土地，而把它作为教会领以代替方式转封出去，则封君将永远丧失继承金、监护及收回等一应权益。

土地的自由转移不仅损及封君的利益，也损害其继承人的利益，这是十分明显的事。因为当土地被转封出去后，则继承人将继承不到土地，而只是继承一些有关义务。所以才有我们前已述及的限嗣继承法等一系列斗争。

土地自由转移损及大封建主利益较多，他们大约对日益发展的这种现象不满。1217年重新颁布的大宪章中，第39条规定自由人以后转封或出售土地之数，不得影响对封君所负义务之完成。这大约就是适应大封建主的利益的。但封土自由转移的倾向不可逆转。1290年通过买地法（Quia emptores），规定今后自由人皆得随意出售其封土之部分或全部，但只能采取代替的方式。① 关于这一法令通过的原因，有着不同的分析，或以为是国王和大封建主利益矛盾的妥协，或以为它对大、小封建主均有利，并且是肯定早已存在的事实。② 但这法令对封君和封臣（直接领主）的利益都照顾到则是肯定的。对封君来说，由于转封采取代替方式，所以他的继承金、婚姻与监护、收回等权不会受到损害。对于直接领主来说，则他可以获得完全的转让自由。这体现了大部分封建主既是封君又是封臣这一事实，所以也可以说是一种妥协的产物。但这一规定只实行于自由继承封土，所以1290年以后无新的这种封土出现。买地法施行的另一后果，就是自由继承封土因为只能用代替方式转移，随着土地转移进行的越多，中间领主也不断减少，而大封建主（总佃户）又不断出卖土地，逐渐英国封建主大都变成总佃户，成为国王的直接封臣，受国王的直接控制。

当然，能否自由转移封土之斗争在买地法颁布后也并未停止。一些大封建主仍用曲解法令等手段，阻止其臣下施行自由转移权，臣下在出售土地时仍须取得封君之确认并交纳一笔钱，而更普遍的是封君虽不去阻止出

---

① Rothwell 1998, 466.
② Bean 1968, 80.

售封土，但代替者如不交纳一定款项则不能进入封土，所以到1315年又有法令禁止对进入者收取罚金的规定。①

英国国王对其总佃户的土地转移控制较严。1256年发出敕令，规定如无国王同意并向国王取得证书，则任何人不能购买其总佃户之土地。以后这一规定长期施行，1290年买地法之规定对总佃户也仍是例外。英国国王实行的是，如无他的同意，其总佃户私自转移之封土在查获后没收归王，这对其直接封臣的打击甚大。随着总佃户数目日益增多，反对国王这项禁令的势力也越来越大。1327年爱德华三世时，议会通过法令，规定以后总佃户之土地在无同意证书情况下出卖后，亦不得没收，而只是交一笔合理的罚款，这是国王的一大让步。

对土地自由转移从继承人方面来的限制，就是1285年通过的限嗣继承律。这一法律违背了土地商品化的发展趋向，引起多方不满，不断有人请求废止，但均未获成功。为了逃避这一法律的限制，后来在司法上出现了一种合谋诉讼的办法。甲欲向乙购买一块限嗣继承地，在法庭上向乙提起诉讼，要求乙归还该地，乙则向法庭提出该地他取得自丙，丙有义务担保乙对这块地的权益。因为在过去的地产诉讼中，被告是可以提出第三者（一般为被告的封君）为他担保（vouch to warranty），证明被告对这块地产拥有合法权益。这时丙出庭承担此担保责任，于是诉讼变成甲对丙的事。但丙此后不再出庭，于是败诉，法庭把该地判归甲。这块地从此摆脱了限嗣继承律的限制，因为乙的继承人如要提出诉讼，则应针对丙而不是甲，而丙对该地产的权利却不是限嗣继承的名义，因此阻却了乙的继承人的要求。以后这种诉讼发展成一种固定程式，丙这一角色即由法庭上人员充当，诉讼亦不必进行，双方不过交纳一笔费用给法庭，记录在案而已。英国普通法就是用这种迂回曲折的办法，实行变革，并不废除过去不合适的法律，而只是使它在应用中变形。为此我们也就可以理解13世纪的大宪章到现在仍然是英国宪法的一部分了。

在土地转移成教产的问题上，一直受到比较严格的限制。这是因为教会是这样一个特殊的土地领有者，它永远不会死，当然也就不会发生继承、监护、婚姻等问题，所以土地一经转为教产，即不得再行转出，称为死手（mortmain）。封君将由此损失一应权利。为此在1217年颁布的大宪章，第43条规定不得把封土转为教产，然后再由教会转封给原主（如此

---

① Bean 1968, 89-90.

则上级封君丧失对该封土之一应封建权益）。还有人认为同一文件中第 39 条（前已述及）的规定，也是针对土地转封为教产而写的。①

但土地转为教产的势头不会停止，这里面有多方面的原因，一些出于拯救灵魂的愿望，另一些则是政治上与教会妥协、勾结的需要，更多的是富有的教会购买贫困化的封建主的土地，还有一些是大宪章第43条所揭示的教俗两方合谋来逃脱土地上的封建负担。所以土地仍不断向教会方面流动。

1258 年，反叛的大贵族抱怨土地转为教产使众男爵、伯爵损失继承金、监护及婚姻和没收等权。1259 年西敏寺条例乃规定，如无上级封君之同意，土地不得转为教产。② 到 1279 年，则完全禁止土地转为教产，是为有名之死手律（statute of mortmain）。③

虽有这种禁令，但实际上土地转为教产之事仍不断发生，因为教会都是巨富，购买俗人土地事愈来愈多。所以也发生利用司法上的特殊措施使俗人地产转归教会之事。另外，国王也不断颁发证书，允许教会取得土地。这种证书不仅发给国王的总佃户，而且也发给他的下级封臣。可见国王自己就不遵守法律规定。1292 年，在贵族的压力下，国王答应以后：① 只有向议会提出申请，才发出调查有关封赐土地收入及义务之令状（这种调查是发出允许转移证书之前奏，由此可决定收费数目）；② 教会只有不足维生时，才允许它获得土地。这说明土地转为教产之事仍在继续。④

---

① Bean 1968, 49.
② Rothwell 1998, 372.
③ Ibid., p. 419.
④ Bean 1968, 56.

第九章 封建地产

一 封建地产的分布

诺曼征服是英国史上的一个大事件,它为600年来盎格鲁—撒克逊封建制度的发展做了一个总结,又开创了英国封建制度全盛时期的新时代、新局面,从诺曼征服到亨利二世统治结束近一个半世纪,英国封建制度从基础到上层建筑全面确立,到13世纪达到极盛。

在土地制度方面,诺曼征服引起了巨大变化。盎格鲁—撒克逊旧贵族,在征服过程中有不少死亡,侥幸未死的也多逃亡大陆或苏格兰,1086年土地调查时统计,他们所占的土地已微乎其微,所以可以说对这些旧贵族进行了剥夺。对于农民的土地,则通过调查,确立了一切土地都归封建主领有,最终均领自国王的原则,也进行了剥夺。经过这双重剥夺,确定了诺曼贵族在英格兰的封建土地所有权。

土地占有情况,有人依据调查材料,统计土地年收入的分配来说明各类封建主所占土地多寡。估计原盎格鲁—撒克逊贵族约四五千人,后来被1400名国王的总佃户所取代(诺曼贵族当不止此数,因为还有再分封)。当时全英土地收入年为73000镑,王室得12600镑,占17%,大约100家主教、修院长及其下属等共得19200镑,占26%,约170户世俗贵族及其封臣得35400镑,占49%。也就是说,全国土地,大约1/4属国王,1/4

属教会，1/2 属世俗贵族。和盎格鲁—撒克逊时代相比，土地集中程度大为加强。在国王的直接封臣（总佃户）中，有 10 个大地主占据了半数以上的土地。

大体上说，我们可依据土地占有大小把封建主分为三层。少数是大地主，如坎特伯里主教区，年收入为 1750 镑；温彻斯特主教区，年收入 1000 镑多；格拉斯顿伯里修院，年收入为 840 镑；伊利修院，年收入为 790 镑。世俗贵族中的大地主则如莫尔吞的罗伯特，地产年收入达 2500 镑，蒙哥马利的罗吉尔，地产收入为 1750 镑。中层的俗界封建主大约 70 人（总佃户），其地产年收入在 100 镑到 750 镑之间，而第三层即小封建主，其地产收入在 100 镑以下。作为总佃户的这种小封建主约有 90 人，如加上再分封的领主，则数目在全国当然最多。①

封建贵族中的大地主，虽然地产巨大，但一般都分散各处，并不像法国贵族那样是完整的一块，所以割据性较小。造成地产分散的原因，有的以为是威廉为防止尾大不掉而采取的预防性措施，也有的以为是因随征服过程不断分封土地自然形成的。不过需要指出的是，英国大地主的地产虽然分散，总有一个中心，有一个主要的区域，并不是完全散布各处的。

关于教会大地产，末日审判书调查时英国有两个大主教，坎特伯里和约克，还有 13 个主教。最富有的主教座为温彻斯特主教座。温彻斯特教堂是英格兰最古老的教堂之一，7 世纪时已受封赠得到许多土地。教堂坐落在汉普郡，其主要地产集中在汉普郡、威尔特郡和萨默塞特郡。但还有地产在另外的 6 个郡，即柏克郡有 3 个庄园，苏利有 1 个庄园，泰晤士河北岸的牛津、剑桥、白金汉、赫里福德郡也都有地产。不过在这 4 个郡的地产都较小，加在一起还不及萨默塞特郡地产的一半。在它的巨大地产上，其直接经营的领主自营地共有 970 犁队耕作，其中 210 犁队为主教区所自备。在自营地上劳动的人力则有 500 奴隶、1300 维兰和 1000 以上的边农和茅舍农。拥有磨坊数超过 100。②

第二个富有的教产可举本笃派拉姆齐修院，该修院起源于 10 世纪，为伍斯特主教奥斯瓦尔德于 970 年建立，后来发展很快，威廉征服时已成为一大宗教中心。修院本身坐落在亨廷顿郡赫思廷顿百户区，它的地产则分布在亨廷顿、剑桥、贝德福、诺福克、萨福克、赫里福德、北安普顿、林

---

① Miller and Hatcher 1980，16.
② Lennard 1959，83.

肯 8 个郡内。但主要部分是在亨廷顿郡，约占半数以上。特别如该郡的赫思廷顿百户区，一个接一个的村子都属拉姆齐修院，连成一片，每个村子也就是一个庄园。另外许多土地也都散布在与亨廷顿相邻的剑桥和贝德福德。所以它的土地绝大部分都在距修院 40 英里的范围内。

世俗领主拉尔夫·巴纳尔的地产则较为分散，分布在德文、萨默塞特、格洛斯特、北安普顿、林肯、约克 6 个郡中。其中在英国西南角德文郡的地产与东北部约克郡的地产相距达 280 英里。在各郡的土地分布也十分分散，占有整个村子的较少，大部分是与别人共同占有。而且他的地产的 1/3 已经转手分封出去。

地产分散情况，还可从下列情况得知。即大约 20 个总佃户，其地产分散在 10 个或更多的郡中。至少有 14 个俗界领主在泰晤士河以南和特兰托河以北领有土地，相距遥远。大地主莫尔吞伯爵罗伯特，土地分散在 20 个郡中，另一个切斯特伯爵休，除其伯爵辖区外，还有土地分散在 19 个郡中。至于 1 个人的地产分布在四五个郡中的情况，更是十分普遍。①

封建领地分散最直接的后果，就是利于王廷司法权的加强。因为由于领地分散，一个大封建主的封臣散布在广大地区，彼此相距遥远，要召集他们到一处组成法庭，很不容易，这就使这种领主法庭不易举行。另外，一个领主受封的司法权和他的领地不一致。如英国国王曾把一些百户区法庭的司法权授给封建主，特别是教会封建主。但在这个百户区内，还有其他许多封建主有地产，使他在这个百户区内不能有完整的司法权。还有，领地分散使一个村子分属好几个领主，如土地发生争执，两造往往分属两个封君，任一方的封君都不能组成法庭进行审理，于是自然使这类案件到郡法庭，甚至王廷去处理。上述种种情况，造成英国封建主大多数不能形成抗衡王室的巨大独立经济、政治、司法实体，便于英国王权的强化。

如果英国封建土地占有情况只是领地分散，那还是一个简单得多的画面。我们还必须把再分封这一关系估计进去。从威廉征服时起，再分封已十分盛行。任何一个总佃户，总要把他的受自国王的土地转封给一些封臣，而他自己往往还作为封臣从别的封建主手中接受一些土地。不过在征服之初再分封的阶梯还不很长，在末日审判书中只一例为 4 级。还有，当时出租制（farm out）也已流行，一些人对土地并无封建名义，只用承租庄园的办法来谋取收益。所以要把土地占有关系研究清楚十分困难。

---

① Lennard 1959, 28.

为了使我们对封建土地占有情况有总的概念，我们还可举例说明牛津郡的情况。① 牛津郡地处英格兰之中部，远离威尔士人或丹麦人侵袭的范围，未受到征服战争的很大破坏，境内也没有巨大的森林、沼泽、荒原等特殊地理环境，所以说1086年调查的情况是社会自身长期演进的结果。

在牛津郡中，最大的地主首先是国王。王室在这里拥有6个巨大的庄园，共有约215½架犁耕作王田，其中68架犁为王室自营地所有。王田上的耕作者有323个维兰、202个边农、78个奴隶，另外王田上还有17个市民和5个骑士（radmann）。这些王田大概大部分是采用出租办法经营的。王田的年收入为481镑（包括从百户法庭上收取的司法收入）。

除了国王之外，牛津郡中还有6个占地最多的封建主。他们是贝叶主教、林肯主教等人，这6个人共占全郡1/2的耕地，大约还有全郡1/2的犁队，1/2以上的农户，差不多1/2的奴隶。其全部土地年收入为1400镑。而其余所有的总佃户加在一起，年收入也不过1000镑。

在这6个大地主之下，第二等的地主共3人。他们的地产大小相近，其所拥有的犁队依次是79½、66½、65，共计211犁队，其地产的年收入分别为70镑10先令，70镑和71镑10先令，合计212镑。第三等的地主共11个，其地产年收入在45镑10先令至20镑5先令之间，犁队则在18—48镑之间，全部地产年收入为340镑。第四等的地主共21人，地产收入在10—20镑。合计共值291镑10先令。在这四等以下，还有一些年收入低于10镑的小地主。

从牛津郡总的情况看，大地产占优势。全郡统计出地产的封建主91户，42户（连国王在内，均为年收入在10镑以上者）占有全部犁队的93%，年收入的92%。剩下的则为年收入在10镑以下、5镑以上的地主14户，年收入5镑以下的地主36户。

当然，我们并不能单从牛津郡的地产情况来决定某个地主的地产规模，因为许多封建主在其他各郡还有地产。这91户的总佃户中55户都在牛津郡外有地产，其中34户则在5个郡或更多的郡作为总佃户领有地产。例如前述的全国有名大地主，莫尔吞伯爵罗伯特，在牛津却只有1个年产值5镑的小庄园和1块年产值1镑的1海德土地，这1海德土地还是圣彼得修院的修士向罗伯特领有的，即已转封出去。

以上还只是从总佃户这一层来看牛津郡的土地分配，它反映的并非真

---

① 参看 Lennard 1959, 40-73。

正的土地占有状况。因为这许多记在总佃户名下的地产都已转封或者出租，本人并不能得到大部分收入。如 6 户最大的总佃户，除 1 户情况有疑问外，其余 5 户都把自己土地的 1/3 至 2/3 转封出去。由于末日审判书中记载总佃户及其臣下的地产再分封情况比较模糊，不易弄得十分准确。但我们仍可只计算作为直接领主的地产情况，来更真确地认识牛津郡的土地占有总图景。

如只计算作为直接领主的地产，则上述的几户大地主仍然是大地主。如林肯主教，虽然把总值 156 镑的土地转封出去，而且在这里也未作为封臣接受任何土地，但仍是该郡仅次于国王的大地主。第一等的 5 个总佃户在牛津郡所直接经营的地产加上王田，占到全郡农业生产资料的 1/3。在这些土地上有全郡将近 1/3 的犁、1/3 以上的农户以及 1/4 的奴隶。这 5 个地主直营地的年产值则占到全郡产值（王田除外）的 1/4—1/3。

按直营地大小计算的第二等地主共 7 户，其中有 3 户不是总佃户，而是贝叶主教的封臣。他们的地产相近，其年收入在 40 镑 10 先令到 54 镑 10 先令之间（而上述 5 个大地主最小的年收入为 92 镑）。他们大约占全郡农业资源和耕地的 1/8—1/9。然后大致可以说，全郡一半的土地，均为比这 7 户要小的小地主所占有。

虽然要准确地按直营地占有情况来辨认所有在牛津郡占有土地的封建主有许多困难，但无疑可以看出，通过再分封，使地块分散，各户土地穿插交错的现象更严重了，好些情况是一个村子即为几户领主所分割占有。另外则是一个大地主，但在某个具体的百户区、某个郡，也许只占有不大的土地，形成不了巨大的潜势力。如此均有利于王权的强化，特别是法律的一统。

二　封建地产的运动

封建地产是封建主生存的基础，是其生活的主要来源，因此一个封建主总是要尽力保持和扩大他的地产。长子继承制的推行，也利于一个贵族世家维持其产业。再加之受所谓中世纪乃黑暗时代说的影响，认为那时商品货币关系不发达，土地买卖自然不多。所以封建土地财产一度被研究者误认为是停滞不动，封建贵族世家世袭罔替。但经过较深入的研究后，发现西欧的封建地产也是在不断运动、不断发展变化的。影响封建地产运动的原因很多，我们下面即作一些简单的分析。

再分封是封建地产运动的一种重要形式。威廉征服英国后,其总佃户为了按领有土地面积完成规定的骑士军役数,就要把自己土地一部分分封给下属。一般认为取得骑士服役是再分封土地的重要原因,实际上情况并不如此单纯,一些大封建主为了得到拥护自己的臣下,扩张自己的势力而分封土地,或分封土地给雇佣作战者作为报酬,或者土地买卖以再分封形式出现。① 所以再分封有一种不断发展的趋向。

苏联学者巴尔格根据末日审判书和百户区卷档的材料,对英国中部牛津、贝德福德、亨廷顿、白金汉、剑桥5郡的再分封情况作了统计。在11世纪末年,地产一般只2个阶梯,即国王封给总佃户,总佃户再分封给下属封臣。这时5个郡中54.6%的耕地面积是总佃户直接掌握的,由他们再分封出去的耕地面积则为余下的45.4%。到百户区卷档编定的1279年,则再分封的阶梯明显延长,在上述区域内已经有5级。其中国王的总佃户占有的耕地面积为31.8%,他们的封臣(第二级)占有土地为38.2%,第三级封臣占有土地面积为21.2%,第四级为7.2%,第五级为1.6%。其中四、五两级所占土地面积很少,说明土地还未大量在这些级别上转移。但向二、三两级的分封已经是相当频繁了。不过英国封土再分封的特点是多采取代替的方式,所以封建阶梯还较简短。②

在实行封土分封方面,英国王权是一个重要因素。英王占有广大土地,且是全国最高封君。他时常封赏土地给亲信,以扩大支持自己的势力。另外他还具有广泛的没收权,对疏忽军役、叛乱、反抗的贵族财产加以没收。所以不但王田经历代国王之手屡有消长,而且也影响其下级总佃户的地产不断变动。

婚姻与继承也是影响英国封建主地产变动的重要因素。婚姻的安排,在西欧中世纪时是一种政治考虑或经济考虑,或通过联姻消除隔阂或结成党派,或保持或扩大地产。一些封建主就是靠和女继承人结婚来扩大自己的土地的。至于地产继承,则虽有长子继承制,不过多子分割地产仍然是时常发生的现象。封建英国封土继承十分频繁,这是因为一方面中世纪时人平均寿命短促,另一方面封建主以战争为业,好勇斗狠,大多死于非命。据统计1218—1242年间,100个封建家族的地产,有21户继承的年限平均为2年,12户平均为4年,7户平均为6年,8户平均为8年,9户

---

① Bean 1968, 3.
② Барг 1962, 85-92.

平均为10年，18户平均为15年，11户平均为20年，14户平均为20年以上。也就是说，40户的地产继承时间在6年以下，而几乎2/3户数（57户）地产继承时间不足10年。① 这一段时间还是亨利三世统治相对和平的时期，如果是动乱的岁月，则继承频率还要加剧。伴随继承频繁的是嗣子大都年幼，按照封建惯例其地产由监护人实行监护，这造成了监护人（大多为上级封君）掠夺其臣下地产的好机会。他们往往把封土出卖、交换、抵押，或者拼命榨取，使其破产。如果受监护的是女继承人，则封君更可利用干涉其婚姻的权力，强迫她和自己的亲属结婚，达到侵吞其土地的目的。

如果封臣死亡而没有继承人，则其土地收归上级封君，这也会导致地产转移。如果遗留的是女继承人，则随着她的出嫁地产会转移。如果有几个女继承人，则其土地分割继承，分散入数家之手。当时缺少子嗣现象比较多见。据统计1066—1327年间，210个英国的男爵领，只有36个能维持其男系达两个世纪以上。② 所以，婚姻与继承是导致封土不断变化运动的重要因素。但它起作用的总趋向难以计算，因为夹杂着太多的偶然因素。

还有一个影响封建地产运动的因素则是商品货币关系。12世纪起，商品货币关系在英国日益发展，封建主对货币的需求日亟，为了获得足够的货币，时常举债、抵押或买卖土地。早在斯蒂芬统治时，已经有出售土地的文书记录，有些用分封名义转移的土地实际上也是出售的。③ 据统计，12、13世纪时，贝德福德郡世俗领主庄园，有67个可以查明其归属发生变化，其中49个是出卖的，由于没收而更换主人的有11个，只有7个（占总数1/10）是因继承而转移的。在伍斯特郡，18个世俗庄园中，16个是出卖的，2个则因被国王没收而转移。在亨廷顿郡，101个世俗庄园中，78个被主人出卖，14个则或者转移原因不明或者被国王没收，而只有9个是由原主继承而转移。在汉普郡，24个世俗领主庄园，9个被出卖，10个因没收而易主，只有5个留在原来家族手中。在赫里福德郡，50个庄园中39个被原主出售，5个因没收而易主，只有6个是继承的。在白金汉郡的34个世俗庄园中，32个被出售（有的还出售好几次），2个庄园则因被没收而易主，没有1个能继承下来。④ 根据以上材料，可以看出，12—13世纪时，土地买卖已成为封建主土地转移的主要方式，这是我们应予以密切

---

① Барг 1962, 136.
② Miller and Hatcher 1980, 169.
③ Britnell 1996, 54.
④ Барг 1962, 145.

注意的。

许多错综复杂、捉摸不定的原因，造成英国中古封建地产运动的规律难以掌握。其中较为明显的一个现象即是因再分封的反复进行而使一个封建主的财产关系、君臣关系均十分复杂，不易弄清。例如1283年，当封建主布德利的约翰死后，对他的土地做了死后调查。他是一个中等封建主，以杂役（主管供应国王肉食）为条件在诺福克向国王领有斯卡尔通。在剑桥，他向吉伯特·佩奇领有马丁利、兰普顿和柯通汉姆等地，而吉伯特·佩奇又领自伊利主教。在康布顿，他向圣安德烈的赛尔领有地产，赛尔领自温彻斯特伯爵，而温彻斯特伯爵又领自格洛斯特伯爵。在奥金顿，他向亨廷顿男爵领的罗伯特·布拉斯领有地产。最后，在贝德福德郡，他向瓦尔登修院长、蒙奇纳的威廉爵士以及纽汉姆修院长领有斯塔顿，而他领自瓦尔登的一些土地又是修院向布昌领有的。① 这些土地，是他的家族历经数代，用购买、婚姻、继承等办法取得的。但在这种情况下，首先自然是很难弄清楚谁是他的封君，使封建君臣关系陷入混乱。其次是土地多次转移，其对上级封君义务很难保证实施，封土的原始目的难以达到，促使封土制、封臣制均走向衰落。

封建地产运动的另一规律即地产分配状况的变化，地产的集中与分散问题。中国历史上有所谓土地兼并说，说的是封建地主不断兼并农民的土地，封建主的土地不断扩大，大地产日益发展，也许只有农民战争才能用暴力手段阻遏、改变这一趋势。英国的农民，在封建时代从法理上说是没有土地所有权的，所以也没有或很少有封建主兼并农民土地的问题（圈地运动是原始资本积累的问题，另当别论）。现在的问题是封建主之间的土地兼并如何进行，它导致了土地集中还是分散？

研究这一问题的著作不是很多，一些现象、结论也相互矛盾。有人指出，1086—1279年间，剑桥郡的60个乡村的地产变化情况是，王田在这里本来占耕地的16%，到1279年已几归其他封建主占有，大封建主的地产也大量减少，教会的地产则大量增加，骑士的地产增加了两倍多。② 所以总的趋向是大地产日渐衰落，而中、小地产增加，即封建地产运动的趋向是日益分散。

巴尔格根据末日审判书和百户区卷档的材料，对英国中部5郡（牛

---

① Miller and Hatcher 1980, 174.
② Ibid., p. 170.

津、贝德福德、亨廷顿、白金汉、剑桥）的世俗地产做了详细统计，得出的结论也是大地产减少，中、小地产增加，地产日益分散。这 5 个郡中总佃户地产变化的情况是，面积在 80 卡鲁卡特到 200 卡鲁卡特之间的封土，其数目及所占面积都在减少，而面积在 40 卡鲁卡特之下的地产，则数目与面积均在增加。如 1086 年时，此处有面积 160—200 卡鲁卡特的男爵领 2 个，面积占全部地产的 14%，而到 1279 年时，它们完全消失。面积在 5 卡鲁卡特以下的小地产，数目由 32 个增至 56 个，总面积由 92 增至 161 卡鲁卡特，所占面积百分比由 3.2% 上升到 5.5%。其全部详情列表如下①：

		1086 年	1279 年
5 卡鲁卡特以下	封土数	32	56
	占百分比	34%	38.7%
	面积数	92	161
	占百分比	3.2%	5.5%
10 卡鲁卡特以下	封土数	14	28
	占百分比	14.5%	19.4%
	面积数	105	196.3
	占百分比	3.6%	6.7%
20 卡鲁卡特以下	封土数	21	34
	占百分比	21.6%	23.4%
	面积数	300.5	490
	占百分比	10.4%	17.0%
40 卡鲁卡特以下	封土数	12	17
	占百分比	12.5%	11.7%
	面积数	310	534
	占百分比	10.7%	18.5%
80 卡鲁卡特以下	封土数	7	4
	占百分比	7.2%	2.7%
	面积数	415	223
	占百分比	14.4%	7.7%
120 卡鲁卡特以下	封土数	3	2
	占百分比	3.1%	1.4%
	面积数	312.5	170
	占百分比	10.8%	5.8%
160 卡鲁卡特以下	封土数	2	1
	占百分比	2.0%	0.7%
	面积数	256	132
	占百分比	8.0%	4.5%

---

① Барг 1962, 110-112.

续　表

		1086 年	1279 年
200 卡鲁卡特以下	封土数	2	——
	占百分比	2.0%	——
	面积数	382	——
	占百分比	13.7%	——
200 卡鲁卡特以上	封土数	3	3
	占百分比	3.1%	2.0%
	面积数	700	1058
	占百分比	24.3%	34.3%

至于总佃户之下的封臣地产运动趋势，也和上述情况相同。同样这 5 个郡的统计，其面积为 4 卡鲁卡特以下的小地产，总数由占 48.6% 增加到占 83%，面积则由 20.2% 增加到 59.1%。中等地产（面积为 4—9 卡鲁卡特）总数由占 24.4% 下降为占 10.4%，面积由 24.4% 降为占 21.8%，大地产（面积为 9 卡鲁卡特以上）总数由占 23% 降为占 5.7%，面积则由占 55.4% 降为只占 19.4%。具体情况列表如下①：

年份	小地产		中等地产		大地产	
	数目百分比	面积百分比	数目百分比	面积百分比	数目百分比	面积百分比
1086	48.6	20.2	24.4	24.4	23.0	55.4
1279	83.0	59.1	10.4	21.8	5.7	19.4

但波斯坦从他自己关于英国中古经济兴衰的理论出发，认为 12、13 世纪是大地主兼并中、小地主的时代，中、小地主这时不断丧失土地，其原因是服军役的费用不断提高，从 12 世纪一个骑士装备费用约为 15 先令增加到 13 世纪末的 50 先令，雇一个士兵 12 世纪中叶约为 8 便士，13 世纪初则涨到 2 先令。这种军费负担再加上协助金、继承金等的非正规负担，致使许多骑士入不敷出，不得已向犹太商举债，举债时大多以土地作抵押，及后债务难以偿还，土地遂辗转落入大地主之手。所以 13 世纪的土地立法，如买地法等，其本意是在救助小地主。② 波斯坦也承认能找到不少小地主在 13 世纪发迹、上升的例证，但这种上升是政治原因造成的，如通过为修道院服务，担任大地主之管家，国家之律师职务等，而不是经济原

---

① Барг 1962，128.

② Postan 1981，182-184.

因。① 另外，希尔顿也认为，13世纪时，骑士阶层因为各种费用，特别是军费日增，因而入不敷出，导致丧失土地。② 也有人仍然还主张这一时代是中、小地主上升的时期。所以有不少骑士窘困破产的现象，和我们掌握的史料有关。因为大地产都有记录，而小地产许多无记录，有记录的则多是它们破产而被兼并。所以说13世纪是乡绅（gentry）危机的时代是冒险的。③

英国封建主之间的土地兼并问题，即封建地产的发展趋向是集中还是分散的问题，看来并未取得一致意见，而且对这个问题进行研究的人不是很多。教会财产在这一段时间内不断增长是没有疑问的，可是世俗封建主的财产变化则不明朗。大封建主占有巨大的土地，并且有各种政治、司法特权，作为封君对臣下也可行使各种封建权利，总的说来对其聚敛及保持财产有利。虽然也有他们的地产不断减少的说法，但大约200家左右的大封建主从诺曼征服到13世纪仍一直保持下来。④

我们前面已经指出，根据末日审判调查，我们大致可以把全国封建主划分为大、中、小三个阶层，大封建主比较少，中等的较多，小封建主最多。这样一个金字塔形的结构，历经二三百年的变化，大约还是如此，并未能改变。⑤ 希尔顿根据1275年征收动产税估产记录，描述英国中部格洛斯特、沃里克、伍斯特郡地产分布情况后则认为，这里的结构不是一个金字塔，而是少数几幢摩天大楼耸立于广大的乡村农舍之上。⑥ 其估计稍有不同。

三 封建庄园

1. 庄园的定义

庄园这个字在中世纪时是否是一个专门名词，它究竟有什么含义，后来的人所说不一。庄园（manerium）这个字在盎格鲁—撒克逊时还未出现，它是由诺曼人带来使用的，源自拉丁文 manere，指一个高大的庭园建

---

① Postan 1981, 181.
② Hilton 1983a, 50.
③ Miller and Hatcher 1980, 172.
④ Ibid., p. 177; MacFarlane 1980, 185.
⑤ Miller and Hatcher 1980, 178.
⑥ Hilton 1983a, 57.

筑，即封建主居住之所，和英文 hall 意思相近。后来演化为不仅指这个建筑中心，而且还包含其周围的土地。末日审判调查时，其问题之一即是"庄园的名称是什么？"而调查登记结果对各封建主的地产往往要注明"某人领有该地若干海德作为一个庄园"的字样。有人主张庄园在这里的意思，是指征收丹麦金的场所。① 但也有人给它以更松散的定义，认为"简而言之，庄园就是从某个中心作为一个独立单位进行管理的一块地产"。② 这种解释过于宽泛，其意我想是把末日审判书中注明作为庄园的一切土地类型均包括进去，不过这样并不能解决什么是庄园的问题。据巴尔格研究，当时并非把任何一块贵族土地都称为庄园，称为庄园的地产或是一个完整的村子，即该村属于某个封建主，或则虽然一村分属好几个人，但其中一人土地最多，占绝对优势，则那块土地也称庄园。③ 这样的研究和梅特兰的甚为不同，因为梅特兰指出末日审判书中甚至把一块农民的土地也称为庄园。

到了 13 世纪，庄园一词在英国的使用更为广泛，往往用来泛指封建主的各种地产。当时官方调查记录——百户区卷档中，就把末日审判书中称为 terra 的好多地方，改称为 manerium，使得这个时期的庄园数目增加了。④ 梅特兰指出说，这时庄园一字的意思和 estate 差不多，似乎并非一个含有明确规定内容的专门术语，以致很难给它下一个定义。⑤ 但在当时的法学著作 Fleta⑥ 中，仍把庄园描写为封建主管理的一个农业经济单位，有封建主的自营地，也有分给自由农民、农奴等的份地，还有公共牧场、森林等。庄园上有封建主宅邸以及教堂、磨坊等设施。庄园的耕作者则有自由农民和农奴。自由农民向庄园主交租，农奴则服劳役及负担任意税。管理庄园的有总管、管家、庄头等人，各有其一定职责。从这个十分具体的描写看，则庄园仍有其有机组织、具体内容，是一个专门名词，不能用来泛指地产。

我曾经指出过西方学者对庄园定义的复杂性。英国学者的意见还和我们的接近，他们偏重于把庄园当作一个经济实体看待、研究，不过也十分

---

① Maitland 1921, 120.
② Miller and Hatcher 1980, 19.
③ Барг 1962, 41.
④ Ibid., p. 43.
⑤ Pollock and Maitland 1923, v. 1, 595.
⑥ Fleta 是一本法学著作，相传它是 1290 年时，一个法官或律师被关在 Fleta 监狱中所写，故名。

重视该地产上的政治附属物。①

英国人梅特兰在其所著《英国法律史》中,指出典型的庄园应具备的内容是:

1. 地理上庄园与村子相一致,一村就是一个庄园,该村的领主也就是该庄园的领主,全体村民同属这一领主。

2. 庄园的耕地应有3部分,即领主自营地、自由领有地和农奴领有地。这3种土地系由分散各地块的条田组成,互相交错,一家土地很少连成一片。自营地由农奴无偿劳役耕作。另外属于庄园的还有草地、牧场、池塘等,这些多属公用性质。

3. 如果一领主有若干庄园,则分别计算收支。各庄园皆设管家及庄头分别管理之。

4. 领主在庄园上设有庄园法庭,由他本人或其管家主持,审理本庄园内农奴的有关案件,对自由人则另设法庭审理。②

维诺格拉道夫对庄园的定义比较简单,他说它应有财产的、社会的、政治的三方面内容,即它是由领有地(tenure)围绕的一块地产,是统治者与被统治者的一个结合体,同时也是一个地方政府。③

波斯坦的庄园概念,大体仍沿袭前人的看法。他以为庄园应有3种职能,首先是经济的,即它是地主的一块地产,其土地可分自营地与农民份地两部分,而地主的收入也是双重的,即自营地上的收获和农民所交的其他地租。由于自营地的耕作是佃户的无偿劳役,所以地租形态的一部分是劳役地租;其次是社会的,即佃户具有依附身份——不自由或半自由,缺少自由人所具有的各种权利;第三是行政司法的,即庄园有定期法庭,有一定行政、司法权力,出席法庭亦为佃户义务,而通过法庭领主又可取得收入。④

希尔顿的庄园定义似进一步有所放宽,他说庄园是领主通过它以取得收入的一种组织,这些收入部分来自自营地,部分来自佃户。佃户所纳地租可以是货币、实物及劳役。佃户可以是自由人领有自由土地,或自由人领有习惯份地(维兰份地,即奴役性份地),或维兰领有自由份地或习惯

---

① 马克垚2001,147—151。
② Pollock and Maitland 1923, v. 1, 596-597.
③ Vinogradoff, 1920, 307.
④ Postan 1981, 81-83.

份地，或者是具有自由或不自由身份的茅舍农。①

梅特兰对庄园所下的定义应是典型的庄园。以后随着研究的不断深入，发现典型的庄园只占少数或极少数，有人就用扩大庄园概念的办法来强调庄园的普遍性。例如科斯敏斯基根据百户区卷档研究13世纪英国庄园的结构，固然承认典型的庄园是1. 具有领主自营地、自由份地及农奴份地者以及2. 虽无自由份地但仍具备自营地及农奴份地者，可是他归纳下来当时却有7种类型的庄园。除了上述两种以外，还有3. 缺农奴份地者，4. 缺领主自营地者，5. 只有自由份地者，6. 只有农奴份地者，7. 只有领主自营地者。② 如此就使庄园的概念变得十分模糊。不过英国学者蒂托主张庄园的定义仍然应是典型庄园所具备的内容，即庄园必须包括领主自营地、佃户份地、依附农民、领主司法权4项内容，所以他认为科斯敏斯基谈到的许多庄园不能算是庄园。③

我们应该注意到，西方学者对庄园的概念，普遍是从经济与法权相结合上认识的。波斯坦即说，庄园的经济根源（这种根源并非中古所特有）是大地产，而另一方面的内容则为依附性耕作，司法行政权力等。④ 这种看法有一定道理。即庄园是封建西欧农业生产中的一种特定组织形式，采用劳役地租形态剥削。由于劳役地租的存在，提出了封建主对耕作者人身强制的必要性，因而领主要拥有对农民人身控制的各种权力，这种权力也往往同时体现为进行剥削的权力。

庄园的本质因素，应是领主自营地与农奴份地同时存在，这样庄园才能成为一个封建主经营的经济实体。由于地租形态是劳役地租，才要派管家主持生产，监督劳动。才需要在庄园上有各种生产设施。所以，确切地说，我们应称这种西欧、英国的庄园为农奴劳役制庄园。至于开田制、强迫轮种、份地成为条田交错散布，以及各种公共土地——池塘、森林、草地等的存在等，都是村落的特征，即农村公社的特征，并非庄园的必然内容。这我在过去早已指出了。⑤

2. 英国的庄园化问题

古典庄园学说认为庄园是西欧中古农业生产组织的基本单位，村庄一

---

① Hilton 1983a, 124.
② Kosminsky 1956, 84-85.
③ Titow 1972, 18-19.
④ Postan 1981, 83.
⑤ 马克垚 2001, 152。

致，自给自足，生产的目的是为了满足封建主的需要，而交换只带有偶然性质。

末日审判书中所记的庄园情况，和这种典型的庄园往往有很大差别。有的庄园很大，如格洛斯特郡的柏克利庄园，广泛散布在该郡的 18 个地方，最远的两端相距 30 英里以上。这个庄园所拥有的劳动力共计 29 个骑士，162 个维兰，147 个边农，22 个 coliberti 和 161 个男女奴隶，其中自营地上有 54½ 犁队，192 个佃户。① 这么广大的地方，看样子绝不只是一个村子，相距遥远，管理复杂困难，为何说它是一个庄园呢？但另一方面，也有很小很小的庄园。如萨默塞特郡，有一些庄园只占地几十英亩，还有一个庄园只有一户维兰，没有任何牲口，年产值 15 便士。② 在埃塞克斯郡，也有这种几十英亩、十几英亩的小庄园。③ 还有一些城市的住宅附属于某庄园，如伦敦城有 12 座房产属达勒姆主教在埃塞克斯的沃尔瑟姆庄园，另有 28 座房产属巴尔金庄园。④ 有的庄园在很远的地方有属于它的 berewick（种植大麦之地），或维兰的土地、索克曼的土地等。

关于村和庄是否一致，在末日审判书中也可考察。村子是历史上形成的居民点，而庄园是后来建立起来的。英国地权分裂零散，封土反复封受更加剧了这种状况。所以村和庄一致的情况属于少数。末日审判书编制的原则是封建的，各郡中的地产均列各封建主名下，按庄园计。实际上调查时仍按百户、村进行，村依旧是基本单位，透过庄园可以看出村庄的情况。例如在哈特福德郡，有一个村子名瓦林敦，分别记在 5 个封建主名下：

Karl Alan	2 海德，不足 10 英亩
Robert German	3 海德，不足 20 英亩
Geoffrey de Mahneville	30 英亩
Gilbert of Belvache	3 海德，40 英亩
Harduin of Scalers	1 海德，86 英亩

可以看出该村应以 10 海德征丹麦金，但被 5 人分割占据，其中只有 Gilbert 的土地被称为一个庄园。⑤

既然不能根据末日审判书所记情况来估计当时英国庄园化程度，而各

---

① Maitland 1921，113.
② Ibid.，p. 117.
③ Ibid.，p. 113.
④ Ibid.，p. 114.
⑤ Loyn 1991，350-351.

学者对庄园的定义又有所不同，这就更增加了估计11世纪时英国庄园化程度的困难。不过一般说来，英格兰中部从维什河到塞汶河谷直到英伦海峡这一宽阔的带状地区，是典型庄园很多的地方。也就是说，一般以为英格兰东部和北部，是庄园稀少地区，而西部和南部是庄园化地区。但即使在庄园化最盛之区也有许多例外。如威尔特郡，虽然公认庄园最多，而且一个村子往往为一个封建主独占，被几个封建主分割的情况甚少。但这里仍有一些只有领主自营地，或只有佃户份地的庄园。这两种情况对我们来说，则很难说它是一种庄园了。

英格兰东部和北部，原为丹麦区，自由农民较多，庄园化程度较低。原丹麦区的北部，如约克郡的大部、林肯、诺丁汉、德比、累斯特、鲁特兰诸郡，这里的庄园结构有其特殊性。一般中心是领主住宅及附属田地，四周还散布一些附属于庄园的土地。一种土地称索克地，即索克曼占有的土地。索克曼与庄园主人的关系是只受其审判，身份还是自由人。另一种土地称berewick，即属于庄园种植大麦的地段。上述各郡中索克曼数目很多。如林肯占到所统计人口的一半，诺丁汉是30%，累斯特为33%。[①] 一般说来，索克曼的土地应不属于庄园，并未庄园化。林肯主教在诺丁汉有纽瓦克庄园，除附有2处berewick外，还在16个村子中有索克地，这些土地上一共居住有174个索克曼，14个边农、共有46架犁队。林肯郡另有一个福金汉庄园，属于它的索克地散布在25个村子中，其上面的居民包括少量维兰、索克曼411人、边农81人。[②] 约克郡则这种情况更为普遍，往往一个庄园附有几十处索克地、上百个索克曼。所以如此，大约是因为盎格鲁—撒克逊时期国王分赐百户区司法权给封建主，因而使索克曼产生了司法依附关系。可是这些人身份是自由人，对自己的土地享有较充分权利，可以连带土地一起更换主人。

在东盎格利亚（包括埃塞克斯、诺福克、萨福克）这些地方，庄园也很少。除了有少数组织良好的修道院大庄园外，许多地方都是自由的农村，农民较为自由，一些索克曼分别属于不同的封建主，可能是由委身而发生依附关系。这些索克曼往往有权自由离开主人，有权出售或转让自己的土地，对主人没有劳役义务，有些只有象征性的义务。肯特郡的庄园也有特殊性，有许多地方远离中心，是一种松散的组织。

[①] Lennard 1959, 218-219.
[②] Ibid., p. 220.

总起来看，11世纪英国庄园发展的图景还很不清楚，远不是许多地方都庄园化了，特别如拿我们的农奴劳役制庄园这一标准衡量，典型的庄园肯定是少数。正如有人指出，当时的情况是，在全英格兰，也许没有一个地区的土地和农民都组织于庄园之中。但另一方面，也没有一个地方完全没有庄园。①

从11世纪到13世纪，经过200余年的发展，英国封建制度达于极盛时期，那庄园化的程度又如何呢？如果庄园（我所指的是农奴劳役制庄园）是适合于英国封建生产的一种组织，它一定要有所发展，有所加强，即庄园化的程度要加深。13世纪英国庄园情况，科斯敏斯基做过详细的研究。在英格兰中部庄园化最盛地区，如亨廷顿、剑桥、白金汉、贝德福德、牛津诸郡，庄园种类繁多（即前面引述的有7种不同的庄园），有的庄园互相重叠（同一块土地属于两个甚或两个以上的庄园），有的庄园里面还套着一个庄园。当然，占主要的是第一种庄园，即既有领主自营地，又有自由份地和农奴份地者，其数目占一半以上，而所占土地面积则达统计之土地面积3/4，如果再加上第二种庄园（即含领主自营地与农奴份地者），则所占土地面积可达80%。② 不过，科氏也指出，即使在这一地区，也有些地方庄园化甚弱，那里维兰土地很小，不足以支持自营地之耕作，即不是典型的劳役制庄园。另外这里还有相当数量的小庄园存在，而这些庄园上也都缺少维兰份地。这些景象都被科斯敏斯基视为是封建化、庄园化不足的表现。③

如果离开这个庄园化的核心地区，则其他区域仍然如11世纪时保有自己的特点。东北部原来丹麦区诸郡，依然劳役不多，保留有许多自由农民（索克曼）。东盎格利亚的自由农民也多，而且庄园与村相合的情况甚少。北部诺森伯兰、兰开夏、威斯特摩兰、坎伯兰、达勒姆以及约克北部，主要是畜牧区，没有什么领主自营地，也无劳役地租，农村的独立性较强，所以这里没有多少劳役农奴制庄园。至于肯特，则13世纪已充分显示出它的特殊性，农民按当地习惯法被认为是自由的，有权转移其土地，向封建主交纳实物及货币，只有运输劳役。总起来看，依旧是相当广大的地区并未庄园化。当然科斯敏斯基认为这些地方13世纪时典型庄园有所发展，不

---

① Lennard 1959, 236.
② Kosminsky 1956, 86.
③ Ibid., pp. 130-131.

过他也指出这大约是所根据的材料（对总佃户财产的死后调查）使然。①

科斯敏斯基根据维诺格拉道夫的提示，研究 11—13 世纪庄园化的进程是不是表示为原来多种多样的小庄园向典型的农奴劳役制的大庄园发展。他根据末日审判书和百户区卷档材料，对比了亨廷顿、剑桥和贝德福德 3 郡的几个百户区，结果如下：

（一）本地区主要的大庄园早在 1066 年以前已经建立。

（二）1066 年之后，只有个别例子显示大庄园取代了小庄园。

（三）更多的迹象说明，这段时间内是许多大庄园瓦解、分裂为小庄园。

（四）总的说来，大、小庄园之比，在这段时间内无显著变化。②

科斯敏斯基对庄园化是否加剧这个问题未予明确回答。他的学生巴尔格对他提出的问题又进行了深入的研究，其研究结果中对回答我们的问题有帮助的，我以为有如下两点：

（一）从 11 世纪到 13 世纪，村、庄合一的情况是增加了还是减少了。村庄合一应是典型庄园的一个重要条件，如果庄园化发展，则这种现象应该增多。但巴尔格研究的结果却不是这样。他根据末日审判书（用 DB 表示）和百户区卷档（用 RH 表示）的材料，对两个时期中部诸郡 393 个农村与庄园关系进行了统计，结果如下③：

	和庄园相一致者	包括 2—3 个庄园者	包括 4—5 个庄园者	包括 7—8 个庄园者	包括 8 个以上庄园者
DB	221—56.7	118—30.2	41—10.0	11—2.7	1—0.2
RH	138—31.9	180—41.5	68—15.7	34—7.8	10—2.3

（前面的数字是村庄数，后面的数字是所占百分比）

从上表可以看出，村、庄相一致情况以 11 世纪时最高，占所统计村庄的 56.7%，而到 13 世纪则下降为 31.9%。因为随着时间的推移，封建主土地变动愈多，分割继承、再分封、买卖转让等使地产不断变化，村庄相一致的情况逐渐减少，也就是说在一个村子的完整范围内组织劳役制生产更困难了，因而庄园化并未加强。

（二）巴尔格指出的另一种现象是从 11 世纪发展到 13 世纪，大庄园不断分裂、瓦解，数目减少，而小庄园的数目在上升。他采用了科斯敏斯基

---

① Kosminsky 1956, 145.
② Ibid., p. 149.
③ Барг 1962, 27.

的标准，规定占地 500 英亩以下者为小庄园，500—1000 英亩者为中等庄园，1000 英亩以上者为大庄园，统计了英格兰贝德福德、白金汉、剑桥、亨廷顿、牛津各郡中一些百户区这 200 余年来庄园变化情况，列表如下①：

	大　庄　园				中　等　庄　园				小　庄　园			
	庄园数	占全部庄园%	面积数	占全部面积%	庄园数	占全部庄园%	面积数	占全部面积%	庄园数	占全部庄园%	面积数	占全部面积%
DB	163	21.3	2525.5	55.4	197	26.1	1230.5	27.0	395	52.6	832.1	17.6
RH	101	8.1	1354.9	30.0	204	16.5	1257.8	28.3	926	75.4	1819.5	41.7

（11 世纪时面积单位为卡鲁卡特，13 世纪时为海德）

所以，如果认为庄园化的过程是不典型的小庄园向典型的大庄园过渡的过程，如维诺格拉道夫主张的那样，那么我们只好承认庄园化最盛的时代是 11 世纪，而以后 200 余年的发展则是庄园化在逐渐减弱。巴尔格认为，小庄园的大量涌现，表示了 13 世纪封建生产基础的重建，因小庄园适应当时商品经济的发展，便于组织生产。② 另外，巴尔格也还指出了原来有些非庄园地区形成庄园，不过数量似乎不是很多。

从以上两条发展线索看，我们很难说明这 200 年来典型的农奴劳役制庄园是在增加。因此从生产上如何认识庄园在英国封建社会中的地位，便是一个很重要的课题。

3. 庄园的地位

一直到 20 世纪初期，西方经济史家仍把庄园作为封建经济的典型来分析，认为当时的农业生产大致上都是组织在庄园中的，这种农奴制的、以劳役地租为主的生产组织构成封建西欧生产的特征。现在则必须重新评估这一问题。由于深入研究的结果，庄园的多样性十分突出，以致我们难于说有一个统一的庄园制度。③

而典型的、农奴劳役制庄园又是如此稀少，以致我们无法承认庄园的普遍性。④

---

① Барг 1962, 66.
② Ibid., p. 73.
③ Miller and Hatcher 1980, 184.
④ Postan 1981, 96.

庄园是在生产力低下、耕作粗放、农村公社遗习存在等条件下，一些大封建主组织生产的单位。这种性质就决定了它不可能十分普遍，不可能把全部农业都按典型庄园的模式组织起来。庄园与低下生产力相适应，生产上的自给自足的性质很明显，但并不能说它和商品经济截然分离。封建主还可利用庄园这一形式，在商品经济发展的条件下为自己谋利益，我们前面所引的材料已经证明了这一点。所以推寻封建社会中有一个庄园化的过程也是不合适的。封建社会、封建生产的发展并不以庄园生产的发展、庄园组织的发展为必要条件。庄园在英国封建社会中的发展轨迹显示出，它有起有伏，导致起伏的原因则较为复杂，还须详加研究。

庄园经济只是封建经济的一部分，是封建社会中的一种生产组织形式。对封建社会经济更全面、深入的了解，则还必须研究农民经济、城市经济等，单靠庄园是说明不了问题的。①

---

① 戴尔在最近的总结中也指出，庄园已不再是研究乡村社会经济的中心，但也不能完全忽视它的意义，参看戴尔，《700—1600 年英格兰的领主、农民和村庄：1989 年至 2009 年的新方法》，载钱乘旦等主编，《英国史新探：全球视野与文化转向》，北京大学出版社，2011。

第十章　庄园的经营管理

封建地产的经营管理是一个复杂问题。但事实上只有大地产，尤其是教会大地产，才有详尽的资料保存，所以我们说的大都是这些典型的劳役农奴制庄园的情况，而对中、小地产的经营管理则知之不多。一开始我们所要研究的，就是庄园经营的两种主要方式——自营和出租。

一　自营和出租

封建大地产划分为庄园管理，庄园是封建土地经营的基本单位。在当时生产力低下、交换稀少的情况下，封建主必须从地产上为自己以及家人、随从直接取得实物形态的各项供应，然后再以生产出的多余部分换取所不能生产的其他物品，这就是封建主必须有自营的庄园为自己的生活依据的原因。13世纪的一件封建地产管理规程曾这样写道："每年在米迦勒节你知道各种谷物总收成的时候，即可安排你全年的旅行，视一年各季节的情况和各处庄园吃肉吃鱼的时机，确定在每处庄园各逗留几周，无论在哪处庄园逗留，都不要一住就是很长时间，或给当地造成沉重债务，而要安排的待你离开某庄园时，当地不至于负债，不仅不使负债，且要给庄园留下点什么，使它得以由牲畜，尤其是牛和羊的增加筹款，抵偿你逗留期间的衣食住行一应开支。"① 由于大封建主地产广大分散，当时交通不便，运输困难，所以他们往往采取巡回就食的办法，即带领家人、随从，定期在某庄园停留若干时日，把那里的收获消耗大部后，再转移别处。如此周而复始。上引文件说的就是这种情况。只有一些大修道院，地点固定，不能转移，这就得组织大批劳力，把各庄园上的物资运抵修院所在地，维持供给，这是十分费力的工作，有大批农奴所负运输劳役即为此而发。由此可见，庄园生产、或者说封建主经营管理其地产的目的，主要是为了供给自己消费，而对外交换只带偶然性。

封建主对自己的地产除直接经营外，还采取出租办法经营。早在盎格鲁—撒克逊时期，已记有一些教会大封建主把它们的部分土地出租，收取实物或货币。租期一般为终身，有的长及三代，也有几年的。这种出租制在拉丁文被称为 firma，即从古英语食品地租 feorm 一字转来，本为一定量之食品供应，后转为一定量的交纳（实物或货币），于是转而有出租的意思。② 在末日审判书中，更记有大量出租土地的事。在各郡管理王田的郡守，往往把王室庄园出租给别人，有时自己也充当承租人。在英格兰南部，有不少巨大庄园被出租，而收取很高的租金。甚至还有农民作为承租人租种庄园的记录。③ 有的租金征收得比该庄园的产值还高，说明封建主对农民层层加强剥削。

12 世纪，这种出租土地的办法还在继续，不但许多修道院大地产的庄园有出租的，而且世俗封建主的庄园也出租。当时出租不仅租出自营地，而且往往还包括庄园上的设备、牲畜以至家禽等，有时还说明包括仓库中的粮食。承租人承租以后，也就取得了对庄园上奴仆、农奴等劳动的支配权，由他负责整个庄园的管理。承租人身份多是封建主，很多情况下就是原来的庄园管家，也有庄头甚至其他富裕农民承租庄园的事。承租人在租佃庄园后，同时取得支配耕作自营地的佃户的劳动的权利，监督他们的耕作，收取一应捐纳，在很多情况下还滥用权力，役使维兰，加重剥削。对原来的封建主，承租人一般按租约交纳一定租金。租金许多是货币租，也有实物和货币兼有，或只纳实物。但从这种租佃制的起因看，则应是原以实物代劳役的。而 12 世纪是否有一种用货币租取代实物租的倾向，还很不

---

① 拉蒙德 1995，98。
② Lennard 1959，128；Raftis 1957，76.
③ Lennard 1959，153.

容易确定。① 租期则一般为终身，也有长及三代或短到只是若干年的。

对于这种租佃制，波斯坦曾做出过一种解释。他以为12世纪中期，内战不息，政局混乱，交通梗阻，封建主如自己经营庄园，收获粮食后无法保证到市场上换成货币，所以改行租佃制，以保证收入。与此同时，庄园的经营也改行货币租，因此庄园上的自营地有缩小的趋势。② 但米勒经过研究后，却提出另一种解释。他以为12世纪政局并不比13世纪更糟，经济继续增长而并未停滞。这时的出租制，只不过是从诺曼征服以来即流行的政策的继续，因为大地主的领地广大而又分散，一些地方相距过远，难于直接经营。同时庄园管理人才也较缺乏，所以才采取出租制。③

我们知道，这种庄园出租制所涉及的并非封建主与农民之间的关系，而主要是封建主之间的关系。封建主这时是将大块土地出租给承租人，而承租人依然经营庄园。对原来的封建主来说，这种出租办法也并非没有风险，首先是当时的英国在财产权的规定上并不明确，土地分赐和土地出租难以区分。承租人在租得土地后，即成为该地的占有者，而12世纪兴起的普通法是保护占有的。土地租期很长，长达一生甚至三代，于是很容易变成承租人的财产。如拉姆齐修院在1088年以每年6镑的租金把剑桥郡的一块地产出租给威廉·佩克和他的妻子，后者占有土地的权利在亨利一世的法庭上得到确认。直到1187年，威廉的孙子乔佛里仍然租佃着这块土地，只是地租增加到每年7镑。后来这块土地连同乔佛里的其他土地一起由他的弟弟吉尔伯特继承，然后又转入吉尔伯特的儿子哈蒙之手，哈蒙宣称这块土地是他的祖传产业。直到1237年，经过长达9年的诉讼之后，哈蒙才承认了修院对这块土地的权利，至此从这块土地以终身出租算起已经149年了。④ 封建主出租土地的另一个风险就是因为租金一般为货币租，租金固定，难以提高，如西敏寺修院在切尔西的一个庄园自诺曼征服起就以可继承的方式出租，其租金直到12世纪之末仍然是每年4镑。以同样方式出租的莫尔莎庄园租金仍然是每年9镑，和爱德华时期没有区别。奥克顿庄园的租金在1200年是每年10镑，和1086年时一样。⑤ 当价格上涨的时候，这种出租制就要给领主造成损失。其实，最根本的原因还在于承租人经营

---

① Lennard 1959, 176-179; Miller and Hatcher 1980, 207.
② Postan 1981, 107-110.
③ Miller and Hatcher 1980, 204-211.
④ Ibid., p. 206.
⑤ Harvey 1977, 80-81.

庄园，意在从中取利，有时加紧割剥，造成破坏。所以也并不能说当时庄园都在出租，即使大修道院的地产，也依然有许多是自营的。① 波斯坦以为出租制是12世纪新现象的看法不一定妥当，我们更愿意相信米勒的解释。另外，随着这种出租制的实施，许多庄园上的自营地在缩小，折算在进行，这也是客观存在的事实。

二　地租形态的变化

农奴劳役制庄园的重大特征是其地租形态为劳役，这和东方（例如中国）封建时期主要地租形态为实物地租似颇为不同。这一点值得探讨。

追寻这种劳役地租的起源相当困难。古代资料稀少是其一方面原因，另外则因为西方学者庄园概念和我们有差异，他们研究的重点也不在此。例如，波斯坦探讨庄园的起源，指出其一种因素是大地产，这是历代都存在的现象，另一则是依附性耕作和地产上的政、法权力，这是由多种因素造成的。② 这在我们看来实际上近似于讨论农奴制的起源。后来阿斯吞所写的论文，也是讨论奴役是古已有之，还是如维诺格拉道夫等主张的那样逐步由自由农民沦落而致。③ 这些问题我以为不是庄园起源的本质因素，似乎有点本末倒置。

美国新经济史学流派中的诺思和托马斯曾撰文探讨过庄园的起源，并且建立起自己的一种理论模式。他们认为，庄园经济之所以不采用实物地租而采用劳役地租，是因为当时缺乏产品和劳务的市场。如果农民给领主交的是各项实物，则双方在商定所需物品时需逐一讨价还价，浪费很多时间。劳役地租虽然因为要对劳动进行监督，也对劳动时间有所浪费，但这时通过交换劳务（领主对农民提供保护与公正，农民服劳役）领主和农民都可以得到自己所需的东西，这样比实行实物地租还更为节省，所以庄园经济在西欧封建时代是有效的、合理的。诺思是制度经济学家，在农奴庄园制中引入了交易费用的概念来分析它的发展机制，看来是很难成立的。其观点的主要特征，是把领主和农奴作为平等的订立契约的双方看待，而认为封建关系是一种契约关系。这完全脱离封建经济的现实，用资本主义经济对它进行解释，当然不能说明劳役地租的起因。这样的解释，已招致

---

① Lennard 1959, 207-211.
② Postan 1981, 83.
③ Aston et al., 1983, 1-25.

了别的学者的有力反驳,这些学者大都认为不能用契约关系来说明领主和农奴的关系。剥削与被剥削的关系,最终由双方的矛盾冲突,双方力量对比来决定。①

在讨论盎格鲁—撒克逊时期的庄园经济时,我已指出劳役地租的采用,是生产力低下、交换不发达的结果。除此之外,西欧的粗放农业和奴隶制影响也有关系。粗放农业以及农村公社为基础的农业生产中的简单协作,使监督劳动易于实行,而较少注意劳动者本人的生产积极性。奴隶制残余形式的劳动力一直在庄园上存在,成为庄园生产中一个重要组成部分,有利于庄园的长期维持。

英国的地租形态最初是食品地租,即实物地租,大约是由居民向氏族领袖等的贡献转化而致。这种实物地租的痕迹在10—11世纪时在一些修院地产上仍有保存。例如有名的拉姆齐修院,于10世纪时仍有交食品地租之俗。而与此同时,也出现了把实物地租折合成货币交纳的习惯。② 在伍斯特主教区地产,也仍有食品地租,不过数量不多,同时兼存在劳役、货币地租。③ 这种情况和前面根据伊尼法典、《人民的权利和等级》等文件所得知的情况是一致的。

1066年征服以后,末日审判调查说明英国土地上存在着许多庄园,但我们已经说过典型的农奴劳役制庄园这时是很少的,所以劳役地租并不普遍,甚至可以说是相当稀少。当时农村中主要劳动者维兰的负担多种多样,劳役却不多。例如,赫里福德郡有名的巨大庄园名 Leominster,这个庄园上有各种身份的劳动者,其负担是应耕、播田地125英亩,交纳费用12镑4先令8½便士,另外每户维兰如有10头猪的话应出一头猪作为牧猪场费。这些农民共有犁201架,每架犁的劳役负担只半英亩多。共有农民331人,每人所摊派的货币负担也微不足道。另外一个例子是赫里福德郡的 Macle 庄园,有36个维兰和10个边农,他们共有40架犁,维兰应耕、播(用自己的种子)80英亩小麦和同等英亩的燕麦,这样每架犁只合4英亩地。④ 这些劳役比起后来传统上法定的每周维兰应服劳役3日之数要少得多。另外,也有一些关于维兰交纳货币及实物的零散记录。

---

① *Journal of Economic History* 1971,12;1975,6;诺思,《经济史中的结构与变迁》,上海人民出版社,1994,148。
② Raftis 1957, 10.
③ Dyer 1980, 28-29.
④ Lennard 1959, 368-369.

可以推测，庄园上的劳役，还有一些应由奴隶等人负担。但无论如何，11世纪我们不能说劳役地租占重要地位。

到了12世纪，英国庄园的经营有了变化，出租制比以前更为流行。出租庄园的情况很复杂。但明显的是伴随着庄园的出租，一些维兰负担的劳役义务也有不少进行折算，改收货币或实物。例如，在拉姆齐修院地产上，明确记有一些份地在亨利一世时是负劳役的，可现在改收货币。达勒姆主教区庄园上，有19个庄园上的维兰不负担劳役，而交纳货币。在多塞特郡和威尔特郡，有属于沙夫特伯里女修院的地产，对它们在12世纪进行过两次调查，第一次是二三十年代，其中某庄园的一些份地还担负劳役，而到第二次70年代调查时，则一些已改收货币了。由此可以看出，12世纪时劳役地租有一种缩小的趋势。①

13世纪英国情况发生许多变化。人口增长，劳动力供给充分，农产品价格上升，而工资下降。这时出售农产品对封建主更为有利，所以一些庄园上出现了重新恢复、扩大自营地、恢复加强劳役地租的倾向。这在大修道院的庄园上尤为明显。增加劳役的办法各地不同，有的是把维兰的份地分割缩小了，但它上面的劳役义务并未减少，因此庄园上总的劳役量增加了。较通用的办法就是直接增加维兰所应负担的劳役义务，拉姆齐修院、温彻斯特主教区各庄园上多采用这种办法。第三种是以前对维兰份地没有确定的劳役义务，现在予以确定，而且也增加应负担的劳役数量。还有最后一种办法就是把过去已经折算的货币租又改回为劳役租。或者本来允许佃户在服劳役与纳货币二者间选择，现在不许选择了，只能去服劳役。这种趋向，加强了对农奴的剥削压迫，使农民地位恶化，有些依附农民进一步陷身为奴，变成维兰。历史上把这些现象称为"庄园的反动"。

但是，经过仔细研究以后，一般主张不能过高估计庄园反动的规模和它延续的时间。② 它当时只短暂发生在一些大庄园上。即使如此，英国13世纪劳役地租仍然占不到太重要的地位。科斯敏斯基曾仔细计算过13世纪英国货币地租和劳役地租流行的情况。他指出当时劳役地租占优势的地方并不多。只埃塞克斯、剑桥、亨廷顿郡，以及林肯、赫里福德、苏塞克斯、北安普顿等郡的部分地区。而劳役最重的地方，其比重也只占到39%。其他各郡的劳役都不多，有相当多的郡是一年只有几天的轻微劳役

---

① Postan 1973, 92-99; Raftis 1957, 47.
② Miller and Hatcher 1980, 222; Titow 1972, 60.

或完全没有劳役，所以从全英格兰看，劳役地租在 13 世纪不足 1/3，而货币地租占到 2/3 以上。①

所以，从货币地租与劳役地租的比例也可以看出，英国封建社会时农奴劳役制庄园在生产中占的分量有限，如何评估它的历史地位与历史作用，还要进一步研究。

研究劳役地租还应该注意到，没有清一色的劳役地租形态，在劳役租盛行的 13 世纪，也是三种地租同时存在。它一方面表现为农奴的负担既有劳役，也有货币和实物；另一方面则表现为每个封建主的收入构成，也是既有由劳役耕作自营地所收入的谷物，也有其他。例如，统计伍斯特主教区所属各庄园 1299 年全份份地所交纳的货币以及所负劳役（折合成货币计），则前者合计为 4 镑 8 先令 11 便士，后者则为 9 镑 2 先令 5½ 便士。② 所以一般说来，当地大部庄园上货币地租约占佃户义务的 1/3，而实际上往往还要多一些。③ 如以封建主收入看，则伊利主教的地产，1298—1299 年度其总收入为 3500 镑，其中 1400 镑来自自营地（这粗略估计为劳役地租收入），1700 镑则为佃户（包括自由佃户及农奴）所纳货币地租，另外 400 镑则为人头税、进入税、法庭罚金等收入。所以这里劳役地租约占总收入 40%，而货币为 60%。温彻斯特主教地产收入的情况，则为当农业衰落的年代，自营地收入（因粮价下跌而减少）占 47%，佃户纳租等占 53%；在农业高涨的年代，因粮价上涨，自营地收入占到 72%，而佃户所纳货币只占 28%。④

科斯敏斯基还根据其庄园收入账目，详细计算过诺福克伯爵的 13 个庄园之收入。他指出庄园上的收入大宗计有：①固定货币租，由少数自由佃户交纳；②劳役（根据庄园上注明的价格折算成货币）；③实物交纳；④运输劳役；⑤其他收入，如继承税、卖牲税、法庭罚金、磨坊收入、面包炉收入等。如果对上述收入单只计算劳役和货币地租之比，则其比率为 54∶46。如果把有些已实行折算的劳役加入货币租收入中，则劳役与货币之比为 38∶62。如果把其他收入的货币也算上，则变为劳役 25，货币 75，二者之比为 1∶3。⑤

---

① Kosminsky 1956, 191-194.
② Dyer 1980, 101.
③ Ibid., p. 100.
④ Miller and Hatcher 1980, 201.
⑤ Kosminsky 1956, 163-167.

三　13世纪庄园自营兴盛的原因

13世纪是公认的英国庄园经济的鼎盛时期。这时许多大封建主，尤其是教会封建主，纷纷收回原来出租经营的土地，改行自己经营。例如，圣埃蒙兹修院院长萨姆森（1184—1212年在任）上任之后便采取强硬手段收回出租的土地，曾花费1000马克收回麦登哈尔庄园。西敏寺修院在伯金（1222—1246年在任）担任院长期间开始积极购买和收回出租地，使修道院的收入每年增加200镑。① 拉姆齐修院在13世纪初就通过向承租人支付价款的方式收回了许多出租地，到13世纪后期更花费大量金钱购买土地用以自营，1275年前后，院长古德曼切斯特的威廉共花费2000多镑来收购土地。② 不但教会领主，世俗领主也有一些改用直接经营的办法来经营自己的地产。由于许多封建经济实行自营，所以自营地面积增加，彼特伯罗修院在1301年时自营地总共有5347英亩耕种，伍斯特修院自营地有6969英亩，所以年耕种的土地有4500英亩左右。1274年，坎特伯里大主教有7000英亩土地在耕作。而坎特伯里的基督僧院则在埃塞克斯、肯特、苏里共有耕地8373英亩。③ 1240—1315年是自营地最多的时代，所以13世纪一般被认为是庄园自营的年代。

我们所得到的材料主要是大地产的，中、小地产的材料一向比较少。但我们也可以研究一下，为什么大地产这时候要改行自营。英国学者大都强调这是物价的影响，即13世纪时，英国人口增长已经到了人满为患的地步。人口的增加引起消费需求的增长，对粮食等日用品的需求更为增加，这样自然导致粮食等农产品价格的上扬。12世纪的物价相对稳定，1165年到12世纪80年代末，小麦的价格基本上维持在每夸特1先令7便士到1先令10便士之间，同期每头牛的价格一直是3先令，羊的价格是大约每只4便士，猪的价格是每头1先令。但是12、13世纪之交粮食和牲畜的价格突然上升。1199—1203年，小麦的价格飞涨到每夸特3先令6便士，大约翻了一番。牛的价格在13世纪的最初10年涨到7先令，羊的价格为10便士。因此牲畜的价格也是至少翻了一番。此后物价一直维持在一个较高的水平上，在短期波动中缓慢上升，从1225年到1345年价格水平大约翻了

---

① Harvey 1977, 167.
② Raftis 1957, 109.
③ Britnell 1996, 116.

一番。虽然英国学者对价格上涨的原因、时间、上升幅度等仍然存在较大分歧,但对价格的上升则意见是一致的。①

物价上涨的一个后果,就是收取固定货币地租的封建主遭受损失,因此负债累累。为了避免损失,一些封建主,特别是大封建主、教会封建主于是逐渐改行自营。另一方面,农产品价格的上涨使封建主看到了新的出路,即可以利用自营来更多地获取利润,取得更多收入。这也是改行自营的一个原因。

不过仔细考虑一下,则物价上涨是否是庄园自营兴盛的原因仍然值得怀疑。当时农产品价格的波动主要是由供需情况造成,如歉收则价格猛涨,如丰收则价格暴跌,这种短期的涨落根本不足以使封建主认识到要改变经营方式,而且也来不及改变。至于农产品价格的长期趋势,那是后来经济学家计算出来的,当时人大约难以感觉到。例如,从1225年到1345年这120年的时间内,价格翻了一番,十分显眼。可是在这120年内,每年只上升了0.5%②,这样的速度能使封建主认识到要改变经营方式以从中取利吗?就是12世纪末13世纪初的物价暴涨,也有人认为它的证据并不十分可靠。③ 何况,领主如果要取得货币,也还可以采取把劳役地租折合成货币的办法,这一办法在12世纪已经开始实行了。有人已经指出,庄园上的粮食生产受市场的影响较小,畜牧业生产受的影响则要大一些。④ 所以,13世纪英国庄园自营的兴盛,可能较少受物价的影响,而更多的是其他方面的原因,如下所述。

首先是历史发展到13世纪,英国本国的经济已经有了长足的进步,社会各方面也都有了发展。社会生活复杂化,文化知识在整个社会上有了提高。官僚制度发展,公文往来增加,1226年到1271年,英王亨利三世的中书省用于密封文件的蜡从每周的1.63公斤增加到每周14.18公斤。⑤ 文书、账簿的使用大为普及,对有知识的人的需求也日益增加,在牛津、剑桥等大学内,会计、修辞等也列入课程。于是社会上也出现了一批知识分子,为文化程度不高的领主撰写文书,记账查账,这就是庄园自营能够进行的前提条件之一。

---

① 参看李云飞2014,81—84。
② Postan 1972, 257.
③ Latimer, English Inflation 1180-1220 Reconsidered, *Past and Present*, No. 171, 2001. p. 11.
④ Britnell 1996, 117-118.
⑤ Clanchy, M. T. 1993, 59-60.

其次，王室财政署对全国的财政管理有所加强，于 12 世纪已经形成比较完整的财政运作程序，对各郡郡守加强管理，废除郡守的世袭制，把郡守由王室财产的承包人变成王室地产的管理者。要求他们按时把收入上交财政署。各郡郡守对王室资产收缴的收入记入档案，形成账簿，被称为 Pipe Roll，即卷档。财政署的工作方法对封建主的底层经营发生了影响。因为王室财政署的人员经常流动，一些主教、修道院长参加它的工作，而后又回到自己的驻地，于是就仿照财政署建立自己的庄园管理体系。温彻斯特是王室财政署的驻地，而其主教又担任过财政署的官员，所以温彻斯特主教的地产管理办法较早形成，账簿也较早出现。与此同时，世俗领主的地产管理机构也逐渐完善。账目制度等也建立起来了。

对领主地产管理机构完善起影响的还有 12 世纪兴起的西妥僧团的工作。西妥僧团的原则是追求安静和纯洁的生活，他们离世绝俗，到深山密林中去建立修道院，在那里开发农庄，直接经营。但他们不使用农奴劳动，不收取各种垄断性的封建收入，如磨坊捐、法庭罚金，甚至什一税。他们自耕自食，因为劳动力不足，还雇佣一些农民，称"世俗兄弟"。他们利用深山密林这种得天独厚的自然条件，大力发展养羊业，拥有巨大的羊群，成为羊毛的重要生产者和经营者，把羊毛按质量分类再按不同的价格出售，就是由他们创始的。他们还集中收购农民的羊毛，向大羊毛贸易商出售，以赚取利润。为了不耽误修士的宗教活动，西妥僧团的农庄距离修道院不能太远，按规定不能超过一天的路程。所以西妥僧团的田庄都是集中经营管理的。他们不久都发展成大羊毛经营商。他们集中管理的经验，也为其他封建主对地产实行直接管理提供了范例。

四　地产直接经营的兴盛

大封建主一般有巨大的直营地（demesne），多把它分成若干庄园进行经营。在上面一级设有总管（steward）、出纳长（receiver-general，掌财政收支）和司宫（chamberlain，掌一应文书管理），他们下面还有各种助手和办事人员，另外还有由这些人和其他专职人员组成的审查团，巡行各庄园检查收支账目。在每个庄园上，具体的负责人是管家（bailiff）。他替领主管理本庄园的收支，房屋仓库修缮，农具保养添置，农产品储存出售，领主生活用品及食品的制备等。大领地上一个管家往往兼管好几个庄园。他是领主派遣的外来人，一般为小封建主、教士及封建知识分子等，对本地情况并不熟悉，所以庄园上的具体管理由庄头（reeve）负责。庄头是本地人，一般出身农奴，中世纪时是否担任过庄头曾是农奴身份的标志之一。庄头掌管庄园业务的具体运营，如负责指派奴仆及农奴的劳动，掌握各种作物的播种收割，照料牲畜饲养放牧，分配雇工的使用和报酬，出售多余农产品和畜产品，管理和修缮农具及房舍等。特别是每年秋收之后，庄头应向审查员申报账目，进行结算。他们的工作同时也受到考核，视其是否称职，严重失职的要受到惩罚。庄头下面还有几个执事人员协助他工作。他们都得不到薪给，由领主豁免其负担的部分或全部，也有的另外给一些食品。庄头的阶级倾向因人而异，有的可能成为封建主剥削农民的得力帮手，有的也可能成为代表农民向封建主作各种抗争的人物。

庄园上的劳动者，由三种人组成，即奴仆、雇工和佃户。奴仆包括耕夫，赶车夫，放牧猪、牛、羊的人和挤奶妇等。他们负担庄园上一年到头都需要人的工作，身份较低，其中有些是原来的奴隶，也有是从农奴的子女中征召的。他们有的居住在领主提供的住宅中，并由主人供给饮食，有的有自己的小块土地和茅舍，但单靠这些并不足以维生。他们为领主长年劳动，一般还可获得一定报酬，包括实物或货币等。① 在庄园上一般有这种劳动者 15 人到 20 人，视庄园的大小而定，成为维持庄园生产正常运转必不可少的部分，但他们不是严格意义上的雇佣劳动者，而是受领主人身控制的不自由劳动者。有的这种劳动者在劳动数年后，因继承父亲的遗产又回去当农奴，也有的世代为领主当奴仆，不得解脱。

庄园上的第二类劳动者是佃户。佃户应该是庄园上的主要劳动者，他们的身份一般是农奴，但也有其他身份的依附者和自由农民。他们大都领种全份份地，服固定的劳役，一般每周三天。劳役的内容多种多样，包括农业生产上的一应劳动，如耕地、播种、收割、割草、运输等，还有与畜牧业有关的劳役和为领主生活、生产服务的劳役。在农忙季节，还有帮忙劳役，那时不仅农奴本人，他的家人也需为领主服役，以免贻误农业时机，不过在服这种帮忙劳役时，农奴和他的家人例可得到食物供应，还有一些其他奖赏。另外，农奴还有各种各样的实物和货币交纳。

佃户和奴仆并不足以维持庄园上的全部生产，因为农业生产的季节性很强，农忙时需要大批劳动力，另外还有一些技术性工作普通农民难以承担，也需要雇佣劳动，所以庄园上还有一批雇工从事生产。他们的工资或

---

① Postan 1954, 4-10.

以工作面积计，或以日工计，或以件数计。领取的报酬有货币也有实物，或者二者皆备。他们临时受雇，任务完成后即离开。但一般说来，这种雇工并不是现代意义上的自由雇佣劳动者，他们大都有一小块土地，但面积太小不足以维生，所以他们本人或者是他们的子弟出来受雇劳动，仍然和庄园领主有依附关系，不能到处流动。自由流动的劳动者也不是没有，不过在受雇的农业工人中只占较小的一部分。

这时大领地上都任用一些具有专门知识的管理人员，注意改进农业技术以提高产量，如推广三田制，扩大种植豆科作物（起固氮作用），施用泥炭以中和土壤中的酸性，选用良种，改进牲畜品种等。这时英国也出现了一批论农业生产及经营管理的著作，以亨莱的瓦特所著农书为最著。另外，为了加强管理，大领地于13世纪时普遍建立了账簿，进行经济核算。最初账目是由庄头申报，每年都由书记记下，成为庄园收支账。后来各个庄园分别自己编写账目，统一接受上级审计，然后负责管理几个庄园的管家和负责管理全部地产的总管再编写各自的总账，于是形成不同层次的账簿，编写更加完善，管理也更为细致。账目一般分货币和实物两项分别记载，各计收支，如货币收方包括货币地租收入（一般为自由佃户交纳），出售粮食、饲草、牲畜等的收入，以及庄园上所收的折算款、进入税、法庭罚金等。支出项则包括支付给管理人员、雇工、长工的开支、购买农具种子开支、修缮开支，还有无人领种而减少的地租收入，向上级送交的钱款等。收支相抵之后即为盈余。所以这种账簿和我国古代的一样，是三柱式的简单账簿，并不科学，不能反映庄园生产经营的真正面目。如把支付货币的开支计入成本，而不支付货币的开支，像人工（农奴劳动）、种子、设备等均不计入，这样盈余与亏损都不真实。①

13世纪，如从大封建主的例子看，确是经营农业的全盛时期。他们利用当时粮价上涨、工资低廉、市场活跃等有利条件，扩充自营地的直接耕作，讲究技术与管理，生产各种农产品，到邻近的市场出售或卖给商人出口，所以当时庄园经济与市场的联系大大增加了，出售的农产品占了相当大的比重。如当时马歇尔伯爵的肯特庄园，1270—1271年其总收入为69镑，出售产品所得为53镑。1305—1306年，其总收入为94镑，而出售产品的收入达81镑。② 出售的农产品除了谷物外，还有牲畜、畜产品、皮

---

① 详情可参看刘光临，《从会计制度看封建地产的经营》，载马克垚主编，《中西封建社会比较研究》，学林出版社，1997。

② Miller and Hatcher 1980, 224.

革、鸽子、黄油、奶酪等，而特别大宗的还有羊毛。养羊业本来早已在各修院大地产上占相当比重，13世纪兴起的西妥派修院更以养羊为其主要经营项目。到13世纪后半期，英国年出口羊毛3万袋，合800万头羊所剪之羊毛。许多大地产自营地上有羊上万头，或2、3万头之巨。① 出售羊毛亦成为其重要收入。坎贝尔统计，在围绕伦敦的10个郡（当时的商业发达地区）中的136个庄园中，商业化强和特强的（特强是指其谷物销售收入占净收入——除去种子和什一税后的收入的60%以上，强是指占40%以上）有47个，占35%，中等的有35个占25%，弱和很弱的有54个，占40%。② 这些情况说明在一些庄园上的商业是相当发达的。

这就提出了一个问题，即到了13世纪，庄园经营的目的性是否发生了改变，庄园是否已由一个供应封建主生活需要的组织变成为一个追求利润的生产组织，封建主、或者说部分大封建主是否已在向企业家型的人物过渡，同时庄园的经济性质是否也在改变，或已经改变。

西方学者提出的问题③，多从资本主义经营方式、资本主义企业家这个角度考虑，如投资、技术进步、营利等等。我们觉得这样提出问题还为时过早。当时许多封建主，是在物价上涨、开支增加、王室及教皇求索日多的压力下，被迫用各种办法寻求增加收入，而采取自己经营土地即为办法之一。而他们的生产的目的性并没有改变，依然是封建性的庄园生产。

五　投资问题

封建地主经济是一种经济形式，当然也可以研究它的投资问题、利润问题。西方学者也有这方面的不少著作。这个问题也和庄园经济是不是市场经济、是不是类似资本主义企业那样以市场为生产导向有关。我想，要研究这个问题，应该从地主的收入研究起。

英国封建领主的收入，有人把它分为5个方面，即特权收入、封建收入、庄园收入、自然资源收入、商业收入。④ 特权收入是指领主享有司法行政特权而获得的收入，如法庭罚金收入，居民违反各种行政法律规定而

---

① Bolton 1980, 96.
② Campbell 2000, 206–207.
③ Bolton 1980, 99; Miller and Hatcher 1980, 210.
④ Painter 1943, 91.

处的罚金等；封建收入则是作为封君而享有的下级的盾牌钱、协助金、继承金，以及监护权而得的收入；庄园收入包括自营地的生产收入，庄园上农民的地租，领主对磨坊、面包坊的垄断收入和庄园法庭罚金等；自然资源收入则有林木、草地、矿藏和鱼塘等的收入；第5项则是领主在集市、市场上的收入和在城镇中的收入等。如果是教会封建主，他还可取得一大批有关教会特权的收入如什一税等，而世俗封建主也可以通过控制教产取得教会的收入。所以我们必须承认，这些封建主，尤其是大封建主，其许多收入仍然是靠封建特权而取得，如向农民征收的进入税、人头税、法庭罚金，以及封君向封臣征收的继承金、监护收入以及向集市、城镇、市场征收的费用等，一般估计这些特权收入起码和其庄园上的收入一样多。

下面我们表列三个修院其收入之比例[①]：

伍斯特 1291—1292	地租和各种捐税 45%	粮食 38%	羊毛 11%
累斯特 1297—1298	地租 32%	粮食 27%	羊毛 35%
贝克 1288—1289	地租、法庭罚金， 捐税43%	粮食 43%	羊毛 14%

这三个修道院代表了三种不同的封建经济类型。伍斯特主教座堂小修院是老的本笃派修道院，拥有巨大的庄园，累斯特则位于自由佃户众多的地区，而贝克修道院则是地主不在庄园中，把庄园委托管家管理。这些都是经营、管理良好的修道院庄园经济，但它们的经营所得只占收入中的一部分，不到2/3。其他的封建经济收入中自营地所占的比重就更小了。如1297年康沃尔伯爵从各地的庄园上得到4700镑的收入，其中自营地收入只占15%，而地租和各种封建特权收入分别占到63%和22%，1299年，伍斯特主教的收入中，各项封建性收入和地租收入总共占收入的75%，而自营地收入为25%[②]，所以，封建主的收入，是一种垄断收入。他可以依靠他所拥有的封建特权，封建土地的独占权，轻易地取得收入，而不必像资本家那样到市场上去追求利润。封建主要想扩大自己的收入，一般说来有三种办法：第一就是扩大自己的土地或土地相关的各种权益，这或者是

[①] Bolton 1980, 98.
[②] Dyer 1980, 53, 72-74.

封建主之间相互争夺，或者是封建主兼并农民的土地，应该说是他们经常使用的一种手段。第二就是扩大对农民的剥削，如提高地租，增加征收进入税、法庭罚金和各种名目的捐税等，这也是封建主酷爱使用的。第三种才是封建主设法进行经营以获利，经营也不限于农业，还可以投资于矿山、工商业等。不过，在13世纪，加强经营农业仍然是封建主熟悉、简易的办法。

加强庄园的经营肯定要进行投资。我认为，希尔顿关于封建生产投资的研究仍然具有十分重要的意义。他计算的是可以提高农业劳动生产力的那部分投入，包括农具、庄园上的建筑，其他永久性设施如圈围地、道路、桥梁、水路的建设，排干沼泽等，还有农业中的工业性设施如水磨、矿冶等的建设。希尔顿计算的是不变资本的投入，可是对封建农业来说，这样的投入对农业生产力的提高有多少帮助还很难计算。例如农具的改良，往往是历经数百年的一个长过程，庄园上每年支出一部分钱修缮农具或是添置农具，并不能起到提高生产力的作用。还有如修缮房舍、仓库等，也是一样的效果。而因为受了人口论的影响，希尔顿对施肥提高农业生产力的作用反而不认可。他以为施肥不是为了提高产量，而只是为了维持原来的生产力水平，同样投资于排干沼泽和开垦土地，也是农业衰落的征兆，它显示了主要耕地产量下降。[1] 确实，我们很难区分封建主的农业生产投入，哪些是维持简单再生产的投入，哪些是扩大再生产的投入。所以计算投资的多少似乎也没有太多意义，它很难说明封建主经营的积极性。希尔顿分别计算了几个修道院地产的投资率，即其收入和投资之比，只有5%。[2] 波斯坦计算的结果也差不多，为其收入的3%，或者2%—4%之间。[3] 所以有人认为对大多数封建地产来说，根本可以不计算近代意义上的投资率，它处在收入的1%以下。[4]

封建主对投资没有兴趣，就如我们前面已经指出的，因为他们的收入很多是垄断收入、特权收入。经营收入只占很小的一部分，他们不会为此太操心。连讲中古经济商业化的布里特奈尔都说，中世纪时，贵族家族收入的变动更多地依靠他们在朝廷中和政治上的命运，而不是贸易的机会和

---

[1] Hilton 1975, 174-214.
[2] Ibid., p. 196.
[3] Postan, M. M., Investment in Medieval Agriculture, *Journal of Economic History*, XXVII, 1967.
[4] Bolton 1980, 101.

追求财富的机敏。① 另一方面，封建主的庄园经营虽然有收入的多少问题、好坏问题，不过一般说来，是很难有亏损的。因为庄园上的许多收入是特权收入，还因为一些经营中应有的开支他根本不必花费，如农奴的无偿劳动，林木、石头等各种原材料等。我们可以举13世纪诺福克郡属于诺福克伯爵的Forncett为例说明这一情况。该庄园有地2700余英亩，其中自营地300余英亩，其收入折合成货币列表如下：

项　目	1272—1273			1274—1275		
	镑	先令	便士	镑	先令	便士
定额货币地租	18	3	7¾	18	3	7¾
市场权出租		2	6		2	6
人头税		8	6		8	7
羊圈费		3	9½		2	9½
劳役折算	5	13	2¾	5	7	5
草地费	1		4	17	4	
干草收入	2	12	11			
草皮等	1	13	6½	4	5	
柴火	5	10	2	4	8	1/2
粮食	61	12	3¼	50	6	1¾
酒	1	1	11¼	0		
牲畜	5	3	0	2	15	8
牛奶	4	3	3/4	3	17	
法庭收入	14	0	0	22	5	4
任意税	6	13	4	8		
总计	128	2	2¾	116	18	10½②

以上的收入统计是研究者做的，实际上许多东西并不出卖，而是自用。如粮食中的燕麦，主要用来养马，几乎不出售，有时不够还要购入。草地上生产的草也大多是自用的，大麦自用的也不少，用来做酒或者做饲料，只有小麦才是全部出售。另外一些手工业品也是自制的，还出售庄园自己生产的水果和酒。

这个庄园的开支有多少呢，列表如下：

---

① Britnell 1996, 58.

② Davenport 1967, 37.

项目	1272—1273			1274—1275		
	镑	先令	便士	镑	先令	便士
上交地租		3	2½		5	9
购买犁车	2	17	7	3	2	5½
修建	4	5	10½	3	19	8½
小必需品		7	10¾		12	8¼
挤奶费		4	3¼	4	11	
打场费	1	15	5½	2	0	11¾
草地和秋收费用		1	4			
牲畜		16	7		9	0
管家工资	1	19		2	12	0
管事工资	1	6	9½	1	6	11¼
购买粮食	8	2	4¼			
各种花销	1	0	8½		18	2
合计	23	0	9¾	15	12	7¼

这样计算下来，庄园每年的收入在 100 镑以上，而支出只有区区的十几、二十几镑，研究者连续计算了 1273 年到 1306 年这三十多年的收入，平均也都有 93 镑，是支出的 5 倍。① 这样大的利润，在资本主义下是很难做到的。所以如此，就是因为封建经济依靠的是特权，是垄断，封建主不必为劳动者的工资、生产的许多成本付费。因此，我们不能用资本主义的政治经济学来计算、衡量封建主义经济，不能用资本主义的投入产出、投资利润等来计算，那样是没有意义的。②

总之，13 世纪英国的一些大封建地产，曾经发生过相当繁荣的自营活动。封建主加强了管理，组织生产，争取得到更多的收入，使我们有了一批宝贵的封建地产经营资料，可以进行研究。但这样的活动对整个农业生产起了什么作用，却难以说明。首先是我们知道的只是大地产，至于中、小地产，也许它们一直就是在自营的，可惜没有太多的资料让我们了解。这种自营所带来的技术上的提高、管理上的进步对农民经济有什么影响，就更难以估计。即使对大地产而言，虽然有些地产在自营后确实增加了收入，但似乎那是管理的效果，从生产的效率看，没有多少进步。13 世纪根据大地产计算的单位面积产量，或者是停滞不前，或者是下降。③ 到 14 世纪黑死病袭来后，情况发生变化，大地产的自营也就结束，逐渐都改为出租经营了。

---

① Davenport 1967, 44.
② 领主投资与消费的详细研究，参看李云飞 2014，277—293。
③ Campbell and Overton 1991, 153, 161.

第十一章　农奴制的法权形态

一　农奴的定义问题

中世纪英国大部分劳动者是农民。作为小生产者的农民，经济上的本质特征应该都是一样的，即他们大体上都是以家庭为单位耕作小块土地、过着自给自足的生活的劳动者。当然，他们占有土地大小不等，富裕程度不一，也可分出等差，不过同属农民则情况基本相同。① 从法律上、身份上看，则也存在着许多等级，从最不自由的农奴一直到自由农民都有。应该指出的是，身份的等级和贫富程度并不一致，身份最低下的农奴，一般说来在农村中并不是最贫穷的。② 因此，要讨论什么是农奴，主要应从其身份特征、法律地位上考察。可是农奴的身份又不可分地和他的经济地位联系在一起，如他对所耕作土地的权利、其服役的性质与程度等等。这样给农奴下定义也就要涉及这两个方面。

英国的农奴被称为维兰（这一名称的由来及意义，我们后面再作交代）。13世纪被认为是英国农奴制的极盛时期。当时法学家勃拉克顿，就是从罗马奴隶法的原则给维兰下定义的。勃拉克顿把维兰也称为 servus，即奴隶，并且引述了罗马法的"人或为奴隶或为自由人"的原则，主张自

---

① Hilton 1980, 35.
② Postan 1973, 282-283.

由与不自由有截然的鸿沟。维兰就是奴隶，没有任何自由，他是主人的物品，主人可以买卖他。所以他没有任何财产，他的土地、财物均属于主人。在勃拉克顿的著作中，villanus、nativus、servus 具有同样的意思，可以互相转用。①

引用罗马奴隶法来说明农奴制是西欧普遍的现象，农奴制就是这样形成的。所以从法权理论上说，农奴制具有极大的严酷性，农奴的社会地位极为低下。可是这种理论和英国的现实是不相一致的。奴隶制早已灭亡了，维兰的地位比奴隶要好得多。法学家要贯彻这种过时的理论会遇到不少困难，不得不迁就现实，这种状况遂使当时的农奴制带有一种不确定性，法权理论与经济现实经常处于不一致状态。

英国的农奴制有一个形成、发展、衰落的过程。就这一过程中农奴在经济地位上有什么变化，以及法律地位上又有什么变化，史学家们曾进行过多方面的研究。有人指出，这二者的发展并不是完全同步的。12 世纪末之前，是普通法中维兰制形成之时，法理上对农奴趋于严酷，力图榨取其更多的地租和义务，禁止他们离开主人，可是在经济环境上，却是土地丰裕、劳力短缺、对农民有利之时。在黑死病之前一个世纪，农奴的负担很重，可并不是农奴制最严酷之时，习惯还给了农奴以许多保护。② 这说法是否正确，还值得怀疑。不过从一个过程中把握农奴制的实质，也确是一件不容易做的事。因为农奴制的形成与瓦解，从普通法的角度讲，并不是用统一的法令一次完成的，而是渐进的结果。正如哈姆斯指出："普通法中的农奴法是法学家的技巧与管理上的方便二者人为的产物。它从未自觉地创造出来，也从未被自觉地废除过。"③ 这就使得法律本身就有许多模糊不清之处，造成了理解上的分歧。

英国的普通法还有一个特点，即它是一种判例法。颁布的法令较少，而主要是由判例集成。前人的判例成为后人遵循的准则。可是由于情况变化或者地区不同，同样的案例也可能有不同的判决。这就造成普通法中的农奴法不可能十分统一。另外，英国农奴的法律地位，不仅受普通法的规定，还受许多地方庄园习惯法的约束，而习惯法是各地均不相同，差别很大的，这也是使英国农奴制十分复杂、难于说清的一个原因。

---

① Bracton 1968, v. 2, 30; Pollock and Maitland 1923, v. 1, 413.

② Postan 1981, 166-167; Hatcher J., English Serfdom and Villeinage: towards a Reassessment, *Past and Present*, No, 90, 1981, 5.

③ Hyams 1980, 265.

以上列举了造成英国农奴制复杂模糊的多种原因。但无论如何复杂,把维兰等同于奴隶,比之为奴隶则是中世纪法学一贯的原则。① 哈姆斯在其书中写道,13世纪法学家理想中的维兰制应是:

> 主人所有的维兰就如一件物品,并且可以像物品一样出售他。由此维兰没有任何东西,他的全部土地和财产都属于主人。没有主人的允许,他不能离开土地,更不能出售其土地。当主人提高地租或夺佃时,王家法庭并不保护他。由于他没有自己的财产,所以没有任何东西可以传给后裔。除了在一定情况下主人可算继承人外,维兰也就没有继承人。②

维兰的无权地位是和领主对他的权利联系在一起的,由此形成了维兰对主人、领主的多方面的依附关系。这种依附关系法权上的根源,在于滥用奴隶的概念把农奴解释成为主人的物、主人的牲畜,当可由主人任意支配。不过,这依附关系之所以能够成立,还有社会、经济方面深刻的原因,是生产不发达、交换不发达的结果,由此才出现了超经济强制的必要性。史学家为了便于分析,把这种依附关系分为3类,即人身依附关系,属人身不自由的原因;土地依附关系,为此要负担因耕作土地而应纳义务;政治法律依附关系,即受领主法庭的控制。③ 这种分析是一种方便,实际上它们都纠缠在一起,有时也甚难加以区分。

下面,我们将主要从法权方面分析农奴制的诸问题。

二 维兰的人身依附关系

1. 维兰的买卖

维兰之所以能够由主人买卖,是从"维兰是主人的牲畜"这一概念出发的。13世纪王室法庭明确记着:"伯爵、男爵们以及其他自由佃户可以合法地出卖他们的农奴(rusticos),像出卖公牛和母牛一样。"④

最早的英国经济史学家罗杰斯,从社会经济情况出发,认为中世纪时几乎没有买卖维兰的事实,所以甚至主张法律上也没有人身奴役的维兰

---

① Vinogradoff 1927, 44-47.
② Hyams 1980, 2.
③ Vinogradoff 1927, 151.
④ Hyams 1980, 3.

制。① 后来维诺格拉道夫和梅特兰承认法律上农奴可以买卖，但买卖的事实很少。② 近人哈姆斯提出不同看法，认为中古时买卖维兰的事实并不少。法庭上证明一个人是否维兰身份的一种办法即是出示出卖过他的证书，而保存下来的这种证书也不少。他认为维诺格拉道夫和梅特兰所以认为很少买卖维兰之事，是因为他们都只注意不连土地出卖的维兰，实际上这并不全面，因为维兰是和土地一起转移的。即使证书上只说明买卖维兰，事实上也包括了份地的转移。所以如加上连土地一块出卖的维兰，则买卖维兰之事当然就很多了。③ 12 世纪时，英国一度把维兰像牲口那样出卖，但这一现象很快就终止了。大量存在的仍是连同土地一起买卖维兰的情况，这才可以解释为何没有农奴市场，因为土地市场的存在也就是农奴市场的存在了。

说到随土地买卖而进行的维兰的转移，不可避免地会遇到另一个问题，即实际上自由的耕作者在土地出卖后也是随土地而更换主人的，岂不是自由人也可以买卖了吗？法学家为区别二者，把自由人的情况称为其义务的让与（attornment），而非自由人的买卖，这种义务的让与还需取得其本人同意。

很明显，把农奴连土地转移当作农奴本身的买卖总是难以自圆其说。哈姆斯在这里混淆了两种概念。一种是维兰本身是否可以买卖，另一种是事实上的维兰随土地转移。耕作者（不论其身份自由与否）随土地转移而更换新主人，并不能证明维兰身份。所以我们认为，讨论维兰之可否买卖，还是以脱离土地的买卖为准。即法律上说，维兰是可以买卖的，但事实上这种情况并不多。因为买卖是一种经济行为，它的实现要看具体经济环境。农奴和奴隶不同，他的补充依靠本身的再生产，因为他有自己的家庭和自给自足的经济，这就是缺少农奴市场的原因。

2. 婚姻自由问题

布洛赫在论及法国的农奴制时，曾主张交纳结婚税、人头税和遗产税为农奴身份 3 项标志，并且取得史学界的广泛同意。近年来随着研究的深入，这 3 项标准已有所动摇，但仍不失为一种大体正确的农奴身份证明。而这种标准，对英国的农奴也有其适用之处。

---

① Rogers 1866, v. 1, 71.

② Vinogradoff 1927, 151; Pollock and Maitland 1923, v. 1, 414.

③ Hyams 1980, 4.

英国农奴身份证明之一为不得自由使其女结婚,为此要向主人纳嫁女钱(merchet),也就是等同于法国的结婚税(formariage)。13 世纪一份陪审员的裁决词在描述一个自由佃户的土地时,说该佃户之祖上"得以转让或出售其土地……并得出售其家禽和牛,砍伐其橡树,不用取得领主同意而使其子或女结婚,也用不着交纳任意税"。① 可见能否独立使自己的子女结婚仍被认为是农奴身份的一种证明。

维诺格拉道夫认为,交纳嫁女钱是农奴身份之重要标志,这在许多庄园习惯上均有规定,有的规定未得领主允许,农奴不得出嫁其女,或也不得婚其子,或者不得嫁其女于庄园以外等。其理由是农奴及其后代都属于主人,主人之物当不得任意减少,故出嫁其女当得主人同意,为此还要交纳一笔钱。由于庄园习惯各不相同,所以有些地方并无交纳嫁女钱的记载。② 梅特兰还指出,有些地方的封建主也向封君交嫁女钱,而苏格兰和威尔士,则无论是自由的贵妇或是女农奴,结婚时都要交纳嫁女钱。③

前些年来关于嫁女钱的起源及意义曾有过讨论,有的人说它源自早先封建主对其下属的妇女婚姻均有控制权,后来封建主之间的这种控制消失了,而只剩下领主对农奴的控制。也有人反对这种说法,主张它和法国的结婚税一样,仍是一种奴隶制的残余。④

3. 维兰的财产权利

把维兰说成是主人之物的逻辑结果,就是维兰没有财产。他本身是别人的财产,自己当不可能有财产。普通法的司法中,也常会遇到维兰没有自己的财产这种说法。如 1280 年,布尔顿修院长与其佃户长期争执这些佃户是否应负担一些义务。后来修院长夺走了佃户的收入,被控以抢劫。但修院长回答说,他只是拿走了属于自己的东西,因为维兰除了自己的肚子外,没有任何东西。⑤

可是实际上,英国的农奴是有自己的财产的,他领种一份份地,具有独立经济,拥有为使其经济运转而应有的一些动产如牲畜、农具、房舍、财物等。从封建经济的运行来说,应保证维兰的财产稳定,而法权上的维兰无财产说法是不符合这一原则的。为了进行补救,有时法权上也会出现

---

① Hyams 1980, 187.
② Vinogradoff 1927, 154.
③ Pollock and Maitland 1923, v. 1, 373.
④ 参看 *Economic Historical Review* 1974, 1976; *Past and Present* 1979, 1983。
⑤ Hyams 1980, 19.

一些别的规定。如既然维兰没有财产，则他不能有任何东西，即使他用实际上自己的钱买得土地或其他财物，也被认为是用主人的钱买得的，这些土地或财物当然全归主人。这种说法与实际不符，也不利于维兰稳定生产甚或扩大再生产的努力。所以法律上援引占有之律来进行匡救，使维兰也可保有财产。即维兰取得之物，如果主人未实行占有，维兰当为占有者，他可拥有占有者的一切权利，甚至将财物出卖、转让。如他被夺去占有，也可要求返还。

维兰没有财产，他使用的土地是领主的，则他无权转让、出卖土地是不言自明的。领主对维兰土地转移之控制权，是一个很重要的权力。由此维兰土地之转移，必须得到领主同意，在庄园法庭上进行，领主可收到维兰交纳的进入税（entry fine），这是一笔重要收入。土地转移时，在法庭上先由出卖者把它交回给领主，然后再由领主或其代理人转交给买者占有，一般用转移土块表示。

农奴对于领主控制其土地的转移十分不满，不仅费时误事，而且还要蒙受进入税的剥削，所以往往以各种办法反抗。其中最常用的一种办法即是不让领主知道而私下转移土地。按照法律规定，如果发生这种情况，领主首先可以自救，即用武力夺回土地，这种暴力行动是对农民的直接劫夺。自救须在短期内（应是"立刻"）进行，否则买地者对所买之地实现了占有，即受到占有令状的保护，如此领主只有通过诉讼才能收回土地。

以上所述，只是就法律制度而言。实际上，农奴买卖土地的事，在英国 13 世纪已然十分频繁。原来认为，领主总是倾向于反对农奴转移土地，因为如此才可保持份地完整，以免因份地分割而使劳役及其他义务减少或难以完成。波斯坦认为领主对维兰土地的转移取宽容态度。12 世纪末 13 世纪初，曾允许不必经过庄园法庭的形式，只要交纳费用即可。因为领主不仅可从农奴土地交易中取得进入税，而且如果农奴买得自由土地，领主还可借机扩大维兰义务到自由土地上。13 世纪末虽对土地转移加强控制，也并不是反对农奴转移土地，而只是在土地短缺、地租上升的情况下，希望借机提高地租、增收进入税等，完全是从经济利益着眼的。①

维兰没有财产权，还涉及他实际占有的财产的继承问题。如果按法学上的解释，农奴无继承人，或者说只有其主人才是继承者，则农奴死后其后嗣将一无所有。可实际上，农奴所耕作的份地以及他拥有的其他财物，

---

① Postan 1973, 123-130.

都可遗传下去，世代相袭，只是法学上采取另一种解释，履行一定手续而已。

维兰的份地，一般也是不自由土地，按照庄园习惯，均由农奴后嗣继承。只是领主往往要在维兰死后先占有土地，收取进入税后才让维兰的后代继承土地。如果维兰占有的土地有些是自由等级，则这种土地也享有普通法的保护，其后嗣完全可以直接继承，他的领主或他向之领有自由土地的领主均无权干预。

关于其他维兰财物的继承，则应向领主交遗产税（heriot）。关于遗产税的根源等问题争论甚多。大约在 13 世纪时，英国贵族死后向上级封君所纳已通称继承金（relief），而农奴交纳的则称遗产税。这种交纳被解释成是土地的负担，是维兰土地的一种标志。所以法律上不作为维兰身份的证明，不过实际上二者是密切相关的。

法律上认为维兰没有财产也会带来其他的后果。如果维兰和第三者订立契约借债、欠债不还，当债主提出诉讼时，他只需出庭申明："我是某人的维兰，我的一切都属于主人。"则原告一定败诉。因为维兰既然没有财产，法庭自然无法受理此种案件，而原告也不能转而控告维兰的主人，因为主人并不受维兰所订契约的约束。还有，如果维兰犯刑事罪应交罚款，则应由其主人代付，因为维兰没有财产可以付罚款。当然主人可以在他控制的庄园法庭上令维兰赔偿损失。

《财政署对话集》则说，如果维兰的领主欠国王的盾牌钱，则在实行扣押时可以扣押其维兰的牲畜，当然要在领主的全部动产已经扣押之后。① 以后这一原则大概仍然存在。② 即维兰虽然是主人的财产，不过还是有其特殊性。

4. 维兰被固着于土地问题

从法律上说，农奴被固定在领主的土地上，不得随意离开，要离开须取得领主同意，这是封建生产方式特征在法律上的反映。

早在《财政署对话集》中，已经谈到农奴的这一特征。它说："按照这个国家的习惯，维兰不仅可以由他的主人从这一份地转移到另一处，而且他的人身也可以出售或用其他办法处置，因为他本身以及他为主人耕种

---

① Douglas and Greenaway 1998, 598.
② Hyams 1980, 21-24.

的土地均被认为是领主自营地的一部分。"① 说维兰是领主自营地的一部分，明显含有固定在土地上的味道。不过它说的维兰及其份地都是领主自营地的一部分，维兰和自己份地的关系则没有交代。到 13 世纪末，布列顿的书②中，始明确说，维兰是其所居住的份地的一部分。又说，维兰是其领主的物品，但他不能用遗嘱瓜分，因为他是"固着在领主的土地上的"。③

固着于土地的法学起源，应追溯到罗马的隶农。隶农（coloni）本是自由佃农，后来其状况日益恶化，几乎等同于奴隶。为了区别开 servus 和 coloni，法学家曾称隶农为 servus glebae（土地的奴隶），即隶农虽被固定在土地上，但人身仍是自由的。有的地方也称隶农为 ascritpicius，强调其仍然登记于户籍，并非奴隶。

中世纪时，根据布洛赫的考证，对于农奴或另一种依附者 collibertus（可能是被释奴隶），长期并未用 servus glebae 称呼，所以他认为农奴在法律上并不固定在土地上。直到 13 世纪，法国的法学家才开始使用 servus glebae 来说明当时的农奴制度。④ 英国的情况和法国不同，法律上较早就注意到固着农奴于土地上了。前引 12 世纪的官方文件《财政署对话集》即是。不过这一文件中使用的不是 servus glebae，而是 ascripticius。

在英国 13 世纪的法律中，有所谓禁止浪费之律，即规定不得损害、浪费土地财产的法律，这些规定大都把维兰当作土地财产的一部分。如大宪章第 4 条，规定监护人对被监护人之地产实行监护时，应收取合理之利润，而不得损害、浪费地产上的人和物（hominum vel rerum）。1258 年，诸男爵请求领主不得浪费、斥逐、出卖或转让领有维兰份地之人。而次年的西敏寺条例，也规定承租人不得浪费、出卖、斥逐其土地上之财产，包括人在内。⑤ 这些法律中所说的不许浪费人的意思，在有关的案例中可以得知，它的意思是禁止把维兰出卖，或释放，或逐走，或者因向维兰征过重的任意税而迫其逃走，或者拿走维兰的动产，向维兰征发过多的义务、罚金等，总之很明确，它含有保护维兰的意思。这是因为法律视维兰为土地财产的重要部分，正反映维兰是领主的重要财产，他被固定在土地上服劳

---

① Douglas and Greenaway 1998, 562.
② 写于爱德华一世时的法学著作，作者佚名。
③ Rothwell 1998, 949.
④ Bloch 1975, 179-195.
⑤ Douglas and Greenaway 1998, 371; Hyams 1980, 28.

役、纳贡赋、为领主创造财富。如果他被迫离开土地，则受损害的自然就包括领主的利益，因为领主也不得剥削维兰以取利了。所以才有这些保护维兰利益的法令。这也就可以理解，用强制手段固着农奴于土地，是为了封建主的利益。而农奴为了反抗封建主的剥削，时常以逃离土地为其斗争手段。

从法律上说，自由耕作者与维兰的重要区别，即在于自由人可随意离开其土地，而维兰则被固定在土地上。但事实上农奴不可能完全被固定在土地上。从政治方面说，中古时期法律手段作用十分有限，不能有力地控制农民。当时中央政权衰弱，行政制度不健全。各封建主在自己的土地上形成割据势力，农奴只要逃离领主的庄园，躲在邻近别的领主庄园中，这一逃亡即成事实而难以逆转。他如果逃到附近的城市中，则追捕他就更困难了。领主对逃亡农奴有4天的自救期，即他可在农奴逃走后的4天内将其用武力抓回。一过这个期限，逃亡的农奴即占有了自由。除非法庭判决他的身份是维兰，否则他就可以自由人的身份对抗他人，包括其领主。

但更重要的是，由于封建经济特点，维兰必须要离开庄园。因为随着人口的增加，维兰的份地日益缩小，往往不足维持一家人的生计，维兰的子女必须要外出谋生，或者到其他庄园作季节佣工，或到城市中做粗工，这和维兰被固定在土地上不得随意离开是矛盾的。为了解决这一矛盾，产生了维兰离开庄园要向主人交纳人头税的习惯。人头税的数目并不大，但被认为是农奴人身不自由的标志之一。

三　不自由土地问题

1. 不自由土地

英国封建法律把土地分为自由土地和不自由土地两大类，这是西欧中古政治法律思想及制度的一个明显特点。即土地像它的主人一样，具有门第、爵位，土地具有人的属性，土地人格化。既然人要严格区分自由与不自由，那土地也要分为自由和不自由两类了。这种区分是从法权形态上说的，土地本身当无所谓自由与不自由。所谓不自由土地，即是说它是按维兰条件领有的，领有这种土地所负的义务是奴役性的。而自由土地的领有条件、义务是自由的、非奴役性的。我们知道，各项义务本是由耕作者负担的，是封建主对耕作者剩余劳动的榨取。可是由于封建生产方式的凝固性，却把这种义务固定在土地上，似乎成为土地的负担了。这也充分说明了法学的形而上学。

土地区分为自由与不自由，其最主要的差别，即是不自由土地不受王廷、普通法的保护。这据说发生在亨利二世统治时期，大约1166年颁行的新近被夺占有令状，指明要归还的被夺去占有的是"他的自由土地"。后来1217年重新颁布的大宪章，第39条规定如无同级贵族及国法之审判，任何自由人不得夺去占有的也是自由土地。即受普通法保护的是自由人领有的自由土地，如自由人领有维兰土地，也不受保护。①

12世纪法学家格兰维尔的著作中，还未区分维兰身份与维兰土地。他论述维兰制主要是从身份出发的，他使用villenagium一词，主要用来指从人的身份出发的一种法权关系，是和自由相对立的，也就是和封建主相对立的阶级。在土地的法律观念上，格兰维尔还未提出和自由土地相对立的东西，即他还没有提出不自由土地的问题。所以，根据格兰维尔，维兰身份即适用维兰除外之律，即不得在普通法法庭上诉讼，而自由人身份则可在普通法法庭上诉讼。②

当然，格兰维尔也开始把不自由关系转向地域方面考虑，注意到农奴不仅和领主有人身关系，而且是领主的地域内管辖的人，他负担的义务也和他耕作的份地联系起来。这明显地表现为格兰维尔主张，如自由人与女维兰结婚，当其妻在世时此自由人也负有维兰义务，也是维兰身份。③

13世纪的法学家勃拉克顿才提出严格区分人的身份与土地的等级，这也是当时现实的反映。大约在庄园上，最初身份与土地等级是一致的，即自由人领有自由土地，而不自由人则领有不自由土地，这只是一种法学上的区分。实际上，不同的土地等级甚难区别，大、小或一致或相近，同向领主负有义务（当然义务一般说来有所不同），而领有者则都是作为小生产者的农民，是左邻右舍，法律上说他们身份不同，可经济地位有时并无多大区别。土地在自由人与不自由人之间转移，是随时可能发生的，于是产生了身份与土地等级不一致的情况，法庭上遇到这种问题，就要做出决断，加以解决，所以勃拉克顿才提出严身份与土地等级之分的阐述。

勃拉克顿认为，维兰是人身属于主人的人，而维兰份地则是按照领主的意志领有的土地，其名义、领有条件以及义务的性质和数量都是不确定的。虽然农奴大部分都在维兰土地上，即领有的是维兰土地，但是并不能

---

① Pollock and Maitland 1923, v. 1, 360.
② Glanville 1980, 99-100；Барг 1962, 255.
③ Glanville 1980, 119-110；Барг 1962, 257.

英国封建社会研究 | 168

说所有在维兰土地上的人都是农奴，不时会遇到自由人领有维兰土地。这时自由人并不因此而丧失其自由人身份，不过如领主要更改其义务或夺佃，并没有法庭保护他们，可是这些佃户也享有可以自由离开的权利。即自由人并不因领有维兰土地而变为农奴。① 勃拉克顿著作的逻辑是，决定义务性质的是土地的等级，而不是领有者的身份。只要是维兰土地，则其义务是低贱的、不确定的。领有它的人均要负担这些义务。

勃拉克顿说，自由人并不因自己的自由身份而给予维兰份地以任何自由，同样，一块自由份地无论如何也不会改变维兰的状况。② 即一个人为领有维兰土地而负维兰义务，并不能用来证明他的维兰身份，除非他的义务是由人身而产生。同样，一个维兰也不会因为领有自由土地因而变得自由。即人的身份与土地的等级互相之间不发生影响。

勃拉克顿的主张，在于使自由人不致因买得一小块维兰土地而陷身为奴，也使维兰不会因买得一小块自由土地而脱身奴籍，严主奴之分、自由不自由之别。这正如我国封建时代的礼、法观念一样，也是要别尊卑、明上下，严防僭越的。不过，这种理论当然也有另一种效果，即为封建主用土地等级来奴役农民设置了障碍。如果一个自由农民，因贫困而领有维兰土地，则一直仍被认为是自由人，不利于领主进一步控制他。这和领主的利益不相符合，因此司法上往往发现不遵循勃拉克顿的原则的情况。

例如勃拉克顿认为，维兰虽领有自由土地，但并不能自由，因为他只是负担自由义务，而并非自由地领有该土地。即实际上维兰是可以领有自由土地的。这种情况，较多出现于土地交易活跃的英格兰东部。但在其他地方，则司法上往往反对维兰能领有自由土地。例如一个名叫威廉的维兰，曾从一修院在家乡得到一自由份地。后来，威廉的儿子乔弗里被夺去附属于该自由份地上的牧场权，为此引用新近夺去占有令状诉讼要求恢复，结果败诉，理由即是维兰不得领有自由土地。③ 类似这种案例还有很多，而且从13世纪中期起，有愈来愈多之势。

还有一个问题就是如自由人领有维兰土地，是否由于时效而使自由人丧失自由。虽然勃拉克顿认为土地等级不能影响人的身份，但在司法实践中，这种影响还是时有发生。特别是陪审员往往说不清楚，可以作为证明的义务究竟是来自人身呢，还是来自土地，所以领有维兰份地年代久远之

---

① Bracton 1968, v. 3, 90-91 Vinogradoff 1927, 77.
② Bracton 1968, v. 3, 93; Hyams 1980, 109.
③ Hyams 1980, 113.

后也容易导致其身份下降,变成农奴。①

2. 不自由土地的标志

在叙述完英国庄园上的土地区分为自由与不自由两类之后,下面我们便来研究不自由土地的证明。结果我们却会发现,人的身份与土地的等级,在这里又发生了混淆,即不自由土地的标志,往往和不自由身份的标志是一致的。

勃拉克顿认为,维兰土地的证明,即其领有的义务的性质及数量,都是不确定的。② 如何理解义务的不确定性呢?勃拉克顿还有另外一句名言,即一个人如果今天晚上还不知道明天早上要干什么,那他就是一个道地的农奴。即农奴的主要义务是为庄园领主服劳役,而劳役要由庄园管家临时安排,所以往往当天才能知道。由此也就说明,劳役义务是不确定的,是低贱的,是奴役性的。

维诺格拉道夫在研究中,强调的是土地等级的证明在于其义务是劳役抑或货币。他指出在一些庄园纪录上,往往向陪审员提出的问题即是,如果该土地交纳的是劳役地租,则为维兰土地,如果负担的是货币地租,则为自由土地。因为维氏认为,如果该土地不屈从于庄园上的经常性劳作,不和其他份地(上的劳动者)协作,不为庄园服役,则该土地当是自由的。因为不管货币地租多重,从农事观点来看它是独立的,不受经济上的束缚。如果该土地为了经济缘故要服从于庄园上总的安排,则必有一定程度的不确定性,它是由庄园支配运转的一颗卫星,因之它是不自由的。③

梅特兰对维诺格拉道夫的说法表示不同意。他认为服劳役不一定就是维兰土地的证明,因为索克领、自由领有地有时也服劳役,虽然比较轻微。也不能用劳役量的多少来说明是否是维兰土地,为什么说一年劳役10天就是自由土地,每周劳动3天就是维兰土地呢?他主张决定性的不是义务的性质,也不是义务的数量,而是它究竟是确定的还是不确定的。④ 也就是勃拉克顿所说的,农奴今天晚上知不知道明天早上干什么。因为周工虽然可以定每周哪几天劳动,或者确定挖沟要挖多少,要运输到哪里去,打谷要干到什么时候,可是农奴还是不知道明天他究竟是被分配去打谷,抑还是挖沟,抑还是运输。即这种土地上的义务,虽然习惯上有详细规

---

① Барг 1962, 276.
② Bracton 1968, v. 3, 131; v. 2, 89.
③ Vinogradoff 1927, 167-168, 171.
④ Pollock and Maitland 1923, v. 1 371.

定，可还是时时需要按照领主的意志加以调整，仍然有其不确定性。也可以说，如果劳役很多，则表明其不确定性，所以服周工这种劳役一般可以说是维兰土地的证据。

但哈姆斯完全否定劳役（更准确说是常年劳役或周工劳役）作为不自由土地的主要标志、主要证明。他认为勃拉克顿提出的不确定性，将农奴今天晚上不知明天早上干什么作为一个标志、作为对维兰实际生活状况的描述，简直是胡说。13世纪的农民完全知道他应尽的义务是什么，今天晚上肯定知道明天早上干什么，他们的工作日程较今天大多数人的还要清楚。勃拉克顿的这一段话应从其上下文理解，他是在谈到老领地上的特殊维兰时说的。这种维兰索克曼和一般维兰所服劳役完全相同，可是维兰索克曼却受王廷法律保护，不能随便驱逐，也不得任意提高地租。而一般的维兰当然没有这种保护。所以从普通法的角度看，一般的维兰是由领主意志支配的佃户，其土地的性质是不确定的。勃拉克顿在这里并非给予维兰土地一种证明，而只是对两种甚难区分的情况指出一种准则。①

不过哈姆斯的意见仍值得商榷。不能否认，13世纪普遍的、流行的看法是，一块份地如交纳货币就是自由，而如服劳役义务就是不自由。② 劳役是和农奴制相一致的，劳役在中世纪的人眼光里，就是一种低贱的、不确定的服役，这是封建经济的法律反映。

3. 维兰土地的不稳定

维兰份地不受法律保护，被认为是由领主意志任意支配的，领主可以随己意改变其领有的条件，提高地租或驱逐佃户。13世纪王廷认为："领有维兰土地的佃户，在我们看来，是由领主任意支配的佃户。"③

维诺格拉道夫曾举过一些例子，如阿宾顿编年史曾记载，该修道院有一段时间内，经常从份地上驱逐维兰。总管或管家收受贿赂，以遂别人贪婪（兼并土地）或报复（泄私愤）之欲，而驱逐维兰佃户。那里也没有关于维兰份地继承的规则，当维兰死后，其妻及子遂被从家中逐走，让另一个佃户来接替他们。④

但实际上这种极端的例子甚少发生。维兰一般世袭使用份地，有较牢固的权利。维兰土地虽不受普通法的保护，但却受庄园习惯的保护。庄园

---

① Hyams 1980, 194.
② Hilton, R. H., Freedom and Villeinage, *Past and Present* 31, 1965, 13.
③ Pollock and Maitland 1923, v. 1, 360.
④ Vinogradoff 1927, 165.

习惯大约来自农村公社传统，是全庄园应共同遵守的准则。虽然封建时代的这种习惯已经过封建的改造，变得有利于领主，但在若干方面仍渗透着公社的传统，对农民起一种保障作用，对领主的行动有一定约束力。根据庄园习惯，维兰份地所负义务都有一定数量，服多少劳役，纳多少实物，在什么情况下交纳，在服额外的帮忙劳役时领主还应供给饮食，这些一般说来不得随意更改。当然，领主总是要千方百计提高其剥削程度的，庄园的记录上也可以看出这一点。13世纪后半期，发生了不少领主破坏习惯增加佃户负担的事例。①

至于领主逐走佃户的事，事实上也很少发生。即使维兰不履行义务，也只是被罚交纳罚款，罚款之数一般不超过6便士。这是因为，农奴与奴隶不同，其劳动力的补充要靠自身的繁衍，而并没有农奴市场。如果领主任意逐走佃户，特别是在劳力短缺、土地丰裕的情况下，则无法补充新佃户，所以农奴被夺佃的事并不经常发生。按照庄园习惯，维兰的土地一样可以继承、转让，只是要在庄园法庭上履行手续而已。② 所以梅特兰总结说，维兰土地应有两条，一条是它的领有是由领主意志支配的，另一条是它是依据庄园习惯领有的。③ 哈姆斯则主张，普通法说维兰土地不受保护，实际上大部分维兰在13世纪都享有安全及稳定，而这又不为王廷及其法官所承认，也许这就是普通法中的维兰法与庄园习惯的最大分歧。④

四 维兰制的相对性问题

英国封建社会的维兰制，仔细分析，确实充满了矛盾。法律体系上，有普通法和庄园习惯法的不一致。法律理论与实际状况二者之间，也时常不相一致。理论上说维兰是主人的动产，一无所有而为别人所有，毫无权利而为别人奴役、控制，可是实际上维兰是具有独立经济的小生产者，具有各种权利能力，和其他农民差别不大。

针对这种状况，中世纪的法学家已提出自己的看法，这就是勃拉克顿所说的农奴制的相对性问题。即他以为农奴制很难说是一种身份，它只是农奴与其领主之间的一种关系。对其领主而言，农奴没有（至少在法律规

---

① Pollock and Maitland 1923, v. 1, 179-195.
② Vinogradoff 1927, 173.
③ Pollock and Maitland 1923, v. 1, 377.
④ Hyams 1980, 49.

定上）权利，但对于第三者而言，则他具有自由人的全部或几乎全部权利。对这些人而言他不是农奴。① 后来研究英国农奴制的学者也讨论过这一问题，他们大都是从农奴和其领主的关系、和第三者的关系以及和国家的关系这几方面来分析维兰制的特点的，我们试加以综合评述。

农奴对主人之无权状况，前面已做过充分的叙述。他是主人的动产，其人身为主人所有，由主人支配，他可以被买卖、被笞责以至囚禁等。但农奴不同于奴隶，他的生命以至肢体是受国王保护的，不得被杀害或伤残肢体。所以虽然维兰对主人无权，可是维兰在某种状况下有上告主人的权利。这就是当主人的处罚威胁到他的生命及肢体时，对他采取暴力行动时，维兰无法忍受虐待时，以及领主剥削过甚以至连维兰的农具都拿走时。② 维兰到普通法法庭上告主人是困难的，不过也还有几件案例。如1210 年，威廉之子托玛士上告霍尔布林的安德列，说由于监禁并虐待导致其父威廉死亡。安德列答辩说，由于威廉父子都是他的维兰，威廉是由特殊原因致死，并非由于监禁。然后他提供 1 马克作为陪审员作证费用。案件由之延期而结果不明。③ 还可举一例子，维兰反对领主对他实施暴力。1220 年，索福克庄园（属老领地）上的一个维兰罗杰尔，早已发财致富，为其女择婿名托玛士，未征得其领主同意，即为他俩举行婚礼。其领主亨利于四旬斋节的某个晚上，亲自到他家找寻该女，破门而入，到房间搜寻。由于她母亲让她从窗户逃走，所以未能找到。亨利在搜寻中又闯入罗杰尔家之仓库，内贮大麦，火把引起仓房失火，终至把全家烧光。于是罗杰尔和其婿到郡法庭上告，说亨利犯有纵火罪及破坏国王和平罪。此案转移到王座法庭，亨利在辩护中否认指控，说房屋乃因偶然原因失火，罗杰尔是他的维兰，因其女婿事未得同意怀怨挟愤而上告。法庭判定，托玛士所告乃别人房屋失火而非自己的房子，罗杰尔则承认当房屋失火时领有亨利之土地，由此不得上告。到下一次开庭之时，罗杰尔和托玛士到庭，撤回上诉并遭监禁。④ 这就是维兰上告领主的结果。在封建社会中，农奴大概很难从法庭上讨得公道。

关于维兰农具受到保护的问题，并无任何一件有关案例。大宪章第 20 条曾规定农奴犯罪时不得没收其农具，并未说如遇这种情况可以上告领

---

① Bracton 1968, v. 3, 104-105; Pollock and Maitland 1923, v. 1, 415.
② Bracton 1968, v. 2, 34.
③ Hyams 1980, 136.
④ Ibid., p. 144.

主。勃拉克顿的说法,可能是受当时主张领主不得过分苛待佃户意见之影响。14世纪初,有人批注勃拉克顿这一意见时,曾说这种对农具之保护只适用于老领地上之维兰,至于其他维兰,则主人可拿走他的任何东西,包括农具。①

维兰和领主立约的问题,勃拉克顿似乎倾向于可以。事实上,领主和维兰立约之事偶或可见,大量的是维兰和第三者立约的事。

在对第三者,即对除领主以外的所有人而言,则维兰几乎和一个自由人一样拥有各方面权利,我们可分刑事、民事两方面说明。

英国中古司法的习惯是国王有权处分任何破坏和平及其他刑事犯罪,不问其本人身份如何,所以维兰负刑事责任是十分明确的。《财政署对话集》谈到,如有人犯刑事罪,则不问其身份如何,其动产均没收归王,可是在讨论中,学生说这一原则不公平。因为如果农奴犯罪,则他法理上没有财产,那要拿其主人的财产抵当,使领主蒙受损失。老师回答说,这是克拉伦敦敕令和北安普顿敕令所规定的保障国王的和平的政策。这条规定也是为了防止领主在给农奴定罪时进行操纵而使其财产蒙受损失。②

在民法方面,维兰对第三者几乎和自由人一样享有各种权利。他可以占有动产及不动产,可以向别人出售、转让其财产,特别是他自己获得的财产。如他自己获得的土地被夺去占有,一样可以得到占有令状的保护。当然,如维兰领有的是维兰土地,则得不到保护。如果维兰和第三者立约,则他被认为是订立契约的一方,享有权利。可是在民事责任上维兰有一种特殊地位,即他如欠债不还而被上诉,则可以声明自己是某人的维兰,因为他没有财产则不负偿还之责。而原告也不能控告主人,因为主人并不受维兰所立条约的约束。当然事实上也不尽如此。1227年,有人上告被夺去占有,被告虽声明自己是另一人的维兰,可是仍被判以归还占有之地给原告,并处以5先令罚款赔偿损失。③

在维兰和国家的关系上,则可以说英国封建政府也几乎把维兰看作自己的臣民。王权在日趋强化的过程中,当然不能坐视维兰这一部分人长期脱离它的控制,而为封建领主所独占。这正如中国历代王朝都反对投存荫冒之滥,一有机会就检刮户口一样。英国封建政府也在税收、兵役、行政管理等方面,逐渐向维兰扩充其力量。

---

① Hyams 1980, 145.
② Douglas and Greenaway 1998, 588-591.
③ Hyams 1980, 133.

大约在 12 世纪中期之前，国家的税收并未征及不自由人，那时所征的丹麦金、补助金等都是向自由人征收的。至于自由人如何把负担向下转嫁，那是另一个问题。1198 年理查统治时开征的卡鲁卡特税，首次征及维兰。以后逐渐开征的动产税，如 1/15 税、1/30 税等，则按户估产计征，而不问其身份如何，所以维兰的财产也都要纳税。

关于军役，虽然骑士之役维兰不得充任，可是英国一直存在民兵制，这并不排除维兰。亨利二世 1181 年所颁军役令，还只及于自由人。到 1230 年重颁此令时，则自由人与维兰都包括在内，只是按财产多少来执行应服何种之役。也可能在先只是各地郡守为了满足政府要求参军的人数，强行征及维兰，后来遂成为一种制度。由于 1230 年的敕令未保存下来，所以这不同的解释只能并存。① 当然，由于财产状况的限制，总的来说维兰参军的并不很多，不过依然存在个别的例证。

关于充当陪审员，法律原则是维兰不得在王家法庭充当。也能找到查明其身份不自由而被逐出王廷陪审员行列之记录。可是，在其他法庭上，则维兰是经常充当陪审员的人。首先是庄园法庭，这里充当陪审员的维兰还经常是自由人的裁判者。其次在郡法庭上，维兰也充当陪审员，而且在巡回法庭上，维兰也常常是检举、揭发、裁判一并执行的陪审员。

另外，十户连环保制度，也包括维兰在内。

根据上面揭示的种种情况，我们可以了解法学史家霍兹华斯的总结。他说英国的维兰制理论一不适合于英格兰的生活实际，二不适合于英国公、私法的原则，三不适合于法官们一贯倾向于自由的主张。②

他说的不符合于英国实际生活，即原来本是各种不同依附程度的农民，而法律把他们统一为维兰，说成是主人所有的牲畜。其实他们在庄园里，在社会实际生活中，都发挥着独立小生产者的作用，并非一无所有。

说不符合于英国公、私法的原则，就是公法上维兰往往被当作国家臣民看待，要履行各种义务、并要负刑事责任，和自由人几乎一样。就是私法上，维兰也往往只是对其主人不自由，对其他人一样是自由的，握有各种权利能力。

关于第三点，本来维诺格拉道夫和梅特兰都主张，中世纪的法学家是倾向于自由的，即他们如遇上一个可上可下的案件，则一般倾向于给此人

---

① Hyams 1980, 158; Powicke 1975, 58-60 主张农奴不得参军。
② Holdsworth 1923, v. 3, 491.

以自由。不过最近这一主张已被哈姆斯否定，我们不再讨论。①

为了解决这一两难局面，勃拉克顿曾提出农奴制的相对性原则，即农奴的身份只是对其主人而言不自由，对其他人则是自由的。这个原则也是产生自古罗马的实际，不过到中古时期更为突出。

前已指出，人类最早的奴役制形式大约都是外族奴隶，根据这种形式形成、发展的罗马奴隶制理论以其对奴隶严酷著称，即视奴隶为物，在自由人与奴隶间有着不可逾越的鸿沟。另外，还有一条就是奴隶之间没有等级，每个奴隶的不自由都是相等的。但在罗马统治时期，这一理论已引起各方面怀疑，因为在罗马除了奴隶外，还存在着其他各种依附者，不自由明显有各种等级。另外，同样是人，奴隶为何能成为物也引起常识的怀疑。所以后来的法学理论也出现了各种新的解释。有的说奴隶制只适用于市民法但违反自然法，自然法的原则不应有奴隶制。基督教兴起后，其原始教义也说人生而平等，都是上帝的子民，而奴役是后来产生的。特别是在罗马晚期，奴隶地位日趋改善，而大批隶农地位恶化，有似奴隶，二者不易区分。中世纪的注释学派在说明隶农情况时，也曾说过这种隶农对其主人而言是奴隶，对其他人则是自由人。② 这和勃拉克顿的理论就相似了。

农奴制的相对性理论之所以提出，证明引用罗马奴隶法说明封建社会生产者的地位是不恰当的，因为封建社会不同于奴隶社会，农奴毕竟不是奴隶，所以使当时法学家陷入矛盾之中。为了使过时的理论与实际相一致，才提出了这样的说法。当然，我们不能由这种说法得出农奴制无足轻重的结论，压迫剥削仍然是非常现实的，前面的许多例证已经揭示出这方面的情况了。

---

① Hyams 1980, 218.
② Ibid., p. 94.

第十二章　农民与农民经济

一　农奴制的由来

讨论农奴制的由来，希望解决两个问题，一是英国农奴制是怎样形成的，另一是何时形成的。这两个问题互有联系，叙述时不易分开，我们主要将探讨第一个问题。

说英国农奴制的形成，首先碰到的是有没有这一个问题。因为一些史家否认古代社会有一段自由到奴役的发展，奴役是古已有之，如此当然没有后来的形成问题了。最早倡此说的是西保姆，但以后附和者仍不乏其人。例如阿斯顿即认为，盎格鲁—撒克逊时期，一开始英格兰大约都充满了庄园，农民大都是依附的耕作者，并非自由人。[①] 也许是后来经过垦荒等运动，农民才逐渐自由起来。[②] 波斯坦则以为，史前人类是平等的，可日耳曼人进入罗马即已不平等了。盎格鲁—撒克逊时期，农奴制也已发达起来，十分普遍。[③] 不过波斯坦还有农奴制后来形成的主张，他是从法律观点看这个问题的。

当然，也还有更多的史学家，从早先的梅特兰、维诺格拉道夫一直到

---

① Aston 1983, 15-16.
② Ibid., p. 40.
③ Postan 1981, 81-95.

现在的希尔顿,都赞成英格兰中古农民,仍是走着一条由自由走向受奴役,后来又得到自由的道路,我们也愿在此基础上讨论农奴制的形成问题。其理由是,盎格鲁—撒克逊时期史料稀少,可以证明奴役存在的根据就是那么几条,如伊尼法、《人民的权利与等级》等文献,各家据之做出不同解释,相持不下,无法判断,但所幸的是英国有末日审判书这样的材料,还可根据它做出一些统计出来,我相信这是比较有说服力的,可以证明农民的状况,证明盎格鲁—撒克逊时期并非普遍存在着农奴制。所以我们仍赞成英国中古时期农民有一条由自由走向受奴役、后来又得自由的发展路线。

下面我们讨论农奴制何时形成、如何形成的问题。

前已指出,依附关系在盎格鲁—撒克逊时期已有一定发展,诺曼征服、末日审判调查在英格兰建立起封建土地所有制的体系,但通过末日审判土地调查并未建立起农奴制,农奴制这时并未形成。

在末日审判调查中,庄园上的劳动者以及农村中的劳动者一概划分为5个等级,即自由人、索克曼、边农和茅舍农、维兰以及奴隶。这个区分被认为是双重标准,即既使用法律身份,又使用经济地位标准。与末日审判同时的赫里福德主教罗伯特关于土地调查的记载说:"这是一个关于耕地和居民的调查,既有被奴役者也有自由人,既有那些住在茅舍中的人也有那些有份地和自己住宅的人。"① 前面一句话用法律标准,后面用的是经济标准,根据末日审判书统计,人数最多的是维兰,共109000人,占总统计人口41%,占有45%的耕地。边农和茅舍农共87000,占总人口32%,而所占土地只有5%左右。自由人和索克曼共37000人,占14%,土地为20%,奴隶为28000人,占总人口10%,他们一般不占有土地。② 自由人与索克曼以及奴隶身份是明确的,要研究农奴制情况,主要须研究维兰和边农、茅舍农的身份,而他们所占的人数又最多。

末日审判书中的维兰并非农奴,它指的是村民,即居住在农村中的人。他们有房舍,有家庭,有土地,经营独立经济生活。梅特兰曾研究过末日审判书中维兰的权利能力,他的意见是:1. 维兰是否可自由离开其主人或他耕种的土地,即他如出走后主人是否有追捕权,在末日审判书中无直接说明;2. 维兰是否受领主的审判,并不一定,要看其领主在土地上有

---

① Douglas and Greenaway 1998, 912.

② Miller and Hatcher 1980, 22.

无司法审判权而定；3. 维兰有权出席官方法庭；4. 维兰对他耕作的土地有无所有权，也不能确定。但维兰土地上的丹麦金是先交给其领主然后再由领主统一上交的。①

维兰身份在末日审判书中总的来说是自由人，可是他又是和自由人相区别的，而且有的地方还使用了"从前的自由人现在变成了维兰"这样的词句②，说明维兰身份低于自由人。至于边农和茅舍农，一般认为他们的身份与维兰相同，而财产状况则不同。所以，如从身份法上考察，则末日审判书中既有自由人与维兰的对立，又有自由人与奴隶的对立。可见当时登记者对人的身份概念也不很清楚。有的解释说，末日审判书中的维兰是按庄园法使用的名词，是按其在庄园中的生产功能而言，由此也就确定了其等级地位。③ 肯定说当时的维兰已不能是完全独立于庄园和领主的了。④

从诺曼征服起的100多年，对英国农民来说是十分重要的年代，因为一般都认为正是12世纪之末，英国农奴制形成。农民中的主体——维兰，从这时起变成为农奴，维兰成为农奴的同义词。那么，这百余年中，众多的农民等级究竟经历了什么样的变化呢？是从经济状态上还是从法律权利上起了变化？

波斯坦的观点认为，从法律上说，到亨利二世，也就是12世纪时，维兰的地位变得明确、划一和严酷，他们的境遇变坏了，这是从中央到地方的法学家以及庄园上的书记们工作的结果。可是实际上，12世纪维兰的经济地位应比11世纪还有所改善。因为这时庄园的经营是一个衰落期，许多庄园上的自营地缩小，当然劳役减少，不少维兰的劳役折算为货币负担，或者减轻了许多。所以12世纪"英格兰向离开农奴制走了一大步而趋向于更大的独立和自由"。⑤ 到13世纪，农奴的经济状况又形恶化。

波斯坦的意见早在《剑桥经济史》中已经说过，即农民的法律地位与实际经济状况并不一致，虽然法律上亨利二世时确定了维兰是农奴，可是实际经济中维兰反而离农奴更远了。这就使得农奴制的形成问题也陷入模糊之中。

希尔顿看来不赞成这样一种理论，他想使农民的法律地位和经济状况

---

① Maitland 1921, 41-58.
② Ibid., p. 45.
③ Барг 1962, 241.
④ Miller and Hatcher 1980, 22; Postan 1981, 166.
⑤ Postan 1981, 166-167.

相一致。他认为对农民的身份，不能只相信法律著作及官方文书，还要看各种案例、庄园调查记录。即使从这些记录看，12世纪的维兰也还不是农奴，还不是不自由的。是12世纪最后的20年，即80年代、90年代，在封建主的进攻下，维兰被压制为农奴，失去自由。这时看一个佃户是否自由即看你是否服劳役，如服劳役即意味着不自由。与此同时，王室法庭亦不再受理维兰之诉讼。①

希尔顿在这里是把服劳役当作农奴身份之证明。他指出，在12世纪时，也有不少维兰是服劳役的，不过当时并不视服劳役为人身不自由标志，而且当时服劳役的维兰，好多还没有承担像遗产税、嫁女钱等身份低贱的义务。可是13世纪观念完全变化，如一个佃户服劳役，则视为不自由，如纳货币地租，则视为人身自由。② 这符合勃拉克顿所说，农奴的特征即服低贱的义务，即今天晚上不知明天早上干什么等等。

哈切尔似乎不赞成希尔顿观点，他的论文《英国的农奴制和维兰制：一种重新评价的企图》意在发挥波斯坦的理论，可能走的还要更远。他认为如果说13世纪劳役是维兰身份的证明的话，则11、12世纪的一些资料（他也承认资料稀少）说明当时的劳役负担，并不比13世纪轻或者流行不广。而遗产税、嫁女钱等也不能说前此要少。它比13世纪时甚至还要重。③ 哈切尔主张农奴制最重要的证据是是否有迁徙自由，即农奴就是意味着他被固着于土地及其主人，丧失自由意志。如按这一标准衡量，11世纪末、12世纪，相当多的农民已经固着于土地及其领主，其自由受到严格限制，肩上有许多沉重负担。他们不是自由的可是又不被认为是不自由的。因为这时的社会还不需要这种划分。所以哈切尔倾向于认为11世纪农奴制（不是普通法上的农奴制）已然形成，因为这符合于他的无迁移自由的标准，他说11世纪至12世纪初，绝大多数农民，如依安茹王朝的法学家标准来衡量，会被认为是不自由的。④ 哈切尔的本意也是想统一人的法律地位与经济状况，不过他认为这两者往往背道而驰，所以他的农奴制何时形成的概念也是模糊的。

巴尔格的意见比较肯定，认为亨利二世时的维兰除外之律确定了把维

---

① Hilton 1983, 17-18.
② Hilton, Freedom and Villeinage in England, *Past and Present* 31, 1965, 11-13.
③ Hatcher, J., English Serfdom and Villeinage: Towards a Reassessment, *Past and Present* 90, 1981, 29.
④ Ibid., p. 28.

兰排斥于国家法庭之外，而须受庄园法庭的审理。由此国家法律上的等级划分即为维兰与自由人二者的对立，维兰与农奴相等。① 他的意见和希尔顿接近，也认为农奴制形成于12世纪之末，不过更强调国家统一法令的作用。

要考察农奴制在英国的起源，我以为要结合考察其起因。在英国，以至在西欧中古时期出现农奴制，一个原因大约是因为劳力短缺，为控制劳动人手而采取的措施。② 古代社会人口稀少，劳力短缺应是普遍性问题，而劳力过剩只有相对性。由于劳力不足，才有必要用强力——经济外的力量控制住他们以便剥削，所以古代时有各种各样的奴役状态、依附关系。但封建时代如何在欧洲，在像英国这样的国家才形成农奴制呢？单用普遍性的劳力短缺还解释不清，必须注意另外的原因。

我以为应该注意的一个原因是英国低下的生产力与粗放耕作体系。由于生产力低下，封建主有必要划出单独供给自己的自营地，用农民的剩余劳动耕作，以保障生活。这样地租形态就是劳役地租。而西欧、英国中古时期农业上一直实行粗放耕作，广种薄收，田间劳动简单，易于管理和监督，这就为使用农奴的强迫劳动创造了前提。如果英国实行的是例如像中国这样的精耕农业，管理复杂，监督不易，农奴劳动积极性不高，消极怠工，势必使自营地上产量大为降低，使封建主感到劳役地租难以维持，因而也没有用农奴制这种强烈手段来束缚农民的必要了。所以我们才可以理解，在英国，庄园、农奴制、劳役租，是紧密结合在一起的。

由此我们也可理解，为何中世纪的法学家把固着于土地、服劳役作为验证农奴身份的一种标准，它反映的是强迫劳动耕种自营地这样的实际。对于这种标准，我们应从现实与法律规定的结合上来考察。如固着于土地的问题，从原则上说，封建社会自然经济条件下，农民一般都安土重迁，世守祖业，这是客观实际。但如果仅是这样，并不能构成固着于土地。固着于土地是被用强力限制不得离开土地，这样其前提当是耕作者人身被固着于主人。所以有此必要，是为了要无偿使用农民的剩余劳动，让他耕种自营地。所以，大致也可以同意，12世纪末，由于劳役地租扩大的倾向，才促使维兰由原来较自由的身份变成不自由的农奴。

关于英国农奴制的形成，还应该注意的一个原因即是罗马法的影响。

---

① Удольцова 1985, t. II, 121.

② *Past and Present* No. 1981, 26-27.

世界各国古代社会大都存在着奴隶制因素（是否构成奴隶制社会则当别论），但从现实上与法权理论上发展到典型的当推罗马。罗马奴隶法严格区分自由与不自由界限，把奴隶当作主人之物，可算人奴役人理论的顶点。英国中古时客观经济条件已不允许发展罗马式的奴隶制，可是法律思想、法律实际上都保留着罗马法的影响，12世纪又是罗马法复兴的时代。维兰地位的恶化，法学家起了重要作用，这前面所引哈姆斯的话和波斯坦的话都强调这点。我们应充分重视法律对现实的反作用。像维兰是否固着于土地、固着于主人的问题，还是要看法律规定才会明确。巴尔格强调亨利二世司法排斥维兰于王室法律保护之外对农奴制形成的作用，也是有道理的。所以大体上我们可以说，综合各种标志，英国农奴制形成于12世纪之末。农奴制形成时各种农民身份的变化，可引《欧洲农民史》书中所列表表示①：

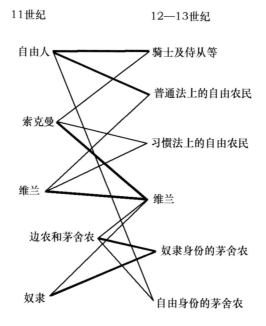

二　自由农民和其他身份的农民

英国封建社会中的农业劳动者，除了农奴外，还有其他不同身份地位的农民。

---

① Удольцова 1985, т. II, 122.

首先应该提出的是自由农民。英国中世纪的自由农民是西方封建社会中独特类型的农民，有其特定的身份地位，和东方的国家控制的自耕农并不相同。他们从身份上说应该是自由人，不是物，主人对他们无权买卖或转让。他们领有土地的条件是自由的，不是奴役性的。即自由农民仍然领种封建主的土地，他一般说来对主人只负担货币地租，而无劳役，或只有轻微的劳役，因此不是低贱的、不确定的义务。他领有的土地受到国家法庭的保护，如受侵犯，可向王廷上诉。他们对土地有较大的处分权，可以把它卖掉或转让，他们还享有迁徙自由，可以脱离土地，另觅主人。但在法律上，也有不少自由农民仍依附于封建主，要受庄园法庭的审判。

由此可见，自由农民在西欧应该具备两方面内容，其一他的身份应该是自由的，其二他领有土地的条件也是自由的。当然，由于社会情况复杂，土地转移频繁，导致产生了土地等级和人的身份不一致的现象，自由人领有维兰土地，而农奴却领有自由土地。但这种情况终属少数。在大多数情况下，土地等级和领有者的身份是一致的。① 西方学者认为，自由农民（freeholder）这个词，是从土地领有条件讲的，即指该人领有的是自由土地，负自由义务。不过在绝大多数情况下这种人身份也是自由的，可以称之为自由农民。

英国自由农民状况的研究，早先未予以足够的注意。维诺格拉道夫在其《英国的维兰制》书中分析了庄园中的自由农民，但对其重要性估计不足。② 是后来的科斯敏斯基根据百户区卷档材料，找出了13世纪时英国庄园上存在着大量自由农民，由此对他们的认识才提高了一步。但是关于庄园以外的自由农民，由于资料稀少，我们的了解依然不多，因此不能说我们已可勾画出中古英国自由农民的全部面貌。

即使对庄园上自由农民的估算，也存在着不少困难。在大多数情况下，研究者是根据自由土地来推断其持有者是自由农民的，但实际情况却远为复杂。前已指出，英国自由土地分为教会领、骑士领、杂役领、索克领4种，所以庄园上的不少自由土地可能是封建主的土地，而并非农民的土地。一般说来，骑士领和索克领都有属于农民领有的地产。骑士领本是封建地产的主要形式，但自盾牌钱制度推行以来，骑士领日益变得和军役无关，只要向其领主纳盾牌钱即可领有。同时，由于土地分封、分割继

---

① Kosminsky 1956, 202.
② Барг 1962, 157.

承、买卖等原因，骑士领日益分裂，出现了1/8、1/16，甚至1/100骑士领的小块土地。这种小块土地有时就为农民领有。至于索克领，大概起初就是指自由农民——索克曼的土地，后来有些封建主的地产也称索克领，但索克领仍是自由农民领有自由土地的常见形式。

还有一种自由农民领有土地的形式即租佃地。封建主把土地（往往是其自营地）划成小块，租给农民，租金一般为定额货币，也有其他轻微负担，实物或劳役等。这种经营方式很早就有，13世纪更日益广泛。农民开荒取得的小块土地很多属这种类型。土地租佃的时间有终身，也有短期的。起初终身租佃地才是自由土地，后来短期租佃地也算自由土地，即贯彻了只要不是不自由土地即是自由土地的原则。

所以，庄园上的小块自由土地，有些是农民的，但也有些是封建主的，难以区分。科斯敏斯基估计，大约1/5的自由土地是非农民型的，他即根据这个估计推算13世纪自由农民的比重。①

根据现在的研究情况，英国自由农民的数量相当不少。11世纪时，据末日审判书记录统计，农村中的自由农民（包括自由人和索克曼）共计37000人，占所统计人口的14%，领有土地面积为所统计的总面积20%。②大部分的自由人都集中在东盎格利亚，而索克曼则大都分布在原丹麦法区各郡内。

11世纪以后的发展情况，如从末日审判书所记20年间的变化看，应是自由农民的数目在减少，即封建主不断向自由农民进攻，降他们为依附农民。1066年到1086年间，剑桥郡的索克曼从900人降为213人，贝德福德郡则从656人降为69人。③可是还有另外的材料说明，自由农民的数目在增加。如西敏寺修院地产，末日审判书中统计其自由人和索克曼占总人数的3.5%，而1225年时，则其自由佃户增为占总数的11%。④其中有些人原来是维兰的现在身份改变为自由佃户了，也有些大约是殷实农户，土地多、财力大因而取得自由的。拉姆齐修院地产上的自由佃户，12世纪为69人，13世纪上半期为113人，1279年为271人。⑤数目也是在不断增加的。伍斯特主教区地产上的自由佃户，1170年其数目占总数22%，到

---

① Kosminsky 1956, 205.
② Lennard 1959, 349.
③ Maitland 1921, 63.
④ Harvey 1977, 101, 105.
⑤ Барр 1962, 180.

1279年则为26%。①

到13世纪，自由农民在农村中已占很大比重。科斯敏斯基根据百户区卷档材料，统计了亨廷顿、剑桥、贝德福德、白金汉、牛津五个郡的可探知的农户数目，共9934户，其中农奴5814户，占58%，自由农民4120户，占42%。② 希尔顿也认为在整个英国，当时自由农民占1/2—1/3的数目。③ 这是一个相当不小的数字了。

从总的发展趋势看，如果盎格鲁—撒克逊时期，由于材料稀少，不予计算的话，则11—13世纪时期，自由农民的数目不断在增加，这是肯定无疑的。④ 这和我们原来的封建化发展趋势概念似乎很不相同。大家都承认，11—13世纪是英国封建制度的发展期，13世纪其封建制度臻于极盛。所以这一段时间似乎应该是自由农民不断丧失自由、其人数不断下降的时期，但事实上我们看到的却是相反的情况。自由农民的数目不断在上升，如何解释这一发展趋向呢？

所以如此，我想这首先和英国农奴制形成的特殊形式有关。英国农奴制的形成，主要是身份原本自由或还保有半自由的维兰，由于封建主的进攻，特别是由于英国封建政府维兰除外之律的实行而陷身为奴的，是整个阶层的下降。从农奴的数目我们也看出这种情况。11世纪末日审判调查时，维兰人数为109000人，占统计人口的41%。到13世纪，则估计维兰（这时已是道地的农奴）占农村户数的3/5，或全国户数的1/3。⑤ 即比例数大致相等。300年来维兰数并未增加。我们看不到一个自由人减少、农奴增加的过程。

从实际的发展过程来考察，则不可否认，11世纪以来，是不断有自由人、半自由人，经过各种途径而陷身为奴的，但更主要的一种趋势却是自由佃户的数目在增长。这可能与经济的增长给予农民经济以更大活力有关，但也表明，即使在英国，农奴也不占封建社会的绝对多数。

除了自由农民和农奴以外，英国农村中还有大量的半自由人。虽然理论上应该是非自由人即为农奴，没有中间状态，没有半自由。但实际上并非如此。这主要是因为英国各地习惯差别不小，各地对劳动者的称呼、权

---

① Dyer 1980, 101.
② Kosminsky 1956, 205.
③ Hilton 1980, 61.
④ Ibid., p. 20.
⑤ Hatcher, J., English Serfdom and Villeinage: Towards a Reassessment, *Past and Present* 90, 1981, 7.

利规定、义务性质与数量,均不相同。和普通法理论上自由、奴役截然区分的标志并不符合,使得一些人甚难确定他们的身份,因此是一种半自由人。事实上在任何封建社会中,或者任何阶级社会中,阶级、阶层的划分绝不可能单一,存在着中间阶层是必然的。

一种人是维兰索克曼,是居住在王田(老领地,一般认为是自忏悔者爱德华时即属于王室的地产)上的劳动者。他们负担的一些义务有似农奴,有较重的劳役,交纳继承税和结婚税,离开庄园须征得领主同意。但他们不出席百户法庭和郡法庭,不当陪审员。即使王田分赐出去,他们也不受领主的审判,而是自己审理自己的案件。根据普通法,维兰土地不受保护。但维兰索克曼领有的土地却受王廷保护。如果他领有的土地受到损害,他可以从王廷取得令状送达庄园之管家,要他按庄园习惯秉公处理。如果维兰索克曼的负担超过了庄园习惯的规定,他也可以取得王廷令状,命该领主停止征收这种额外负担。如果上述两种情况在庄园中不得解决,案件便可转移至王廷审理。

还有一种人是肯特郡的农民。肯特地处英格兰东部,商业交通一直发达,修道院的大地产也不少。末日审判书中所记肯特农民,并不特殊,与其他郡没有什么区别。只是他们份地的名称为 sulung,而不叫 hide(海德)。但爱德华一世时记录下来的肯特郡习惯对其农民地位规定却很特别。它说肯特郡所有的人都是自由的,就像英国的其他自由人一样。他们可不经领主同意,出售转让自己的份地,得地者只需履行有关义务即可。这些农民为耕作份地向领主交纳货币租,不服劳役。份地的继承实行多子分割继承,而非农奴那样实行幼子继承制度。另外,即使这些佃户犯了大罪,被处以死刑,国王也只可没收其牲畜,而不得没收其土地,土地仍归继承人。所以,肯特的农民也不是农奴,而是一种地方习惯规定的特殊农民。

另外,在农奴制形成之前,更有大批的半自由人(包括维兰在内)存在,也是不言而喻的了。

三 农民经济

农民经济(我国称之为小农经济)是一个很值得研究的问题。无论从理论上或历史实际上,都有许多方面有待深入。而只有通过对农民经济的深入研究,才可说明封建社会发展的规律性问题。近年来关于农民经济的理论已经介绍了不少,如舒尔茨把小农视为具有理性的经济人,会对市场做出灵活反应，不断发家致富；如恰亚诺夫的小农追求的是劳动与消费之间的均衡学说，还有如波拉尼的人类经济学等。这些我想到本书的第三编时再做涉及。这里则只介绍一些英国中古农民经济的基本情况。

世界各国的小农经济都是一种小生产，英国中世纪的农民经济，也是一种小生产，农民以家庭为单位耕种着小块土地，生产的目的主要是为了满足家庭的生活所需。这和其他封建社会下的农民经济并无不同。我想需要指出的是，单纯农民经济不能构成独立的社会形态，所以研究封建社会下的农民经济，必须联系封建主阶级一方，也必须联系和乡村密不可分的城市一方，才可说明一些问题。下面将从这一论点出发探讨英国中古的农民经济。

1. 农民份地的变化

中世纪的英国农民，无论农奴或自由农民，都向封建主领种小块土地，称之为农民的份地，以维持自己及其家庭的生活。这种份地，从很早起即有一种理想的标准面积，盎格鲁—撒克逊时期为每户 1 海德（一般认为合 120 英亩），中古时期为每户 1 维格特（合 30 英亩），这种平均、平等的倾向，可能是古代农村公社风习的遗留。

但是，从很早的时候起，农民的份地就是不平等的。末日审判书的调查统计，显示农民已经按其份地大小不等而区分出维兰（村民）及边农（茅舍农）之类的差别来。就是同属维兰阶层，其份地的大小也很不一致。有人根据当时记下维兰土地面积的米德尔塞克斯郡的材料作了统计，在有明确土地面积的 900 个维兰（占总数的 78%）中，领有 1 维格特土地者占 47%，半维格特土地者占 42%，而只有 3 户维兰土地小于半维格特。其他郡的材料十分零散，不能给人以总的概念，因此作者采取了统计维兰所拥有的耕畜（牛）头数来估计其份地面积的办法，他统计了耕畜头数明确的 10733 户维兰（分布在 32 个郡中），占维兰总数的 1/10 左右。其中 6758 户，即 63% 其牲畜头数在 2 头以上，如折合成土地他们占有 1 维格特以上。占 24% 的维兰户数其牲畜在 4 头以上，即他们占有 1/2 海德（2 维格特）土地。占 28% 的维兰其牲畜在 2 头以下。如按平均数看，每个维兰有耕畜 3 头，即占有 1½ 维格特土地，而 1/4 的维兰占有 2 维格特土地，应该说当时维兰的土地面积是不小的。①

即使边农和茅舍农，其占有的土地也并不相等。似乎边农是指小块土

---

① Lennard 1959, 341-351.

地所有者，而茅舍农则是不占有耕地只有茅舍的农民。米德尔塞克斯郡可以确切知道土地占有面积的 101 户边农（占总数的 29%）中，71 户有 5 英亩土地。464 户茅舍农中，243 户无任何土地，49 户只有园地，其他有耕地者也都不足 5 英亩。①

土地是封建社会下农民的主要财产，土地的多少一般说来标志着农户的富裕与贫穷程度，因此 11 世纪时英国农民土地的不平等说明当时农民中已出现了贫富分化，这种分化的历史由来已久。为了研究这一问题，我们可选 11—13 世纪这一史料较丰富的时期来探讨。

13 世纪英国农村中农户占有土地的情况，科斯敏斯基曾做过详细的统计。他统计了英格兰中部 6 个郡 13504 户自由不自由农户的地产，其情况列表如下②：

面积	超过 1 维格特者	1 维格特者	1/2 维格特者	1/4 维格特者	小块土地者
户数	510	3143	3448	1474	4929
百分比	3.5%	24%	26%	10%	36%

波斯坦统计了 12 世纪末和 13 世纪 8 个教会大地产上 104 个庄园 6924 户农户，其中占 1 份地的 1503 户，占 22%，1/2 份地的农户 2280 户，占 33%，1/4 份地的农户 3141 户，占 45%。③ 其结果和科斯敏斯基的基本相同。

对比 11—13 世纪这 200 余年农民土地的变动情况，我们大致可以得出如下看法：

第一是农民的份地大大缩小了。11 世纪时 1 户维兰平均有土地 1½ 维格特，即 45 英亩，而到 13 世纪则几乎全部的维兰其土地都在 1 维格特（30 英亩）以下，74% 的维兰土地在 15 英亩以下。

第二是农民之间的不平等加剧了。11 世纪时米德尔塞克斯郡的材料说明，绝大部分维兰都是占有 1/2 维格特或 1 维格特的农户。到 13 世纪时，占有 1 维格特及 1/2 维格特土地的农户只占总数的 50%，而占有 5 英亩以下小块土地的农民即占到总数的 36%。自由农民土地不平等倾向更为严重。占有 1 份地以上农户占总数 8%，这应属富裕户。而占有小块土地者

---

① Lennard 1959, 342.

② Kosminsky 1956, 228.

③ 波斯坦 2002, 530。

高达总数的 47%，即有一半是贫困难以维生的农户，相对来说，维兰的土地不平等倾向反而较小，占有 15 英亩到 30 英亩土地的农户占全体总数的 61%。份地不平等在英格兰东南部较严重。如 13 世纪末萨福克郡巴德威尔的威克斯村，共有 76 个自由农民，其中 7 户共领有 116 英亩土地，6 户没有土地只有宅院，其余 63 户则各领有 2½ 英亩。1279 年在剑桥郡的齐普纳姆，143 户佃户中，59 户所占有的土地都在 2 英亩以下。① 另外，还有一些农户，把自己本已细小的份地再出租给别人，即名义上土地归他领有，实际该地上还拥挤着更多的人。如此则小块土地地产情况比统计出来的还要严重。②

2. 份地缩小的原因

农民份地不断缩小是中古西欧各国的共同现象，一般都把这归因于人口的增加。当时绝大多数人口是农业户。人口增加后，新增土地面积有限，农民份地自然缩小。英国 11—13 世纪是人口不断上升的时期，一种估计称 11 世纪时英格兰有人口 175 万至 225 万，到 14 世纪中期黑死病到来之前人口最多之时有 500 万或 600 万。③ 另一种估计是 11 世纪有 150 万，到 14 世纪初增至 400 万或 450 万。④ 数字虽然不同，但估计不到 300 年的时间内人口增长了两倍以上则是相同的。所以 13 世纪被公认为是人口众多的时代，出现了到处寻找土地栖身的流民，英格兰是一个拥挤的岛国。

与人口增长同时，耕地面积也在扩大。增加了的人口努力开垦荒地，排干沼泽，以寻找新的生活资料的供应源泉。12、13 世纪的垦荒记录很多，在一些大庄园上估算增加了耕地 1000 英亩或数百英亩。⑤ 但总的说来并不能过高估计垦殖增加了的土地面积。⑥ 这是因为末日审判调查时，英格兰的耕地面积已和 19 世纪时相仿。末日审判书所记录的耕地共 71785 犁，如以 1 犁之地合 100 英亩计，则当时有耕地 710 万英亩，而 1914 年官方统计的耕地面积为 770 万英亩。⑦ 也就是说 11 世纪末英格兰可利用的土地大致上已垦殖得差不多了，以后增加的面积不会太多，所以人均土地占

---

① Darby 1973, 87.
② Dyer 1989, 120-122.
③ Miller and Hatcher 1980, 29.
④ Darby 1973, 75.
⑤ Ibid., p. 99.
⑥ Postan 1981, 20.
⑦ Titow 1972, 72.

有面积日趋下降。

农民份地的缩小通过继承、转让、出卖等而实现。继承是一个重要的途径。一般认为，封建主为了保证维兰义务的实现，倾向于使其份地保持完整，不使分割。所以维兰土地有的实行长子继承制，更多的实行幼子继承制，即由农奴最小的儿子继承份地，他的兄长外出另谋生路。是否实行份地的幼子继承制已在法庭上成为证明维兰土地性质的一种标志，可见它较为普遍。在这种情况下，没有土地可继承的其他诸子则在庄园边缘地带垦殖小块土地，大都只有5英亩或更小，以维持生活。所以垦殖是使小块土地农户数增加的一个原因。

如农民份地实行长子或幼子继承制，则原来的份地仍可保留。可实际上，分割继承仍然有强大的势力，在许多地方实行着。如肯特和诺福克郡。其他如剑桥、累斯特、诺丁汉、林肯、萨福克、埃塞克斯、米德尔塞克斯诸郡，许多地方也实行着份地的分割继承，所以使原有的份地因不断分裂而缩小。①

另外，妇女对份地继承权的存在也导致份地分裂。如农民没有子嗣，女儿可继承份地。如果他有几个女儿，则土地实行分割继承，诸女每人可分得一块。寡妇也可继承土地，农夫死后其妻可继承1/3土地，她改嫁时还可把这块土地带走。这也是使份地缩小的一个原因。

由于人口增长导致农民份地缩小，应该说这是农户贫困化的自然原因，除此之外，我们还应探讨其经济原因，以及社会原因。首先应考虑封建社会下农民受剥削的问题。

东方高度集权的封建国家，例如中国，国家机器对农民的剥削是使农户贫困的重要原因，赋役繁苛往往导致大批农民破产，以至揭竿而起，用暴力反对封建王朝。但在英国，封建国家机器不十分发达，税收机构不健全，13世纪之前，国家对农民的剥削也有，但不很重，农民所受的主要是封建主的剥削。

封建主对农民的剥削量有多大，一直是一个很难计算、有争议的题目。波斯坦在其《剑桥经济史》中曾提出过一种看法。他列举了英国农奴的各种负担。他们都有一些货币地租的交纳，还要交什一税、教会捐等各种捐纳、牧场税（为使用封建主或公社牧场向封建主交的钱）、遗产税、进入税等。作为农奴还应交人头税、结婚税、任意税等。还要负担劳役地

---

① Darby 1973, 76.

租（有时折合成货币交纳）等。波斯坦认为这些负担总共应占农民总收入的50%，即一半。他的理由是当时一个分成制佃农的负担也是其收成的一半，即和封建主对半分成，所以50%收入的剥削应该是可信的。① 后来蒂托在计算农民生活水平时也同意这一看法。②

最近戴尔在计算农民的生活水平时，举了格洛斯特郡伍斯特主教地产上克利夫村的一个全份份地农民的收入及支出的例子。该农民的全部年收入为3镑6先令到3镑19先令之间，而各种负担相加为28先令，如此在减去地租后其收入只有1镑18先令或2镑11先令。③ 即剥削量在农民收入的44%到35%之间，比波斯坦估计的要低。

史学家在计算剥削率时，都承认因时间、地点、封建主严酷程度、年成好坏等，农民所受剥削量在上下波动，平均的估计只能是近似的。但一般都认为农奴较之自由农民所受剥削要重。如希尔顿即是这种看法。④ 蒂托也认为，如果是自由土地，不负担劳役，则剥削会降到其收入的25%，即减少一半。⑤ 但哈切尔根据自己的最新估计，却认为农奴所受剥削较自由农民为轻，其生活水平更有保证。因为农奴土地的负担受庄园习惯约束，不得随意上涨，而13世纪许多出租地的租金反而很高。他指出根据希尔顿的计算，剑桥伯克利庄园上维兰土地每英亩负担为8.7便士，如再加上其他负担也不过增1便士，而出租的自由地其负担则达9便士以至3先令之多。⑥

戴尔反对哈切尔的估计，认为1. 有大量出租地的租金要比维兰土地租金低，而且在封建社会中，市场力量有限，出租地的租金不可能是竞争状态下一种纯经济地租，因而不可能很高；2. 必须注意到13世纪时，封建主加强农奴制，以从中加紧榨取；3. 农民或组成集体或以个人为单位，与封建主斗争，反对奴役身份加到他们身上，这也证明维兰的地位要比自由农民坏，而不是比自由农民好。⑦

另外，还应指出，虽然英国国家的赋税剥削和中国相比要轻，但13世纪时，随着财产税的日渐正规化，战争频繁导致实物供应要求日多，这些

---

① 波斯坦 2002，516。
② Titow 1972，81.
③ Dyer 1989，115.
④ Hilton 1985，141.
⑤ Titow 1972，81.
⑥ *Past and Present* 90，19.
⑦ Dyer 1989，137.

也对农民经济造成相当的损害。

封建剥削究竟在多大程度上对农民经济造成损害呢？我认为，从农户总收入中取走一半或1/3，绝不是一个小数字，不容忽视。如再具体分析，则应联系封建农民整个生活水平看这一问题。农民的生活来源主要是土地的收入，大约需要多少土地才能维持1户农民最低生活呢？各家估算不甚一致，我曾根据蒂托的估算略作修改，认为1/2份地（15英亩左右）的农户才足维生。① 可是根据前面所引科斯敏斯基等的计算，13世纪时土地在1/2份地以下的农户差不多有一半，即农村中一半的农户生活困难。蒂托的计算是包括封建主剥削量的。如果我们假定取消封建主的剥削，则根据蒂托的公式可算出维持一户农民生活最低面积为10英亩（三田制下）或13.5英亩（二田制下）。如此农民贫困化的程度可以大为减弱。

另外还值得注意的两点是：第一，愈是小块土地的农户，其地租愈高。我们根据科斯敏斯基的统计，可算出13世纪不同地块农户其每英亩地租如下表②：

份地面积	自由土地	维兰土地
5英亩	3.6便士	5便士
1/4维格特	3.5便士	6.8便士
1/2维格特	2.5便士	6.2便士
1维格特	1.8便士	4.3便士

西敏寺修院地产上也存在同样的情况。③ 这说明愈贫困农户受剥削愈烈，生活也愈困难。农民的经济状况由之更趋恶化。

第二，在11—13世纪这一段时间内，英国封建剥削越来越重。巴尔格曾列举封建主加强剥削的各种手段是：1. 增加劳役地租额，如彼得伯里修院的弗烈特伦庄园，从1125年到1279年这一个多世纪内，劳役由每周1日增为每周2日。封建主还设法变临时性劳役（如帮忙）为经常性周工，或者增加临时性劳役的天数。更通常的手法是农民的份地因分割继承等原因而不断变小之后，仍作为1个单位（维格特）负担劳役，这也使农民的负担加重；2. 封建主想方设法向农民征收货币，如增加任意税、结婚税等的数额，新征各种捐纳，把盾牌钱、协助金等都转嫁到农民身上；3. 封建

---

① 马克垚2001，228—229。
② Kosminsky 1956，244。
③ Harvey 1977，238。

主利用折算的机会增加地租。如牛津郡里各特庄园，折算后每维格特负担为 16 先令。然 1279 年时每维格特只负担 5 先令，外加不到 40 日的劳役，如以 1 日劳役合 1 便士计，不过 3 先令，如此每维格特负担应为 8 先令，经过折算地租却增加了一倍。① 巴尔格对比计算了 11 世纪和 13 世纪时同样 25 个庄园的年产值，平均增加了 3 倍。② 年产值中包括的项目很多，除地租收入外，还有法庭罚金收入、禁用权收入等。但总体上仍可说明，这一时期地租是在不断增加的。③

3. 农民土地的转移

封建农民是具有独立经济的小生产者，具体条件各不相同，劳力强弱、人口多寡、技术高低，以及不同的境遇，都会使小生产者在发展过程中呈现出差别来，所以其贫富状况不同应是绝对的规律。但是，农民的贫富不等发展到他要出卖土地，则还要有内部和外部的条件，还要有一个发展过程。

英国的封建农民有自己的特点，法律上说他们并无土地所有权，所以原则上不存在封建主兼并农民土地的问题，而可能发生的只是农民之间的兼并。农民在什么条件下买卖土地，这是否构成两极分化，史学界有不同看法。

科斯敏斯基根据百户区卷档的材料，指出 13 世纪英国农村中自由农民之间的土地大小相当悬殊，这是贫困者出卖土地、富有者购进土地的结果。④ 后来一些英国学者也研究农民的土地买卖。波斯坦发现了维兰买自由土地留下来的文书，于是进而研究，认为英国农民的土地市场出现得比原来认为的要早，当为 12 世纪末 13 世纪初。⑤ 后来海姆斯不同意波斯坦的估计，主张农民土地市场仍出现在 13 世纪下半期。⑥ 这种分歧的原因，一是由于对土地市场的定义不同，有的人可能未严格区分存在着土地交易和发育成土地市场。另外则是史料的限制。13 世纪之前，农民土地交易的记载是很少的，甚至可以说是没有的。13 世纪英国人文化提高，文书使用日多，才有极少的农民土地交易文书，另外则可从庄园法庭记录上查到一

---

① Барг 1962, 328-336.
② Ibid., p. 347.
③ Miller and Hatcher 1980, 235-236.
④ Kosminsky 1956, 255.
⑤ Postan 1973, 118.
⑥ *Economic Historical Review* 1970, 23.

些情况。而由于英国封建土地所有权的特性,这些材料又相当晦涩,由于农民没有土地所有权,记载其土地交易的法律文书与出租土地等很难区分,易于混淆。土地买卖当时有多种法律形式。如果是自由农民的自由地产,则大致13世纪起可以找到这种土地交易的文书为证。还有一种是农民把他的部分土地出租,但实际上是卖出,科斯敏斯基曾举出过这种例子。① 第三种是庄园主把他的自营地划成小块出租给农民,这里面也有出卖的成分。第四种是维兰土地通过庄园法庭由甲转到乙手中,乙要交一年进入税,这实际上是农民之间的土地买卖。所以农民土地的交易研究会引出许多不同意见来。

关于农民买卖土地的原因与后果的不同认识,则更涉及对小农经济如何估价的问题。波斯坦认为农村中各农户经济、社会状况都不相同,有的户地多人少,有的户人多地少。所以有的户无足够之地供耕种,有的户有剩余劳动力。这种情况有两条渠道可以补救,一是劳动力市场,多余劳力可以出来受雇为别人工作,二是土地市场,多余土地可以卖掉。这样,土地交易的结果,自然是使农村中的不平等趋向平等。波斯坦还说,他并不否认也有一些富者买田,可是他怀疑买田者必定是富人,卖田者必定是穷人。因为他发现在买田者中也有小农甚至无土地的人,而卖土地者中也有富裕户,即乘地价高涨时出售土地以牟利。② 科斯敏斯基则持相反观点,认为农民之间的土地买卖和土地出租,都是加深了不平等,因为大都是贫弱的农民把自己的土地以很小的面积出卖或出租给富裕农民,使后者更为富裕。③ 所以他认为13世纪英国农民土地不平等乃是分化的结果。

封建小农世代相传耕作小块土地,土地是其财富、生活供应的主要源泉,他一定要竭尽全力保持其耕地,丧失部分土地即会加剧其经济的脆弱性,全部丧失即意味着破产,这是不言而喻的。④ 另外,封建主一般说来倾向于保持农民的土地,以保证有人为之服劳役、纳租赋,如果农民份地不断分裂以至消失,则土地上的义务也就没有着落,这对封建主是不利的。还有,农村公社的残余势力仍然起作用,农民之间互相支持,互相帮助,也利于农民份地的保持。所以小农经济在封建社会有相当的稳固性。

我想我们需要指出的是小农经济的本质是小生产者,而并非小商品生

---

① Kosminsky 1956, 225-226.
② Postan 1973, 114-117.
③ Kosminsky 1956, 212-213.
④ Hilton 1980, 40.

产者，顶多是半个小商品生产者。他所进行的交换只是自给后剩余产品的交换，其生产的目的性仍在于为了满足本身的需要。商品经济在多大程度上影响小农经济，则要看其他条件，如社会生产力水平，小农经济以外商品经济发展的程度等等，这也就是我们前面指出的小农经济本身不构成单独的社会，只从他本身分析问题还不够。因此我不主张把英国农村中农民土地的不平等完全归结为农民的分化，应从多方面分析其原因与后果。

  根据目前的研究来看，我们很难有把握说13世纪下半期以前，在英国农村中已形成土地市场，因为那时生产力水平很低，商品货币关系不发达，虽有土地交易在农民之间产生，说形成市场则似估计过高。13世纪后期起，一方面生产力提高，商品关系发达；一方面人口增加，封建主对农民剥削加剧。多种因素作用下，土地买卖增多了，农民土地市场形成了。但是，土地交易的原因仍是多种多样的。有人研究了13世纪诺福克3个村子上可探寻的农民土地交易。前两个村子是实行分割继承制的。第一个村子，1283—1284年间，有103宗土地交易，可说土地市场相当活跃。买卖的地块大都很小，平均小于1/2英亩，小的只有1/8路得（rood，4路得合1英亩），大的也有整个份地者。这些土地交易中有的是互换土地使自己的地块合理以便耕作的，有的是在兄弟之间进行的，属家庭地产的安排，也有的是单纯买卖。① 另一个村子中的土地交易，有的是属于调整地块以便耕作的，也有想扩大土地而买地的，但更多的是因为分割继承、其份地不足维生的农户想方设法获得一些土地以便维生。② 第3个村子实行土地的一子继承制，所以土地转移许多是父亲生前给其不能继承土地的诸子以地块维持其生活，或者是无继承权的儿子独立买块土地作为其份地，也有一些是想扩大其份地者。③ 总之，买地、卖地的原因、动机是多种多样的。虽然作者在一处说，并无因贫穷而作为卖地原因的说明，可是我们也不能说因为没有这种记录就把这一原因排除。

四 农村公社

  19世纪经过众多学者的努力，建立了农村公社学说，认为农村公社在农业社会中普遍存在过，西欧的公社远溯到日耳曼人时期，经过不同的发

---

① Harvey 1984, 41.
② Ibid., p. 83.
③ Ibid., pp. 92-94.

展阶段而普遍存在于中世纪。农村公社原来土地是公有的,后来土地私有制逐渐产生,导致公社瓦解、变形,阶级与国家形成。① 当时是公社说风行的年代。20 世纪以来,否定公社存在的说法渐为流行,一些人以材料不足、证据不够为理由,认为中古西欧(远溯至古日耳曼人)不存在土地共有的公社,或者以为原来总结的公社土地由公有到私有的发展并不全然如此。② 时至今日,正如戴尔所指出的:"农村公社在英国中世纪的史学著作中只是一个朦胧的存在了。"③

  英国的农村公社学说经过许多先驱者的研究,已经有了许多成果。对于存在公共土地、农民的份地形成条田,分散各处,交错配置的情况,赞成公社说者如维诺格拉道夫、梅特兰等,都认为是为求平均而采取的措施。也有的指出是犁田时各家共耕而造成的。瑟尔斯克则认为是由于农民土地历代相传、不断分裂而成。④ 为此和蒂托发生争论。麦克洛斯基则提出风险分担说,因为农民和市场有密切关系,把自己的耕地分散各处可以保证都有收获,避免亏损。⑤ 达尔曼更应用经济学理论,提出条田分散的原因是为了节省交易费用。他主张这种田制一定存在两种情况:一是存在公共土地,如草地、牧场、水源、树林等,二是一定存在各家的份地分散配置。虽然它是私有的,可是收割之后依然大家共同放牧。而且公社内部一定是农业和畜牧同时存在。这样在公共牧场上放牧,可以节省人工和建筑围栏的费用,而共有的土地有公社管理则可以节省许多谈判费用,各家的份地分散则可以使他缺乏威胁别家的力量,因为他的土地很小,即使他想要单独行动,不服从公社的耕作制度,也不会给大家造成多大的损失,这样他也就不会单独采取行动了。⑥ 后来麦克法兰写了《英国个人主义的起源》一书,根本否定农村公社在英国中世纪的存在,认为英国与法、德等国也不同,英国农民从中世纪起,就不受公社、家族等的束缚,而是个人主义的,市场化的资本主义式的经济人。⑦ 有的虽然承认公社的存在,但也认为在黑死病之后,它就消失了。当然,继续研究公社的学者虽然较

---

  ① 马克垚 2001, 244—277。
  ② 马克垚,《西欧封建社会研究近况》,《公社问题》,《世界古代史论丛》,三联,1982,134—139;同作者,《封建时期欧洲农民史》第一卷简介,《世界史研究动态》1987 年第 11 期。
  ③ Dyer, The English Medieval Village Community and its Decline, *Journal of British Studies*, 33, October 1994, 407.
  ④ *Past and Present* 29, 9.
  ⑤ Dahlman 1980, 16-64.
  ⑥ Ibid., pp. 93-145.
  ⑦ 麦克法兰,《英国个人主义的起源》,商务印书馆,2008,第 5、6 章。

少，可还出了不少著作。前面引的戴尔的论文就是最近的一篇。下面根据他们的研究，对英国中古农村公社情况再略作补充。

现在可以说，否定农村公社的存在并无十分充足的理由，不过公社在封建社会中的发展路线如何却是可以讨论的。它在许多地方也许并不是最早存在着共产主义的公社，而后土地所有制逐渐发展，即它的发展途径并非直线式的，而是有着曲折、再兴、重建等过程。英国中古的农村公社，比较详细的材料当属13世纪开始有的庄园法庭所记乡村规章（bylaw），以及关于开田制的研究，它无可辩驳地证明了：1. 英国中古乡村有公共土地存在，各家的耕地在休闲时也由村民共同使用；2. 共同耕作，互助之习在许多情况下仍然存在；3. 从各种迹象可以看出乡村有自己的组织及功能，是一个团体。

关于开田制所反映的土地平均分配倾向以及共有的情况，已有许多论述，这里从略。但仍补充说明几点。

英国农村中古时仍有互助之习。如当时耕田使用重犁，要几头牛（4头或8头）才拉得动，一般以8牛为1犁队。农户很少有这么多的牛，所以往往几户合组1个犁队，互助耕作。这种犁队既共同为领主服劳役，同时也耕作自己的份地。而如果有谁约定和别人互助共耕而失约，则要受到处分。百户区卷档记载，林肯郡鲍尔吞村居民某抱怨说，因为管家的禁止，他找不到一个邻居敢给他提供1头牛来耕作。1286年，约克郡威克菲尔德庄园法庭记载，理查·德·土特希尔是罗吉尔·德·鲍斯柯的共耕伙伴，但当耕作时，他被落下了，结果其土地未能耕作，损失达10先令，罗吉尔被罚款12便士。1300年，约克郡的赫尔德奈斯·理查·韦尔第在庄园法庭上控告其邻居赫伯特·鲍曼，说赫伯特本应和他合作共耕，但后来赫伯特牵走了他的牛，后者被罚款12便士。[①]

农村还保留一些对贫弱者帮助、救济的习惯，这也是古代农村公社的流风遗俗。如大都规定收割时强壮的、能赚到工资的人不得拾穗，以让老弱去分此余惠，和《诗经》所云"伊寡妇之利"是同样精神。有的地方还规定，穷人可以到田间拾豆，但不得在垅内，只能在田头地角。或者规定未种豆者得于每周三、五两次到垅内拾豆，但不得用镰刀割取，且只许在午前进行。[②]

---

① Ault 1972, 21.
② Ibid., p. 39.

济贫在英国历史上是政府的工作，一般认为它产生于 16 世纪。可是公社居民之间的济贫早就有了。13 世纪就有村庄中的居民对新来者应该提供住处，衣食等的规定，还有人把自己的钱拿出来作为基金替贫穷者纳税。还有专门为穷人提供居处的救济所那样的地方。①

农村公社的具体组织情况，材料较少，比较多的是庄园法庭活动的记录。但如果剥去庄园法庭的封建外壳，仍可看到其公社的民众性。庄头等各执事人员，即为公社中的各种管理人员。庄园法庭例须全体出席，即为全村村民大会。十三四世纪时，庄园法庭活动频繁，制定规章，进行反对封建主侵夺公地的斗争，选举一些管理人员监督规章执行，可见这时农村公社作用有所加强。公社的内部财产不平等，而且公社的组织是由富人把持的。这些富人固然利用公社组织为自己谋利益，可是他们也受到公社内部其他民众利益的约束，在和封建主的斗争中要得到民众的支持，所以他们也代表着公社的利益。13 世纪时，在伯明翰的哈勒尔，和封建主的斗争进行的很多。一次，农民为了反对领主征收各种劳务和地租、罚金、人头税等，向西敏寺的王座法庭上告，从 1243 年开始，多次和该领主斗争，在上告被王座法庭驳回后，农民采取行动，1278 年，在修道院长和他的随从前往修道院的途中攻击他们。斗争继续了差不多半个世纪，直到 1280 年代末或者 90 年代初，农民的领袖被修道院长雇佣的人杀害后才停止。没有公社组织，这种斗争是不可想象的。②

农村公社往往还是地方行政的基层组织，国家的一些政令，往往下达农村执行，而并不按庄园执行。如当时的陪审制（jury），管辖内容很多，包括调查土地、财产状况、治安情况、犯罪事实，以及证明、裁决等，这些都由郡、百户区到各村的系统进行。农村还负担警察及军役等事。著名的如 1242 年亨利三世令，要求每村中每夜出 4—6 人担任警务，为此令郡守由 2 骑士陪同，到各百户区，召集所有 15—60 岁之男子（自由人及不自由人均在内），按其土地财产状况武装起来，前来宣誓，并令每村出 1—2 人为警吏，每百户区出一警长，率领上述警卫人员，执行任务。③ 这很明确是把稽查及缉捕盗匪的责任交付农村执行。后来的温彻斯特法也是同样

---

① Dyer, The English Medieval Village Community and its Decline, *Journal of British Studies*, 33, 1994, 416.

② Zvi Razi, Family, Land and the Village Community in Later Midieval England, *Past and Present*, 1981 (93), 15-16.

③ Rothwell 1998, 357-359.

精神。英国中古征发民军参战，也多是按村进行的。

一些国家税收也是通过村庄征收的，如人头税、动产税等。征收动产税时先要估产，而估产时多以村为单位，由村中选择一些人，提供本村各户动产情况，然后算出应交税款数目，再由各郡税吏征收，上交国库。

以上情况，反映中古时期英国乡村中仍存在着农村公社的组织。它是古代公社的残存形态，但却顽强地保留下来，在黑死病之后并没有消失。使农民在长期的封建压迫下，保留着地方性的团结和抵抗的手段。

第十三章　中世纪的城市

西方经济学家往往认为中世纪城市在封建社会中具有特殊地位，而典型的语言即为波斯坦所说的城市是封建海洋中的资本主义岛屿。[①] 即经济上，城市代表了商业（包括手工业），乡村代表了农业，工商业的城市和农业的乡村截然对立。政治上，城市是自治团体，是反封建的，城市的发展壮大即为资本主义、资产阶级的胜利等等。这些看法源远流长，来自西方近代史学的特定环境背景。因为第三等级正是从城市发展起来的，并且以全民代表的身份夺取了政权。与之相应地，西方史学遂赋予中古城市、市民以特殊看法，并且一直是从城乡对立的角度研究中古城市的。城乡对立的观点源自把西方中世纪当作黑暗时代的古老学说，现在已经过时。如布里特奈尔即认为英国中世纪11—15世纪时并非从自然经济向市场经济的过渡时期，在这整个时期内都有市场因素存在。[②] 而希尔顿更强调封建城市的封建性，它们是封建社会中的实体，而不是外于封建的。[③] 这些观点和我们的看法相似，本章的叙述就将之作为参考。

---

① Postan 1981, 239.
② Britnell 1996, XVI.
③ Hilton 1992, 25-52; Miller and Hatcher 1995, 256.

一 城市的起源

1. 城市的兴起

英国城市的萌芽形态是堡（burh），它和当时的乡村（tun 或 ham）不同，是筑有围墙的居民点。这种围墙也许是木栅，也许是土墙。伊尼王法典第 45 条规定，如强行侵入国王或主教的堡，罚金 120 先令；侵入长老（aldorman）的堡，罚金 80 先令；侵入塞恩（thegn）的堡，罚金 60 先令；而侵入一个格塞特出身的人的堡，则要付 35 先令罚金。从国王到格塞特都有堡，大约这时它还只是一种简单的设防居处，当然还不能说是城市。

9 世纪时，为了防止丹麦人的入侵，亚弗烈特王曾令在各地建筑堡垒。这些也被称之为堡（burh 或 borough）。这种堡是一个设防居民点，四周筑墙，由附近居民提供士兵防守，如遇敌军来袭，全体居民均可入内躲避。所以它无疑要比伊尼王时的堡大一些。从考古发掘来看，这种堡的建筑并不自亚弗烈特王始，例如赫里福德，就在亚弗烈特王之前已经筑堡。[①] 不过到亚弗烈特王时由于他的命令而筑堡之役更为兴盛罢了。

9 世纪时的堡是否已初具城市规模，情况各别。有的地方在筑堡之前已是一个市场，在那里有工商业者活动，因此筑堡的目的之一就是保护那里的市场。例如，889—899 年间的一件文件，记载某长老埃塞雷德及其妻埃塞弗莱德应主教沃尔弗斯的请求，命令在伍斯特筑堡以保护当地居民。其中说到把他们夫妇在当地的领主权，包括在市场上的和街道上的，在据点内的和据点外的，都分赐一半给主教。还列举了这种领主权的有关收入，除了对国王仍保留他可在德罗威奇每辆车的盐征收 1 先令，每驮马征收 1 便士之权外，其他土地税、斗殴罚金、偷窃罚金、违法交易罚金、修墙筑堡之收入及其他罚金，一半均归教堂领主所有。[②] 这说明这个堡应是已有相当繁盛交易的商业城市。也有的堡最初只是设防据点，比较安全，在经济发展的情况下，后来就逐渐发展成城市。

除了由堡发展出来的城市外，还有一些城市是由政治中心、宗教中心发展而来。例如坎特伯里，大约从 600 年开始，就是肯特王国的首府。同时从奥古斯丁 597 年来英传教开始，它也是大主教座所在地。由于政治地

---

① Reynolds 1977, 33.

② Whitelock 1998, 540-541.

位重要，坎特伯里成为英国最早的铸币点之一。它处于伦敦到海岸的交通要道上，8世纪时已有文件提到那里有市场，而9世纪时则被称为口岸（portus），说明其商业重要。另一个城市约克，原是诺森布里亚王国首府，7世纪为主教驻地，8世纪时升级为大主教驻地，并且有一座出名的学校，大陆上还曾有人前来学习，可见这个城市已有一定规模。伯里圣埃蒙兹原是一个修院，可是末日审判书中已记载着那里有"面包师，酿酒匠，裁缝，洗衣妇，鞋匠，法衣匠，厨师，搬运夫及代理人等，所有这些人每天都在等待圣者，院长及修士的需要"。①

有许多城市的兴起是因为商业的发达。这包括罗马时代以来即与大陆相通的口岸以及内地通商之处。它们在盎格鲁—撒克逊时期即被称之为portus，不过这时的portus并不专指港口，而是指市场。最早被称为portus的是839年文书中的坎特伯里，以后逐渐对某些堡也称之为portus。根据阿塞尔斯坦的法律，价值20便士以上的货物不得在口岸之外交易，应一律在其内进行。说明口岸就是交易的市场，不过这一规定极其不便，事实上不能把交易限制在某一固定地方，所以到埃德加时，即规定只要有证人则交易在口岸内或百户区都可进行。阿塞尔斯坦还规定，口岸之外不得铸币，又说每个堡至少应该有一个铸币工。说明这时的堡都已有市场存在了。盎格鲁—撒克逊时期铸币地点的分布，固然和政治情况有关，但也间接说明交易、市场和城市的发展。10—11世纪之间，各地铸币匠多少不一。最多的是伦敦，有铸币匠20人以上，其次是约克，12人。其他较重要的铸币地点还有林肯、温彻斯特、切斯特、坎特伯里、牛津等地。②

商业城市中最重要的当推伦敦。伦敦在罗马人时期已经十分著名，罗马人走后仍然保持繁荣。8世纪时比德所写《英吉利教会史》中称伦敦为从陆路、海路来的许多人的市场。根据大约为1000年的税收记录，可知来伦敦交易的商人有来自卢昂、佛兰德斯、诺曼底、法兰西岛以及德意志帝国的。③可见它和大陆保持着广泛开展而持久的贸易联系。

以手工业发达而兴起的城市如格洛斯特为例，它地处富产铁的邓森林边缘，早在忏悔者爱德华时，该地即以铁作为税上贡，直到末日审判调查时仍有贡铁之习。末日审判书中格洛斯特郡的一些庄园，记有格洛斯特城居民（或即市民）向之交铁作为实物租的事。如昆宁顿庄园记有格洛斯特

---

① Lipson 1929, 190.
② Stenton 1984, 537.
③ Reynolds 1977, 34.

1 市民交 4 支犁头和 1 个铁匠交 2 先令。在波克雷塞斯庄园，有格洛斯特 1 市民交 5 便士。在威德塞斯特庄园，格洛斯特 1 市民交 20（单位缺）铁。总计在末日审判书中，格洛斯特有 78 个市民，向该郡的 13 个庄园交纳多寡不等的货币。① 由此可见，格洛斯特是一个新兴起的以冶铁、打制铁器为主的手工业城市。当地很多居民由附近农村迁来，所以仍和原来的乡村保有关系，对庄园领主负有义务。

总之，英国的中古城市是在经济发展，农村能提供更多剩余粮食和其他农产品，工商业独立发展的基础上兴起的。但导致每一个城市兴起的原因却各不相同，不宜单纯归之于一个原因。城市的兴起，又是和人口的流动密切相关的。初期的城市居民，大量的是乡下的农民进入城市而形成的。有的城市其数量占到市民的 70%。② 这一方面说明当时农村中有了可以移动的人口，人口有了一定的增长；另一方面也说明，城市人口在当时卫生条件恶劣，食品供应不良的情况下，死亡率很高，需要不断从乡下得到补充。这也从另一个角度说明了历史上的城乡是很难做到截然分离的。正如布罗代尔所说，城乡犹如油水一样不能分离。③

2. 城市的发展变化

英国封建社会是由原始社会直接转变过来的，城市的兴起经历了漫长、曲折的过程。

11 世纪末日审判调查之时，英国许多城市仍然带有很大的农业性质。往往一个城市的土地，分属附近的若干庄园，分别向该庄园负担义务，交纳地租。城内的居民，除市民外，还有各种农民，如刻尔、维兰、茅舍农等。也有骑士。末日审判书中所记赫里福德和施鲁斯伯里的情况，可作参考。如赫里福德，其城内外共居住居民 103 人，每个人都可自由出租自己的土地和自由离开，但须向国王的庄头（king's reeve）交 1/3 收入，如果有人因为贫穷无力完成义务，则庄头可没收其住房而另分给别人。居民所负义务的内容，赫里福德所记阙如，但施鲁斯伯里的记载则有缴纳地租，服轻微劳役，某些富有者还须服骑巡及出猎之役，而贫弱者则服守卫城堡之役。如富有者死亡，国王收其马匹武器为遗产税（和对封臣相似），而对贫弱者则收 10 先令。另外妇女和寡妇出嫁，还须交钱以得到允许。④

---

① Левицкий 1960, 160-165.
② Miller and Hatcher 1995, 330.
③ 布罗代尔，《15 至 18 世纪的物质文明、经济和资本主义》，第一卷，三联，1992，577。
④ Maitland 1921, 199.

刚刚产生的城市规模也都很小，人口很少。根据末日审判书所提供的人口数字计算，当时 4000—5000 人口的城市有 5 个，即约克、林肯、牛津、诺里奇、塞特福德；2000—4000 人的城市大约有 11 个；1000 人以上人口的城市有 14 个。当然还有更小的城市，如斯塔福德为 750 人，亚茅斯为 400 人，杜克斯伯里则不超过 300 人。① 城市的规模很小，又具有很大的农业人口，这样的城市是否可以说是城市，确实是一个问题。我们知道，西方学者所说的城市，仍然十分容易从法律规定出发。即只要它具有封建主所颁发的法律文书，即认为它是一个城市。他们所说的 Market Town，往往就是一个小村子具有一个由国王或者封建领主颁发的可以设立市场的文书，而这个市场一星期也就只开一次。所以有人说这实在难以说是城市。不过希尔顿却认为，这些城市内部包含多种手工业行业，是交易场所，正如庄园和封土一样，它们都是封建社会的基础。② 希尔顿这样的认识正是从城乡一体的观点出发的，强调城市的封建性质。不过布里特奈尔却认为不能只从法律地位来确定城市的存在，许多中古的城市是自发产生的。③

前已指出，在盎格鲁—撒克逊时期，英国已经有了不少的城市，据说由国家控制的铸币地点就有 87 处④，虽然并不是所有的铸币处都是城市，不过这也从另一方面说明城市的发展。诺曼征服曾经使许多城市遭受损失。约克所受破坏最大，1086 年时人口只有以前的一半。林肯则有 116 座房屋被摧毁，空出地方修筑堡垒。而诺里奇有 98 座房屋被毁。⑤ 据统计在当时的 112 座堡就有 33 座因各种原因遭受到不同程度的破坏。⑥

1086 年末日审判调查统计，有堡 112 座，44 个市场，其中有许多并不具备城市性质，不过大约有 77 堡则确定无疑是有市民存在的。这些堡大部分分布在泰晤士河以南地区。此外那 44 个市场也大都具有工商业中心的性质。⑦ 十二三世纪是英国城市的发展时期，一方面是国王和封建主为了取得货币收入竞相建立城市，发布特许状；另一方面是社会经济不断发展，

---

① Reynolds 1977, 36; Miller and Hatcher 1980, 9.
② Hilton 1992, 33.
③ Britnell 1996, 10.
④ Hilton 1992, 31.
⑤ Reynolds 1977, 43.
⑥ Darby 1973, 71.
⑦ Hilton 1992, 31; Britnell 1996, 9.

为城市的增加奠定了基础。据说这 200 年间，英国新兴城市 140 个左右。①到 14 世纪初，全英大概已经有了 300 个可以认为是城市的地方。② 而希尔顿甚至估计，这时候还有 400 个 Market Town。③ 米勒等也估计，1300 年时，英国大约有 500 个左右的城市。④

不但城市数目增加，而且城市的规模也不断扩大，城市人口的数目也在增长。如约克，1086 年时人口为 4000—5000 人，14 世纪初增加到 8000 人；累斯特人口 14 世纪初为 3000 人，也比 11 世纪时增加了一倍。伦敦一直是全国最大的城市，可惜 1086 年的统计没有它的记录，但估计每过一个世纪它的人口就要增加一倍，14 世纪初有 40000 人。⑤ 另外一种估计是 14 世纪初年，伦敦人口有 8—10 万人；其他四个大城市诺里奇、布里斯托尔、约克和温彻斯特都各有 50000 人；还有 50—100 个 3000 人口的城市，共有人口 25 万人；还有 3000 以下人口的 350—400 个堡和 1000 个 Market Town，共有人口 50 万，如此加起来可以占到全英国人口的 15%。如果再加上在农村中从事手工业和商业的人口，则其比例更高达 1/5。⑥ 我觉得这些数字似乎估计过高，米勒等估计为 10%，可是最近的《英国城市史》也估计为 20%。⑦ 我想，所以有这么多的城市人口，其原因就是我们前面指出的，城市中有许多农业居民所致。

在城市发展的过程中，并非所有的城市发展都是一帆风顺，由于政治、经济等环境的变化，固然有新的城市兴起，但也有旧的城市衰落。例如，白金汉在 1086 年时是一个堡，而到 1334 年时，已经按照一个村子的标准交税。另一个城市老萨拉姆，也是在同时处于衰落之中，它交的税甚至比白金汉的还要少。⑧《英国城市史》列出 1334 年依据纳税数目大小的前 20 名城市和 1086 年的相对比，可以看出这一兴衰变化的大概情况：

---

① Miller and Hatcher 1980, 73.
② Bolton 1980, 121.
③ Hilton 1992, 34.
④ Miller and Hatcher 1995, 275.
⑤ Bolton 1980, 120.
⑥ Britnell 1996, 115.
⑦ Miller and Hatcher 1995, 278; Palliser 2000, 103.
⑧ Miller and Hatcher 1995, 272.

1334	城市名	1086	1334	城市名	1086
1	伦敦	1	11	林城	– –
2	布里斯特尔	*	12	索尔兹伯里	– –
3	约克	2	13	施鲁斯伯里	– –
4	纽卡斯尔	– –	14	温彻斯特	3 = or 6
5	波士顿	– –	15	坎特伯里	13
6	诺里奇	4 or 5	16	赫里福德	– –
7	亚茅斯	– –	17	南安普顿	– –
8	牛津	10 =	18	格洛斯特	10 =
9	林肯	3 =	19	伊普斯维奇	– –
10	考文垂	– –	20	贝维利	– – ①

二 城市的政权结构

1. 城市中的居民

前已指出，英国中世纪时许多城市由农村发展而来，大都还带有农业性质，所以城市中的居民从一开始就是各式各样的，有骑士、主教等封建贵族阶层，也有手工业者、商人，还有各种身份的农业人口。随着城市的独立性的加强，才逐渐发展出独立的城市居民的概念——市民（burgess）。

并非所有居住在城市中的居民都是市民。在中世纪的英国，市民是一种身份概念，它的含义是指居住在城市内，身份自由，而且领有土地的人。在有的地方还要加上有纳税能力这一财产限制。起初市民资格的取得并不特别困难，因为人身自由可通过居住一年零一天的惯例取得，而城市土地又可自由转移，原来没有土地的人也可用购买或租佃方法得到土地。按照 13 世纪伦敦的情况，市民资格可用三种办法取得：一、合法出生于本城市；二、通过做学徒来取得；三、交纳一笔钱买得。② 后来各行会逐渐变成世袭的闭锁集团，非本行会成员的后代不得成为学徒。市民的资格也逐渐不容易得到了。

不能设想早期的城市居民是以小手工业者为主体的大致平等的劳动集团。事实上从我们有材料可查的时候起，城市中的居民就是贫富悬殊，不平等的。例如伦敦城里的区长等人，他们都自称是骑士的后代，占有城内

---

① Palliser 2000，124，星号标示该城可能是前 20 名。
② Reynolds 1977，124-125，172.

地产。12 世纪时，他们大都是国王的铸币者、家宰或者包税人。在约克，13 世纪的两个富有家族乃来自 12 世纪的城市地主和货币商。而牛津十一二世纪的富人也是王室的铸币者和官吏。① 从 1327 年布里斯托尔税收记录看，347 个纳税者共交 80 镑 12 先令 10 便士，其中大多数人只纳几个先令，可是有 27 人交纳 10—20 先令，另外 9 人交纳 20—30 先令，还有 2 人交纳 40 先令以上。除此以外，600 人因为一无所有而免交任何税款。② 还有一个金斯林的例子，其 1285—1290 年的纳税统计，在 43 个纳税人中，1/4 家产在 1 镑以下，有一半家产在 5 镑以下，37% 的人家产在 5—100 镑之间，而 4 个最富有的人家产在 100—250 镑之间。③ 这些记录可以反映城市居民划分为上、中、下三个等级的情况。上层是城市中的当权者、富商、行会首脑；中层是小手工业者和小商人；而下层则是帮工、学徒、流浪者、才逃来的农村居民等。

城市上层的具体情况，可举伦敦 13 世纪的例子。有一人为亨利·勒·瓦勒斯，曾任区长，在城内占有巨大地产，和别人争夺过面包坊产权，管理过坎特伯里大主教的房产，并在波士顿得到一寡妇的地产。1297 年，他到苏格兰去见爱德华一世，并受到赏赐土地。他还常到加斯科尼，替国王经营酒的购买业务。另一人为乔治·拉克斯勒，也任区长并广占地产，还占有伊利主教抵押的地产，是王家酒购买商及包税者，兼为王室货币兑换商并从事货币改铸业务。他二人在 1273—1289 年间又曾担任过伦敦市长。④

这些城市上层权势很大，其家族世代相传，历久不衰。如伦敦的安德烈·巴克雷家，他祖上是意大利胡椒商，自诺曼征服即定居当地。1100 年起他们每代人都有人担任伦敦区长，他本人 1231—1237 年任市长，他家在肯特和米德尔塞克斯等处都有地产，另外也经营土地抵押和商业。13 世纪上半期，伦敦的市政就由这样的 16 家大家族所掌握。又如约克，13 世纪时有大家族塞尔比家，既从事商业，又投资土地，曾有 17 年之久约克市长均为其家中人充当。⑤

英国中古城市中的中等居民，可举中层的城市情况说明。这些中等城

---

① Reynolds 1977, 71.
② Bolton 1980, 143.
③ Miller and Hatcher 1995, 337.
④ Unwin 1963, 56-57; Hilton 1992, 91.
⑤ Bolton 1980, 144.

市 70% 以上是属于王室的堡，其中等居民许多是手工业者。当时手工业者同时也是小商人，因为产品的制造和买卖是由同一个人进行的。这些手工业者中有大量是农村来的移民，如布里斯托尔和考文垂，14 世纪初年的 1/3 市民，从其别名看，是来自农村的。而同时伦敦的许多居民，也是来自农村，大量的手工业师傅所收的学徒，是农家子弟。① 另外，这些城市中市民虽然是英国国王的依附者，要向国王交一笔钱以取得其自由地位。但同时往往有许多市民还受到封建主的控制，要向封建主服役，可能是在城市市场上为封建主当代理人，或者保存庄园中的产品，或者守卫城墙等。

除了手工业者和小商人外，城市中还有不少的其他人士。大量的是教会人士、主教、教士、修道士等，而城市中的一些官吏、办事人员，也大都是由教士充任的。另外，如果这个城市是一个大学城，则又有好多学生，而其中不少也是教士。中世纪时西方的法律继承罗马法而发展，在城市中也有一批法学人士，研究法学或者帮人打官司，就是后来的律师。此外还有开旅馆的老板、为交易作中介的捐客、看病的医生，以及放款的高利贷者（多为犹太人）。

城市中的下层居民许多是帮工和学徒。由于行会逐渐成为闭锁的组织，帮工和学徒不得上升为师傅，长期处于依附、受剥削的境地，生活水平低下，他们有时也组织起来，和师傅或者城市上层展开斗争。城市下层中还存在着更多的粗工，他们没有专门技术，只能从事各种各样的粗活，如在建筑工地上工作、打扫街道、送水等。他们许多人是从农村来的，有些只是过境另到别处，有些则滞留城内而不能成为市民，长期处于边缘状态，变成流浪者、乞丐，而妇女则许多成为妓女。

在一些小城市中，还带有不少农业成分，若干市民在四周的庄园中占有土地，向封建主负有义务。城市中的阶级对立也不明显，手工业者大半没有行会组织。例如 1301 年的科切斯特尔的纳税统计，纳税户 146 人，其中 87 人（约 60%）财货在 1 镑以下，28 人（占 19%）财货为 1—2 镑，25 人（占 17%）为 2—5 镑，只有 6 人其财货在 5 镑以上。②

2. 城市的政权机构

盎格鲁—撒克逊时期的堡有无独立管理机构，所说不一。如当时的堡

---

① Hilton 1992, 64.

② Miller and Hatcher 1995, 337.

有无独立的法庭问题，按埃德加法第五条规定，堡法庭应每年召开三次，则说明有独立法庭。但一些研究者以为堡地处百户区内，百户法庭往往即在堡召开，堡法庭实即百户法庭，二者合一。另外，史料中还提到这时的城市有一种官吏，名为城守（portreeve），可能是王家设在通商口岸的官员。

这时城市的管理机构，可以最大的城市伦敦推测得知。伦敦的有关材料是诺曼征服以后的，但仍反映10世纪甚至还要早的情况。这时伦敦有人民大会，一年召开三次，例须全体居民出席，不到会者罚款40先令交国王。这种大会决议重大事件，又是一种隆重的节日或者庆典仪式。至于日常的管理工作和司法事务，则由每周召开的小型会议主持，出席者是少数城市上层地主。伦敦城内还划分为区，分别由区长主持区的会议，也有一定司法行政权力。从这些情况看，城市机构仍是公社机构的残留和变态。

末日审判书中所记录的城市，已经具有不同于乡村的法权特征。如城市土地领有的条件比较自由，一般只交货币地租，领有者对土地有自由处分的权力。城市的居民被称为市民，有别于维兰、茅舍农等乡村居民，但城市仍在国王或教俗封建主的管辖之下，也有的由国王和封建主共同管辖。城市法庭由庄头或管家主持，其罚款构成封建主一项重要收入，它的市场税或任意税等由庄头等征收，也上交国王或封建主。

12世纪起，西欧历史上发生了所谓的城市公社运动，许多城市取得了程度不同的自由或自治。过去这被渲染成为第三等级甚或资产阶级反对封建主义的斗争，成为西欧发展的特殊性。现在已经有人指出，这一斗争实际上是不存在的①，英国的情况尤其如此。英国的许多城市，都是直属国王的，国王为了得到他所需要的金钱，很愿意把自由或自治特权赐给城市。最早的特权证书是亨利一世时赐予的，亨利二世时赐予的证书现存约有50个，其中一些是重申亨利一世时的特权。理查王和约翰王时期，为了得到急需的金钱，更大量分赐城市特权证书。而且这一时期的特权证书所赐予的特权内容比以前的更为广泛，如给许多城市以 firma burgi 的权利，即交纳一笔钱后可以自行征税（而前此大概只有伦敦和林肯在亨利一世时得到过，在亨利二世时也有少数城市得到），此外还可选举产生自己的城守（town reeve）。② 属于世俗封建贵族的城市，一般说来也容易得到特权

---

① Hilton 1992, 129.
② Palliser 2000, 69.

证书。属于封建教会的城市，得到特权证书比较困难。可举出圣奥尔朋斯、伯里圣埃蒙兹的例证。希尔顿对伯里圣埃蒙兹的例子做出了解释。他说这个城市于14世纪成为毛布生产中心，它属于本笃派的爱德蒙修道院。从12世纪起，该城市就得到各种特权，包括可以组织自己的商人行会。修院长对这个城市态度比较好，但当地的教堂执事、修士等对城市却不好，1180年起，他们更关心从城市榨取越来越多的金钱，并不让市民自己收集税金，而由修士征收。到13世纪，该城市和修院的关系继续恶化，在亨利三世和封建贵族斗争的期间，1264年，由城市的下层发起一场要求独立的运动，他们成立了自己的行会，企图取代现存的城市法庭和商人行会。这场运动被城市上层和封建主合作镇压下去。不过后来该城市还是因为支持西蒙·孟府反对亨利三世而被罚款200马克。以后到1290年、1303年、1327年又数次发生斗争，但这次好像是市民阶层的统一行动，领导者是商人行会。1327年的斗争还得到了当地的骑士和方济各僧团的支持。但所提出的要求也不过是国王早已分赐过的城市特权而已。国王对该城市的支持也是半心半意，1305年他虽然取消了当地的商人行会，可是后来又废除了该城市于1327年得到的特权。① 国王对城市的态度，主要是看它们在他和封建主的斗争中站在哪一面，所以也很难说城市和国王结成了反封建的联盟。圣奥尔朋斯也是一个出名的纺织业中心，属当地修道院管辖。修院规定它所有的呢绒必须到修院的漂磨上漂洗，为此要向修院交纳费用。当地市民一致反对这种做法，建立了自己的漂磨。结果遭到主教扣押，于是市民上诉于国王，可是遭遇失败。1327年时，市民再次开展建立漂磨的斗争，被修院拒绝，市民包围修院10天，得到可以设立自己的法庭和选举自己的管家的特权证书。3年后情况发生变化，修院又不承认这些特权，再次发生冲突，修院的一个主事被杀，但城市仍然被迫交出特权和漂磨。1381年农民起义时，圣奥尔朋斯又和农民站在一起，失败后被取消一切权利，完全屈服于修院。直到1553年，它才从国王那里取得特权证书。② 从这两个例子也可看出，城市和封建主的矛盾冲突，虽然错综复杂，但主导的仍然是利益和金钱的分配，和封建主之间的斗争也没有很大的不同。

经过和平谈判或者某种程度的斗争，英国中世纪的大城市有不少都取得了自由权利。一般被称为自治权，它由城市的一系列特权证书的内容所

---

① Hilton 1992, 130-131.
② Lipson 1929, 207-210.

规定，虽然各城市不尽相同，但大体上可以归纳如下：首先是人身自由，即自由城市居住的市民应为自由人，受普通法的保护。其他地方的不自由人，如果在城市中住满一年零一天，也就成为自由人；其次是土地自由，即城市的土地，其领有的条件是自由的，称 burgage tenure，领有者只向原领主交纳货币地租，不服劳役，无其他义务。领有者还对该土地有自由处分的权利，直至把它卖掉；第三是城市有自己的独立的法庭，以区别于郡法庭、百户法庭和庄园法庭。市民除非其案件涉及国王或者领主的司法权力，一般不受其他法庭审判。城市法庭的主持者由市民选举产生，这种法庭同时也往往是由商人行会组成的市政机关；第四方面是财政自由，即城市与其领主约定，每年交一笔固定款项给他，以取代领主到城市征收各种捐税的权利。这些税款主要包括市场税，法庭罚金，以及地租等。国王及封建主对城市所交纳款项时常设法提高以取得更多金钱，引起双方不断的斗争；第五是自由城市往往还得到自由贸易的特权，如定期举行市场或集市贸易，市民经商免交市场税等。但这种市场税的免除只限在该领主的辖地范围以内（直属国王的城市市民所获得的市场税豁免权范围则较大）。如外地商人进入本城贸易，一样要交纳市场税。①

自治城市有权选举自己的市政官员，主持管理城市内部事务。一般英国中古城市可以取得选举产生城守之权。他负责收取税款上交封建主或者财政署，而国王的郡守或者封建主的管家不再前来收税。民选的城守可以收取统一的税款，是为自治的初步。说伦敦1129年取得自治者，就是它当时交给亨利一世一笔钱，得到选举产生自己的城守和法官之权。② 有些城市还可以选举自己的市长，市长（mayor）这个字是法文，所以可能来自法国。从大约1190年伦敦有了自己选举产生的市长开始，英国的一些中古大城市如牛津、约克、温彻斯特等，甚多取得设立市长之权。但有些城市则一直没有市长，只有城守。另外，自治城市还有一个市议会，由12人或24人组成，负责监督城守的工作兼顾问。关于自治机关产生的情况，一般以伊普斯维奇为例：

1200年5月25日，伊普斯维奇从约翰王取得特权证书，规定市民可以选举两名恭谨之人作为城守，四名恭谨之人作为警官（coroner）。该城可以自己向财政署交纳一笔款项以取代国王的税款，还可以有自己的商人

---

① Hilton 1992, 128.

② Miller and Hatcher 1995, 282.

行会，市民的财产受到城市习惯的保护，而市民只受城市法庭的审判。然后一共举行了四次会议，决定了该城的各种组织。6月29日，全城市民集会于圣玛丽广场，一致推选约翰·费茨诺尔曼和威廉·德·贝林斯为城守。并选出警官四人主持审判，兼监督城守施政时须贫富一视同仁。但在这四个法官中，有2人即为城守兼任。然后由四法官挑选12人（包括他们自己在内），组成市政会，这12人宣誓负责管理伊普斯维奇，维持其特权，主持市政会等。以后还陆续产生一些其他官吏，由12人中之一担任商会会长。表面上看，市政机关的产生还保持过去公社民主遗风，但实际上一应官吏的产生、市政的决定，都操在少数富户手中。在这12个市政会成员中，8人共占据着城市及各行会的14个职位，可见它是一种寡头统治。①

各自治城市市长下面还设立一些其他官吏，如财政官（chamberlain），司法官（beadles），实行逮捕、扣押、监禁等。还有税吏、书记、清道夫、警吏等。但英国中古城市的组织多种多样，各不相同，市长、城守、市议会等在自治城市大体上是都有的，其他官职多少各地区不一；产生办法，职务是否有薪俸，是志愿担任抑是强制性义务，也随城市而不同，并无统一规定。有些小吏肯定是临时雇人担任，也有的是强迫市民义务承担，拒绝则处以罚金。由于城市的职务大多数是无给职，所以担任它要有一定的财力为基础，尤其是像市长、城守等高级职务，更需要财力雄厚，不为生计所累才可，这也是城市职务多为富有家族垄断，形成寡头制的一个重要因素。

过去西方史学界对其城市自治谈论过多，实属夸大其词。14世纪时，英国的自治城市属于少数，大多数城市并未得到自治，仍然处在封建统治之下。② 即使得到自由或自治，也仍然处在国王或封建主的控制之下，他们往往还控制着城市的法庭，或者有某种程度的司法权，在城市的法庭上，领主多派有管家出席，监督并征收各种罚金，实现其领主权，他们还想方设法提高税金，或者取消特权证书而逼使城市作出各种让步。而且这种自由或自治，完全是西方中世纪政治制度的一种普遍现象。处在封建主统治下的一个庄园，也有着类似的自由或自治。如它有自己的庄头（reeve）管理内部事务，有自己的法庭，有时庄头也可以以交纳一笔款项取代领主的各种负担等。所以正如米勒所说，英国的城市社团不过是以英

---

① Stephenson 1933, 174-177; Gross 1927, v. 1, 23-26.
② Miller and Hatcher 1995, 317.

王为首的地主阶级统治下的地区组织的一部分而已。① 米勒等是就诺曼英国而言,但我看可以适用于整个中世纪时代。

3. 城市和国家(国王)的关系

英国的自由城市或自治城市,大都是一些大城市,在经济上占有比较重要的地位。从诺曼征服开始,它们便处在国王的控制之下。各个国王对城市的政策虽然有所不同,但总的说来还是依靠它们作为一个重要财源的。由此出发,历任国王都把他所管辖的城市作为一个行政单位,要它们担负起多方面的任务。② 下面略作介绍:

第一是财政。城市的特权,前已指出很重要的是财政独立,即把城市应交的各项税款,统一由市民代表上交一笔总数,在英国称 firma burgi,有似封建主土地以出租制交给承租人一样。由此郡守不再前来收税,而由城市直接把款项上交财政署。但是,英国国王由于财用不足,仍然想方设法提高已经固定的这一数目,而且不断开征新税。其中很重要的一项是任意税,亨利二世时开始征收,理查、约翰、亨利三世都曾向城市征收这项税款,一直到爱德华一世,大约每过三四年征收一次,由王室官吏和城市当局协商决定征收数目。可能决定城市应交总额,也可能按财产等决定每个市民应交数。如某市民无法交纳该款,则城市其他市民应设法补齐。在任意税之后,比较正规的税收是动产税,开征于爱德华一世时期,后来成为王室收入的大宗,它又称 1/10 税或 1/15 税,一般城市交纳每户居民动产的 1/10,在征收之前,先要进行估产工作。估产一般由市政官员进行,然后再由他们征税。不过往往先要向王室交一笔钱才能取得此项权利。

城市官员除了负责自己收税上交财政署外,还要负责为王家收关税。如南安普顿即负责向运酒入口到达该地之船只收取关税。13 世纪末,正规的关税(主要是羊毛出口税)开始征收,各城市均选举两名税收员,负责收出口税,主要有羊毛、毛皮、皮革等,然后上交财政署。

第二是关于司法权问题。城市法庭虽然有自己的法庭,但并不能完全不受王室法庭法律的管辖,巡回法庭仍定时到城市开庭,市民应出庭并提供陪审员,执行揭发、调查等事项,收集罚金上交。不但如此,城市还应负责在其区域内执行王室法律,如根据亨利二世时的克拉伦敦敕令,市民应协助郡守逮捕在城市中的盗贼、杀人犯、放诸法外者以及触犯森林法之

---

① Miller and Hatcher 1995, 290.
② Young 1961, 5.

人犯。时常会发现国王会命令某城市搜捕某一重要罪犯。在城市中有国王的地产时，其占有之转移也由国王命令市政官员实施。城市还时常被命令看守王家罪犯，如在看守期间罪犯逃走，城市为此要付罚金。另外，因为大多数王家城市内也有封建主的各种司法管辖权，所以城市也要受到封建主的各种各样的剥削和控制。

第三是城市在军事方面的职责。从1181年亨利二世颁布军事敕令起，市民就如其他自由人一样，有义务奉召服役，并须自备马匹、武器等。为此城市市民常按一定比例参加作战。如1212年约翰所征召的市民数为：坎特伯里，40；多佛，20；罗切斯特，20；金斯敦，10；奇切斯特，40；温彻斯特，40；南安普顿，20；瓦林福特，10；伦敦，100；科尔切斯特，40；赫里福德，10；诺里奇，20；亚茅斯，20；剑桥，20；亨廷顿，20。①总计达400人，这应是一支相当可观的兵力了。13世纪中期，市民参军之令仍贯彻执行，并命令市政官员应负责统率市民军。同时增加了城市警卫之职责，即每个城市应为每个城门出12人，小城则为6人，负责夜间守卫，其时间从基督升天节（复活节后40日）至天使长节（每年9月29日）止。如有外人要进入则逮捕之，如该人是嫌疑犯，则要加以看管然后送交郡守。1285年颁布的有名的温彻斯特法令②，依然和上面一样规定了城市市民参军和警卫的任务，以后继续执行达300年之久。

城市更重要的义务是提供海军。十二三世纪时王家并无海军，全由港口城市提供。一种是由港口城市直接提供船队，为王作战。如1147年参加围攻阿拉伯人占领的里斯本的战役，就有许多城市的船队。③ 不过这种战船并不理想，不服指挥，四出劫掠，互相火并，有时还投向敌方反对国王。所以国王也有自己的少部分战船，另外再征发港口城市的船只，供战时使用。有时征发商船是为了把船只集中在国王手中，以免落入敌人之手。

除了这些直接的军事义务外，城市还负担许多间接的军事义务。国王时常命令城市守卫附近的堡垒，或者修筑堡垒，或给附近的堡垒及军队提供供应及金钱。国王还命令城市修筑城墙，以便守卫，保证安宁。这些方面的义务，花费也是很多的。

第四大项职责为管理商务。许多城市是重要港口或国内商业中心，所

---

① Young 1961, 93.
② Rothwell 1998, 460-462.
③ Palliser 2000, 65.

以一些商务的管理自然落在城市官员身上，前述的征收关税等就属于这个项目。另外，当时国家为了战争、外交等目的，常发布命令禁止某种商品入口，或禁止某种商品出口，而由重要港口城市官员执行。早在1216年，约翰就曾命令邓维奇的管事，保证该港口之船只所运酒及其他商品抵达约克或王国内其他城市而不得运往苏格兰或其他敌国。禁止出口的商品，则一般是粮食。为使军粮有充足供应，战争期间往往禁止粮食出口。如1225年，即有命令送达各港口城市，禁止任何粮食离港过海出售。各港口城市官员得逮捕打算出口粮食之人，扣留船上水手及货物等。到爱德华一世时，为了对佛兰德斯施加压力，又有禁止羊毛出口之令，命各城市执行。

城市官员还负责实施反对外国商人的法令。这种反对外国商人的法令，也大都是出于军事或政治目的。早在大宪章第41条中即提到的在与敌国交战时，应扣留其商人以保障在该国之英商安全，即属此种措施。13世纪英国与法国战争频仍，所以令某港口官吏扣留法国商人、船只的事不少。有时是因为本国商人在某国遭到损害，所以实行报复。如1215年，一些英国商人向英王申诉，他们在葡萄牙王的领地时曾遭到西班牙水手的抢劫。英王命令一些城市官员经调查核实后，把所有西班牙货物扣留、没收，然后发给受损失的英商作为赔偿。此令起初可能未予执行，所以后来又发出过同样的命令。

关于国内商务的管理，城市也多有职责。英国从亨利二世时起，就十分注意统一度量衡的工作，这点和我国倒有点相似。可能在1196年就有粮食和酒的度量标准，此后不断颁布施行。而且会不断派人检查执行情况。此外对于面包和酒的价格，也有规定。对这些规定城市都要贯彻执行，如发现有不法行为，应予处理。① 债务契约的订立和施行，13世纪末也由市政官员主持（1283年令）。如遇到期债务不能偿还，市长应出售债务人的动产以偿还之。

除了上述四个方面的职责外，城市还得随时接受王室命令，执行各种临时任务，如运送物资渡海（为英军赴大陆作战用），修造宫室，发布王令，提供咨询等，其任务是十分繁杂的。有人曾比较市长、城守、郡守的职责，认为在城市管理方面，市政官员比郡守职责更多，其他方面则与郡守之职责相当，而且是它的一种补充。② 由此可见，城市并不是外于封建

---

① Britnell 1996, 91-96.
② Young 1961, 157.

的东西，不能太强调它在封建社会中的特殊性。

英国中世纪时的重要城市，大都处于国王的控制之下。英王虽然分赐给它们以一定特权，所谓自由或自治，但正如其他的封建领地也都有特权一样，它们还是处在英王的管辖之下。而特权证书的内容是有权利也有义务的。如果完不成义务，权利也要受到损害。英王所以分赐城市以特权证书，主要是为了得到急需的金钱，另外大约也有削弱郡守权力的考虑。作为统一较久、王权较强的国家，英王对于城市不实行国王的命令，还是十分注意的，并随时加以打击。这在亨利三世和爱德华一世时尤为突出。如1247年，牛津就因为国王姐夫的面包师被杀而一度被取消了自治。60年代时林肯和伦敦因为在国王和封建主的斗争中站在封建贵族一边而被取消自治。1272年，诺里奇因为和教会斗争而导致主教官邸和修道院被焚而遭受同样处置。1274年，因为城市内部秩序混乱，爱德华一世把温彻斯特掌握到自己手中，中止了它选举市长和管家的权利。爱德华一世以打击城市而闻名。在1290年，由于完纳货币不全，许多城市受到中止自治的处分，包括伊普斯维奇，诺里奇，约克，林肯，坎特伯里，诺丁汉，北安普顿和格洛斯特等。1292年，纽卡斯尔和约克又被掌握在国王手中5年。[①] 至于伦敦，则受到的处分更要多。1239—1259年间，它曾10次被国王取消了自治权。13世纪五六十年代，它又因站在反叛的贵族一方而被剥夺了自治权，1284—1297年因为内部混乱，又被国王派官员管理。所以，英国中世纪时的城市和国王的矛盾、斗争是一直不断的，说国王和城市结成反封建的同盟，似乎难以成立。

4. 城市的经济政策

城市的当权者，大部分是有钱的大商人，和王室、贵族关系密切，利益相关。城市作为工商业中心，又有一定的自治权力，所以它除了执行王家的经济政策外，也有自己的经济政策，值得我们注意。

首先，城市大都追求本身在商业上的优先权，即在城市的贸易中都给本地商人以免税等特权，而对外地商人则加以限制。但要注意的是，依照商业本身的性质，本城市的商人决不能只限于在本城市贸易，也不断要到外城市去进行贸易。而且这种流通的范围随着生产的发展越来越大。为了保护自己的利益，各城市往往在国王所赐的特权证书中要求有到外城市贸易免税的规定。如1131年，亨利一世赐给伦敦的证书中言明，所有伦敦商

---

① Miller and Hatcher 1995, 319.

人在全英各地,各口岸运输之货物均免税。① 其他许多城市也大致得到相同的权利,甚至许多居住在老领地上的佃户以及教会人士,如系出售自己所生产的产品,购买自己消费的其他商品,也可免税。属于封建贵族的城市,虽然不能得到在全英各地免税之权,但贵族往往也赐给它们可在其领地内贸易免税的权利。所以,各城市贸易上的垄断权只在很小的程度上可以体现。所以说英国的贸易垄断权在12世纪已经衰落。② 但是,各城市内部的贸易保护主义仍然十分盛行。一般城市都规定本城市的商人、市民,尤其是商人行会的成员,在交纳税款时比其他人要少,另外也划定一定时间为其在市场上专门的交易时间。所以,正如米勒等指出的,城市的贸易规定对生产者不利,对于农村的贸易者来说,城市是他们选择的第二等,甚至是第三等的贸易地址。③

城市市政当局对手工业行会的政策,则比较复杂,而且随着时间和形势的变化而有所不同。手工业行会最初大都是自发产生的,其中也不乏商人,但后来城市的政权都为商人贵族所掌握,对手工业行会则往往加以限制和监督。12世纪时,一些地方的城市当局,曾禁止织工成为市民,甚至取消其行会组织。13世纪六七十年代,累斯特的统治者商人行会,禁止该城的织工独立建立自己的行会规章,并且禁止漂工召开自己的大会。诺里奇的情况尤为严重,市政当局在1256年从亨利三世取得特权证书,不许建立行会。1285年又重新发布这一规定。到1286年,虽然行会可以成立,但仍受到许多限制,如行会的首领是由城市指定的,他们还必须向城市当局汇报工作。④ 诺里奇还规定,市政府应于每年在各行会中选择二人,在本行会中巡视四次,将低劣产品呈交管事。⑤ 还规定,如鞣皮工未用橡树皮而用橙木鞣皮,应处罚金。累斯特则对所有手工业产品都要检查以防出现次品,对呢绒的染色、织造尤其注意,而且一般禁止夜工。⑥

城市还有一项政策是保证城内的食品供应。当时社会生产力低下,人口较密集的城市的食品供应往往是一大问题,稍有不慎即有匮乏之虞,而食品匮乏极容易在城市中引起骚乱。当然许多城市市民往往还兼营农业,在一般的城市外还都附有属地,部分粮食可以自给。但稍大的城市就必须

---

① Lipson 1929, 279; Reynolds 1980, 130.
② Palliser 2000, 126.
③ Ibid; Miller and Hatcher 1995, 155-159.
④ Miller and Hatcher 1995, 365.
⑤ Lipson 1929, 374.
⑥ Bolton 1980, 140.

依靠外面农村的供应。如伦敦在 14 世纪初年，估计每年得 175000 夸特粮食，141000 吨燃料，这些大部分要依靠附近许多郡的乡村的供给。① 这方面的规定有些是反对囤积居奇，抬高物价。如粮食或其他食品不得在进入市场前半道被截留购买。屠夫的妻子不得同一天内买肉又卖掉，即避免他们中间盘剥。许多城市都在执行国家的有关面包和酒的法令，时常巡查出售的面包是否合乎质量，价格是否合理，对于低劣食品的制作者要进行处罚。

在税收方面，城市上层的当权者往往利用手中掌握的权力，赋敛不公，割剥小民。如林肯城 13 世纪内战中站在反叛的贵族一边反对国王，后被罚款 1000 镑，到 1267 年时还欠 300 镑未交，所以亨利三世取消了它的自治权，并且派人调查，结果发现许多弊政，如征收罚款时摊派不公，特别是对想住在城内的人趁机勒索。城市法庭本应每周召开一次，所收罚金应交总管作为城市的包税款，可是主持法庭的人却长期不开庭。其他的弊端还有把公款用来付给一家贵族（萨伏依的彼得）每年 10 镑。靠近桥边的货栈租金被盗用，税收缺乏账目，一些富人未被摊派付给国王的罚金等。这些问题并未解决，后来自治权却恢复了。1275 年，又发生事端，付给彼得的年金还在照付，另外因为市长和贝维利的一妇女结婚，即给予该地商人以免税权。1290 年，林肯城的陪审员控告当地富人未得穷人同意就出卖了征收衡器使用税权，收税不公平，于是一度又被取消了自治。②

由于城市中上层与下层穷人的矛盾日益尖锐，13 世纪时曾在一些城市中发生双方的斗争。如伦敦当亨利三世和反叛的贵族混战时，就发生了民众运动。选举出来的市长费茨·托马士（1261—1265 年为市长）放弃了过去找各区区长议事的办法，径自召开人民大会，按照他们的意见决定大事。暴乱起来的市民要求收回区长侵占的公共土地，攻击外国人、犹太人及保王派。当时各行会都制定了自己的规章，据说其内容都有利于手工业行会，而有损于前来贸易的商人。后来反国王的贵族失败，站在贵族一边的托马士倒台，伦敦一度失去自治权。1271 年，斗争又起，骚动的市民选出了自己的市长哈维，他当政后可能采取过改革措施，但任期届满时被反攻过来的区长告发，其罪名有他曾向支持他的人收款而后就答应保卫他们的利益，收受面包师贿赂而答应他们缺斤少两，允许制酒者出售不合质量

---

① Palliser 2000, 117.
② Bolton 1980, 145.

的酒,未经区长和市民同意而给予某些行业以特权证书等。① 其他地方的斗争还有约克、牛津、布里斯托尔等。②

所以城市并非平等、和谐的集体。希尔顿曾把英国城乡结构加以对比,其基础都是小生产,农村是小农经济,城市则为小手工业者,上层统治者则为封建主和城市贵族,而农村中的农村公社作为中间组织,正如城市中的行会作为中间组织一样。③ 这一看法可以参考。

---

① Unwin 1963, 63-65.
② Hilton 1992, 136-137.
③ Hilton 1985, 180-181.

第十四章　中世纪的工商业

一　手工业

1. 中世纪手工业的特征

中世纪的手工业有自己的特征，和农业相结合并作为农民家庭副业的手工业很早就有了。它可以说是和农业同时存在并发展的。我们要讨论的是独立手工业，即独立于农业之外的手工业。但是在中古的西欧，英国，尤其是在其早期，要区分出独立的手工业还是有一定难度的。因为愈是生产不发展，则手工业和农业的区分愈是不明显。农村中的农民大都兼营各种各样的手工业，如木匠、泥瓦匠等，所以农民的名字上往往有着手工业者的外号，表示他或者他的祖先曾经是手工业者或者兼营手工业。1279年剑桥郡的百户区调查，显示其农村中的手工业者或者有手工业外号的人数目很多，在大约450个人中，其职业可列如下表。

与此同时，居住在城市中的手工业者，也大都从事农业，许多手工业者都有一小块土地，另外还要豢养一些家畜、家禽等，才能够维持生活。这在前面我们已经论及。但我们还是想尽可能地把独立的手工业区分出来加以论述，在生产越来越发展的情况下，就越来越容易清楚地区分开来。需要指出的是，中古英国的独立手工业，决不只限于在城市中存在。由于手工业本身生产上的特点，其分布地方各异，而组织形式、经营形式也各有不同，不宜一律看待。

行业	职业种类	总人数	百分比
食物业	厨师（35） 家禽业者（4） 渔夫（23） 面包师（21） 酱油师（3） 香料师（2） 屠夫（1）	89	20
木匠业	木工（45） 船工（3） 制桶匠（13） 旋工（3） 车轮工（5）	69	16
建筑业	石匠（10）	10	2
呢绒业	漂工（12） 织工（22） 清洗工（2）	36	8
呢绒商	裁缝（49）	49	11
金属业	铁匠（143） 铁铺户（2） 刀具匠（1） 鞍具匠（1） 金匠（2）	143	33
皮匠业	鞋匠（20） 鞣皮匠（8） 毛皮匠（4） 手套匠（2）	34	8
其他	绳匠（2） 肥皂匠（2） 陶工（4） 理发匠（2）	10	2[①]

中古时期的手工业规模很小，大都是家庭式的，有一个师傅，家人即为辅助劳动力，另外可能还有一两个帮工或者学徒。家庭也就是作坊，同时也是制成品的出售地点，小手工业者先到市场上购买原料，再到自己的家庭作坊由本人在帮工或学徒的协助下制成产品，然后就在自己的家中，

---

① Miller and Hatcher 1995, 132.

也就是店铺中出售，换取生活必需品和下一次生产购买原料的费用等，所以当时的手工业者也就是商人。如果市场情况良好，或者他的产品质优价廉，那么他就会有盈余，用以改善生活或者扩大生产。不过受行会等的限制，当时扩大生产的可能性很小。小手工业者就是这么年复一年地、按部就班地进行生产，保证社会再生产的进行。

中古时期的手工业生产，规模狭小，设备简陋，所以其生产设备在整个经济中占的比例很小，如统计一鞣皮工，其皮革价值为 1 镑 13 先令 4 便士，另几人各为 1 镑 3 先令、16 先令、1 镑 10 先令，而有一人更高达 4 镑 6 先令 8 便士，可是他的工具只值 10 先令，其他人的工具也各值 3 先令和 6 先令 8 便士之间。一个染工，染盆值 1 先令 5 便士，而他的染料和呢绒则值 16 先令 8 便士。一个屠夫，屠刀等只值 3 先令，而他的店铺中的肉类、油脂、腊肉等却值 3 镑 10 先令。① 所以，中古英国的手工业者（其他国家的也是一样），主要依靠自己的生产技术和生产能力进行生产，这种技术和能力的获得，主要依靠长年累月的摸索，积累。而师傅和徒弟之间技术的传承，也就是在长年累月、耳濡目染之间，默默无闻地进行的。这就注定了其技术发展的缓慢与迟滞。

中古英国的手工业虽然门类繁多，但主要的还是供应人民生活用品的手工业，如面包业、屠宰业、制酒业、皮革业、纺织业等，下面我们主要就规模较大，组织情况较复杂的几个行业，即建筑业、采矿和冶金业、纺织业分别作一些叙述。

2. 建筑业

英国当时巨大的手工行业之一是建筑业。巨大的建筑首推教堂和修道院，其次是贵族的堡垒、城市的市政府和行会大厦等。这些建筑有的在城市，有的在乡村，有的则在边防要地或者荒僻无人之处。所以建筑工匠随受雇地方不同而不断流动，到处为家。西欧中世纪巨大的建筑主要由石料组成，木材也是重要的材料，所以建筑行业中最重要的工人是石匠，其次是木匠。细石匠技术高超，负责雕刻各种圆拱、浮雕、窗饰等。而细木工也是极为重要的工种，他们也具有制作各种艺术品的技能。粗石匠则在山中开采石料，或打制巨型石块。建筑业中还需要大量的木工、泥水匠和各种粗工。由于细石匠和一般粗工的技术差别很大，所以他们之间的工资待遇也大为不同。如 14 世纪曾经负责修建埃克塞特大教堂的托玛士年薪为 6

---

① Miller and Hatcher 1995, 54.

镑或 6 镑 13 先令 4 便士，另一个类似的人还曾得到过 10 镑的年薪。可是一个普通粗工的日工资却只有 1½—2 便士，而且每个人的待遇因为受雇时间不同等也变化很大。1299—1330 年修建埃克塞特大教堂时，一个石匠受雇 46 周，得 5 镑 7 先令 2½ 便士，另一人为 31 周，得 2 镑 13 先令 2½ 便士，而另一人只工作 9 周，得 15 先令 4 便士。① 一件巨大的工程所费甚巨，需时亦久，要集中大量工人，进行长时间的劳动。如 13 世纪于柴郡修建瓦立皇家修院，费时 3 年，开支 1500 镑。建于威尔士边境上的卡那封堡，共耗资 20000 镑。另一个建于安格尔西岛上的鲍马利思堡，到 1330 年时已经耗资 14400 镑，后以无经费而迄未建成。在开工时，此地集中有石匠 400 人，铁匠、木匠 30 人，粗工 1000 人。② 前述的埃克塞特大教堂，于 1299—1326 年耗资 6000 镑，而在爱德华一世时在威尔士修建的各堡垒，历时 25 年，共耗资 80000 镑。③ 大建筑由于工程浩大，在进行时要有严整规划，精心组织。由精通技艺的石匠（实即建筑工程师）等人总其成，负责设计和指挥施工。各部分工种要有明确分工，而且通力合作。要求建筑具体建筑物的国王或教俗封建主派人管理一应开支，工资发放，食宿供应等。工程完毕，工人即行散去，另觅工作。所以建筑工人工作不固定，一件工程完工后即告失业，需转移到别处另找新工作。他们没有行会组织，也没有学徒制度，他们的手艺都是在实践中逐步学习、提高的。他们随身携带简单的工具，以便随时随地受雇，赚得工资，维持自己及家庭生活。在很大程度上他们是封建社会中的一种雇佣工人。在农村中，一般民居大都是茅草屋，木支架，它们大都由农民自己建造。但是由于这些房屋极易发生火灾，富有者也逐渐改用石料，所以也促使农村产生一些技术较差的建筑工人，他们是正式建筑工人的后备军。

3. 采矿和冶金业

英国中世纪时矿产主要有锡，产于德文和康沃尔；还有铅，产于德比和坎伯兰；铁则几乎到处都有，但主要产地为邓森林、格洛斯特、苏塞克斯以及北部谢菲尔德及利兹之间地区。矿产的开采和冶炼起初都由产地附近的农民分散进行。他们大都兼营农业，领种份地，有的身份还是维兰，对附近的领主负有劳役等义务。采矿作业一般以个体劳动为主，可能还有

---

① Miller and Hatcher 1995, 89-90.
② Bolton 1980, 160.
③ Miller and Hatcher 1995, 91.

一两名助手，只能挖很浅的坑，取出矿石就地进行冶炼。所用燃料大都为木炭，用手摇动的风箱鼓风，而杯状的坩埚容量很小，所以费力多而产量少。不久王室对采矿工人给予优惠，赐予特权证书，不受领主权的管辖，免去他们的维兰身份，可以有自己的审判权和审判法庭。他们可以在各地自由找矿，并且可以为冶炼而开发森林，其付出的代价就是要向王室交纳一部分产品作为赋税。随着矿冶规模的扩大，其设备也逐渐复杂，如沿矿脉向下延伸，横向发展挖出巷道，用木架支撑顶部，水力鼓风等。这些较大较复杂的设备个体开采者很难置备，于是出现了较大的联合，形成合伙制。即由若干小生产者集股经营，共负盈亏。合股制的习惯是入股者仍然参加生产，还是一种小生产的原则。后来一些贩运矿产品的商人参加合伙制，他们资本雄厚，只入本金，本人不参加生产劳动，而参加劳动的人反而受雇于他。这种生产组织在锡业中发展较快，出现了一些较大的生产企业。如有一人在为 80 吨的锡交出 358 镑的税后，还大约有一千镑之值。[①] 另一人于 14 世纪中期拥有 7 处矿产，雇佣工人不下 300 人。[②] 而受雇的工人和农业工人、建筑工人一样，每天也只赚 1 便士或者 1 又 1/2 便士的工资。冶铁的规模长期狭小，一个炉子一年到头工作，不过出一二吨铁。13 世纪时，全英大约有产铁地 350 处，如以一处年产铁 2 或 3 吨计，则全部产量不过 900—1000 吨，还有另外的 1000 吨铁，要靠从西班牙、诺曼底、波罗的海诸国进口。[③]

还有一项重要的矿产是煤。英国煤矿储量丰富，而且埋藏较浅，所以发现很早。当时称海煤，以区别于木炭和泥炭。13 世纪木材因砍伐过多而逐渐减少，煤被广泛采用，以烧石灰、铸铜器、煮盐、炼铁等，特别是在如伦敦这样的大城市被用来取暖。但煤的缺点是污染空气十分严重，居民对此屡有抱怨。据说 13 世纪末，曾采取措施强迫伦敦的烧石灰者、酿造啤酒者和染呢绒者放弃使用煤而改用原来使用的木炭，到都铎时代，木材已经趋于枯竭，煤才被大量使用，而且在使用煤的场所都建造高耸的烟囱来减少污染。

4. 毛纺织业

英国中世纪最大、最广泛的手工业要数毛纺织业。毛呢是当时的主要

---

① Miller and Hatcher 1995, 72.
② Hatcher 1977, 62.
③ Bolton 1980, 168; Miller and Hatcher 1995, 62.

织物，有广泛用途，其生产也具有广阔的社会基础。英国羊毛质量优良，更是发展毛纺织业的有利条件。从盎格鲁—撒克逊时代开始，已经出现独立的毛织工人，制造精良织品，供上层社会享用和出口需要。高级呢绒的织造相当复杂，要经过梳毛、纺毛、织造、漂洗、精整、剪绒、染色等多道工序。纺毛长期是家庭妇女的副业生产，特别是广大农村妇女的家庭副业，所以使用的是简单的手纺锤，纺车直到14世纪才推广应用。织呢使用的是立式织机，用手抛梭，所织出的呢绒较窄。后来13世纪逐渐推广使用横式织机，改用脚踏木板，使梭子来回走动，速度较快，而且可以织出较宽的呢绒。初织出的毛呢十分粗糙，还必须放在水中漂洗，洗去毛呢上的污垢和泥土，最初是把毛呢放在水中由人工脚踏或木板打击来进行的，到13世纪改用水磨作原动力，驱使木板运动，使效用大为改进，所以这项发明被有名的经济史家卡洛斯—威尔森称为13世纪的工业革命。粗呢经漂洗过后，还须用一种绷架展开，使其形状规整，然后用起绒机（原来是用一种带刺的植物果实）起绒，再用大剪刀把绒毛剪平（对技术要求很高），经过碾压平整，染成各种需要的颜色，于是一匹呢绒才算完成。织呢和后面的漂洗和染色，需要有一定技术和设备，所以大都集中在城市中，而漂工和染工往往也比较具有经济实力。

织工也是纺织业中最重要的行业，我们可从织工的情况看整个纺织业的情况。13世纪时，英国的许多城市都有毛织业存在。因为在1196年国家颁布过一个毛呢质量敕令，1202年有28个城市因为其质量不符合这一规定而交纳罚金，包括林肯、约克、纽卡斯尔、累斯特、北安普顿和温彻斯特，但没有牛津和马尔巴罗。① 12世纪时，在有毛纺织业的一些城市中已经有织工行会存在，不过那时的织工行会还处于次要地位，受在城市中掌权的商人行会控制。在牛津、贝维利、马尔巴罗、温彻斯特、林肯等地，都有关于织工和漂工的"法律"，他们被禁止从事呢绒的完成阶段的工作，不得零售和批发呢绒，牛津甚至禁止在没有上层市民同意下从事织呢和漂洗。他们在城市中是二等公民，不能作为见证人以反对自由市民。他们自己不能取得城市本身所具有的自由，在温彻斯特和马尔巴罗，织工和漂工只有放弃自己的职业才能成为自由人。其他的城市也有类似的规定。② 这时的织工行会是在取得国王的特权证书后才建立的。为此他们要

---

① Miller and Hatcher 1995, 100.
② Ibid., p. 104.

向财政署交纳费用,所以城市当局对他们心存疑虑,伦敦的市长就在1202年向约翰王交纳了更多的钱而禁止织工行会,但不久行会再以交纳更多的钱恢复,并取得了对纺织业的垄断权。此外,如约克、牛津等地的织工,也因此而取得垄断权。

13世纪后半期到14世纪上半期,毛纺织业在一些城市中有所衰落。如牛津,1275年时其织工数由原来的60个减少到15个,1290年时只有7个,而到1323年时连一个也没有了。伦敦的织机1321年时,由原来的380架减少到只剩80架,1322年时,累斯特连一个漂工也没有了。1321年时,林肯织工因为贫穷不再交纳税款,再过10年,则一个人也没有了。① 关于毛纺织业在城市中衰落的原因,过去因为受中世纪工业革命说的影响,都强调由于水力漂磨的使用,毛纺织业要在有河流的地方发展,所以才发生了她们大批由城市向乡村转移。这是一方面的缘由,但不能过分强调。还有一个重要缘由是市政当局对织呢工人的剥削迫使他们向乡村转移。如约克的织呢工人欠财政署的款项,在1202到1309年间,由10镑攀升到790镑,而温彻斯特的织呢工人也因为城市当局对织机征税过高而向其近郊转移。乡村毛纺织业的兴起,还因为地主和商人在看到这是一项有利可图的事业后,逐渐投资在乡村发展所致,而城市中的织呢业行会,由于受到行会规章的束缚,不利于和乡村展开竞争,因而逐渐在一些地方衰落。②

到14世纪,英国的毛纺织业已经在城乡都蓬勃发展起来,而由羊毛出口国转向为呢绒出口国。这里的原因也十分复杂。一方面是经济发展所引起的,另一方面则有许多是政治方面的原因。如政府禁止羊毛出口,对羊毛出口征收高额关税,鼓励呢绒出口,大陆则由于宗教迫害使织呢工人纷纷向英国转移等。从此英国的毛纺织业遂发展而成为它的民族工业,在资本主义产生过程中起了很大的作用。

5. 手工业行会

英国手工业行会的材料在13世纪前相当稀少,有的材料大都是14、15世纪的。只有伦敦在12世纪有手工业行会的记录,如织工、制面包工、鱼贩、马鞍匠、鞣皮匠等。③ 所以希尔顿说,对行会的描述,大都是根据

---

① Bolton 1980, 157.
② Miller and Hatcher 1995, 109-111.
③ Palliser 2000, 207.

后来的和伦敦的材料，带有想象性质。①

手工业行会在英国被称为 gild（guild），这个词在 5 世纪时已有，指的是法兰克战士的一种祭祀仪式，加洛林时指的是喝酒的俱乐部组织，也带有宗教性质。在英国，10 世纪时的伦敦和附近的郡都出现了和平 gild，但它大约是一种农村组织。11 世纪在剑桥有塞恩的行会组织，其旨在于团结互助、宗教和慈善行为。在伦敦和坎特伯里，还有 cnihten gild，cnihtas 是大地主在乡下的一种随从，所以也不是城市中的人。② 由此可见，行会最初并不一定是城市中手工业劳动者的组织。它是一种集体组织，可能和农村公社类似，在农村和城市中都有，它也可能具有宗教团体、慈善机构、互助团体等的性质，后来发展的结果，是它逐渐成为城市中手工业劳动者的组织。

最早记录英国行会组织的，是 1130 年财政署的卷筒账册（pipe roll），它记载了在伦敦、温彻斯特、林肯、牛津、亨廷顿、诺丁汉和约克，都有织工行会，而温彻斯特还有漂工行会。它们都是因为要向财政署交纳费用以取得国王的特权证书才留下记录的。1179—1180 年的卷筒账册，还记有另外的一些行会，它们不都是手工业行会，而带有宗教、慈善等社会性质。到 1381 年英国农民起义失败后，政府为防止叛乱在各地调查行会组织，登记下大约有 500 个行会，其中只有一部分是城市中的手工业行会，而许多是在农村中的行会，它们大都是宗教组织，也许是为了逃避政府注意而强调自己的宗教性。③

手工业行会成立之初，由于它本身比较弱小，大都受由商人行会控制的市政当局管辖，往往受到束缚和限制。后来经过一系列斗争，手工业行会逐渐发展壮大，建立了自己的组织和规章。一般这规章还得市政当局批准。规章内容可举 1348 年伦敦制帽业行会为例：它规定，一、选举 6 人宣誓管理本行会；二、只有本行会成员始得从事本行业；三、学徒期限不得少于 7 年；四、只有自由人才能成为学徒；五、首领对本行会成员产品随时进行检查，把不合质量的帽子送交市长；六、禁止夜间工作；七、未经行会首领允许不得开业；八、不得接受别人未合法辞退的学徒和帮工，也不得接受对前一师傅欠债的学徒和帮工；九、非本行会成员不得在城内零

---

① Hilton 1992, 65.
② Ibid., p. 71.
③ Ibid., pp. 69-73.

售帽子，只能批发给本行会之人。① 还可举出伦敦踢马刺业行会 1261 年的规章，其内容是学徒要交费才能进入，学习期限为 10 年，师傅不得偷取他人的学徒。禁止夜间工作，也不许在星期六和节日工作。行会外之人不得为本行会工作，要进入本行会需向城市和行会交纳费用。还可选举 4 人为首领，如有本行会中人违反规章，他们可在市长审判时出席。②

上述规章较全面地反映了中古英国手工业行会这一经济组织的特点。在市场有限、原料供应有限的条件下，作为小生产者联合组成的行会，追求对外保持本行会的垄断性，大都规定非本行会成员不得开业，外商不得零售，帮工非经允许不得独立开业等，以防止竞争；而对内则尽量使各师傅、各小生产者机会均等，避免分化。对产品质量则大都有严格规定，务须遵守，以免产品质量低劣，影响本行会信誉。布里斯托尔织工行会曾规定，如产品质量低劣，则织物及工具一并焚毁，以示惩罚。③ 关于禁止夜间工作的规定，则是因为当时照明条件不好，夜间工作影响产品质量。同时也避免有人因为延长工时而多出产品，对其他师傅不利。此外，行会对学徒期限、帮工工资、帮工数量等往往也有规定，以免某一人过分扩大生产，危及其他师傅的经济权益。

只有师傅才是本行会的正式成员。师傅下面的学徒随师学艺，需付学费，但一般由师傅供给食宿。学徒期满可以成为帮工，继续帮助师傅工作，这时候可以获得报酬。帮工工作一定期限，积累一定资金，经行会批准后，即可独立开业，成为师傅。行会首领多为大会选出，也有由市长指定者，一般一年一任。行会全体会议每年召开若干次，议决大事，制定规章。随着经济的发展，行会往往由少数富有师傅控制，选举并不民主。如诺里奇的行会首领之产生，就是由上届退休首领指定 4 人，和另外 8 人合议，秘密选出下届首领，并不经过全体会议。④

学徒制度是中世纪条件下的工人教育制度。许多有专业技术的手工业者就是通过这一制度培训出来的。学徒学习时间长短不一，有 4 年，5 年，6 年，7 年，8 年直至 12 年、13 年不等。学习期间，师傅待之如家人，给他衣食住宿，也要照顾好他的生活起居，因为学徒生活开始得较早，开始学习时还是个孩子。一般说来也不许师傅虐待学徒，有过家长控告师傅虐

---

① Unwin 1963, 89; Hilton 1992, 68.
② Hilton 1992, 68.
③ Lipson 1929, 329.
④ Ibid., p. 349.

待学徒的事例。另外,行会也是工人的互助组织。伦敦的踢马刺行会有公共基金,可用来帮助本行中的贫穷者,1341年,伦敦的金匠建立了一个救济院,而一个世代之后,约克的呢绒匠也建立了一个医院,以用来救助本行中的穷人、老人和病人等。①

不能认为英国中世纪的手工业者都组织成为行会,实际上有许多城市很小,各手工业者从业人数很少,无法形成行会组织。有些城市虽然手工业从业人数较多,但也没有组成行会。而且即使行会十分发达的城市如伦敦,其手工业居民中也只有一部分是行会成员,具有市民身份。而大量的车夫、搬运工、清道夫、佣仆等都没有行会组织,不具有市民身份,处在社会底层,过着贫穷的生活。

行会在中古英国的城市,甚至乡村中都有存在。它是一种群众性的自发组织,具有行业性,也是互助组织,用以救济本行业的穷、老、病人,又具有宗教性质,往往供奉一个圣者作为保护神,就像我国的木匠敬奉鲁班爷那样。同时也是一个教育组织,学徒在此学艺,以使本行的技术代代流传。当然,外国学者往往指出有类似的组织存在而不是手工业行会,即一些gild并不一定是手工业行业的。但我们讨论的主要还是手工业者的组织。他们组织的目的,大约在于使小生产者保持稳定,避免受市场等条件的影响而迅速分化。但手工业行会本身包含着不可克服的矛盾。作为行会成员的小生产者,每个人的情况各有不同,生产能力、个人机遇、经营技巧,存在着千差万别。他们又进行的是商品生产,受商品价值规律的支配,按照小商品生产的规律,不可避免地要引起竞争,本行内部成员之间要出现竞争,本行外部其他非本行成员(乡间和其他城市来)的竞争也是不可避免的。所以随着生产的进行,行会内部一定要分化,原来平等互利的组织就要改变,或者成为富人寡头控制的组织,或者逐渐瓦解变质。

6. 商人行会

比手工业行会更早出现的是商人行会。如亨利一世时赐给威尔腾的特权证书,即言明豁免当地的威尔腾商人行会的税收。而亨利二世对林肯和威林福特的特权证书的确认,则提到该两地的商人行会早在忏悔者爱德华时代就存在了。② 所以这种商人行会大约是自发产生的,后来才得到封建主的承认,有的甚至还得不到承认。如1147年,牛津市民的公社和商人行

---

① Miller and Hatcher 1995, 373.
② Ibid., p. 290; Hilton 1996, 92.

会一致同意把莫德利地方转让给奥斯尼修院,但这时该地的公社组织还很不发达,没有印章确认自己的决定,而商人行会也没有得到国王的确认,它的首领是一个国王堡垒上的堡主男爵。所以牛津的郡守很快出来干预这件事,取消了他们的转让。不过当地的商人行会存在已经很久,因为末日审判书中已经记载,他们在城外有公共土地,11 世纪中期,城守和全体市民集体见证了该土地的出租。①

商人行会并不是商人的组织,在较早的时期,它似乎是全体市民都参加的组织。12 世纪时我们已经经常可以看到有关商人行会的记录,这些记载就透露出这种信息。如 12 世纪的法学家格兰维尔说,如果一个维兰在城市中住满一年零一天,他就可以作为市民参加那里的公社,也就是说那里的商人行会。② 1191 年的格洛斯特特权证书也说,那里的印章应写明是商人行会的市民的印章。③ 所以这时候市民和商人行会似乎是一个身体的两边。④ 更有甚者,那时候作为商人行会的成员,不仅是居住在城中的市民,而且还可以是居住在城外的人,这样一来商人行会就是一个开放的组织了。

由于成员众多,商人行会就不能说只是商人的组织,市民中有许多的手工业者,所以我们也可从其组织内找到各种的手工业工人。另外商人行会和其他市民组织不同,它还有非市民参加。在约克等地的商人行会名单上,就明确写着其成员分为两部分,一部分是城内居住者,另一部分是外来人(foreigners)。当时被称为外来人,就是指他没有居住在城内,所以也不是市民,但却是和本城有商业利益的人。在保存下来的伊普斯维奇的市民名单上,记有给予其城市的外来人封建主和他的佃户(身份是维兰)以在城内贸易免除交易税的特权,即可为证。⑤ 商人行会组织的目的,也是为了商业的利益,因为当时的手工业者同时也就是商人。所以商人行会的特权证书,其内容也和赐给市民的差不多,如在城内有贸易的垄断权,有独立的司法审判权等。为了取得这样的证书,商人行会也要向封建主交纳一笔费用,这就如城市的 firma burgi 一样。封建主有的愿意让商人行会独立,也有的对之加以干涉。如在累斯特,当地的伯爵对其商人行会的行

---

① Miller and Hatcher 1995, 292.
② Glanville, 1968, 108-109.
③ Hilton 1992, 98.
④ Miller and Hatcher 1995, 293.
⑤ Masschaele 1997, 149-151.

为有规定，并且要求他的总管应该出席行会的会议。但行会的大会和其成员早已经是由行会自己选举产生的了。而且我们还可从保存下来的12世纪晚期的材料中看到商人行会在限制封建主的势力中所起的作用。它保证它的成员可以使其债务得到偿还，设立规章反对呢绒不公正地出售，反对欺骗性地染呢绒，反对在羊毛中掺杂伪劣，不许欺骗性地漂布。它还给予行会成员在城内的商业特权，还规定了本城人士在大集市中贸易的规则。它成为城市贸易的地域和市场的权威，具有设立规章和执行的权力。它同时还是行会团结的维护者，当有人在行会大会上侮辱市长时，即被罚款。它接受并管理入会者所交纳的费用，还有权征收款项，这一财权使得它有权和当地封建主展开交涉，取得一些有关的权利。①

商人行会的情况各地不同。如伦敦，从来就没有商人行会，在伊普斯维奇则商人行会和市政机关一直并存。在十一二世纪，王室城市有23个商人行会，而领主城市则只有6个。后来商人行会逐渐消失，所以说它是城市机关的先驱者。

二 中世纪的商业

1. 商业化问题

商业化作为英国中古经济史研究的一个模式，是80年代以来才形成的。哈切尔等把它和人口论模式、阶级斗争模式并列为英国中古经济史研究的三大模式，虽然对它评价不是太高②，但它和我们的论述有些关系，所以还是先略做介绍。

人口论模式以波斯坦为代表，其中心论点是认为中世纪时土地资源有限，而人口不断增长，由于生产力发展缓慢，有限的资源供应不了不断扩大的人口，所以经济在发展一段时间后便要下降，营养不良导致人口也要下降。这样社会经济的发展呈循环变化，小农经济的繁荣必然会带来它的衰败，所以被称为是一种悲观论的观点。

商业化的模式则认为，中世纪时，商业活动的增长比人口的增长要快，即商业的增长比每年所生产的商品和劳务更快，由此每年都有更多的商品和劳务在进行交易，使人们可以更多地依靠交易维持生活。而商业化

---

① Miller and Hatcher 1995, 294-295.
② Hatcher and Bailey 2001, 149-156.

比人口增长要快的证明便是：一、城市化的进步，二、货币流通量增加，三、生产的专业化增加。这三点在 11—13 世纪之间的英国确实是都在发生，商业活动肯定也是在增加的。但是，应该是这三者的进步带动了商业的发展，而不是商业促使这三者发展。按照布里特奈尔的看法，商业化最主要的证明应该是人民生活水平的提高，即生活水平的提高才说明需求对供给的拉动有效，而要证明这一点在资料残缺不全的中世纪是很困难的，所以他认为和人口论一样，商业化这种乐观的模式也是没有确凿证据的。① 他主张商业化的作用在于使贫困人口可以依靠商业过活，所以才可以理解为什么那么多的无地、少地农户仍然能够在 13 世纪生活，也说明为什么他们那么脆弱和贫苦。他认为商业化模式和人口论、阶级斗争论一样，并不能解决社会发展的动力问题，因为分析商业化必须分析人口规模、货币数量、地主和农民关系等。② 即他虽然也把经济当作供给与需求的模式来认识，但还知道商业不能自动发展，而要依靠其他的因素。不像如斯诺克斯所主张的那样，主导中世纪经济的已经是市场竞争和合理化决策③，和近代资本主义经济毫无二致了。

我们仍然主张，经济的中心问题是生产，虽然流通在经济发展中起着很大的作用，但是决定性的仍然是生产。商业的发展，是要以生产的发展为基础的。英国中古经济史的研究，无论人口论，还是商业化论，实际上都最终要讨论到社会发展的动力问题。这是从 50 年前道布的资本主义起源讨论即已开始的，那时就提出了谁是主要推动力（prime mover）的问题，可见这一问题是回避不了的。后来的布伦诺论争，也是在讨论进入近代的动力问题。如作为这一问题的回答，则商业化模式确实没有多少建树，但是这一模式促使许多学者在这方面进行研究，发掘出来不少新见解、新材料，值得我们学习。

2. 商业化的背景

商业主要是指货物在市场上的流通、交换，所以商业发生的前提应该是有市场，有货币。但是没有市场和货币的商业也是存在的。中世纪时，广大的乡村和城市，都存在着物物交换，既没有市场，也没有货币，但交换的双方仍然可以由此满足自己的需求，所以我们应该承认这也是一种交

---

① Britnell 1996, 19-22.
② Ibid., p. XV.
③ Britnell and Campbell 1995, 27.

换,也是一种商业。不过我们这里主要讨论有货币和市场的商业。当然,关于市场的定义,也是一个十分难以解决的问题,我们还是把它当作买方和卖方交换商品的地方(虚拟的市场在中世纪时还不存在,可不讨论),做一个简单化的处理好了。

商业的有无和大小,和生产有密切的关系。商业的发展,主要要有商品生产的存在与发展。没有商品生产的商业也是有的,即在流通过程中使物品成为商品,生产者或者物品的所有者把自己拥有的产品投入流通,从而发展出来了商业。不过商业的发展主要还是要靠商品生产的存在和发展。过去我们把中古世界的经济,当作是一种自然经济,即生产的目的是为了满足生产者或剥削者自身的需要,而不是为了交换,是一种自给自足的经济。现在已经不再把中古经济看作是自然经济,因为自然经济的说法来自对中世纪黑暗时代的错误认识。另外对什么是自然经济和什么是商品经济的解释也存在比较大的分歧。① 对商品生产的解释也有变化。例如,马斯切尔认为,农民在中世纪就是小商品生产者,他们不但生产自己需要的东西,而且还生产可以出卖的东西。即封建社会的小农是谋生和谋利并重的。他特别批评恰亚诺夫的农民劳动与消费均衡的理论②,所以他认为应该称农民是简单商品生产者,这样把他们和资本主义生产区别开来。按照马斯切尔的解释,简单商品生产是指不增加劳动和资本投入,把生产剩余或必须出售的部分出售,即不从事扩大再生产的生产,这和我们的简单商品生产概念还是不一样的。我们的商品生产概念是指专门为出卖而生产,和出售剩余以营利是不同的。因此说农民是简单商品生产者是否恰当还需进一步研究,只可以说他们是部分商品生产者。这正如封建地主经济也可以说进行部分商品生产一样,他们的生产都存在着谋生与谋利的两个方面。

中世纪英国的封建主和农民,其生活必需品的相当部分,仍然是靠自给自足维持的。领主自营地之所以存在,就是因为要自给。到 13 世纪,一些世俗领主仍然巡游各地,巡回就食,每到一处,即把本庄园的一年所产吃光,这可从当时的农书记载知道。③ 教会领主,则因为不便巡游,往往

---

① 有关这一问题的讨论,参看:叶茂等,《地主制下的小农经济》,《中国经济史研究》1993 年第 3 期;叶茂等,《传统市场与市场经济研究述评》,《中国经济史研究》1994 年第 4 期;Hilton 1992,14-15。

② Masschaele 1997,33-34.

③ 拉蒙德 1995,98。

要花大批人力运输生活必需品。如粮食，牲畜等。一些手工业品，封建主也是自给的。庄园上完全可以生产粗糙的纺织品，皮革制品，以至铁器，木具等。至于农民，则他们的生活必需品更绝大部分是自给的。但是，无论地主和农民，都仍然需要交换，下面我们就分别叙述：

封建领主的消费需求，不满足于庄园上的粗糙产品，而要求当时已经出现的一些奢侈品，如精良的纺织品、美酒、精细的手工业品等，这些都要依靠购买。甚至最大的领主国王也要购买许多东西。如1301—1302年，爱德华一世的宫室曾经花800镑买纺织品，而爱德华二世于1315年只和伦敦的一个皮货商就买了600镑的皮货，他的妻子于1312年的一天之内就为其家族购买150加仑的清酒，于1311年的后面几个月为她和她的女儿们买牡蛎1800个，当年还买马花去37镑，此外她还要伦敦的金银匠用旧货为她制造四个银盘，并从她的丈夫那里得到价值40镑的珠宝和六件绣金衣服。封建领主如兰开斯特伯爵于约1270年访问累斯特时，就买了蜡烛、香料、猪肉、燕麦、面包、清酒、各种鱼类、煤和毛纺织品等共计223镑。而为林肯伯爵家族1304—1305年购买东西的花费则要10倍于上述开支。① 封建主为了得到购买所需要的货币，除了向农民征收外，也必需出售自己的一些产品，这主要就是农产品，以粮食和畜产品最为大宗。这样一出一进，就构成了商业流通。当然，封建主出售农产品，并不仅是为了要换取货币购买自己不能生产的产品，还有其他一些原因，如因为政治原因有紧急需要，被俘而支付赎金，受国王或上级领主勒索，军事开支的需要等。还有就是经营中有意谋利，这个问题涉及面广，留待在别的地方讨论。

封建社会中的小农，其经济的自给性应该更大，无论是农产品或手工业品，他们基本上都可以依靠自己的生产满足。但还是有一些出售和购买的行为是必不可少的。从购买方面说，无论如何自给，小农总还有一些自己不能生产的东西，例如盐、铁之类，这几乎是世界各国的封建小农都需要购买的东西。较为富裕的小农也肯定会花钱买一些质量较好自己不能生产的消费品。而贫穷的小农，因为生产所得不足以维生，也只得到市场上购买自己的基本生活必需品（当然这需要他们靠出卖劳动力以取得收入），这部分小农在13世纪的英国还是为数不少的。农民购买物品所需要的货币，主要依靠出售自己生产的农产品来获得。另外，农民为了要向封建主和国家交纳货币形式的捐税，也被迫出售农产品，甚至被迫降低自己的生

---

① Miller and Hatcher 1995, 139.

活水平而出售。至于富裕的农民为营利而出售的行为，也是一个需要深入讨论的问题，我们将在适当的地方讨论。所以总起来看，农民也是一个重要的商品购买者和出售者，有人甚至估计农民的出售在市场上比封建主占有更大的份额，更重要的地位。①

商业流通之所以必须，还有其他更自然的原因。这就是由于分工而引起的，也是商业化论者注意的焦点。分工首先是地区性的分工，即由于自然条件不同，各地的出产不一，因此必须以有易无。例如像英国的汉普郡这样的牧区要把羊毛，牲畜和其他畜产品输往别的地区，以交换自己缺少的粮食产品。德文和康沃尔要把自己盛产的锡供应全国各地，而沿海地区所产的鱼、盐也要运输到全国各地去，这就自然形成商业流通；另外一种交换是由于城乡分工不同而引起的。中世纪英国的城市虽然还带有很大的农业性，不过总的说来，城市依然是手工业生产的中心，和以农业为中心的乡村相区别。城市的粮食不足以供应全城人口的需要，必须要靠乡村——附近的或者相当遥远的乡村供应，而城市则用乡村所缺少的手工业品供应乡村，这样就形成了城乡之间的交换。城乡之间的交换，曾有人以为如果只是城市把手工业品供应农村，而农村把农产品供应城市，那也还是一种自然经济②，这似乎有些对自然经济外延的夸大。最近马斯切尔则把中古城乡经济关系做了另外的解释。他统计了中古后期英国三个城市的手工业行业种类和商品种类，结果主要是食品业、纺织业和皮革业，因此他认为，城市的生产原料主要是由乡村供应的，城乡是共生的，是用商品联系在一起的。城市人口多，故劳动力多，而乡村原料多，所以是资本多。城乡的商业化是同步的。③ 这一观点似乎对乡村需要城市供应手工业产品的估计不足，所以也是不妥当的。我想，中古时期城乡之间的商品交换是一项重要内容，是当时社会经济发展的重要依据。我们不可忽视。第三种交换就是国际贸易。中古英国已经和大陆上有多种多样的贸易关系，英国的锡、铅、羊毛，不断输往大陆，而大陆的酒、纺织品以及其他产品，也运往英国。1224 年的温彻斯特集市上，有西班牙、诺曼底、图卢兹、佛兰德斯和德国的商人出现④，就说明了这一国际贸易的重要性。

---

① Britnell 1996，119-122.
② 《中国经济史研究》1993 年第 3 期，128。
③ Masschaele 1997，32.
④ Miller and Hatcher 1995，143.

3. 交通运输

商业的发展需要有便捷的交通运输条件，但中世纪的英国，交通运输条件却相当不佳。由于封建主各自割据独立，对统一的道路交通之重要缺乏认识，有时还加以破坏，如随便在大路上凿井、挖沟等。政府为了保持道路畅通，对这种行为也加以制止和惩罚，有这方面的不少案例。① 到 14 世纪，基本上有一个王家的全国道路网，由伦敦通往各地。而且许多道路可以通行车辆，并且马车逐渐取代了牛车。如果不能行车，那起码可以由牲口驮运，只是这样运量就要减少许多。更方便的应该是选择水运。英国河流纵横，水路四通八达，据统计有可航行的河流 140 条，航路 2400 英里。② 海岸线也很长，水运十分便利，运量比陆路要大得多。所以只要可以进行水运的地方，人们一定会选择水运。水运也有水路不畅，河道淤积堵塞的问题，需要加以管理。王室也下达过保持河道畅通的敕令。③ 此外，无论陆路还是水路，行人货物都会遇上被盗匪拦路抢劫的危险，所以经商在当时是一桩高级冒险事业，但因为利润丰厚，仍然不断有人参加。

道路虽然不能说十分便捷，但英国中古时期的运费可能并不昂贵。这主要是因为许多运输，是由农奴的无偿劳役完成的。所以地主的管家，很少把粮食运到 10 英里以外出售。④ 著名法学家勃拉克顿说，市场之间的距离应该保持在 7 英里之内，就是为了使农民可以在市场上当天来回，进行交易。只有专门从事长途贩运的商人，才花钱雇佣人力进行运输。

4. 市　场

市场是进行交易的场所，它的出现是经济发展的结果。所以它是自发产生的。需要交换产品的农民或者手工业者、商人，到方便的地点，如教堂、大路口、渡口等处集中进行交易，这就形成市场。有人认为，在英国十一二世纪时，这种自发形成的市场远比人工建立的市场增长要快，这就是当时建立市场的特权证书要少的原因。⑤ 但在中世纪的英国，自发形成的市场资料很少，我们难以追寻其具体情况，所以讨论的实际大都是人工建立的市场，即由封建主赐予特权证书而建立的市场。这一习惯大约来自

---

　　① Miller and Hatcher 1995，144.
　　② Edwards, J. F. et al., The Transportation System of Medieval England and Wales, *Journal of Historical Geography*, 17, 2 (1991), 128.
　　③ Miller and Hatcher 1995，146.
　　④ Britnell 1996，83.
　　⑤ Ibid., p. 10.

古罗马，即由王室颁赐特权证书批准在某一特定地点建立市场，并建立规章，派人管理，征收市场税。按理说建立市场之权在王室，但英国王室也把这一权力分赐给教俗封建主以及城市。1198—1483年间，王室一共分赐此类特权证书2800件。① 有的市场建立在城市，有的在乡村，甚至有的建立市场的地方只有十几户人家。所以如此，是因为封建主后来都认识到，建立市场可以给他们带来货币收入，所以热衷于建立市场。有的市场因为地点并不合适，所以没有能发展起来。但马斯切尔持另一种观点，他认为1200—1350年间，英国有上千个市场建立，即使建立在农村，这些市场也并不只是地方性的城乡交易场所，而是为了联系地区间的贸易。② 他根据特权证书的具体规定来证明自己的论点，我们试做一转述，虽然我们仍然认为他过分夸大了封建主追求利润的主动性，强调了其经济活动中谋利的一面。

1. 从特权证书内容可见，每一个要求建立市场的人，都尊重前面已经建立的市场的权利，注意勿使其受到损害。可见建立市场是要使外来的商人能在本地区扩大活动场所，而不是为了争夺市场地点。当时建立的市场其特权内容主要有三项，一是设立法庭处理贸易争执并收取罚金，二是对违反面包和酒的法令者课以罚金，三是收取交易税。但更重要的是对贸易的垄断权，即在市场外的周围地区进行交易是非法的。在每一个特权证书中，都写有这样的话，本市场之建立不得妨碍已建立之其他市场，这就意味着不得吸引对方市场上之交易，也就是说在此市场外进行的交易是非法的。伯里圣爱蒙兹修院长曾于1202年状告伊利修院长，称他在前一年于萨福克的兰肯赫斯建立的市场损害了他在伯里的市场的利益。虽然兰肯赫斯距离伯里有17英里，但是陪审员仍然认为兰肯赫斯市场损害了伯里修院的利益，因为大批的鱼、肉、粮食及其他各种商品以前卖到伯里去，现在都卖到兰肯赫斯，因而损害了伯里修院的税收。国王为此取消了兰肯赫斯市场，双方几致酿成武斗。所以著名法学家勃拉克顿说，两个市场之间的距离应该在6⅔英里之外，这就是使市场的利益不会互相妨害。另外勃拉克顿又说如市场之间距离在6⅔英里之内，则其召开的时间应该在前面市场召开的第二天或第三天，则也不会造成对前面市场的损害。③ 这些例证都

---

① Bolton 1980, 119.
② Masschaele 1997, 58.
③ Bracton, 1968, v. 3, 198-199.

说明了市场对贸易的垄断性。①

2. 市场建立后,一般由郡守在郡的法庭(也就是郡的人民代表大会)上宣布,号召大家前去贸易,这种宣布是在郡法庭,而不是百户区的法庭,也证明了市场之间的距离,是一种地区性的。

3. 市场上的收入一般为两部分组成,一部分是在市场上设摊、建棚等要交的费用,另一部分是交易费。物品交易费有时只收买方,有时买卖双方都收。还有就是对使用度量衡等收取费用。交易费收的很低,一般只有货物价值的1%。这样可以吸收更多的人前来交易,才可以收取到更多的税收。②

马斯切尔的说法当然有参考价值,不过他的例证都是个别的。我们认为,市场是规模比较小的交易场所,在城市和农村都有,一般每一周开一次,开也有具体的时间安排,过后即行散去,和我国的日中为市,交易而退是一样的。13世纪时由于一些封建主看到建立市场有利可图,所以建立了许多。到黑死病前夕,所建立的市场为1200年的市场的三倍。③ 市场众多,相互倾轧。正说明了建立它们的封建主缺乏经济头脑。大多数的这种市场只是农村中的农民和手工业者卖出自己剩余粮食、农产品和手工业品的地方,也是他们买生活必需品如盐、鱼和贫民、无以自给者购买食品的场所。小城市的市场,封建主也来进行交易,把自己多余的粮食、农产品卖给商人,这些商人再把它们转运到更大的地方经营谋利。说市场都是地区性的而不是地方性的,显然夸大其词。

5. 集市贸易

除了市场之外,英国中古时期贸易的场所还有集市。一般说来,集市的规模比市场大,持续的时间也长,大都在每年的5—9月举行。许多集市经营的是国际贸易,所以有很多外国商人参加。但实际上,集市的规模大小不一,有国际性的大贸易集市,也有市场那样的小规模集市。因为集市初起时也和市场一样,是自发产生的。我们也无从追踪它的详细情况,后来封建主发现它和市场一样,可以带来货币收入,所以也大建集市,在集市上征收交易税、摊位税和司法审判的收入等。13世纪时,集市数目大幅增加,封建主也由此获取不少利得。由于人工建立的集市不一定适合经济

---

① Masschaele 1997, 62; Miller and Hatcher 1995, 161.
② Masschaele 1997, 68.
③ Miller and Hatcher 1995, 159.

的实际需要,所以有的集市发展不起来。如从集市的收入也可看出,在温彻斯特的圣吉尔这样的大集市,1238—1239 年的毛收入为 164 镑,1200 年左右,在波斯顿和圣伊夫斯集市的收入,约为 100 余镑。但也有的集市收入只有 10 先令、5 先令者。①

收入的不同正说明了集市的大小和重要性不同。可把集市分为三种,第一种是巨大的国际性贸易集市,在英国就是像在波士顿、斯坦福、圣伊夫斯、温彻斯特等,它们每年召开一次,但时间长达数周,也有每半年或一季度举行一次者。集市不像城市那样限制外来的商人,所以各地的商人都可参加,而且批发零售兼营,所以参加者既有国际大商人,也有附近的农民,为领主采购的管家,出售剩余农产品的乡村人士等。著名的波士顿集市,半年一次,主要经营羊毛和呢绒的出口贸易。温彻斯特的圣吉尔集市,是英国南部各城市和法国进行贸易的地方,参加的有图卢兹、诺曼底、西班牙和德国等地的商人。乌思河上的圣伊夫斯集市,原来只是一个乡村小城,坐落在一个庄园内,每年的复活节后,就临时转变成为一个巨大的贸易中心,时间长达 3—4 周。为了给大批涌来的客人准备住处,沿街的房屋都住满了人,从拉姆齐修院来的农奴还得盖一些木头的商店。同时也有许多的面包商、屠夫、厨师来此营业。这里是皮革、羊毛、呢绒的集散地,也是各国商人活动的场所。这里有一条街称法国人巷,主要居住着杜埃的商人,还有一个石头建筑的大厅居住着伊普斯的商人,还有林肯、贝维利、考文垂、约克等地商人的商店街道。② 大集市上还出售一些奢侈品,如丝绸、高级呢绒、香料、蜡烛、名马、猎禽、珍贵毛皮等,以供应封建主和大商人的需求;第二种是中等的集市,进行的是地区性的贸易;第三种是更小的集市,是乡村集市。集市的交易大都是牲畜,所以有一种说法是农业生产者在市场上取得金钱而到集市上消费。③ 确实,集市给乡村的农贸市场提供了购买一些不易得到的产品的机会,起了很大的作用。

大集市的繁荣有一个重要的因素,就是那时英国的对外贸易仍然掌握在外国商人,特别是意大利、佛兰德斯等地的商人手中之时。到 14 世纪,英国本国的商人起来掌握了对外贸易,主要是羊毛的输出,建立了羊毛贸易的集中地制度,不再在本国的许多集市上收购羊毛,于是导致大集市的衰落。

---

① Miller and Hatcher 1995, 168.
② Ibid., pp. 170-171.
③ Ibid., p. 169; Britnell 1996, 88.

6. 市场网络

市场的建立、发展和繁荣，最主要的是要有生产的发展。交换，市场，可以存在较早，但市场何时形成一个网络，形成多大的网络——也就是形成区域市场还是国内市场，那还要有一个过程，要由生产的进一步发展来决定。英国在盎格鲁—撒克逊时期已经有了市场，但不能说已经有了市场网络。这是不言而喻的。研究英国中世纪市场网络的形成，却存在着一些困难。首先是资料不足，难以划分市场形成的阶段。其次更重要的是，英国学者沿袭市场法律地位的传统看法，很少会想到市场的网络形成问题，所以我们在这里只能就我们的见解，略作说明。

11—13世纪是英国经济发展的时期，这时是否形成市场网络，何时形成，我们都无准确答案。领主经济是存在着谋生与谋利两种倾向，但13世纪时的领主经济主要仍然是依靠自给①，出售的东西不多，市场当然有限。可是也有相反的看法，我看最突出的是斯奴克斯，他根据末日审判书的材料，认为其中说的每个庄园价值若干就是它的年产值，然后减去封建主和农民的生活费用，即得出进入市场的部分，于是英国在11世纪时，40%的国民生产总值已经是进入市场的份额了。② 根据他的计算，那再生产是不要任何付出的，试问种子、肥料、人工等等，如何计算。而且，封建主除了生活费用以外，还会有其他的种种消费，在封建时期特别是奢侈性消费、军事开支、宗教建筑的开支等等，这些都是十分巨大的。而且它们有许多是国家直接征发而来，并不经过市场，可是也都不在斯奴克斯的计算之内，所以他的计算不值得我们予以更大的关注。

我们所知道的英国中古市场网络的形成是13—14世纪的材料。这与实际可能相距不远。根据百户区卷档，1/10、1/15税等的财产调查记录，有人把它们所记下的城市、市场等加以整理，计及其财富多少，商品积累量等，然后得出被认为是第一级的地区性贸易的城市，在当时的英国共有51个，这些大都是各郡的首府，以及重要的商业城市，如伦敦、牛津、考文垂、约克、亚茅斯、诺里奇等。③ 第二级的是小城市中的市场，一般是中等的市场；第三级的是农村市场，是最小的市场。第二级和第三级是很难区分的。而且英国中古经济的特点是城市规模较小，城乡差别不大，所以

---

① Britnell and Campbell 1995, 186.
② Ibid., p. 39.
③ Masschaele 1997, 81-82.

区分市场的等级也十分不易。但是马斯切尔根据爱德华三世与 1340 年征收 1/9 税的记录，还是把后面的两种市场做了记载，当然这是十分不完整的。

马斯切尔还用城市之间的贸易争讼的案例来说明它们之间存在着贸易往来。其所以争讼是因为原来各城市所得到的特权证书上就存在着矛盾。赐给一个城市以特权，往往是要说明该城市的商人在全国各地经商享受免税特权，即他们到全国各地都不交税。可是各城市在自己的城中一般又都有权对外地商人征税，而只对本城市的商人免税。这样一来自然就会发生矛盾，这种矛盾发展到了严重程度，有时是到国王法庭告状，有时是把外来商人的商品扣押，自然也要到法庭解决争端。法庭一般判决的原则是哪个城市的特权证书在先，就给那个城市以胜诉。检视某个城市的这些法庭记录即可知道它和别的城市的商业往来。马氏初步统计了 1200—1350 之间英国各城市的讼案，算出了发生贸易摩擦的城市的距离———一般在 20 英里之外。[①] 有的城市因为本城的商人货物被外城扣押，要送一封信发出警告，表示如不解决问题就要进行报复。这种信称 withernam，在一些城市的档案中有保留，而保留最多的两个城市是伦敦和亚茅斯。亚茅斯的文件是 1290—1312 年间的，共有 90 封，和它发生争执最多的城市是诺里奇，其内容有关于出售铁、生姜、牡蛎、鞣制皮革的债务等，然后还有伊普斯维奇、科切斯特尔，有关的债务涉及青鱼、木材、羊毛、锡等。这些主要是在英国东盎格利亚的地方。还有更远的如特恩河上的纽卡斯尔（200 英里之遥），甚至还有南方的港口城市朴茨茅斯、维茅斯等，而内地较远的城市则有温彻斯特、诺丁汉等。伦敦保存下来的有 1348—1349 年之后的 20 年内的文件，和它发生贸易往来的地方也有很多，其距离在 100 英里外。[②] 由于资料损失严重，所以伦敦的情况反映的不完整。

当时应该说已经形成了全国性的市场。英国是一个小国，全国性市场也不能和像中国这样的大国比较，由于它地方小，河道纵横，交通发达，全国性市场形成应该说也比较容易。当时商人长途贩运的货物主要可分三类，第一类是羊毛、呢绒、酒；第二类是粮食、牲畜、皮毛、鱼；第三类是金属、香料、染料、盐、木材等。这些许多既是国内贸易的主要商品，也是国际贸易的主要商品。从这些商品的流通中，英国商人也逐渐壮大起来。

---

① Masschaele 1997, 114.
② Ibid., pp. 119-120.

第三编
14—15 世纪

第十五章 统治机构的变化

一 政治史简述

　　14世纪是英国中古史上安茹王朝的最后一个世纪。1307年爱德华一世死，子爱德华二世（1307—1327）继位。被称为英国史上的查士丁尼的爱德华一世，也和查士丁尼一样，在位时穷兵黩武，耗费巨大，留给爱德华二世的是一大笔债务，增加了他统治的困难。而且这时英国贵族已日益坐大，为保卫自己的私利和王室时起冲突。爱德华二世宠幸加斯科尼人加维斯通，封他为康沃尔伯爵，招致英国贵族不满。众男爵起而反对国王，为首的是爱德华一世之侄，爱德华二世的堂兄弟，英国最富有的兰开斯特伯爵汤玛士。1311年，国王在斗争中失败，1312年加维斯通被杀。1314年爱德华二世在和苏格兰人作战中遭到惨败，此后其行动更受制于封建贵族。

　　封建贵族内部也充满矛盾，并不一律反对国王。爱德华二世利用机会，任用爱德华一世时的老臣德斯彭瑟及其子，力图恢复自己的势力。王军击败兰开斯特伯爵，将他和其党徒20余人捕获处死，并没收他们的财产。1311年限制王权的条例被废除，中央行政机构也进行了一些改革。但他的统治并不巩固。不久，和他素不和睦的王后法国公主伊莎贝尔联合威尔士马克伯爵莫提摩尔起兵，得到法王查理四世的支持和部分贵族的响应，爱德华不能抵抗，1327年被迫退位，在狱中经残酷拷打后遭杀害（或说他设法逃走，后终老于意大利），其子爱德华继立，是为爱德华三世（1327—1377）。

爱德华三世统治英国长达50年。他是理查一世式的国王，好大喜功，四处征战，想要恢复过去安茹帝国的权威。为此进行苏格兰战争和对法战争。对法战争即历史上有名的百年战争，他曾取得克雷西之役（1346）和普瓦提埃之役（1356）的大捷。在普瓦提埃俘获法王约翰二世。到1360年签订对法和约时，可谓取得了辉煌胜利。

爱德华三世对外扩张战争得到好战贵族的支持，所以在他统治时期贵族没有多少反对的行动。他对内政也不大过问，只要有不断的财源供应他的军队，支持他的战争即可。为了取得经费，爱德华三世向议会做出不少让步，议会的势力日益膨胀。如果税收不足以供应，他就向意大利银行家借钱，结果债台高筑。

爱德华三世晚年政治矛盾激化。他的长子黑太子爱德华（有战功）和另一个儿子兰开斯特公爵、高恩脱的约翰各树党徒，展开斗争。到他1377年死时，在战争中取得的法国领土全又失去，虚耗了大量财力，增加了人民的痛苦。

理查二世（1377—1399）即位时年仅10岁。他在镇压1381年农民起义时表现勇敢，后更力图伸张王权，论者多以为他要建立专制统治。他任用自己的亲信，积蓄力量，并依靠他的叔父高恩脱的约翰支持。但他的努力遇到一些贵族和骑士等的反对，1386年，乘高恩脱远征西班牙之机，议会要求罢免理查的大臣、大商人德·拉·波尔等人，理查被迫暂时屈服。但他于1387年离开西敏寺，要求大法官宣布，议会指定御前会议妨害了国王的特权，属非法，而对国王如此执行者即犯叛逆罪。而且还宣布，任何阻碍国王实现王权者即为叛逆，议会没有权力在给予国王补助金之前向他提出要求，国王有权解散议会。议会如没有国王同意没有权力弹劾大臣，而视罢免爱德华二世为合法也是背叛。

但反对他的贵族于1388年以兵戎威胁，理查被迫再次屈服，在当年的所谓"无情议会"上，处死了一些国王的亲信，德·拉·波尔被判绞刑，但他早已逃亡法国，永未再回。理查并未投降，继续窥视机会。1389年，高恩脱从西班牙返回，形势又对国王有利。他随即驱散了原来的御前会议，再次任用他的自己人担任御前会议成员，完全控制了局面。但他佯装和议会、诸男爵仍然密切合作，并给原来反对过他的贵族以大量赏赐。和长期战争的法国媾和，和疯癫的法王查理六世之女伊莎贝拉（才6岁）订婚，因此得到80万法郎的嫁妆，财政状况大为好转。1397年，在完全控制了局势后，在这次的议会上，理查大肆报复，1387年和1388年反对国王的人差不多都遭到了惩处，被放逐、监禁、没收财产，而为首的则被处死。议会还废止了许多不利于国王统治的法令，并授予理查以终身收取羊毛和皮革出口关税的权力，得意忘形的理查遂说出法在我口中，法在我胸中的大话。

理查后来犯了一个大错误。1399年，高恩脱的约翰死，理查继续放逐其长子亨利·包林布鲁克，禁止他继承兰开斯特封土。之后他又课征重税，引起各方不满，人人自危。他又出兵爱尔兰。包林布鲁克趁机率军登陆，贵族纷起响应。理查眼看大势已去，被迫宣布退位。随即被囚于伦敦塔中，后遭谋杀。

15世纪是英国史上兰开斯特王朝（1399—1461）和约克王朝（1461—1485）分别统治的时期。这两个王朝都是爱德华三世的后人。兰开斯特是高恩脱的约翰的后代，约克是爱德蒙的后代，为争夺王位，巩固统治进行着不断的斗争，最后酿成有名的红白玫瑰战争，以都铎王朝的胜利结束。

包林布鲁克即位为亨利四世（1399—1413），统治初期危机四伏，先有理查二世余党的反叛，后有苏格兰、法国的入侵，以及威尔士的起义，北方强大贵族世家的叛乱等。经过持久艰苦的努力，方才平息各方的战乱。戎马困顿损害了亨利的健康，导致了他的死亡。

亨利五世（1413—1422）继立。他体格强悍，英勇善战。1415年重又开始了对法国的战争，同年10月取得阿让库尔战役的胜利，席卷法国北部，直抵巴黎城下。法国封建贵族发生内讧，无法和英军对抗。1420年双方订立特鲁瓦和约，患疯癫的法王查理六世还保留王位，可是亨利五世和法王的女儿订婚，得为法国王位继承人，并吞法国已经在望。1422年，他死在南下攻打法国城堡的途中，不久法王查理六世也去世。英、法两国的王位应由一个只有9个月大的婴儿——英国的亨利六世担任。

亨利六世（1422—1461）未成年时，根据亨利五世遗命，由他的两个兄弟分管英、法事务。格洛斯特公爵汉弗里为英国摄政，贝德福公爵为法国摄政。汉弗里在政治上不是强手，英国政治当时掌握在温彻斯特主教亨利·贝弗特（高恩脱的约翰之子）为首的御前会议之手。汉弗里和亨利在对法和战问题上意见不一，但许多英国贵族已经不愿再战。法国这时掀起了圣女贞德领导的抵抗运动，形势逐渐好转，百年战争终于1453年结束。

英国失去所占法国的全部土地，只留加来一港。

1437年亨利六世成年，亲自主持政事。这时百年战争中强大起来的贵族世家斗争日益激烈，加上爱德华三世后代争夺王位的斗争，酝酿成30年之久的红白玫瑰战争。贵族中约克家的理查兴起，他是约克公爵爱德蒙之后，而爱德蒙为爱德华三世的第五子，从母系方面算，理查还可上溯为爱德华的第三子的后代，比兰开斯特家族（是爱德华三世第四子的后代）有更佳的王位要求权。约克公爵理查起初在法国担任摄政，后回国参加御前会议，并在亨利六世犯病期间担任摄政。由于亨利六世时常患疯癫病，身体虚弱，估计不久于人世，而他又没有子嗣，所以约克家有望和平继承王位。1453年，亨利六世的王后法国安茹家的马格丽特为亨利产下一子，理查感觉嗣位无望，于是准备战争。

1455年，理查率军进击伦敦，与兰开斯特军战于圣奥尔朋斯，取得胜利，杀死萨默塞特公爵，俘获国王。1460年，理查战败被杀。但其子爱德华乘虚进入伦敦，1461年即位为英王，开始了约克王朝的统治。

爱德华四世（1461—1483）是一位有为的国王。他即位后，首先率军击败马格丽特，迫她逃亡海外。不过这时政权实际上为沃里克伯爵所掌握。爱德华佯装贪图享乐，暗中积蓄力量。1470年宣布沃里克伯爵为叛逆，迫使他逃亡大陆。出逃的沃里克伯爵和马格丽特结成同盟，攻入英国，迫使爱德华逃走。1471年，爱德华四世终于先后击败沃里克伯爵和马格丽特，大批兰开斯特党人被杀，亨利六世这时也死于囚禁他的伦敦塔中，爱德华的统治得以巩固。

在实现和平之后，爱德华把注意力转向国内。他打击不驯服的贵族，努力控制议会，改善地方政府，鼓励毛纺织业发展，为提高英国的商业和外贸采取各种活动，实开都铎王朝统治的先声。

1483年爱德华四世死，其二子均年幼，由其弟格洛斯特公爵理查摄政。理查从年仅12岁的侄子手中夺取王位，是为理查三世（1483—1485）。他又杀死两个年幼的侄子，引起普遍反对。这时兰开斯特家已经没有后嗣，但有一个贵族里士满伯爵亨利要夺取王位。他是高恩脱的约翰的一个不合法妻子的后代，实际上也没有王位要求权。他得到法国国王的帮助，率一小股军队登陆。一路得到许多贵族的响应，队伍不断扩大。1485年在博士沃思原野的决战中，亨利击败理查。理查战死，约克王朝没有后嗣可以继承王位，宣告终结。亨利即位为英王，并和爱德华四世的女儿伊丽莎白结婚，这样既使他的王位继承合法，又使兰开斯特家和约克家结合起来，于是开始了都铎王朝（1485—1603）的统治。

二 政府机关的变化

1. 御前会议的发展

14—15世纪英国中央机关明显的变化，就是御前会议（king's council）逐渐成长为一个定型的组织，在国家管理上发挥重要作用。西方学者比较重视从国王和封建贵族斗争的角度看御前会议的成长，往往认为这一时期是国王和封建贵族争夺控制御前会议的时期，其表现就是争夺对御前会议人员的任命权。[①] 这种分析的逻辑，就是用现代英国议会政治的眼光看古代事物，以为这一机构发展的顺序应是御前会议—枢密院—内阁，因此理想的御前会议，应和近代的内阁一样，既非国王个人的，也非封建贵族的，而应是一种中立的，服务于全王国的行政机构。[②] 犹如后来向议会负责的内阁一样。

实际上，十四五世纪的英国政府仍为封建政府，带有很大的个人政府色彩，行政权、司法权、军事指挥权、甚至立法权，仍掌握在国王手中，所以不能把它和近代政府随意比附。当时议会一般不过问御前会议成员的组成，只1376年、1378年两次违背国王意愿，依议会要求改组了御前会议。在议会宣布御前会议成员名单，并由他们向议会宣誓之事只偶有发生，可是这也不能阻止国王以后撤换他们。1423年后，没有任何有关御前会议的立法通过，御前会议也没有再在议会宣过誓。[③] 总的说来，当时御前会议仍是国王控制的一个执行其个人意志的行政机关。[④]

由于御前会议是执行国王意志的行政机关，国王当然要牢牢控制它，所以组成御前会议的一般都是国王的亲信。不过我们也知道，国王个人的政府其实并非国王个人的，而是整个封建主阶级的。国王个人和封建主阶级，根本利益是一致的，可是也存在许多矛盾和斗争。这里面有集权与分权的矛盾，有封建主自己为争夺王位而演变成的党派斗争，也有国王个人因素所导致的和封建主的不一致。不能把封建主阶级看成是国王的天然的反对派。所以有学者指出，十四五世纪的行政改革并无宪政的或哲学的理

---

① Lyon 1980, 504.
② Chrismes 1966, 245.
③ Jolliffe 1937, 456.
④ Chrimes 1966, 220.

论指导，多是实际考虑和当时情势影响的结果，也不是一味斗争，而更多是合作的结果。①

御前会议从 13 世纪以来，仍处于一种定型与不定型之间的不稳定状态，这种情况可以说一直延伸到 15 世纪。它既是国王的一个咨询机关，也是一个执行机关。其成员一般由国王指定，主要是各行政大臣，中书令、国库长、小玉玺保管员，有时还有一些教、俗大封建主参加，人数约 20 人左右。国王和他们讨论一些大事，最后由国王作出决定，写成令状，交由各有关部门执行。

爱德华二世时期，由于宠幸加维斯通，招致部分贵族不满。他们于 1310 年迫使爱德华二世组成改革政府的委员会，1311 年颁布了法令，宣称由于御前会议成员建议不当，致使王国治理无方。法令第 13 条申明所有不良之御前会议成员应予撤换，代之以适当人选。第 14 条规定御前会议成员及一些政府官吏，如中书令、国库长、小玉玺保管员、锦衣库长官之任命，应在贵族建议与同意下，在议会中由国王指定。如议会休会时必须任命御前会议成员，则应听取改革委员会之意见。第 39 条规定全体御前会议成员及官吏应宣誓遵守 1311 年法令。第 40 条则明令由 5 个男爵组成委员会，听取对上述人等违反 1311 年法令之申诉。②

事实上 1311 年法令从未得到实行。因为它限制了王权，所以爱德华二世处心积虑以求把它摆脱。他依靠德斯彭瑟父子，经过几度反复，终于取得胜利。1322 年处死反对派贵族首领兰开斯特的汤玛士伯爵，1311 年法令被宣布无效，任命自己的亲信为御前会议成员，置御前会议于自己的完全控制之下。③ 然后对行政机构进行了一些改革，主要是改善了财政署的记账方式，把锦衣库和其他的账目从财政署中区别开来，使财政署比锦衣库取得更正式的地位。

爱德华三世长期对外作战，和好战的封建贵族合作得很好。1341 年，由于作战不利，他由法国返回，撤销中书令、大主教斯特拉福和其他人员的职务，为此和斯特拉福发生冲突。爱德华三世为得到议会税收的支持，被迫承认撤销大臣的职务应得到议会同意，而且任命御前会议成员也应由大贵族同意，这些规定经 1341 年议会通过成为法律。不过爱德华三世并不想实行这一办法，认为这么做有损于王室特权和违背国家法律。他不久即

---

① Chrimes 1966, 223.
② Rothwell 1998, 527-539; Butt, 1989, 186.
③ Rothwell 1998, 543.

英国封建社会研究 ┃ 250

通知各地的郡守，宣布废除这一法律。① 但爱德华在实际上则小心行事，任命一些大贵族为御前会议成员，而不使它带有过分的国王个人臣仆色彩。1341年事件反映由来已久的贵族想控制国王的行政班子的努力，但这些大贵族并不想管理行政事务，只是想限制国王个人的专断，以免损害他们的特权。而爱德华三世废除议会通过的法律，并没有招致贵族的反对，说明这时仍然认为国王是国家法律的源泉，国王有权制定法律。

14世纪以来，御前会议日益重要，成为集中处理各种政务的机关，建立了自己本身的卷宗档案，形成了管理政务的一套办法。国王长期流动，作战在外，并不总能与会，由会议自行办理各种日常工作。只是重大问题，特别是涉及王的个人利益问题，才向国王请示。小玉玺发展成为御前会议的标志，令状加盖小玉玺者大多出自御前会议，由中书省加盖大玉玺发出的文书均申明由王和御前会议确认，或由御前会议确认等，以后的一些请愿书也转到御前会议办理。

不久，发生了争夺控制御前会议的党派斗争。1371年，爱德华三世之第三子、兰开斯特公爵、高恩脱的约翰在议会中发起攻击，批评爱德华三世的御前会议治国无方，使法国战场遭受失败。爱德华三世撤换了一些御前会议成员，使御前会议成为高恩脱控制的工具。到1376年，爱德华三世之长子、黑太子爱德华发动反攻，掌握了议会，在下院中，由德·拉·马尔代表大家发言，攻击高恩脱和其御前会议成员腐败、无效能，然后由上院调查处理。和下院一致的上院批准了下院的控诉，而且决定把最重要的两个大臣处以监禁，并没收其财产。据说由此开始了议会弹劾大臣的先例，而且大臣不仅向国王负责，也得向议会负责。下院的发言者（speaker）因此也成为议长。不过这实际上是一次党派斗争，胜利的一方取得了对御前会议的控制而已。对国王的特权、行政机关的办事程序，并没有什么改变。同年黑太子病死，高恩脱再次控制了议会，把御前会议进行了改组，换成了自己的人，直到爱德华三世死亡一直这样。

理查二世年幼，政事全由贵族掌握。理查不满，暗中积蓄力量。1380—1386年，他组成了支持国王的御前会议。贵族也组成了反对派，以理查的叔父、格洛斯特伯爵汤玛士和高恩脱的儿子——亨利·包林布鲁克为首，于1386年在议会中对御前会议提出弹劾，经过几度斗争，理查曾短暂取得胜利。在不断的斗争中，御前会议作为全国行政机关的地位确立。

---

① Myers 1998，441-442；Butt 1989，291-296.

1390年通过了国王御前会议管理法令,规定许多国务均应由御前会议处理,每周均召开会议,即使国王不在场,它也可以处理一些政务。①

15世纪议会势力逐渐成长,下院在议会中的作用也日益显现。议会希望御前会议能成为一个连续性的、其人员由议会控制的执行机构,而国王根据御前会议是他个人的执行工具的理解,要求其组成人员由国王指定,而且他们应该是专业性的,能够有效率地工作。亨利四世是兰开斯特王朝的第一个国王,他统治初期危机四伏,反对派势力强大,财政也十分窘迫。1406年,他向议会做出让步,同意向议会宣布他任命的御前会议成员及主要官吏,并同意规定御前会议职责及办事条例。这一条例规定国王应相信御前会议成员,它应组织的使国王有更多的信任。国家秘密应只让其成员得知,如有人未出席会议,则应把御前会议通过的重大事项向他通报。国王对全体成员一视同仁,不歧视其中某人或某些人。向国王请求任命官职者应由御前会议全体考虑。国王应支持御前会议,不允许其工作受到阻碍。但条例还有一些规定,即由宫室长签署的案卷,用王印（signet）发出的信函,送到中书令、财政署长官、小玉玺保管员处的各种令状（除了赦免令和空缺官吏之任命令外）,均应由御前会议同意或由其建议发出。② 如果说前面的规定并未干碍国王的特权,那么这后面的规定就有一种把御前会议横亘于国王和行政部门之间的性质,使得不经过御前会议国王无法行使权力。不过这些条款是否执行还不清楚。可以肯定的是当亨利五世长期不在国内和亨利六世幼年时期,御前会议在行政方面发挥了巨大作用。

亨利六世亲政后,想方设法降低御前会议的权力,修改1406年关于御前会议的条例。如规定国王可以任意使用王印。用王印或者他的签署或者宫室长的签署,和经过小玉玺一样可以施行令状。这降低了小玉玺的权力。1444年,更规定经过王签署发出,用王印发出,宫室长签署发出和御前会议成员签署发出的赏赐或文件批准,和用小玉玺发出者一样具有效力。③ 约克王朝时期,御前会议的作用日益缩小。这时一些大贵族很想参加和国王议政,所以原来的大会议又经常召开。而御前会议作为一种专业的执行机关却有所衰落。到爱德华四世时,更把王印的保管员（称秘书）变成御前会议的正式成员,并由他们建立档案,记录国王的各项指令。国

---

① Myers 1998, 423.
② Lyon 1980, 591.
③ Ibid., p. 593.

王的行政权力大为加强，不经御前会议而处理政务。秘书后来发展成为国务秘书，是都铎时期的重要大臣。而御前会议的工作更多是审理案件，亨利七世在其基础上建立了星室法庭。

2. 其他中央机关的情况

十四五世纪英国的中央行政机关，主要有中书省、财政署、锦衣库、宫室4个。它们仍带有中世纪行政机关的许多特点，权限不明，互相重叠，也互相争夺。一些机构如中书省、财政署已明显是国家机关，如宫室则明显属国王个人掌握。但总的说来这时政府很大程度上仍是国王个人的，由国王发号施令，执行的是他的意志。国王的口头决定由宫室传达给锦衣库，再由它转达给中书省，形成文件（如令状等），用大玉玺发出。而财政收入则由财政署收齐后分给宫室和锦衣库使用。不过国王也时常直接口头给中书令和国库长发指示，而宫室和锦衣库也有自己的收支账目。

中书省这时仍主要是起草令状和各种文件并发出这些文件给各处执行的机关。其成员除中书令外，往往还有四五人，由国王指定，并得随时撤换。由于政务日繁，这里也有大量从事各种工作的小吏，估计达60人，负责保管、登记各种案卷。1338年爱德华三世在渡海作战前，发出瓦尔登法令，规定了中书省的工作制度及权限，主要是把中书省置于国王的严格控制之下。如无小玉玺的确认，中书省不得发出拨付款项的文书；除一般日常行政司法事务外，中书省用大玉玺发出的文件，均须经由小玉玺确认，形成大玉玺受小玉玺控制的制度①，以后一直沿用。

中书令的地位却起了很大的变化。一是随着御前会议的兴起，中书令成为其当然成员，并逐渐演变成为御前会议的领袖，有如后来的首相。也有人认为13世纪起宰相一职不再设立后，14世纪起中书令即为首相。

财政署是中央重要机关，它是国库收入的主要渠道，亦为支出主要部门。13世纪锦衣库兴起虽使它的财权有所减弱，但并不严重。14世纪国王对它的控制加紧了，使其日常工作也在小玉玺发出的令状的支配下进行。封建贵族则力图使它成为唯一的王室收支机构，以限制国王的财权，不过并不成功。

14世纪20年代财政署进行了一些内部改革，使其更有效率。如对它的记账办法进行改革，过去所记的账目（pipe rolls）把一应收支都记在一起，十分混乱，账目不清，难以理解。现在则把来自各郡的收入和债务等

---

① Myers 1998, 497.

的收入分开记载，同时也增加记账工作人员的数目。财政署男爵专门检查账目是否正确。财政署作为法庭的职能有所减少，只审理有关王室财政案件。还规定了锦衣库应把得自财政署的款项登记造册，每年向财政署报告，对失职不报者要进行处罚。

财政署的收入主要可分两大类，第一是国王作为全国最大地主及最高封君而取得的，包括各郡的王田收入，直属国王城市所纳款项，以及依封君权利（包括监护、没收、继承金等）取得的收入；第二类是作为国家权力机关依靠强力而取得的，如法庭罚金、铸币收入等；第三类则是各种税收，包括财产税、人头税、关税、部分的什一税等。这第三类按照封建原则是属于额外收入，是纳税者的额外负担。14 世纪由于封建主不堪忍受越来越多的额外负担，所以才提出了"国王靠自己过活"的口号。但实际上所谓的正规收入已经不能维持王朝的支出，必须依靠额外税收。例如，1374—1375 年，英国财政署的总收入为 112000 镑，其中只有 22000 镑来自国王领地的收入，82000 镑来自直接和间接税收，其余是贷款。亨利六世统治初期，仅关税年收入就达 30000 镑，而他的年平均收入不过 57000 镑。①

锦衣库的地位 14 世纪起较前有所下降，它原先行使的一些职能又为财政署、宫室等收回。前已指出，锦衣库本是王廷下的一个部门，其活动特征是随王行动，在王左右，所以国王使用起来十分方便，便逐渐把它发展成为一个执行机关，集中各种财政、行政、司法权限于此，使它日益膨胀。这使国王个人统治的色彩过分鲜明，助长了他的独断专行。引起一些贵族的不满和反对，在冲突中锦衣库的作用逐渐降低。

1311 年的法令，曾经规定锦衣库中重要官职之任命应取得议会中贵族之同意，并规定由锦衣库发出的用小玉玺的令状，不得延阻法律之施行。因为这时锦衣库已成小玉玺之保管处，可以发出各种令状到各部门令其执行。这一规定旨在不使国王干扰普通法法庭的正常工作。到 1318 年，把小玉玺移出锦衣库，另设小玉玺保管处，专门有人管理。这样小玉玺脱离国王、王廷的控制，锦衣库的力量也为之削弱。在财政方面，由于军费开支日大，锦衣库无力筹措，只能仍由财政署管理。于是锦衣库又下降为一个供应王廷开支的机关，不能和 13 世纪时的掌管一切的权势相比。

与锦衣库的衰落相对应，宫室的地位这时却有所上升。因为在个人性

---

① 波斯坦、里奇、米勒 2002，269。

质的封建政权下，国王总是需要有一个机关执行他个人的一些决定。于是就又利用宫室。国王在小玉玺不便使用后，又使用了秘玺（secret seal），作为其个人意志的颁行证明，后来秘玺也不再使用，而改用王印（signet），以发出各种令状。而秘玺和王印的保管，都归宫室。由此国王通过宫室发布自己的命令，令各处执行。国王还把一些没收取得的地产交宫室管理，使其具有了财产和收入，更便于工作。这种情况一直延续到都铎时期。

3. 地方机构

14世纪各郡郡守势力衰落，他的权力被郡内其他各种官吏分享。这时出现了没收吏（escheators），他专管郡内王室依封建权利享有的各种收入；王庄管理员（keepers of royal manors），管理各郡王田；治安员（keepers of the peace）是后来治安法官之滥觞，负责郡内警务和司法；以及督察官（coroners），他从理查一世以来即主管司法、行政的许多事务，并监督郡守的活动。这诸多官吏中，重要的是督察官，他的地位逐渐和郡守差不多。他由郡内选举产生，一般为终身制，和中央机关有密切联系，如中书省时常从他那里取得情报，以帮助政府在赦免等方面做出决定；财政署则命令督察官检查郡守及其下属的财务活动，有无违法情事。他和中央法庭的关系尤为密切，负责各种案件的调查和记录，时常和郡守一起活动，共同主持法庭，巡回各地等。督察官一般每郡4人，各有辖区，如区内有突然死亡事件，则由他会同陪审员调查并记录，所以也把他译成验尸官。他还负责处理上诉到郡法庭的各种案件，十分忙碌。

十四五世纪各郡兴起治安法官，在管理上起了很大作用。原来实行巡回法庭制度，一年两次巡回法庭在各郡开庭，审理有关民刑事案件，负担很重。于是在地方上起用治安法官来分担其案件。爱德华一世在各郡设治安员，主要工作是协助郡守维持治安，缉拿罪犯。爱德华三世时，1327年命令在各郡指定善良守法之人维持治安。1330年，治安员受命接受陪审员对罪犯之裁决并羁押之以待巡回法庭前来审理。[①] 1361年法律规定每郡应任命一贵族维持治安并有三四名当地尊贵及娴熟法律之人士协助之。他们有权进行逮捕，听取裁决，并在国王法庭上审判一切大罪和侵权行为。[②] 由之治安员转变成为治安法官，有权进行审判。治安法官主要都是当地的

---

① Myers 1998, 533.
② Ibid., p. 541.

乡绅、骑士，其权力不断扩大，每年四次在当地开庭审判罪犯，并听取对当地郡守、管家及市长之申诉，几乎完全取代了巡回法庭的职权，后者只保留对叛逆罪的审理权。1348年黑死病后，治安法官又受权实行劳工法令，管理工资和物价以控制物价上涨。到15世纪，治安法官组织成为地方上的最有效率、最有权力的司法行政机关。

三　法律制度的变化

1. 法　庭

14—15世纪英国原来的中央三大法庭还在发生作用，这就是王座法庭，普通诉讼法庭和财政署法庭。王座法庭主要审理刑事案件，普通诉讼法庭主要审理民事案件，财政署法庭则主要审理有关国家财政、税收的案件。当时审理案件是一项有利可图的事，可以通过收取各项费用而谋利，所以三个法庭为争取得到更多的案件展开激烈的斗争。其中因为普通诉讼法庭审理的是民事案件，所以它的案件数目最多，于是它也就成为其他两个法庭设法夺取案件的目标。夺取的办法法律上叫做拟制（fiction），所谓拟制，就是以假当真，把本来不是这样的事硬当作这样的事，就是指鹿为马（英国普通法应用拟制解决问题，这可真是盎格鲁—撒克逊的智慧了）。①

财政署法庭夺取普通诉讼法庭案件的办法，就是把民事案件硬说成是有关国家财政的案件，这一办法所用令状的名称是 quo minus，即在有关一桩民事案件的诉讼中，原告向财政署法庭宣称，他是国王的债务人（实际上他根本不是），但因为被告给他造成侵害，使他无法向国王偿还债务。于是财政署因此获取了对这一案件的管辖权，案件也由财政署法庭审理。

王座法庭夺取普通诉讼法庭案件所使用的令状是米德尔塞克斯法令，即原告先以侵权罪起诉被告，这样王座法庭便获取了管辖权，因为早期的侵权被认为是犯罪，于是王座法庭便向米德尔塞克斯郡的郡长发出逮捕被告的令状，而被告一旦被押，王座法庭便可对他提起任何诉讼，这样王座法庭便获取了对普通民事案件的审理权。如果被告不在米德尔塞克斯郡，

---

①　梅因说拟制是"能满足并不十分缺乏的改进的愿望，而同时又可以不触犯当时始终存在的、对于变更的迷信般的嫌恶。""是克服法律严格性最有价值的权宜办法。"不过边沁直截了当说拟制就是诈欺。参看梅因1959，16。

那么王座法庭还要发一潜逃令给被告所在郡的郡长，令其拘押被告。因为被告并不总在米德尔塞克斯郡，所以后来潜逃令就成为这一法律拟制的正式令状了。

除了这三大法庭外，这时还出现了新的中央法庭，其一就是议会的上院。英国中世纪的议会，本来是从大会议演变出来的，后来的上院基本上就是大会议，而大会议一直就具有司法权，所以议会的上院主要职能之一是司法，也有人强调中世纪的议会不过就是一个司法机关。上院的司法权主要有三项，一是审判犯有叛逆罪或者大罪（felong）的大贵族（peers）；二是对下面的普通法法庭审判案件的错误进行纠正；三是对被弹劾的大臣进行审判。另外一个重要的中央法庭就是御前会议法庭，后来发展成为衡平法庭。对此我们要稍微多说几句。

我们知道，13世纪普通法形成，在当时是全国统一的法律，有其进步意义。可是普通法是一种判例法，依令状进行审判。每个案件均须取得（买得）相应的令状，如果令状不合就不能提起诉讼。本来中书省可以根据需要颁发新令状，后来因为贵族的反对而此权被取消，于是普通法日益趋向僵化。如果要想在普通法法庭进行诉讼，首先必须申请到和案件相合适的令状，每一种令状只适用于某一类案件，令状对审判程序、判决方式、执行方式等，都有规定，必须遵照执行。普通法审判程序烦琐，过程缓慢，费用昂贵，已经无法满足日益复杂的社会的需要。于是不断有人向御前会议提出申诉，要求解决普通法法庭解决不了的案件和改正错误的判决。御前会议审判案件的依据，是国王的司法权。在中世纪，司法权最终归国王，国王应主持正义，公正审判，但是，御前会议的审判权，却遇到议会的反对，议会主张，御前会议不具有对普通法法庭案件的审判权，尤其是不能作为初审法庭，并曾在14世纪多次通过法律禁止御前会议审理有关案件。① 议会认为它自己才是改正普通法法庭的案件的地方。

虽然议会反对御前会议审理案件，可是同时却又不得不承认，御前会议的审判有其必要性。这就是因为御前会议的首脑是中书令，它里面的重要成员，和中书令一样，也大都是教士阶层。当时教士受罗马法的熏陶，不大受僵化的普通法的过多约束，处理案件比较灵活自由。例如，普通法审判采用陪审制，可是当大贵族犯罪时，陪审制往往无法进行，因为没有人敢对他们进行判决，这样案件就要归御前会议法庭审理。而且御前会议

① Lyon 1980, 615.

法庭也不用令状审理，更为简便易行。这样御前会议逐渐在刑法方面确定了独特的自己所能审判的案件，形成了刑事法庭，有自己的司法审判程序，这就是后来著名的星室法庭，以其审讯时采用酷刑迫使犯人承认犯罪著称。在都铎王朝时曾被利用来打击不法贵族，但于 1641 年被废除。在民事案件方面，中书令一直是代表国王施行公正审判、改正错判的地方。他的案件越来越多，许多受到不公正判决的要求改正，或者老弱病者遇到的对手太强大、希望从国王那里得到救助等等，于是在中书令下面，逐渐形成了正式的法庭办事人员，组成衡平法庭。

2. 法律内容

十四五世纪的法律在普通法方面，并没有太大的变化。在刑法上，主要内容就是前面已经提到的叛逆罪的规定，即 1352 年律。其内容主要可分三个方面：1. 图谋杀害国王；2. 参加反对国王的战争；3. 支持国王的敌人。① 以后叛逆罪有所扩大，凡图谋废除国王或者用武力胁迫国王者均可被认为是谋害国王而犯叛逆罪。可是我们也知道，就是在 14 世纪，发生了两次废黜国王、谋杀国王的事，可见法律的规定仍然改变不了政治实际力量的对比。历史并不按法律规定行事，因为法律就是人规定的。

在民法方面，比较大的变化一是普通法中，限嗣继承律因为不符合社会经济发展的需要，用合谋诉讼收回（recovery）的办法来阻却其实行，日益普遍应用（前面已经述及）。二是在衡平法中出现了对用益权的保护。在十四五世纪时，用益制（use）和委托制（trust）日益流行。即土地的受封人把自己的土地转封给另外一个人，这个人代表原来地主掌管土地，但仍将土地的收益交给原来的地主或者按照地主的命令交给第三者，由此形成了土地的用益关系。原来的土地主人或者第三者被称为受益人，而土地的经营者被称为受托人。这种制度出现的原因有多种：一是封建主为了躲开死手律对把地产转移给教会的限制，把地产转移给某一个俗人，而后让他把地产的收益交给教会；二是 15 世纪时封建主内部斗争激烈，失败者往往被处以叛逆罪，地产尽数没收。为了逃避在失败后地产被没收的遭遇，给自己的后代留下财产。于是封建主在先即把自己的地产转封给另一人，但言明地产的收益要交给自己和自己的继承人。这样即使犯了叛逆罪，他的地产名义上早已不归他所有，因而不会被没收；第三就是封建主为了使地产逃脱封建义务而采取的措施，因为当土地再分封后，中层的封建主对

---

① Myers 1998, 403; Lyon 1980, 632.

上级所负担的义务就可大大减少，甚或取消。① 但是普通法不承认用益制，它只承认所有者（严格来说是占有者）的权益，而不承认受益人的权益，如果受托人违约不把收益交付给受益人，在普通法中找不到救济办法。但是御前会议法庭——也就是衡平法庭受理这样的案件，可以命令受托人履行其义务，如果他不履行可以藐视法庭罪把他投入监狱。衡平法庭所以如此判决的理由，就是所谓公平、公正，即是根据正义、良心对不法行为予以制裁，对受害人给予救助，以自由裁量权来补充主体法律的不足，由此产生了衡平法（equity）。②

衡平法除了对用益制的救济外，还有对抵押制的救济等，不过十四五世纪衡平法还没有充分发展起来，是十六七世纪它才得到充分发展。

四 议会的兴起

中世纪英国政治机构、政治制度的一大特点，就是议会的兴起。议会逐渐成长为定型的政治实体，在封建时代已发挥作用，并一直保存下来，构成近代英国代议制政府的基石。不过，由于存在着对代议制民主的迷信，又由于在英国，17 世纪以来，对议会的研究，是在托利党和辉格党的斗争中进行的，因而夸大了议会在中世纪的作用。后来由于研究的深入，也产生了各种不同的看法。例如理查森和塞勒斯二人就致力于纠正夸大中古议会的论断，用力甚勤。我的叙述即注意采择他们的一些观点。

英国议会史的权威是斯塔布斯的三卷本《英国宪政史》。斯塔布斯深受当时德国学派的影响，相信日耳曼说，他虽然精通中世纪史学，掌握大量资料，但他研究的意图是找寻远古的民主。所以塞勒斯说他的宪政史写作是按思维模式往里填史料，而不是根据史实得出结论。③ 斯塔布斯认为中古议会的主要内容就是三件事，即人民代表、立法、税收。当时英国编写了不少关于议会的史料，可是由于认识的局限，大都是关于召集参加议会的令状和议会本身的记录。本来早期的议会是和大陆各地一样的等级会议，并无人民代表的意义。可是当时所编的一种史料却说爱德华一世时的议会有两种，一种是国王的大会议，这是备咨询并作法庭的；而另一种则

---

① Bean 1968, 126-148.
② 用益制参看，陈志坚，《"为他人的利益而占有财产"——中世纪英国的地产托管、封土保有与家产继承》，《历史研究》2009 年第 3 期。
③ Sayles 1974, 11; Richardson and Sayles 1963, chapter 1.

是人民代表的议会。斯塔布斯则走得更远，本来该史料还说这后一种议会是例外，而前一种是经常；可是斯塔布斯却说后一种是经常。① 于是似乎从一开始议会就是人民的代议机关了。1893 年，梅特兰在编辑出版的 1305 年的议会史料的导言中，对流行的斯塔布斯议会学说提出疑问，他说 14 世纪的下院，国王并不向它要钱，也不要它同意新的立法，它在西敏寺（议会开会的地方）三周所做的事只能猜测（因为资料缺乏）。② 后来波拉德提出早期的议会基本上是一个高级法庭，批评斯塔布斯夸大了中世纪议会的政治作用，主张中世纪议会史应该重写。③ 塞勒斯多次指出，中世纪的英国议会只是一个 court，是在政府各部门和各 court 之上的一个 court。由国王决定他所召集的会议是否是议会，由国王决定这个会议上是否要通过法律、讨论税收和是否要召集群众代表。议会主要是一个司法机关，而并不是决定军国大事的机关，更不是人民代表机构。④ 所以塞勒斯和理查森不认为议会下院在中世纪有多大的作用，他们只是贵族手中的玩具，没有什么独立性。英国议会的研究基本上就是围绕这两大派展开的，虽然有许多著作，但观点大致不脱这两种。不过有的较为折中而已。为此，有人提出，应该对中世纪英国议会史分阶段进行深入的研究，以取得进一步的成绩。⑤

1. 议会的渊源

英国议会何时形成、如何形成的问题，往往要看你对议会如何认定才能决定，所以答案各有不同。前已指出，英国国王的周围，主要有大会议和小会议两种机构，13 世纪以后，小会议逐渐成长为御前会议，由地位不高但专业的办事人员组成，是一个官僚机构，国王命令的执行机构。大会议则是小会议的扩大，主要是邀请大封建主参加，以讨论决定重大事项。这种大会议，应该是和西欧各地都有的等级会议一致的，即由三个等级组成，包括教士、世俗贵族和第三等级——城市代表。13 世纪时，大会议一般被称为 magnum concilium，而小会议（即御前会议）则只称 concilium。但同时也另有别的名称，如用 colloquium 来称呼大、小会议，也有时用 parliamentum 这个字来称呼。英语 Parliament 来自法语 parlement，字根为动

---

① Sayles 1974, 12.
② Ibid., p. 14.
③ Guenée 1985, 228.
④ Sayles 1988, 25-26；Sayles 1974, 20, 85.
⑤ Guenée 1985, 230.

词 parler（说）。所以 parlement 就有在一起讨论的意思。长期以来，council 和 parliament 这些字都是混用的，并没有严格的区别。在英国王室记录中是 1236 年使用了 parliament 这个词①，但在此之前，一些私人的记载中早已使用了这个词。②

斯塔布斯从强调中世纪议会的政治意义出发，主张 1265 年西门·德·孟府召集的有城市和郡代表参加的会议是英国议会的滥觞，而爱德华一世于 1295 年召集的议会是模范议会，是议会的正式开始。③ 不过这一说法现在已经被否定了。但我们如果同意塞勒斯等人的意见，主张中世纪的议会主要就是一个法庭，是用来审判重大案件的，那么似乎议会何时开始的问题就不好解决，因为国王一直有司法权，他所召集的大会议或者议会一直是一个重大案件的审判机构，这个习俗一直保留到现代的英国，还有遗迹可寻。

关于议会的立法和税收权问题，则这个时间更无法确定。当时并无立法权属于谁的明确概念，爱德华三世制定许多法律，所以实际上立法权在国王是不言而喻的，至于税收权，则更是在于国王。因为征税往往是为了保卫国家，而臣民因此必须纳税。国王不一定要在议会上讨论税收，他可以和其他等级在任何形式的会议上讨论，要求他们纳税。许多税收都是在地方性的会议上或者和某个有关等级来讨论决定，而且代表并没有权力，所以有时会发生同意了的税收但仍然征集不起来的情况。④

所以，13 世纪还说不上是英国议会形成的时期。国王为了解决统治上的问题，有时召集御前会议，有时是大会议，也有时是议会。这三者甚难区分。据一项统计，1272—1307 年期间，共召开过 42 次会议，其中 21 次是单独的大会议，21 次是有代表参加的议会⑤；还有一个统计是 1258—1300 年期间，共召开各种会议约 70 次，其中有城市和郡代表参加可称为议会的只有 9 次。⑥ 另一说则是 1258—1272 年间，大约开过 34 次议会，其中有骑士的只有 4 次，市民的只有 1 次。⑦ 到了 13 世纪以后，议会越来越多地召开，其重要性也越来越体现，它逐渐成长为一个统治机构。大致是

---

① Sayles, 1988, 12; Sayles 1974, 40.
② Butt, 1989, 80.
③ Stubbs 1880, v. 2, 139-140.
④ Sayles 1974, 89-90.
⑤ Гутнова 1960, 336.
⑥ Lyon 1980, 418.
⑦ Sayles 1974, 64.

在 1275 年,可能决定每年召开议会两次,一次是在复活节后,一次是在米迦勒节后,即春、秋季各一次。如有特殊需要,国王还可以召集。①

2. 议会的召集

从 14 世纪起,由于财政和形势的需要,国王不断召集议会。14 世纪大约每年召开一次,有时本年虽然没有召开,但另一年可以召开两三次。会期较短,一般约二三周。15 世纪内乱频仍,议会召开频度有所减少,平均两年一次,但会议时间延长,可达两三个月。参加议会的成员是分别召集的。大贵族包括大主教、主教、伯爵、男爵等,每个人都接到一份召集赴会的令状,他们大约为 100 余人,都是国王的直接封臣,前来参加议会仍然是封臣奉召出席封君法庭,提供咨询和审判同级贵族这样的名义,所以是必须出席的。从爱德华二世起,这些贵族被称为 peers,指伯爵和男爵,他们是除国王外社会地位最高的一个等级,其意为社会地位相等的一个集团。② 他们的特权就是被单独召集出席议会,其地产只能由长子继承,爵位世袭,后来成为议会上院的贵族集团。

骑士和市民代表是集体召集的,把令状送达各郡郡守,指令他们于郡内选派两名骑士,各有权参加议会的城市选派两名城市代表,参加议会。骑士代表每郡 2 人,当时共有 37 郡,应有代表 74 人。选举在郡法庭上进行,郡法庭也就是前面说过的全郡的民众大会,按理全体自由人都应出席。实际上当然办不到,参加者只是很少一部分人,是当地的骑士、乡绅、富裕自由民等,估计约有二三百人左右,也许还要少。③ 当然我们不能用现代的选举去想象中世纪的议会代表选举,所以说这时的选举这个字应该译为选择(select or choose)。④ 大致都是由郡守指定的亲信或者地方有势力者的代理人成为代表。而且一般说来人们并不愿意担任代表,因为出席议会的任务不过是被迫去同意国王的税收要求,还得自己开支一应花销,所以总有代表不出席议会,而国王规定不出席要被罚款。后来议会的地位日渐重要,代表也成了贵族钻营的目标,引发党派斗争,营私舞弊等事层出不穷。十四五世纪国王曾经发过好多令状和法律,强调选举代表要公正进行。1406 年,下院曾提出请愿书,抱怨郡守在选举中舞弊,为此发布法令,对地方选举程序有所规定,说明郡守所报告的当选人名后面,应

---

① Sayles 1974,71.
② Ibid.,p. 100;Butt 1989,208.
③ Гутнова 1960,385.
④ Butt 1989,256.

有全体选举人名单和他们的签字以为证明。1410 年法律规定由治安法官监督选举，由他们调查郡守所报当选人名是否属实。如郡守妄报，则罚款 100 镑。事实上郡守在选举中所以作弊，往往是地方显贵势力的影响。在十四五世纪封建贵族内部派别斗争日益激化的情况下，这些法律并未能发挥多大作用。

城市代表的产生则还要复杂。哪个城市选派代表，也许有的是由郡守决定，也许因为它有特权证书，或者也许是因为它交纳更高的协助金。所以每次议会城市代表的数目都不一样。爱德华一世时召集的城市为 166 个（或云 177 个），但根据后来的数目统计，十四五世纪每次出席议会的城市平均为七八十个。①

城市代表产生的办法随城市而不同。如最大的城市伦敦，是由市长和区长先提出候选人（一般由区长充任），然后召集区长和显贵市民选举产生。又如林城，则是于指定之选举日，市长召集上层市民在市政厅开会，当众高声宣读令状，然后指定 4 人，这 4 个市民再指定 4 人，再由这 8 个市民指定 4 人，一共 12 人。这 12 人不言而喻都是本城中富裕和有势力的主要人户，他们离开大厅选出本城的代表 2 人，再把这两个代表的名字写在纸上交给办事员，由办事员当众宣布当选者。无论形式如何，各城市代表绝非由人民选举产生，不过是由一小撮市政寡头操纵指定而已。值得注意的是一些城市代表并非市民，而是由郡守、封建贵族指派的乡村显贵，因为那里的工商业势力低落，仍然受封建主控制，所以由封建主指派自己的亲信充当城市代表也就不足为奇了。

召集议会的令状反映了国王对参加议会者的要求，对大贵族的令状是说让他们来讨论和建议，而对骑士和市民则是听和做。即对国王和大贵族共同做出的决定表示同意，照此办理。② 只是后来由于形势的变化，代表的意见才日益变得重要起来。

3. 两院制的形成

英国议会和大陆上的三级会议本属同一类型，即都是等级代表会议，其成员是封建社会中的三等级，教士、世俗贵族和第三等级（劳动者）。在官方的记录中也往往这样认为。但实际上英国的议会在发展中形成了上院（贵族院）和下院（平民院）的两院制，这和法国等国的情况有所

---

① Maitland 1946, 174.
② Joliffe 1937, 351.

不同。

首先是教士代表退出了议会。在13世纪开始召集议会时，除大贵族中有大主教、主教、修道院长等外，还召集教士代表、即下级教士代表与会。但教士早就有自己的宗教会议（convocation），由两个大主教（坎特伯里大主教和约克大主教）召集，高级教士和下层教士代表参加，讨论决定如何向国王交税等事件。所以教士应向国王交纳多少税，可由宗教会议决定，教士没有必要再去参加议会。14世纪初教士代表即不再参加议会（大主教、主教等是以其世俗贵族的身份与会的），1332年之后议会记录上不再提及教士代表，虽然国王在召集议会时仍然不断召集他们。到爱德华三世时这一表面上的召集也告停止。

14世纪议会的另一发展就是骑士作为地方代表和市民坐到一起讨论问题。本来骑士是和大贵族在一起讨论问题的，因为他们同属封建主阶层。后来大贵族形成自己的单独的集团（peers），骑士被排除在外。可是他们长期仍然未和市民坐在一起，因为他们自认为社会地位高于市民，而国王也时常要求市民单独讨论税收。不过在经济方面，骑士和市民的利益日益接近，他们中的许多人已经放弃战争职业，转为经营性地主，再加上前面所述的许多市民代表仍然是由地主充当，所以骑士和市民代表有越来越多的共同语言，在一起讨论问题。

14世纪中期，两院制基本形成，上、下院分别在不同的地方讨论。有明确记录两院分别开会的时间是1343年，但在这之前应该早已这么办了。① 在讨论完成后，由代表分别向国王报告结果，两院也有时进行必要的协商，解决分歧，得出共同的结论。

上、下院分开后，上院仍然占有重要地位。上院的参加者是大贵族，被认为是协助国王进行管理的，因而有权力讨论国家大事。它同时是最高法院，审理下级法院的错误判决和对同等级贵族的叛逆罪和大罪等。上院贵族也是国王的征税对象，讨论是否同意国王提出的税收要求，并给予答复。前面已经指出，当时上院和大会议也不易区分，国王召集贵族，讨论大事或者其他问题，但更多的是进行审判。下院的职责主要是讨论决定是否同意国王提出的税收要求，另外也提出各种请愿书，要求国王采纳。虽然由于经济实力的增长，下院的地位日益重要，但封建等级观念依然支配着当时的议会。1399年大主教阿伦德尔就下院的重要性发表的看法代表了

---

① Butt 1989, 301.

当时的流行意见。他说，司法权属于国王和上院贵族，下院议员只能说是请愿者和要求者，但是在制定法律，决定税收，以及涉及全王国共同利益的其他事件时，国王也特别希望得到他们的建议和同意。① 甚至在下院中，骑士和市民的地位也不平等。骑士是贵族，是绅士，一般记载都提到他们的活动而较少提到市民。下院议长在中世纪时迄未有市民担任。还有可能是开会时骑士是坐着而市民是站着。②

4. 议会的权利和王权

中古英国议会争取到的最重要的权力，就是它获得了批准税收的权力，这也是它赖以存在、发展的基础。当然这个权力的获取，也有一个长期的过程。

前已指出，1297年爱德华一世时的宪章确认书，是重复1215年大宪章的内容，说明如无全国公众之同意不得征收额外协助金和税金等，依然是封建词语，含糊不清。因为按照封建原则，盾牌钱、协助金、以及任意税等，是国王一直有权征收的。只有动产税等才属于额外税收，是国王正规税收不足时的补助金，故它征收时需要取得全国公众之同意。③ 只是因为14世纪时封臣制基本瓦解，盾牌钱等无法征收，国王主要依靠动产税，所以和议会的关系才变得复杂起来。

不过一开始这并没有限制国王的税收权利。因为当时所谓额外税收，一般都是用做军费的，而保卫国家是国王的职责，臣民当然也就必须纳税。所以只要国王提出征收额外税要求，一般都是会得到满足的。另外，国王还可以和封建主、城市、某个地区个别谈判税收问题，加以征收，他不必一定要在议会中解决。所以他活动的余地还是很大的。特别是国王还有权征收关税、商业税等，他可以用给予商人以贸易特权的办法，诱使本国或外国商人同意交纳某种税率的关税。14世纪羊毛出口税和葡萄酒进口税大增，国王由此得到大量收入。但是因为百年战争引起军费增长更快，爱德华三世乃把羊毛出口税从每包6先令8便士提高到40先令，商人不满，议会提出征收关税也需议会同意的要求，也得到国王的认可。但实际上，羊毛税、桶税（进口葡萄酒税）和磅税（进出口其他商品税）都是国王的专利，他一直控制着它们的征收权。议会曾经批准亨利五世、亨利六

---

① Davies 1981, 132.
② Ibid., p. 121.
③ 据塞勒斯说，中世纪并无公众同意字眼，commune concilium 的全称是 communi consilio baronum nostroum（by the common counsel of our barons），即在全体男爵的建议下。Sayles 1974, 25.

世、爱德华四世终身享有羊毛税、桶税和磅税（后来还有呢绒出口税）的征收权，而不必经过议会讨论。

为了和国王的横征暴敛斗争，议会利用了请愿书的办法。议会的职责是一个法院，如遇不公正对待，或者受到不公正的判决，可以到议会（即上院）申诉，这就是请愿书的由来。最初请愿书都是个人提出的，而且净是一些琐碎小事，后来出现了由下院集体提出的请愿书。于是下院利用这一手段来和国王讨价还价，即要国王先同意议会的一些请愿书的要求，然后才同意纳税，启动了一种"先改正，后供给"（redress before supply）的程序。这是从爱德华三世时期开始的。有时议会可以获得成功，有时国王对它的要求予以拒绝。到兰开斯特王朝，这一争夺仍然在继续。议会一般采取推延表决的办法，迫使国王接受其要求。由于国王迫切需钱支持其活动，这一办法时有奏效。"先改正，后供给"渐成为一种惯例。①

议会还争取对国王的财政实行监督。14世纪40年代开始，议会通过税收时往往说明其用途，并且还任命专门人员，管理这项税收的使用，以免被滥用或浪费，不过这一行动也有时遭到国王的拒绝。另外，议会还争取取得税收的动议权。本来下院地位低于上院，他们只能向国王请愿，其请愿书后来变成法律时，一般说明为"在下院的请求下，经教会贵族、伯爵、男爵等同意，由国王制定"。后来因为税收主要是下院所代表的城市和郡交纳，所以下院应优先讨论。1395年通过的税收法案即写明为"由下院制定，上院建议和同意"，不过这也只是形式上的。1407年的议会上，由国王和上院先商定一项税收，然后交下院通过。为了工作迅速，要求下院选送12人来和国王、上院讨论，即把已经规定好的税收数目告诉他们，再由他们转告下院全体。可是下院拒绝这样做，认为这侵犯了他们的权利，坚持应该由上、下院分别讨论税收数额，然后把决定报告国王。重申税收应该"由下院制定，经上院同意"的原则②，由此开创了税收法案由下院提出的惯例。

当然，我们还应该注意到，"先改正，后供给"，对财政实行监督，税收的动议权等等，这些惯例刚刚出现，还十分不稳定。只是百年战争期间，军费过大，国王为取得军费临时做出的让步。国王认为这只是权宜之计，只要他们认为已经取得了主动权，就可以完全不再遵守这些让步。就

---

① Myers 1998, 455.
② Ibid., p. 461.

是税收的批准权，国王也并未完全被议会所控制。理查二世就曾向富裕的臣民强迫借贷，以充国库，而对贷款并不偿还。爱德华四世更把这一办法正规化，而美其名为臣下的志愿献纳，这种办法到都铎王朝时期仍在继续。

关于立法权的问题，则更不能说议会有了明确的权利。14世纪时法律（statute）和法令（ordinance）有了区分。法律由国王和大会议制定，已是普遍性的，不受时间限制的；而法令是国王和其御前会议制定，是临时的行政命令或专门为某事颁布的规章等。议会兴起后，立法也有时有议会的参与，即请愿书通过成为法律，但其书面语言仍然是说明经下院请求，上院同意，由国王制定的。后来下院利用请愿书设法取得法律的创制权。1327年，爱德华二世被废，反对党控制了局势，议会以下院全体名义提出请愿书，要求改革，这被认为是下院全体提出议案之始。在当时的语言中，请愿书（petition）和议案（bill）是可以互换的，其意义并无不同，都是指一种抱怨、申诉，到15世纪才有了向议会提出请愿书的习惯用法，才有了公法案（public bills）和私法案（private bills）的称呼。[①] 请愿书如被通过，即可成为法律，下院通过提出请愿书而逐渐争取获得法律的创制权。

但这种立法的创制权并不巩固，其形式仍是下院向国王提出请愿，国王可以接受也可以拒绝，也可对请愿书做出修改，而且即使接受，这种请愿书也不能原样作为立法通过，还必须由御前会议成员改写成为一种法案，再由议会通过。在改写时，会把原来的要求改得面目全非，与下院的本意完全背离，或者只取其有利于国王、大贵族的方面。而在法律通过后，国王还有废除它或者限制、停止的特权，所以这方面也时常引起纠纷。

1341年，爱德华三世与大主教斯特拉福的冲突，因为支持大主教的贵族控制了议会，迫使爱德华通过限制王权的立法。不久，爱德华就以御前会议的名义制定法令，废除了1341年法律，因为它明显地违背了英国的法律和习惯，也违背王权和王的特权。[②] 可是1343年的议会，又提出请愿书说这一法令不应该被废除，但国王没有接受。另外，国王还有对法律的部分中止权和搁置权，前者是指他可使该法律对某人或某案不生效，后者是

---

① Sayles 1974, 79 n. 21.
② Myers 1998, 441-442.

指他可使该法律暂不实行。这种权力的运用也往往可使议会的立法无效。所以，在中世纪的英国，立法权仍然控制在国王手中，法律的制定只有通过"国王在议会"（king in parliament）这个形式方才能够成立。

一些学者还主张14世纪议会取得弹劾大臣的权力，由此以后可以对行政进行监督。其实当时所谓的弹劾，完全是一场统治阶级内部的党派斗争。1376年弹劾事件，起因是爱德华三世晚年，统治阶级内部形成了黑太子党和兰开斯特党，1376年黑太子党控制了议会，对掌权的兰开斯特党发起弹劾，控诉大臣拉铁摩尔和伦敦富商莱昂斯等人。因为议员普遍对爱德华三世的横征暴敛不满，所以反对的声音占了上风。代替国王爱德华掌握议会的兰开斯特公爵高恩脱的约翰虽然十分恼怒，但因为力量对比对自己不利，只好在下院的提议下，由上院判决拉铁摩尔等免职，逮捕下狱，听候国王处理。但不久黑太子病死，高恩脱的约翰又复得势，于议会解散后即宣布判决无效，拉铁摩尔等人尽皆官复原职。1388年的弹劾，则可以说是专权的国王和议会反对派的斗争，这场斗争以国王的失败告终。至于说这时议员的言论自由权，不受逮捕权等，则更是一些个别事例，是国王临时性的让步。

我们必须了解，英国普通法的一大特点，就是它是主要由惯例构成的。议会的许多规章制度，都是长年累月惯例形成的结果。要追寻惯例的起源，当然可以追溯到很远，所以1215年的大宪章就可以是英国宪法的基石和主要内容。可是惯例在一开始时并不具有后来的意义，也许它只是一个偶然事件，如果没有后来的发展，它就会湮没无闻。议会的许多制度，都是17世纪英国革命的党派斗争重新提出、诠释、发展因而形成的。根据历史学的原则，不可对它的初始形态作出过高的估计。当然我们也不能过分否认英国中世纪议会的作用，它既是中古英国政治体制的一大特征，也是近代英国政治民主的一大源泉。

西方学者普遍认为十四五世纪的英国王权处在一个衰落期。从表面上看，这一时期确有王权衰微的迹象。先后有爱德华二世、理查二世被废立，被谋杀，王室内部充满党派斗争，有的国王如亨利六世不过是个傀儡。内战外战不断，财政时感困难。但另一方面，英国这时也不乏颇有作为的君主。爱德华三世驰驱数十年，在百年战争中取得辉煌胜利，赢得好战贵族的普遍支持。爱德华四世励精图治，颇有治绩，为后来都铎王朝的强有力统治奠定基础。即便是爱德华二世和理查二世也不是昏庸之辈，他们都有伸张王权的努力和成果，只是最后没有成功而已。所以单从君主个人考察，难以说清王权是否衰落。

西方学者认为这时王权衰落，大都是从制度上看问题，认为这时议会兴起，权力日张，成为限制王权的重要力量，所以王权没有以前强大。他们称这时为有限君主制①，或议会君主制。② 我国学者则一般认为这时西欧的王权建立了等级君主制，王权和城市结盟，支持王权的力量加强，并不认为王权是衰落期。但如何从政治制度上看待这时的英国王权，仍然有几句话说。

前面我们已经指出，这时的议会仍是国王的议会，是国王的下属政府机构，当时并没有后来的权力制衡观念。议会由国王召集、延期和解散，如无国王召集，议会不得召开，当然也不能行使任何权能。议会的主要功能，仍然是国王为代表的统治阶级的意志的执行机关，而并不是国王的反对派。正如塞勒斯所说的，这时离议会民主还十分遥远，议会所表达的是国王的特权，而不是国民的意志；没有国王，议会什么也不能做；可是没有议会，国王仍然能做。③

这一时期，发生了两次废黜国王的事件，是否意味着议会高于国王，这里也略加说明。1327年爱德华二世的被废立，议会所起的作用很小。当时主要是王后伊莎贝尔在法王查理四世指示下，起兵打败爱德华，把他俘获，并挟持太子爱德华（后来的爱德华三世），让他担任监国，用他的名义发出召集议会的令状。可是因为议会只有国王才可以召集，所以又从被俘的国王那里取得他的大玉玺，盖在令状上。对于支持国王的伯爵、男爵等，则不发给令状。在这次议会上，国王没有出席，其原因有的说是王后怕他一出席就会引起对他的支持，使废黜不能成功，有的说是请他前来，但遭到拒绝。但议会要废黜国王在法理上遇到了许多困难。议会是国王的议会，没有国王出席，议会如何能够召开？议会作为法院，是国王的法院，而国王是最高法官，议会如何可能审判、处分国王呢？事实上是国王的反对派一方面极力胁迫议会中支持国王的人屈服（直到最后仍有不少人反对废黜国王），一方面恫吓国王，说如他不退位就要另外选人当国王，他的家族就要失去王位了。结果是在没有合法程序的情况下，先由坎特伯里大主教在议会宣布废黜了国王，然后又通过恫吓，迫使国王退位。完全

---

① Wilkinson 1961, v. 2, 4; Lyon 1980, 589.
② Jolliffe 1937, 33.
③ Sayles 1974, 108.

是一场闹剧。①

理查二世的被废立也是差不多的情况。他是在亲信背叛下被兰开斯特家族俘虏的,然后被胁迫同意退位。但为了避免议会不能废立国王的矛盾,所以那次召集的议会被称为等级会议,不但有议员,还有其他一些人,先进行了理查退位的仪式,然后再进行亨利四世即位的仪式。完全是统治阶级内部矛盾斗争的表演,没有什么议会与国王的关系的意义。②

---

① Butt 1989, 222-230.
② Ibid., pp. 446-450.

第十六章　社会结构的变化

一　统治阶级的变迁

1. 封建主义的问题

我们前面花了不少篇幅讨论过英国封建主义（feudalism）的内容，即以服军役为条件而封受土地并因此形成的人之间的等级连锁、相互权利义务等。这种制度并不是当时由某个权威部门（如国王）规定的统一的必须遵守的规则，而是后人研究的结果，主要是 19 世纪的历史学家根据一些法律条文得出的结论。实际情况如何，则因为资料稀少，政治紊乱，战争频仍等而众说纷纭。所以关于封建主义的定义，封建主义的内容，在各国的实际情况，一直存在着大的争论。而且还因为，封建主义的描述是一种理论概括，而理论概括是从静态方面着眼的，实际上事物本身在不断变化，所以理论上的封建主义和实际上的封建主义也老是不相符合。梅特兰在谈到英国的封建主义时就说，当诺曼征服后的第一个世纪，这种以服军役为条件领有土地的制度方才扎根。可是当骑士领还未完全制度化之际，国王已经发现它并不适用，于是改征盾牌钱以代军役。盾牌钱维持了一个世纪的寿命，到第三个世纪即停止执行。即 1066—1166 年是军事封土真正实行的年代，可是并没有关于这一制度的法律；1166—1266 年，这种制度虽然还提供战士，但它更主要的是通过盾牌钱提供金钱；到爱德华一世时，可以说这种制度已经崩溃，可是关于它的法律却在这时形成。① 即 13 世纪是封建主义理论上完成之时，实际上它已处于瓦解之中。

对封建主义的质疑在西方史学界一直不断。梅特兰已经强调，抽象出来的封建主义概念和复杂的实际不相适应，理查森和塞勒斯也认为，封建主义的概念太不确定，容易产生误导。它是现代学者强加给过去的人和事的。② 1974 年布朗发表了长篇文章，重新考察了封建主义的许多定义，指出虽然学者们怀疑它的正确性，可是因为需要抽象的概念又不得不使用它。19 世纪以来，这个概念就统治着中古社会的研究，使得研究者用它来作为标准，考察实际情况和它的相同与不同，是否和它偏离等。这个过分狭隘的标准使得许多研究者的研究范围狭小，忽略了许多其他的内容。③ 在布朗的启发下，90 年代苏珊·雷诺兹详细考证了封建主义的主要内容——封土制和封臣制，对封建主义的概念提出了很大的挑战。雷诺兹考证了封土和封臣的由来，指出这是十二三世纪时法学家的创造，而和中世纪时的情况并不相符。十六七世纪的法学家又把它推广到整个中世纪以及全欧洲地区，更给以后的研究者以误导。她指出在加洛林王朝时，有许多类似封臣制的依附关系，如君主和臣民，保护者与被保护者，地主和佃户，雇主和雇工，将军和士兵等，当时不单只是 vassi 才有依附关系，而加洛林敕令中的 vassi，指的是王室的封臣，和意大利的封土之律中的封臣概念并不相同。

关于封土问题，雷诺兹指出，在 1100 年之前，土地大多是私有财产，是 allod，fief（封土）、benefice（采邑）这些字很少见。13 世纪 fief 才逐渐广泛使用，代替了 allod。土地的等级所有制，土地领有的条件性，在 1100 年之前都不能成立。到 13 世纪才建立起土地的等级所有制，是由于政府向下面征税而导致的。至于地主在土地上的司法权，教会土地则是来自特恩权的赐予，而一般地主则大多是篡夺得来的，不过国王仍然认为它是由国家赐予的。④ 雷诺兹的意见引起了热烈的讨论。⑤

对于英国的封建主义，雷诺兹也进行了专门研究，指出在诺曼征服之

---

① Pollock and Maitland 1923, v. 1, 252-253.

② 转引自 Brown, E. A. R., The Tyranny of a Construct: Feudalism and Historians of Medieval Europe, *American Historical Review*, 1974, 4, 1066。

③ Ibid., p. 1065.

④ Reynolds 1996, chaps., 2, 3.

⑤ 参看黄春高，《封建主义的解构与未来》，《思想与社会》2001 年第 1 期；黄春高，《有关封建主义研究的新动向》，《世界历史》1999 年第 5 期。

前，有贵族的赐地（bookland），但是封建主之间并没有形成有权利、义务的等级连锁；英国人当时不管是自由人还是贵族，都有向国王服军役的义务。诺曼征服并未在建立封建制度上改变英国很多，并没有输入封建法。土地直到亨利二世之前，一直是私有的，是后来的普通法才建立了封建的土地法。国王的总佃户（tenants-in-chief）很早就不服军役，而是交盾牌钱。因为根据1181年军役令，所有的自由人都要服军役，到1225年，甚至不自由人也要服军役，所以骑士领的军役很早就不是国王依靠的主要兵力了。英国的封建主义和大陆上的典型的封建主义多有不同。在英国很难区分allod和fief，土地的等级制似乎是由于末日审判书建立的，对土地权力最大的并不是最上面的国王，而是最下面的直接剥削农民的封建主。因为英国是一个统一国家，所以有向下面征税和征兵的权力，这和法国等国家的情况是不一样的。

封建主义的讨论这里不准备再进行下去，只是介绍一些情况。确实，从具体抽象出来定义、概念、范畴等总要冒很大的风险，总要发生是否符合实际的问题。不过我们也知道，科学的认识是离不开抽象的。波斯坦也说："如果没有代表整个现象群体的综合名词，那么不只是历史，就是其他所有的科学知识讨论也是不可能的。"[①] 所以，一方面，我们要重视对封建主义质疑中提出的问题，修正我们的有关看法，另一方面，我们也不能放弃了封建主义的概念，否认科学抽象的合理性。

2. 变态封建主义

以服军役为条件而封受土地，并因此形成上、下级之间的人身等级连锁，这样的整齐划一的封建主义可以说只是一种理想，实际的情况当然要复杂得多。另外，要想维持这样的封建主义，实际上也是十分困难的。从封臣方面说，奉召服军役是一项沉重负担，因此多半不愿完成，而以盾牌钱代替；从封君方面看，也不愿征召这种桀骜不驯又各自为战的骑士作为兵力，所以自诺曼征服以来，英国国王一直保留着征召民兵和城市市民作战的习惯，同时也花钱雇佣人力参战。到了13世纪，用支付金钱来征召军队的办法在国王那里也日益流行，不是要求其总佃户以封臣的名义提供多少骑士，而是和他们订立一个协定（起初是口头的，后来变成文字的），用支付一定数目的金钱来要求他们提供若干骑兵来作战多少时日。如爱德华三世1346年要赴诺曼底作战，与北安普顿伯爵立约提供军士302人，与

---

① 布洛赫2004，24。

男爵塔保立约提供157人，和爵士德·拉·波尔立约提供5人。国王供给北安普顿伯爵每日6先令8便士，男爵塔保每日4先令，爵士德·拉·波尔每日2先令，其他骑兵每日6便士，步兵每日2便士。① 与此同时，大封建主也不要求下级用封建的办法提供骑士，而是用订立协定付款的办法征集军队。如克拉伦斯伯爵，1475年，和国王立约提供120战士和1000弓箭手赴法国，再和下面的从骑士詹姆士·海德和威廉·福洛尔立约，由他们提供2名战士（即本人）和8名弓箭手。② 这样逐渐推行的结果，是原来以土地封受为基础建立的封建主义衰落下去，而代之以支付货币报酬的合同制。西方史家认为这和原来的封建主义不同，称其为变态封建主义(bastard feudalism)。

变态封建主义在英国盛行于十四五世纪，被认为是封建主义发展的一个新阶段。上世纪40年代，麦克法兰对它进行了研究，认为变态封建主义出现于爱德华一世要求有足够的军力作战，以合同制雇佣军队，合同制逐渐取代封臣制那样的权利、义务约束。③ 从此变态封建主义的研究日益发展，许多人研究各大封建主和其部下、随从的关系。一些封建主蓄养各种各样的随从，包括管家、庄头、厨师、书记、律师、家丁等，这些人有的是终身服役的，也有的是短期的，他们大都立有合同，由主人提供金钱和衣食，条件各不相同。所以大封建主家中都蓄养大批随从、家丁等，形成庞大势力。另外，也有专门为作战而雇佣骑士、战士的情况。类似的情况，在大陆上也有存在。在12世纪初年或更早，大陆上法国和德国就有用金钱支付取代土地封赐的办法，被称为货币封土。货币封土仍然是封建的性质，因为在货币封土上仍然有封建的权利、义务。后来也出现了用金钱雇佣取代封建军役义务的办法，是为合同制。因为封建主通过雇佣、蓄养等办法形成了庞大的人力储备，所以成为一大势力。这是封建晚期王位争夺、政治混乱、内讧不断等的原因。

到80年代末，科斯提出新说，认为变态封建主义主要不是金钱取代封建封土的结果，而是各大封建主对国王加强法律的一种反抗。因为英国普通法于13世纪形成后，日益流行，削夺封建主司法权，地方管理也不断强化。所以大封建主用变态封建主义以反抗国王，是对国王的法律统一和地

---

① 转引自马克垚2001，141。
② Hicks 1995，190。
③ 参看 Hicks 1995，16。

方管理的侵袭和破坏。① 科斯的说法也有不同意见，涉及封建主义的定义，和大封建主在地方上的势力等问题，如有人认为大封建主在地方上和王朝一样实行变态封建主义，起用了骑士、绅士等，它对大、小封建主都有利，增加了农民的苦难。②

波尔顿提出了另外一种看法。他研究了有关变态封建主义的三项内容，即年金（支付给随从等人）、制服（大封建主家内随从穿统一的服装）和合同制，这些在封建领主制时期均已存在，不能成为变态封建主义的特征。所以他认为不如说封建主义的变化是从领主制过渡到庇护制，领主制主要是战争时期的形态，而庇护制则是和平时期的形态。③

希克斯对变态封建主义进行了总结性的研究。他认为变态封建主义是英国贵族为得到需要的人力而和下属结成的一种关系，这种关系中由上向下分封土地成为次要，而支付金钱成为主要的方式。国王、大贵族、绅士都使用过它。它既可以用来进行战争，执行法律，行使地方权力，也可以在相反的方向起作用，即内讧、扰乱法治、把持地方政权等。变态封建主义是一种方法，而不是原因，把中世纪晚期的许多坏事归罪于它是不对的。从时间上说，他以为从亚弗列特大帝到维多利亚时代，都可以说有变态封建主义的存在，但最主要的时期是从诺曼征服到1650年为止。④

变态封建主义的讨论，和封建主义的讨论可谓密切相关，如果说封建主义的定义都成了问题，封土制与封臣制并没有像过去认定的那样准确，那么变态封建主义是否存在当然也可打一个问号。即支付金钱、雇佣军队的办法在封建时期一直存在，那么也就没有什么变态与正常的问题了。不过，我们还是和封建主义讨论持同样的观点，即抽象的定义仍然是需要的。我们仍然可以承认，十四五世纪时期，英国的封臣制是和11—13世纪时有所不同，用金钱取代分封土地给下级的办法日益流行，君臣之间的权利义务纽带弱化，形成了新的封建主之间的主从关系。可是大、小封建主的上下级关系仍然是存在的，并没有形成市场主导的雇佣关系。

3. 封建贵族的情况

14世纪初年如1327年，英国的贵族的格局大致是这样的。有7个伯爵，基本上是荣誉衔；然后是200个左右的男爵，这里面有国王的总佃户

---

① Coss, P. R., Bastard Feudalism Revised, *Past and Present*, 125 (1989), 52.
② Crouch, D. and Carpenter, D. A., Bastard Feudalism Revised, *Past and Present*, 131 (1991).
③ Bean 1989, 232-233.
④ Hicks 1995.

和大封建主；再下面是骑士和从骑士。到 15 世纪末年，封建贵族的情况发生了一些变化。大贵族形成了人数较少（约六七十户），具有特权的等级，称 peers，他们下面就是大量的骑士（knights）、从骑士（esquires）和绅士（gentlemen）。大贵族称 nobility，国王以每人一份令状分别召赴议会，世代沿袭，他们组成议会的上院。这些人的特权还有只受同级贵族的审判，有权领有合同制的随从，有权穿着绸缎、贵重毛皮、天鹅绒等衣料。这些贵族内部也进一步形成等级，1337 年，爱德华三世封其子黑太子爱德华为康沃尔公爵，是为英国有公爵（duke）之始，后来又增加了几名公爵，如约克公爵、格洛斯特公爵、贝德福公爵等，一般只限于王室成员才能有此头衔；第二等的是侯爵（marquess），创立于 1385 年，原为在威尔士边疆服役的伯爵；伯爵（earl）是原来就有的称谓，为第三等级；第四等是子爵（viscount），1440 年始创立，他的原意是指副伯爵，位在原来的男爵（baron）之上。如此形成了公、侯、伯、子、男五等级，也有各种不同的服饰，显示其不同的尊荣与地位。

这些贵族的财产状况，有 1436 年的税收估产统计可证。当时有 50 个左右的大贵族，其年收入平均为 768 镑（如包括年金则为 865 镑），最高的如约克伯爵里士满，年收入 3230 镑，最低的则只有 60 镑，但大部分年收入在 300 镑以上。第二等的有 183 人，年收入在 100 镑以上，平均 200 镑，但也有年收入达 600 镑者，超过第一等。第三等的是约 750 人的骑士等级，收入在 40—100 镑之间，平均 60 镑。再下面第四等的是 1200 人左右被称为从骑士的等级，年收入为 20—39 镑，平均 24 镑。再下面还有第五等的约 1600 人，年收入为 10—19 镑之间。以上 4000 人，合计不到全英成年男性人口的 1%。当时 40 镑是骑士的最低收入，20 镑是担任治安法官的最低财产要求，而 10 镑则是可以持矛执盾从军的自由佃户之收入水平。另外还有 3400 人，收入在 5—10 镑之间，而 5 镑被认为是绅士阶层的最低收入。不过实际上 19 镑以下收入者即为约曼，不算绅士了。①

大地主地产广大，收入丰盈，按照封建的习俗，蓄养有广大的随从，家丁等。包括为他经营地产的人员，如总管、管家、庄头、会计、看林人、各种畜牧人员；还有律师、神甫和随从等，这些人不少是骑士或绅士出身，来此服役。还有低一级的服侍人员，如厨师、制备酒、饮料、各色食品的人员，制造各种手工业用品的人员，还有看家护院的家丁，战士

---

① Rigby 1995, 190; Dyer 1989, 31.

等。上述人员有的是订立终身合同，得到年金，或者订立短期合同受雇。为了显示势力，13 世纪以后，大封建主手下的随从，大都身着统一的制服，还佩戴徽章等。如遇战争，封建主还可动员他的封臣（这时也大都是合同雇佣制和货币封土制者）参加，再加上随从等，组成庞大的队伍。如 14 世纪大封建主——兰开斯特公爵高恩脱的约翰，在 1379—1383 年期间为他终身服役的人计有 7 名方骑士，83 名步兵，112 个随从，共计 202 人。他们每个人在战时还带有骑兵、步兵、弓箭手等，所以在战场上可以达 1500 人。①

至于骑士等下级贵族，十四五世纪也发生了变化。主要是他们日益转向谋利为生，经营地产和工商业，而逐渐远离好勇斗狠的战争生涯。所以骑士的数目日见减少。国王为了挽救这一局面，曾经多次命令增加骑士数目，起初年收入在 20 镑以上即可成为骑士，后来又规定年收入在 40 镑者可成为骑士，但收效不大。骑士和工商业者的联系越来越紧，成为下院的成员。

中世纪晚期的英国社会的两大问题，一是战争频仍，争夺王位的战争和封建内讧很多，著名的就是红白玫瑰战争；二是法治腐败，这方面的抱怨也很多，认为打官司根本不在于有理，而在于谁的钱袋大。这些问题一般被归于变态封建主义，即由于封建主坐大，割据一方，操纵当地的政治、选举（选举议会议员）、法治，而且为争夺土地、政治势力和王权相互斗争。当然也有不同的意见，希克斯即认为大封建主地产分散各处，不易在某一郡形成自己的独占势力而操纵一切。至于法治腐败，主要并不在大贵族，而更在下层的骑士等人，另外也不能说这时的法治就比以前更坏。② 不过，我们要注意到，变态封建主义仍然是封建主义，当时上级的封建主和下级的关系，并没有形成完全的雇佣关系，他们仍然是以同一地区、同一家族等组成的纽带，以忠诚于上级为特征。所以大封建主以其众多的下属为其扩张势力的工具，相互展开斗争，是不言自明的。为此，在议会中，曾经发生过下院提出禁止穿着制服的斗争，而英国也把法治腐败、弄权枉法称之为 livery and maintenance（"制服和给养"），把法治的混乱归之于封建主的破坏。

14 世纪时，下院曾经多次提出禁止封建主的随从穿着特别制服的议

---

① McFarlane 1981，28；Britnell 1996，205.
② 参看 Hicks 1995，28-32，117-120。

案，也提出要对地方上操纵法治，用贿赂或者威胁来破坏法律的公正执行进行调查，遭到大封建主的反对，在上院不能通过。经过反复斗争，后来理查二世出面干预，1390年终于通过了关于禁止制服的第一个法律，规定禁止一切的枉法行为，并且规定只有大贵族才能拥有不是终身雇佣的居所以外的随从。以后类似的法律还仍有颁行，不过并未收到实效。

二 庄园的瓦解和农奴制的衰亡

1. 庄园的瓦解

一般认为十四五世纪在整个的西欧经济是一个衰落期，农业的衰落尤其明显。农业衰落的迹象之一就是庄园的衰落与瓦解①，而庄园的衰落瓦解应该是和农奴制的衰落瓦解同步的。前面我们已经指出，农奴制的重要标志就是劳役地租，而劳役地租的使用必须以庄园的存在为前提，所谓庄园的瓦解，就是领主不再经营自己的自营地，劳役租变成货币租或实物租，这在英国被称为折算。劳役的消逝使得对农民的控制不再必要，所以农奴制也随着消逝。现在虽然也有人主张，折算与农奴制的消灭并没有那么紧密的联系，也有无劳役的地产仍然存在农奴制。② 但无论如何，劳役在13世纪时仍然是农奴身份的一项重要标志，即所谓低贱的服役，所以劳役租改变为货币租也就使得封建主没有必要再去对农民实行那么严酷的控制，这种控制我以为并不是像制度经济学家诺思所说的那样可以节省谈判费用，而是要付出高昂的监督费用的，所以不再经营自营地的封建主，自然不再使用农奴劳动，也就乐意放弃农奴制，给农民以自由了。但是还有另外一个问题。我们前面已经指出过，英国的庄园化就并不是完全成立的，即英国在庄园化的最盛时期也没有形成清一色的耕地全部成为庄园，同样农奴制也没有发展到清一色的程度，这样谈论庄园制、农奴制的衰落与瓦解也就没有太大的根据，它是否是一个经济过程也没有太多的把握。我们只可以说，仍然和讨论庄园、农奴一样，我们只是根据大领地、大封建主，特别是大教会封建主有记录的庄园资料做出的考察，作为习惯的、比较公认的说法介绍过读者。

英国封建主把庄园上的自营地出租给别人经营的办法，早已有之，这

---

① Duby 1968, 312.
② Hilton 1983, 31.

英国封建社会研究 ∥ 278

在前面已经介绍过。这种出租如果是把整个自营地出租给承租人,则庄园一般没有变化,包括庄园上的习惯、法庭等依然保留,照样运行。如果把自营地划成小块出租,则庄园上原来的劳役大都改行货币,因为这时劳役已经没有太大的用处了。13世纪被认为是劳役地租盛行的时期,到14世纪,庄园逐渐实行出租制,而14世纪中期之后就更为流行。对出租制流行的原因,英国史家大都是遵守人口论者如波斯坦等所建立的解释模式,即当人口上升时,劳动力有余所以工资低廉,而粮食价格则因为需求高涨而昂贵,这时封建主自己经营自营地有利,因此盛行劳役地租;14世纪中期以后人口明显下降,劳动力短缺,工资上涨,粮食则因为需求减少而价格下跌,这时自己经营庄园利润下降,困难增多,封建主自然转向出租经营,以免承担风险。这种解释有一定的道理,但是似乎把封建主过分商品化了,他们知道根据市场波动而改变经营,那庄园就会是一个与市场紧密联系、以追求利润为目标的经营单位,这和我们对封建经济的理解不大合拍,和我们对庄园经济的估计也不相当。

前面已经指出,中世纪的庄园生产是在当时生产落后,经济不发达,交通运输不利的条件下出现的,这种组织虽然满足了封建主的需要,但他是一个十分落后、浪费的经营方法,要花费大量人力、物力在管理、监督、组织生产、运输、供应等方面,所以封建主都有庞大的家族(household),随从、家丁、长工等各种人,这些人许多是不生产的。如西敏寺修院,13世纪时有土地38000英亩(指自己掌握的土地,包括自营地和农民份地,不包括分赐出去的封土),但供养的修士最多时只有80人,有时才30人。① 而管理、监督又是十分困难的,农民消极怠工或积极反抗,管理者从中渔利,中饱私囊,甚至把庄园整个据为己有。如果经济条件改变,生活供应可以从许多渠道解决,封建主当然不一定要坚持自己组织生产,花费这么大的人力、物力。

1347—1348年黑死病席卷英国,导致大批人口死亡,给农村造成严重破坏。有些庄园由于无人耕作而瓦解,有些村落荒废,土地抛荒,人口流徙。封建主在劳动力减少的情况下,采取了各种办法加强剥削,如加强对农奴的盘剥,多征收进入税和结婚税,恢复已经折算的劳役,推行劳工法令以压低工资等,所以在大疫之后的一段时间内封建地产的经营并不如以

---

① Harvey 1977, Introduction.

前所认为的那样变化巨大。① 一些大封建主，特别是修院，依然利用农奴进行生产，实行劳役地租。到了 14 世纪 70 年代之后，大瘟疫、人口减少等的经济后果方才较明显地表现出来。农民由于受到严酷的剥削，所以反抗斗争加剧了。1377 年下院的请愿书中，谈到农民反抗斗争的多种形式，如逃亡、拒不服劳役、否认自己是农奴、威胁封建主管家说如用扣押财产的办法强迫服劳役就要杀死他们等等。结果是无人耕作，使封建主遭受重大财产损失。请愿书要求国王迅速采取措施，镇压农民，以免他们联合起来造反。②

从 14 世纪 50 年代起，封建主放弃经营庄园，改行出租制的日益普及，而到了 15 世纪 30 年代，就只有少数大地产在实行直接经营了。③ 一些修院、教会大地产，还有世俗领主的大地产，都陆续把其庄园上的领主自营地用短期租地等办法出租出去。有的是划成小块直接租给农民，有的是整个出租给村庄集体（农村公社），然后村民再把土地划成小块分散经营，也有的是出租给一个或二三个富裕农民合伙经营。出租制实行的结果，封建主大都放弃了劳役地租。所以这时大封建主地产的管理办法也改变了，一般按地理远近把若干庄园划分为一个管区，由收租人在此区内收取租税，扣除支出后上交。另外还有人专门审查收支账目，监察非违。

并非所有的出租制都实行货币租，劳役地租也还存在。但大多数情况下，特别是分成小块出租的地方，则都实行货币租，短期租佃，以保证租约期满可以调整租金。这种出租制使得经营庄园再无必要，庄园所附属的一套管理机构和农具、设备也都无用，农具、牲口、设备等大都连带出租给农民。同时，保证封建主对农民实行超经济强制的权力也日益削弱，国家法庭即普通法法庭管辖范围越来越大，百户法庭、郡法庭当时大多数已不再活动，庄园法庭的作用也在缩小，封建主的司法权逐渐丧失。庄园组织处于日益瓦解之中。

除了庄园上的领主自营地实行租佃制以外，14 世纪还看到许多农民份地也是租佃地。大约当时封建主手中有许多的空余土地也用租佃办法出租给农民，租期为 6 年、12 年、20 年、40 年不等，也有任意租户（即封建主可以随时停止租佃的租户）。这种土地上的租金都比较低，进入税收的也少，看样子是为招徕农民耕作而采取的措施。

---

① Bolton 1980, 213.
② Hilton 1983, 30.
③ Britnell 1996, 188.

2. 农奴制的衰亡

英国的农奴制有其自己的特殊性，一般认为它是由于国家统一的普通法的成长，出现了维兰除外之律而形成的。虽然英国的农奴制也和大陆上的一样，其法律基础是奴隶法，而且各农奴的身份、地位、受压迫情况多因各庄园而不同，但英国因为普通法日益发展，国王的司法权日益扩大，对农奴制的干预也日益加强。前已指出，有人认为英国国王的法律是倾向于自由的，也有人持不同意见。我想所以说国王的法庭、法律倾向于自由，其原因就是王权的扩展，当然希望它能控制全体的臣民，而反对封建主的领主权，这在前面讨论行政、司法、法律制度时已有涉及。在对农民问题上有时也有表现，如征引的一件 14 世纪初年的司法判决说："生民之初，世上的人都是自由的，所以法律是倾向于自由的，一个人如一旦在法庭记录中被发现是自由的，并且领有自由地产，那他就应该永远保有自由，除非后来他自己的行为使自己成为农奴（villein）。"① 这里表达的也就是这个意思。

要了解英国农奴制的瓦解，我们还要记住另外一个前提，就是英国的农奴制就是在形成之后，它覆盖的劳动者也是不多的。前述在农奴制最盛的 13 世纪，自由农民还占到了 1/3 以上，我们很难说农奴制有一个从小到大再由盛而衰的过程，所以我们这里只能指出 14 世纪以后英国本来存在的农奴制之逐步瓦解，而这个瓦解和庄园的瓦解是同步的，并且是互为因果的。没有了劳役地租，庄园的一应设施也就没有存在的必要；而没有了农奴，庄园也就有地无人耕，也只好结束了。

14 世纪以后，法律上对土地的划分起了变化。原来把土地区分为自由和不自由两大类，而不自由土地的领有者即为农奴（虽然从理论上说土地的等级不影响领有者的身份）。这时则把土地划分为按合同租种的（contractual tenure）和按习惯法租种的（customary tenure）两大类。前面一类即上面所说的各种各样的租种地，无疑即是自由土地。后面一类占了农民份地的大多数，它的奴役性负担也逐渐褪色，往往只交纳若干货币地租，不过它上面的结婚税、人头税等等仍然存在，说明它还是一种低贱的土地。它还是按庄园习惯法租种的，其转移也由庄园法庭管辖，而庄园法庭也往往申明这种土地是奴役性的。从 14 世纪开始，逐渐流行一种办法，即当农民开始租种这种按庄园习惯租佃的土地时，在庄园法庭取得一件文书

---

① Bennett 1938, 309.

记录（copy）作为证明，因此这种土地遂被称为公簿租地（copyhold）。公簿租地的租种者被称为公簿农民（copyholder）。在当时，农民在法庭上取得一件文书，即意味着封建主与农民之间订立了契约，农民本身是自由的，其领有的土地当然也是自由的。① 所以，公簿租地的逐渐推行，遂使农奴制趋向消亡。到15世纪末，普通法法庭开始保护公簿租户的利益，如果公簿租户的租税等违反了庄园的习惯，他可以到普通法法庭上诉，进一步改善了公簿租户的法律地位。过去自由与不自由的界限趋于淡化。

14、15世纪以来，一般用语以至法律用语，都不再强调人的身份等级，而是指称人的经济地位、社会功能等，如把人只分为领主和普通人两大类，对村民则称为耕作者（tillers）或农夫（husbandmen）。在1363年的反奢侈法中，对人是这样划分的，即动产40先令者，和"地产上的耕作仆役，即车夫、耕夫、牛倌、羊倌、猪倌、制乳品者、打谷者等"，1390年的反偷猎者的法律中，提到的人的分类是地产年收入40先令以下者，工匠、劳工（labourers）和仆役（servants）。1463年的反奢侈请愿书中，提到的阶层也是约曼（yeomen）、地产年收入40先令者、农业仆役、普通劳工和工匠。② 在许多情况下，农村中的居民被分为两种人，一是犁农（ploughman），另一就是劳工（labourers），犁农是殷实农户，拥有一架耕犁，其地位有似约曼，而劳工则是农村中的边农、仆役、受雇者等等，是没有土地，甚至没有生产工具的劳动者。

还有一些农民就是与生俱来的农奴（nativi de sanguine），即其祖先是奴隶，因而子子孙孙世代为奴。这些人也许并不是古来奴隶的后代，而只是在14世纪以前被庄园法庭认为是维兰的后代。这种人的数目也越来越少。如在伍斯特主教地产上，在理查二世时，有这种农奴几百户，到16世纪30年代，就剩下不到30户。③ 所以无论是与生俱来的农奴、由维兰除外之律而被降为奴，还是因为依附于奴役性土地而变成的农奴，通过各种各样的渠道都在减少、消失。

农奴消失的渠道很多。首先一种是逃亡，或者说是迁徙。我们在前面已经指出了这条道路。不过在中世纪，和中国古代一样，一般说来农民安土重迁，不大流动。14世纪中期黑死病之后，农民流动的速度加快了。不少农奴抛却庄园，寻找更好的、条件更优越的土地去耕种。还有许多农民

---

① Harvey 1984, 329-337; Hilton 1983, 47.
② Hilton 1975, 25.
③ Dyer 1980, 270.

英国封建社会研究 | 282

迁居城市中，不再种地而改营其他生业。通过这些改变，原来的农奴获得了自由。

农奴消失的第二条渠道是释放。即封建主主动释放农奴，使其得到自由。释放农奴的原因各种各样，主要是这时用农奴进行生产已无利可图，而释放农奴时农奴还得交纳一笔现款，这样封建主还可获取利润。英国释放农奴大都个别进行，其价格也各地不一，但交10镑、20镑的例子不少。如1335年，伍斯特教堂修院释放一农奴价20镑，1414年，一农奴为了获得释放交给约克大主教6镑13先令4便士，差不多同时，拉姆齐修院释放农奴的价格是10—20镑等，即使最低的价格也有3镑。① 还有一个主教在一个释放文书中说，你（指该农奴）已经50岁了。没有合法的妻子和后代，不能再靠自己的劳动过活，也没有别的手艺只是个船夫，所以我们不再指望能从你那里得到利润，考虑到这些情况和慈悲为怀，我们决定把你释放，以使你能更自由地以船夫为业取得衣食。② 年老无人赡养的船夫肯定对封建主没有用处，所以将他释放，可是他将来怎么生活呢？

最后农奴制消失的原因还有农奴的反抗。希尔顿等人曾经对英国中世纪的农民运动进行过许多研究，他不同意一些人认为1381年农民起义对劳役制的消失、农奴制的瓦解没有什么作用的观点。③ 早在13世纪，农民的斗争已经发生不少。④ 到14世纪斗争更为高涨，1381年起义虽然以失败告终，但是对封建主和封建经济的打击还是存在的。我们当然也不同意布伦诺辩论中陈述的观点，即把英国农奴制的消亡原因完全归之于农民起义的作用，但我们也不能完全无视这样的作用。

总之，在经济的发展中，在各种各样因素的作用下，英国的农奴制于15世纪末年基本上可以说是消亡了。

---

① Hilton 1983, 51-52.
② Bennett 1938, 283.
③ Hilton 1983, 26-27.
④ Rigby 1995, 105-106.

第十七章　14—15 世纪的农业

十四五世纪被认为是西欧经济的衰退时期，农业尤其处于衰落之中。权威的经济史著作如阿贝尔、斯利彻·范·巴斯的书以及波斯坦主编的《剑桥经济史》都这样认为。这一时期也被称为"危机时期"，或者直接称之为封建主义的危机。由于另一些学者不同意这样的估计，曾经引起热烈的讨论。① 主张农业衰落者立论的主要依据，就是所谓新人口论。11—13世纪人口不断增长，土地不断开垦，农产品不断增加。因为需求加大，所以粮价上涨，农业利润增加，是经济的上升时期；到了 14 世纪，新的可耕地已开垦殆尽，耕作之田地力衰竭，新垦地又多是边缘不毛之地，粮食供应不足，人口过剩，导致营养不良，人口自然减少，于是粮价下跌，农业衰落，是经济的下降时期。人口论者以为人口、物价、农业（经济）三者同时涨落，并以之相互证明，描绘出西欧中世纪和近代早期经济发展的涨落曲线，有它的有益之处，但是也引出了许多的讨论和争论，其中不乏反对的声音。有人指出这一理论的几大缺陷：1. 近几十年来，实证材料证明人口、物价、工资波动的规律在好多地方并不适用；2. 十二三世纪的农业生产力在不断提高，并不是如人口论者估计的那样停滞不前；3. 货币论是一种替代理论，即有人用货币供应的多少来解释物价、工资的波动，而不用人口论；4. 供给与需求的解释不适合中世纪的社会，当时的土地、劳动

---

① 参看《世界古代史论丛》，三联书店，1982，144—152 页介绍。

和资本市场并不自由。① 但十四五世纪作为西欧经济的下降时期仍然是适用的，英国本身的情况也是这样。本文就这些问题做一说明。

一 农业的情况

1. 农业经济发展的轨迹

原来大多数学者认为英国的农业十四五世纪处于衰退之中，1348年黑死病夺去了全国1/3甚至1/2的人口，劳动力锐减，对农业打击最大，出现了土地抛荒，人口流徙，租金低落，封建主收入减少等迹象。以后又接连发生1360—1362，1368—1369年的几次瘟疫，遂使农业更难于振作。但是，也有人主张英国这一时期工农业仍然繁荣。如布莱德伯里指出，十四五世纪英国城市发展，工商业兴盛，大量人口移居城市，这些城市人口都需要粮食供应，而当时英国并不进口粮食，所以必须要有许多商品粮生产出来，证明这时农业并未衰退。另外，这时农业人口减少，土地抛荒，耕地缩减，也证明农业生产率有所提高，单位面积产量增加，否则怎么可能有更多的粮食供应呢？②

最近的研究描绘了更为详细、曲折的英国经济发展进程。14世纪上半期，气候反常，灾难、瘟疫不断，对农业，尤其是畜牧业，造成很大的破坏，而以1348年的黑死病为其顶峰。但开始时期地主经济还没有遭受很大的损失，因为还有多余的劳动力可以找到，封建主也可以用各种办法，如加强劳役租、利用封建特权加强剥削等来维持、甚至增加收入。到了七八十年代，封建地产的衰落才明显可见。在工商业方面，则并未和人口的增减有紧密联系，所以仍然繁荣。特别是城市依然在发展，旧城市在扩大，新城市在涌现。③ 15世纪农业的衰落加剧，农民抛弃土地，不再耕作，出现了一些荒废的村落。这些大多是不宜耕种的贫瘠土地。农奴抛弃份地出走的情况尤为严重。荒废的村落能否证明人口减少和农业衰落，论者意见也很不一致。现在看来，大部分的村落荒废发生在1400年以后，它和养羊业兴起，变耕地为牧场关系较大，但不能看作是农业衰落的迹象。在1350—1450年间荒废的村落，有些发生在诺福克、林肯、约克郡的西来丁

---

① Hatcher et al., 2001, 57-65.
② Bridbury 1962, 52-54.
③ Britnell 1996, 167; Britnell et al. 1995, 24.

等处，原属不毛之地而这时退耕，与人口论者主张的边际土地理论相合。① 可是也有一些肥沃土地被抛弃了，那就不能用这一理论来说明。因为弃地不耕的原因很多，如北部兰开郡是因为政治动乱，南部是因为海水上涨而淹没耕地，有的地方是因为战争破坏，还有的是因为西妥僧团兴起养羊业而放弃耕地，所以用荒废的村落来说明人口论的规律还有一定困难。正如有人总结的那样，就像 13 世纪的英国没有普遍的人口过剩一样，15 世纪也没有普遍的农业衰退。实际上英国没有统一的经济，而是一个地区经济的系列。一些地方繁荣，另一些地方贫困；而且在一个地区之内也会有众多的差别。②

但在农业衰退的年代，却是农业生产率提高的时期。因为这时劳动力短缺，工资高涨，所以有了更多的资本投资于土地，肥料增加了，推广种植豆科作物，播种更多种子。耕作方法也有所改进，有些地方不再用固定的草、田轮种，而是把播种粮食的土地和草地轮换，这样可使谷物、豆科作物、牧草在田中轮换生长，以增加土地肥力，并可得到更多的牧草，养蓄更多的牲畜，既可增加肉类、奶制品的生产，又可用畜粪提高地力，增加粮食的生产。所以，这一时期，可能是亩产量降低，但人均产量提高，劳动生产率上升了。③ 瑟尔斯克曾经专门著书，论证在农业衰退时期，是农业生产率提高的时期。④ 当然这一说法还需要多方论证，因为如果农业生产技术有许多进步，亩产量也应该提高，只是总产量因为耕作面积的减少则可能有所下降。

大贵族虽然也受经济波动的影响，但总的说来他们的地位比较牢固。贵族世家出卖土地的很少，只有少数无男嗣继承的贵族才有时会出卖土地。⑤ 他们的兴衰起伏多属社会、政治原因。据统计，十四五世纪 200 年间，先后受国王召唤参加上院的贵族计 357 家，其间每过 25 年就有约 1/4 的贵族因无嗣继承等而导致其土地转移，家族衰微，到 15 世纪，只存 61 户。⑥ 与此同时，也有贵族大地产兴起，有的因受封赏而致富。如爱德华三世在 1357 年入侵法国前夕，一天之内封了 6 个伯爵，其中出身不高、土

---

① Darby 1973, 193; Hybel 1989, 189.
② Bolton 1980, 233-234.
③ Campbell 2000, 24.
④ 参看 *Past and Present*, Aug. 2000, Dyer, Ch. 所写的书评。
⑤ McFarlane 1980, 53-56; Holmes 1957, 7.
⑥ McFarlane 1980, 144.

地不多者给予年收入1000马克的土地。① 也有的因婚姻关系而上升。如威斯特摩兰伯爵拉尔夫·尼维尔，把他的由两个妻子所生的22个男孩子于幼年时都婚配于显赫之家，一个孩子17岁时娶了一个15岁的傻女，但她是一个男爵领继承人。另一个则通过娶妻得到索尔兹伯里伯爵领，于是他家地产大为增加。②

封建大地产有的收入不断减少，日益衰落，如拉姆齐修院、诺森伯兰伯爵佩尔西家族、赖斯特修院等。但也有的收入不断增加，如西敏寺修院、坎特伯里大主教地产、威立克伯爵理查·布香等。所以得不出当时大地产普遍衰落的结论。兹根据戴尔所做研究得出的结论表格，略加调整，以显示几个大地产年收入在中世纪时期内的变动情况。③

伊利主教地产		兰开斯特家地产	
1171—1172	920镑	1311	11000镑
1256—1257	1930镑	1330—1331	6000—6877镑
1278—1279	2550镑	1361	8380镑（总收入）
1454	2224镑	1394—1395	12474镑
伍斯特主教地产		佩尔西家	
1185—1186	330镑		
1211—1212	345镑	1455	3100镑（总收入）
1299	1192镑	1489	4044镑（总收入）
1312—1313	1307镑		2161镑（净收入）
1453—1454	949镑	1523	3900镑
1535	986镑		
西敏寺修院		斯塔福特家	
c. 1175	739镑	1372	3000镑
c. 1300	1641镑	1400—1401	1987镑
c. 1400	2407镑	1447—1448	3700镑
1535	2827镑	1521	4906镑

中、小地主这时包括很多人，有骑士、侍从、商人、律师、发财致富的农民等。他们多是经营性地主，自己主持生产，讲求效率，并且从事工商业活动，利用市场时机，逐渐上升，成为乡绅阶层。戴尔指出他们的地

---

① McFarlane 1980, 159-160.
② Bolton 1980, 224.
③ Dyer 1989, 36.

产经营有许多特色,包括提高管理和经济效率,具有专业化和市场导向的倾向,亲自监督生产和关心投资赢利等。①

乡绅阶层的形成,学者有过许多研究和争论,最近科斯认为它形成于 14 世纪中期,包括骑士、从骑士和律师、文秘人员等。它本来是军事人员的等级,骑士又可分为上等的方旗骑士(banneretts)和下等的单人骑士(bachelores),而从骑士(esquires)就是原来骑士的随从,后来独立的。这些人共同组成英国的低级贵族阶层,他们的生计仍然以地产为主,逐渐以郡为单位出席议会,成为议会的代表,代表本郡的利益,把持本郡的政务,出任治安法官等职。② 存在乡绅这一低级贵族阶层是英国封建制度的一大特点。

关于农民的情况,在人口减少,工资上涨,农产品价格下降的情况下,西方经济学家一般都认为这时农民的生活水平是提高了,也就是说,经济衰退,人民生活水平反而提高。③ 最近的英国经济史研究,有人推算出中世纪的人均国民生产总值,引用者也认为这不可能准确,而且他是来显示货币流通量的,但还可以用来表示人民生活水平的提高。④

	1086	1300	1470
人口	2.25 百万	6 百万	2.3 百万
国民收入	0.4 百万镑	4.66 百万镑	3.5 百万镑
人均国民收入	0.18 镑	0.78 镑	1.52 镑
相对价格水平	1	4	4
1300 年价格计算的国民收入	1.6 百万镑	4.66 百万镑	3.5 百万镑
1300 年价格计算的人均国民收入	0.72 镑	0.78 镑	1.52 镑
流通货币量	37500 镑	900000 镑	900000 镑
人均货币流通量	0.02 镑	0.15 镑	0.39 镑

从图表来看,15 世纪经济衰落时期的人均国民收入比 13 世纪末经济发展时期有很大的提高。因为这一时期的人口比那时有了大幅度减少,自然人均收入会有提高。当然这并不能说明人民生活水平就提高了,因为还有一个可能是贫富分化激烈,广大的劳动人民、农民生活依然困苦。戴尔

---

① 戴尔 2010,101—104。
② Coss,P.,*The Origins of the English Gentry*,Cambridge,2003,chapters,1,10.
③ Postan 1981,158;Bolton 1980,238-241.
④ Britnell 1996,229。这些估算有许多争议,并非定论,参看 Hatcher 2001,160。

对农民的生活水平做了具体的研究，他也认为中世纪晚期农民的生活水平比以前有提高。当然因为农村中各阶层情况不同，他从各方面作了计算。

首先他计算的是农民的收入情况。统计了1350—1520年间，两个地方农户占有土地的变化。其中一个地方显示上、中农在增加，仍然存在茅舍农；另一个地方则农户都在向约曼转变，贫农消失。即在这一时期，农户的土地面积有所扩大，因为人口少了，农民较易得到土地。另外牧场也有所扩大，所以农民拥有的牲畜数有所增加。不过在实行三田制的地方，牧场的扩大还是不容易的。同时，随着乡村手工业的发展，农民在农闲时从事手工业的人数也在增加，所以收入上升。与此同时，地租在下降，货币地租因为货币贬值而下降，一些封建负担则因为农奴制的消失而免除了。所以一般说来，地租较前下降了20%。[①] 虽然税收的负担在加重，不过总的看来，农民的收入情况较以前更好。戴尔比较了伍斯特主教地产与格洛斯特郡的克利夫地产上的农户为例，说明全份份地的农户和半份份地的农户，1475年的收入都较1299年的收入略好，而茅舍农的收入改善的最多。[②] 从消费方面考察，则15世纪的农民生活水平也有改善，吃更多的小麦，喝更多的淡啤酒，有更多的肉吃，原来的牛车这时多为马车取代，家用器皿不少用黄铜制造。

戴尔还用另外的一些指标来显示15世纪人民生活水平的提高：一是平均预期寿命提高了。13世纪中期，殷实农民20岁的平均预期寿命是24年，1292年后降低到20年，到14世纪初，一个地方的男性农民20岁的平均预期寿命是25—28年，而穷人则为20.8年。到14世纪后期，他们的平均预期寿命达到32.5年。在伍斯特郡的某地，1360—1429年期间统计20岁的平均预期寿命为31年，1430—1500年期间则上升到36年；还有就是农民向教堂捐助的钱多了，所以教堂的修缮这一时期也多了起来。[③]

在经济下降时期农民大众的生活水平提高一事，我想也不难理解。毕竟经过两个世纪的发展，社会经济各方面都有进步，所以15世纪的农民，比13世纪的农民的境遇还是要好许多，这就是社会发展的道理。

2. 劳动生产率的问题

劳动生产率一般是指单位时间内劳动者生产出的使用价值，即消耗一

---

① Dyer 1989, 147.
② Ibid., pp. 148-149.
③ Ibid., pp. 181-183.

定数量的活劳动换取的人类赖以生存的使用价值的数量之比，是劳动者的效率问题。因为一切财富都是由人类的劳动创造的，所以社会的发展和进步，归根结底要看劳动生产率的提高，社会经济的发展与否，也就要看它的劳动生产率是否有提高。西方的经济学家主张，生产率简单说来就是投入和产出之比①，这是指商品生产发达的条件下，企业计算其成本和收益而言的。封建社会很难做出这样的计算，农民和封建主也不做这样的计算。

封建社会的农业生产，劳动的对象是土地，一般认为有四种计算生产率的办法，即：一、土地生产率，也就是我们所说的单位面积产量，不过在西欧的中世纪，人们还习惯用种子和产量之比来表示土地生产率；二、劳动生产率，劳动者在单位时间内的产量，这个劳动者可以是个人，也可以是一个农民家庭，时间单位则可能是一年、一天，或者一小时，要看是否有条件做这样的计算；三、资本生产率，包括不变资本（水利建设、仓库等各种设施）和可变资本，即消耗掉的种子、肥料和牲畜及农具折旧费等与产量之比；四、全要素生产率，即劳动、土地、资本等生产要素和产量之比，也就是投入、产出之比。这后面两种生产率实际上是十分难以计算的，一般使用的就是前面两种。

起初人们注意的是土地生产率，以为单位面积产量提高是很重要的发展因素。封建社会中不断增加的人口，城市、工商业发达后增加的非农业人口，要求有不断增加的农产品供应。但人口论者一般都主张，中世纪英国由于生产力低下，农业的单位面积产量是不会提高的，所以只有不断开垦土地、扩大耕地面积来增加粮食产量。晚近经济史家经过研究，指出英国中世纪农业也有由粗耕农业向精耕农业发展的迹象，坎贝尔总结出了其中的七种形式，如种植固氮的豆科作物，施用肥料、石灰、泥灰岩等以改良土壤，使畜牧业和种植业更合理地结合等。② 但据坎贝尔对三百多个自营地统计的结果，精耕农业和粗耕农业的比率为1∶2③，粗放耕作依然是英国中世纪农业的主流，习惯的改变并不容易。

人口论者如波斯坦等人并非不承认农业生产力的进步，只是认为生产力的进步赶不上人口增长的步伐，所以经过一段时间的开垦以后，可垦之地已经垦辟殆尽，多余的劳动力会增加到不需要的土地上，形成劳动生产

---

① Campbell 1991, 7.
② 参看《北大史学》9，2003，76—77 页转述。
③ Astill 1997, 230.

率的下降，这就是所谓内卷化（involution），或称过密化。

内卷化始自恰亚诺夫对近代俄国农民经济的研究，指的是当人口增加时，农民对日益增多的家庭劳动人口找不到手工业、商业的出路，于是会改而提高在土地上的劳动集约化程度，或者改种劳动密集型作物，这样虽然提高了农业总收入，可是单位劳动报酬却降低了。20世纪60年代，吉尔茨在分析爪哇水稻农业的情况时，把这一现象称之为内卷化。以后这一说法逐渐流行，波斯坦对英国农民经济的分析也承认存在着这种情况。内卷化可以使农业单位面积产量增加，即土地生产率增加，从而使粮食总产量增加，以供应更多的人口需要，它是在生产不发达的情况下，推动经济发展的办法之一。所以经济学家仍然把它归之于农业发展的现象。只是它带来了劳动生产率的下降，如果长期存在就会给社会发展造成损害。这样我们就要从研究土地生产率转而研究劳动生产率问题。

劳动生产率的提高办法，在封建时代也有多种，如用畜力取代人力，水利建设的增加，农具的改良，肥料的增加，种子的改良，还有如合理种植各种作物，合理施肥，及时中耕锄草和收割等一套园艺学方面的知识和技能等。这里面有些是资本的投入，有些是劳动强度的增加，有些是知识的投入，而所有这些投入都提高了土地生产率，单纯地在同一块土地上增加投入的劳动量这种办法大约也有，如多中耕锄草等。不过即使粗放耕作的英国，根据前面所说，也不是只采取这一种办法。

以个人为计算单位计算劳动生产率，在封建时代有相当的困难，因为很少这样的记载。英国学者曾经利用庄园记录中的土地、产量数和劳动力数，设法计算出当时的劳动生产率，他们提出的计算劳动生产率的公式，是 $Q/L = Q/T \cdot T/L$。其中 Q 表示粮食总产量，L 表示劳动力数，T 表示耕地面积。个人的劳动生产率等于每单位面积产量乘以个人耕作面积，所以劳动生产率和土地生产率有一种函数关系。有人计算出英国1300年时亩（英亩）产量为4.1蒲式耳，每劳动力耕作面积为13.6亩，年产量为56蒲式耳。到1850年，亩产量增加到每亩13.2蒲式耳，每个劳动力年耕作18.7亩，年产量达到246蒲式耳。[①] 但是，这增加了四倍的劳动生产率，主要是由亩产量的上升造成的。也就是说，劳动生产率的提高，还是要由资本的投入组成。因为人体的劳动量是十分有限的，并不能因为劳动增加了紧张程度，就会达到劳动生产率的大提高。劳动生产率的提高，还有一

---

① Campbell 1991, 221.

个途径，就是闲置劳动力的合理使用。如在一个家庭内使用妇女、儿童的辅助劳力，减少中世纪时许多节假日的休息等①，但这会因为认识的不同产生重大区别。例如，恰亚诺夫举例说，在耕地有限的情况下，农民由种燕麦改种马铃薯，每俄亩工作日数由 27.4 日增加为 48.9 日，收入由 66.35 卢布增加为 137.20 卢布，但每个工作日的收入由 2.08 降低为 1.76 卢布。这里面许多工作是安排家内空闲劳动力完成的，所以虽然按工作日计算报酬降低了，可是如按每个家庭的收入计算肯定是增加的，即每个农户的劳动生产率是上升的。而恰亚诺夫却认为，这是强制性地提高劳动强度，使其在较低的福利水平上实现劳动和消费之间的平衡。② 黄宗智也认为，中国明清时期的农户既种稻，又搞蚕桑、丝织业，这样劳动辛苦程度增加，投资也增加了，虽然家庭的净收入会增加，可是单位工作日的净收入却会下降，也是一种内卷化的表现。③ 但是这样的多种经营，是充分利用家庭空闲劳动力的结果，如以家庭为劳动生产率计算单位，则其提高是肯定无疑的。黄宗智还以为，中农的劳动积极性没有长工高，因为他们会在劳动的辛苦程度和消费水平的满足之间进行衡量。④ 用简单的调查材料得出这样的结论，还须另加考量。问题就是，如果一个农民把每年的劳动时间由 120 天增加为 180 天，或者他把家内的多余的劳动力加以利用，从而增加了家庭的收入，是估计他消除了闲置的劳动时间，因而提高了劳动生产率呢；还是他因此跌入了内卷化的陷阱，而无法前进呢？

在中古的社会条件下，农业是最重要的生产行业，土地（包括海洋）几乎是人类唯一的使用价值源泉。作为生产要素来说，土地有其特殊的属性，即有其自然的丰度，因气候、地理、环境等而各不相同。不同丰度的土地，在投入同等的劳动下，会产生不同的产量，这就是土地有其自然的生产力。还应该注意到地球上可耕地的供应量终归是有限度的，所以提高单位面积产量是食物供应的唯一途径，这也就是人们一贯重视土地生产率的原因。吴承明曾经指出，"以最少的土地生产最多的农作物应该是一个经济原则"，所以他认为在人口压力下，也许会产生劳动生产率下降的情况，但总产量仍然可以增加，小农的生产仍然是有效率的，而且也不会产

---

① Campbell 1991, 336.
② 恰亚诺夫，《农民经济组织》，中央编译出版社，1996，91。
③ 黄宗智，《长江三角洲小农家庭与乡村经济》，中华书局，2000，80。
④ 黄宗智，《华北的小农经济与社会变迁》，中华书局，1986，174。

生农民无限制地在土地上追加劳动的现象。① 认为农民会把多余的劳动力不断追加到用不着劳动力的土地上,我想是一种不了解农业生产的学者的想象,实际上是很少发生的。

二 农民的分化问题

1. 农民学的理论

农民在历史上是无处不在的,从上古时代一直到现代的发展中国家,农民都构成了社会中的重要组成部分,所以对农业、农民的研究,一直也是历史研究的重要内容。历史学中的马克思主义学派注意研究劳动人民的状况,对农民的研究是苏联史学的强项。在英国中世纪史中,对农民的研究,前后有西保姆、维诺格拉道夫、科斯敏斯基、希尔顿、戴尔诸人。自上世纪60年代俄国恰亚诺夫关于农民的学说被介绍到西方后,对农民的研究更形成热潮,出现了所谓农民学,许多研究农民问题的学者都深受恰亚诺夫学说的影响。但是,我感到的是,恰亚诺夫所依据的是19世纪的俄国农民情况,俄国农民有强烈的公社传统,土地归大家长制公社所有,由公社分配,这种公社构成社会的一个小集体,可以相对孤立存在,而不太受外面的影响。所以他的农民家庭经济的劳动—消费均衡公式只可以说是特殊性的产物,而并不太具有普遍性。因为过去西方学者把农民经济几乎完全等同于资本主义经济,认为农民在市场条件下可以运用自如,从而追求最大限度的利润,变成资本家。现在有了恰亚诺夫的纠正,指出了农民经济的另一面,即保守、停滞的一面,所以受到欢迎。② 另外,正如希尔顿指出的,恰亚诺夫的追随者们,把农民经济当作一个社会形态对待,可能也是不恰当的。③ 农民经济虽然长期存在,但它只可以说是半个社会,在它的旁边,一定还有其他经济体的存在,而由小农组成的政治组织、国家形态,在历史上也都是短暂的,没有形成长期的独立结构,这也就是它的经济独立性比较差的一种表现。

---

① 吴承明,《市场·近代化·经济史论》,云南大学出版社,1996,144、146、148;《中国传统经济再评价》第四次学术讨论会也就农业劳动生产率问题展开讨论,可以参考。见《中国经济史研究》2005年第1期。

② 关于对恰亚诺夫的评论,可参看秦晖为《农民经济组织》所作的序,"当代农民研究中的恰亚诺夫主义"。

③ Hilton 1975, 6-8.

其实，关于农民经济的看法不外两种，一是把农民看成独立的、自给自足的经济体，过着贫困的生活，和外部世界很少联系；另外一种就是把农民看成是类似于资本主义经济的个体，和市场有着活跃的联系，因此随时、随地会产生出资本主义经济来。我们不如说农民经济是一种二元经济，即在农民经济内部，农业生产和非农业生产并存，自给自足生产和为市场而生产并存，谋生的倾向与谋利的倾向并存。① 所以农民经济如何运作，和它的外部世界有着很大的关系。

2. 农民的分化

英国农民存在着等级和经济状况的不平等，是一个由来已久的事实，从盎格鲁—撒克逊时期已经开始了，这是一个规律性的现象。但是，在历史的发展过程中，农民的经济不平等还会发生许多变化。过去我们把这些变化的目标大都固定在资本主义的产生上，即认为农民经济的分化最终导致两极的产生，一极是资本家阶级，另一极是广大的无产阶级。作为小资产阶级的农民，大部分是无产阶级的后备军。当然，两极分化的进行要有一些条件，其中很重要的一项就是商品生产的发展。商品经济发达导致农民两极分化，是马克思在《资本论》中建立的模式，已经长期为大众耳熟能详。

封建社会是一个长期的过程，在这一过程中，农民经济的变化，受许多因素的制约，如人口增加导致份地面积缩小，饥荒疾病的袭扰，封建国家的掠夺和封建主阶级的剥削，商品货币关系的影响等，而农民个人的因素也起作用，劳力强弱，技术高低，经营能力，以及各种不同的客观境遇等，这多种因素都在起作用，使各农户在发展过程中产生出差别来。只有在封建社会后期，商品经济发达的时候，商品分化的作用才会比较大，而英国封建社会的商品生产又是不发达的，所以应该说，在相当长的一段时期内，农民经济的变化、商品分化的作用是不大的。

英国封建社会中的农民，一直存在着上、中、下的经济差别，这在前面已经论述过。问题是在不断的变化中，其趋势应当如何，却有着不同的估计和认识。霍曼斯认为这上、中、下三种的情况是没有变化的。他对比了格拉斯顿堡修院一些庄园1189年和1235年的田产记录，又对比了伊利主教的一些庄园的记录，看到农民的土地占有情况没有什么大的变化，从

---

① 参看黄春高，《英国农民经济的分化》，《中西封建社会比较研究》，学林出版社，1997，152页有更详细的讨论。

而得出这一结论。① 这也许和他所用的材料是农业上升时期,商品经济不太发展的时期有关。波斯坦对比了十二三世纪和十四五世纪农民的情况,认为在前一阶段,因为土地面积的增加赶不上人口的增加,所以农村中少地农民的数目有相当的增加。14世纪后期开始,人口减少,土地有余,工资上升,农产品价格低落,对农村中无地少地农民最为有利,他们变得富裕起来,而农民中的上层反而要遭受损失。所以他说,中古晚期,英国农村情况和列宁说的俄国农村分化情况不同。俄国是两极分化,出现了少数农村资本家和大量的无地农民。英国则是固然富裕的农民更富裕了,但最穷苦农民的数目反而有所减少,他们从当时的经济发展中受益,得到了土地,地位有所上升。所以15世纪英国农民占有的土地平均比13世纪时有所增加,而上、中、下三层的情况则没有什么变化。②

黄春高对农民的分化问题进行了综合研究,指出农民存在着多种分化模式,商品经济的发展并不一定导致两极分化,也许是中农的增加。除了商品分化的作用外,还有恰亚诺夫所说的人口分化。即家庭人口有一个增长和减少(分家所致)的周期,消费人口与劳动人口的比率相应也发生变化。而家庭人口周期的变化和家庭土地面积的变化有某种一致性,即家庭人口增大时,其土地面积也会增加,而家庭人口的减少也伴随着土地面积的减少,所以农民的贫富程度随着这周期而循环不已,不会产生两极分化。而研究表明,英国中世纪农村中也存在着人口分化。所以只强调商品经济作用下的两极分化模式不一定完全正确。③

戴尔根据伍斯特主教地产上的一些庄园记录,统计出13世纪和15世纪上(1维格特)、中(1/2—1维格特)、下(1/2维格特以下)三种农户的地产变动情况如下④:

Cleeve	1297	1474—1475
大份地数	10(11%)	16(30%)
中份地数	29(31%)	13(24%)
小份地数	40(42%)	21(40%)
不知其大小之份地数	15(16%)	3(6%)
合计	94	53

---

① Homans 1941, 205-206.
② 波斯坦 2002,529—540。
③ 参看马克垚主编,《中西封建社会比较研究》,学林出版社,1997,第五章。
④ Dyer 1980, 300.

Hanbury	1297	1474—1475
大份地数	0	12（20%）
中份地数	36（42%）	10（17%）
小份地数	17（20%）	11（18%）
不知其大小之份地数	33（38%）	27（45%）
合计	86	60
Hartlebury	1297	1474—1475
大份地数	57（50%）	44（67%）
中份地数	23（20%）	4（6%）
小份地数	29（26%）	10（15%）
不知其大小之份地数	4（4%）	8（12%）
合计	113	66
Henbury	1297	1474—1475
大份地数	32（24%）	49（36%）
中份地数	55（42%）	40（29%）
小份地数	37（28%）	26（19%）
不知其大小之份地数	8（6%）	22（16%）
合计	132	137

总的看来是大份地数在增加，中、小份地数在减少，而除了 Henbury 外，份地的数目也在减少，所以大概是农村的农民份地面积有一种上升的趋势。

我想，在封建时代的成长过程中，农民的土地占有面积肯定在不断变化，而导致这些变化的因素也是很多的，过去的两极分化模式看来是简单了一些，而更应该从多种模式起作用方面看问题。也许正是因为这多因素的综合作用，才造成了小农的长期存在。世界上已经有许多国家在资本主义时代仍然存在着大批小农的情况，小农经济如何资本主义化，它与资本主义的关系如何，仍然是一个值得我们仔细研究的大课题。

第十八章　中世纪晚期的工商业

一　城市和工商业情况

1. 商业和手工业

黑死病带给了英国商业以相当大的打击。由于人口锐减，流通自然萎缩，所以一段时间市场、集市都有所减少。据统计 1348 年以前的市场到 16 世纪只有 37% 仍然存在。① 当然这并不表示市场有这么大的缩减，而是因为以前的一些市场根本就没有发展起来。有些集市仍然兴盛，特别是马匹、牲畜、羊的贸易集市。因为这时人口减少后牧场扩展，牲畜产量增加，导致这方面的交易旺盛。不过大多数集市都在衰落，一些很有名的进行国际贸易的大集市也相继消失。如圣伊夫斯集市约于 1340 年消失，西敏寺的爱德华集市，14 世纪初曾年可收租金 90—130 镑，而之后迅速衰落，到 1487 年消失。温彻斯特的圣吉尔集市，1330 年时已经没落，以后也一直下滑直到 15 世纪。② 不过要注意的是集市的衰落另有原因，即这时城市兴起，它取代了集市的地位，成为新的贸易中心，人们已经不再需要这种不经常、不方便的集市来进行贸易了。

---

① Britnell 1996, 160.
② Ibid., p. 161.

市场和集市的衰落并不能和商业、贸易衰落等同。这时有大量的交易是在市场外进行的。像粮食、羊毛、燃料、建筑材料等，都在市场外进行大宗交易，所以商业是否衰落还不能只看这一现象。可是有人做了货币流通量的统计，说明货币流通量也有所减少，虽然减少不是直线的（见后）。但因为这时信用在交易时已经大量使用，货币流通量也只能是贸易是否繁荣的一个不太明确的证明。综合各方面证据来看，贸易的停滞和衰减也许可以成立。

英国的手工业在十四五世纪经历了不小的变化。有些行业有比较大的增长，如毛纺织业。英国从 14 世纪开始，由一个羊毛出口国变成为一个呢绒出口国，毛纺织业广泛兴起，成为英国最重要的手工业。至于兴起的原因，则有经济和政治诸多方面，也许政治起了更重要的作用。英国一向盛产优质羊毛，把它卖到佛兰德斯或意大利，从那里再购买呢绒自用。爱德华三世时，由于百年战争的缘故，采取一些措施限制羊毛出口并鼓励本国呢绒工业发展，如一度禁止羊毛出口和呢绒进口，鼓励大陆（主要是佛兰德斯）呢绒工人到英国定居以发展呢绒工业，对出口羊毛征收重税而出口呢绒则征收轻税。这时毛纺织业发展的特点是深入农村，在那里可以摆脱手工业行会的许多限制，采用新技术、新组织发展呢绒业，还可以找到合适的河流，装备漂洗呢绒的漂呢机，提高生产率，这样呢绒工业逐渐得到发展，其质量也不断提高。

在肯特、牛津、格洛斯特、兰开郡、约克诸郡以及东盎格利亚诸郡的广大乡村，许多地方都成为毛纺织业的基地。它们大都分布在河流附近，便于使用漂呢机漂洗呢绒。毛纺织业的生产组织，也已经摆脱了行会制度的束缚。生产者大都是独立的小手工业者，或者直接就是原来当地的农民，转而从事毛纺织业。他们并未脱离农业生产，仍然耕种小块土地，不过把主要的精力用来从事毛纺织业，妇女纺纱，男子织布，小本经营。后来逐渐成长起具有较多资本的呢绒商人，他们在市场上购买羊毛，然后散发给在家中纺纱的纺工（农妇居多），让她们纺成毛线。呢绒商付给纺工以工资后收走毛线，再把毛线分发给在家中工作的织工织成粗呢，付给织工工资。最后这些粗呢还要经过漂洗、精整、染色等工序，才能成为可以出售的合格的呢绒。后面的工序大都集中在呢绒商设立的简陋厂房中，由若干雇佣劳动者进行。这种生产组织被称为家内制（domestic system）。即纺工、织工等仍然在自己的家中生产，拥有自己的生产工具，可是已是为别人生产、受人雇佣的工人。呢绒商组织生产，纯粹是为了市场，而且大多是为了远方的市场生产，为出卖而生产，而不是为了自己的消费。这种企业的性质被认为是资本主义的。上世纪70年代，有学者提出了"原工业化"的理论，认为在乡村中兴起的，以小手工业者为主的，为远方市场生产的这种手工业是一种特殊性质的工业化，是西欧走向工业化的途径，称之为工业化前的工业化。①

建筑业依然兴盛。修建教堂、修院、手工业大厅、商人行会大厅者在各城市都有。而富裕的贵族、商人为自己修建华丽的堡垒、住宅者更不少。一个大建筑一年开支达四五百镑，工期往往要好几年，所费甚巨。例如，为康沃尔勋爵修筑的塔特沙尔堡垒，规模宏大，有一个 62×48 英尺^2 的高大塔楼，耸立在基座厚达12英尺的围墙上。该建筑从1433年一直修到1446年，每年要支付费用450镑。此外，他还在德比郡和别的地方各修住宅一处，费用也与此堡垒相似。建筑工人所得工资也比别的工人要高，不受国家限制工资法令的约束。15世纪初，修筑伦敦桥的石匠每周工资可得3先令9便士，一年包括节假日在内也付工资，如以购买力计，比13世纪要高出好多。②

采矿冶金在这时也有许多发展和变化。锡是英国的主要产品，长期以来供应大陆欧洲的需要。但这时产量一度下降，下降的原因可能是人口减少，有多余的土地可以耕种，所以生产锡的劳动力紧张。另外这时锡矿开采多年，要求有更多投资才可深入挖掘，但大约投资者在减少，所以这时的大规模生产比以前反而少了。铁这时则面临技术改造问题，因为浅层矿大都已经挖完，要向深层发展，这就要用水力做原动力鼓风使井下通风，并且提升矿石，要有一套复杂的装置。另外15世纪开始使用鼓风炉炼铁也提出了改进装备的问题。原来的炼铁办法是采用很小的坩埚炉，炼出含碳较少的可锻铁再加以锻打制造各种工具和器皿。鼓风炉采用水力鼓风，炉温由之升高，可以炼出铁水，但它的含碳量高，是为生铁，性脆而不能直接使用。必须再加热并加以锻打，去除多余的碳和其他杂质，才能成为熟铁。鼓风炉炼铁的好处是产量大，但要有许多设备，除鼓风机外，后来也出现了水力锻机，以节约人力。这样炼铁分为明显的两个步骤，要求有更多的资金投入，而资金并不充裕。另外，炼铁这时仍然使用木炭，因此导致大量森林被砍伐，木材紧缺也是使铁产量不多的一个原因，英国这时还

---

① 关于原工业化的理论以及有关问题，参看王加丰等，《西欧原工业化的兴起》，中国社会科学出版社，2004。
② Bolton 1980, 274.

要依靠从欧洲大陆进口铁以备应用。

木材的紧缺促使煤矿开采发展起来。煤这时多用来取暖，烘干鱼、熏肉、制啤酒时加热等，还没有学会用来冶炼。煤矿出产于东北部的泰诺河谷，有一部分通过纽卡斯尔输出到大陆上去。不过在中世纪时期煤的产量一直不高，其原因部分是由于开采技术的问题，如井下排水、鼓风等的装置问题，还有就是煤矿多为教会、修院等掌握，他们对开采采取消极态度所致。

总起来可以说，中世纪晚期英国的手工业除了毛纺织业外，也是处在一种停滞状态，没有大的发展。有的学者曾经对这一问题加以讨论，认为从需求方面来看，这时还是有需求的，特别是因为人口减少，生活水平提高，对精美用品的需求增大。从技术方面看，也有了许多进行大规模生产的技术，如采矿冶金业、纺织业等，可是生产规模没有扩大，也没有形成工厂化生产组织，其原因是明显的投资不足。但英国这时并非没有资金，许多商人都积累了不少的资本，他们并不投资于扩大生产，而是购买奢侈用品，或者投资于土地，以保证自己、家人和后代的生活。所以他说这时的英国仍然是一个半发达、甚至不发达的农业国家，从事工业的劳动力不过占10%—15%。① 这使我想起这和我国的资本主义萌芽问题讨论有相似的想法和判断，也许他把英国的这一问题提的过早了一点。但同样的问题，必然引起同样的回答，西欧的学者也没有什么例外。

2. 城　市

中世纪晚期英国城市的兴衰状况，也是一个众说纷纭的问题。伴随着黑死病的袭击，城市人口自然也大量减少，甚至比乡村还要厉害。人口减少，房屋破败，工商业也随之衰落，这是1348—1349年后英国城市普遍的景象。如有名的原来全国第二大城市约克，它因为是主教座所在地和受毛纺织业影响，在14世纪末达到发展的顶峰，人口比黑死病之前为多，许多手工业产品由此输往各地和海外。到15世纪，由于波罗的海和北海商业的衰落，新兴的西来丁纺织业的竞争，约克地位下降，其人口到16世纪初年又降到黑死病前的水平，城市不再处于全国前十名。② 又如有名的港口城市赫尔，过去是重要的羊毛出口基地，这时因为呢绒出口取代了羊毛出口，而贩运呢绒它又竞争不过汉萨和伦敦的商人，所以自然没落。到15世

---

① Bolton 1980, 282-286.
② Reynolds 1977, 155; Bolton 1980, 248.

纪其贸易所得减少了3/4。另一个重要城市林肯，受到瘟疫的极大打击，以后一蹶不振，15世纪时更直线下降。由于交不起城市应交的税收，市民纷纷出逃，不得已向国王请求豁免。但豁免也并不能挽救其破落的命运。其他类似的城市也还有不少。① 即使英国的首都伦敦，1300年有8万到10万人口，黑死病后人口也锐减一半，直到15世纪末也还未恢复过来。但伦敦仍然是英国最大的城市，是政治、经济中心，在进出口贸易、制造业、服务业等方面，依然是全国第一。如羊毛出口14世纪以后在不断下降，但伦敦的出口份额却由1280年的20%上升到1540年的80%。而呢绒的出口，伦敦也取得了垄断地位，在15世纪30年代占到全部的80%。不过这种出口不是全由英国商人把持，外商仍然有相当的份额。②

走向繁荣的城市也不在少数。例如，格洛斯特虽然因疾病人口减少，但后来的移民补充进来，而冶金和呢绒业的发展使这个城市走向繁荣。诺里奇、布里斯托尔，都是发展起来的城市。也有一些原来的乡村因毛纺织业的兴起而变成城市，如萨福克的拉文汉，15世纪时还只是一个小村子，1520年一跃而成为英国第13个最富裕的城市，1524年纳税180镑，较牛津、南安普顿、累斯特等城市都多。③

城市盛衰的原因，有许多方面，本身手工业是否发达，是否处在重要商路上，对外和本国贸易的兴衰，本地区农业的状况等，都产生作用。还有人指出，有些城市是因为其封建主家族的变迁而变化的。如西敏寺，王室宫廷的成员以及政府机构，西敏寺修院的成员，还有前来参观、访问的各色人等，推动了当地的商业和手工业的发展，特别是饮食业、养畜业、屠宰业等。其他像牛津、剑桥等城市的繁荣也有类似原因。但是，经济的发展，封建主的收入，这一时期并不稳定，王室收入虽然不断增加，但她的开支方向却多有不同。西敏寺也由于王室宫廷转移到考文垂和王室开支减少，13世纪中期时人口减少，经济衰退。到14世纪60年代后才又随着政府搬回来而复兴。④ 这样一种分析，让我们看到西方的中世纪城市，也和中国的古代城市一样，许多是因为政治原因而变迁的，这比原来的学者只从法律定义上或者经济上推究城市的兴衰有所深入。

由于中世纪晚期英国城市的情况复杂，其兴衰又受多方面因素的影

---

① Bolton 1980, 248-249; Reynolds 1977, 151.
② Palliser 2000, 412.
③ Bolton 1980, 252.
④ Palliser 2000, 313-314.

响,所以越来越难以得出城市究竟是发展抑或衰落的总的看法。有学者指出,随着对个别城市的研究越来越深入,它所表现的特殊性也就越突出,无法划出统一的上升或者下降曲线。城市成为在非城市海洋中的自治体孤岛,它的繁荣和衰落受到政治、经济、商业等许多方面的影响,而这些情况又是不断发生变化的。但是他还是认为,英国的城市在1300年左右后是进入一个不活跃时期,1066—1344年间建立的约160个城市,几乎都是在1250年前建立的,而1344年后建立的只有两个。① 有的学者虽然也同意这一时期城市发展停滞的意见,但强调这时因为人口减少,平均生活水平提高,所以城市对高级消费品的要求增加,而且还有新的房屋修缮等等。②

下面根据富有程度,列出1524年时英国的20个城市,并把它们和1334年情况比较,就可以了解城市的变化③:

1524年排名	城市名	1334年排名	1524年排名	城市名	1334年排名
1	伦敦	1	11	约克	3
2	诺里奇	6	12	里丁	40
3	布列斯托尔	2	13	科切斯特	53
4	纽卡斯尔	4	14	伯里圣埃德蒙	26
5	考文垂	10	15	拉文翰	- -
6	埃克塞特	28	16	沃切斯特	36
7	索尔兹伯里	12	17	美得斯通	- -
8	林城	11	18	托特斯	- -
9	伊普斯维奇	19	19	格洛斯特	18
10	坎特伯里	15	20	亚茅斯	7

中世纪晚期英国的城市阶层是否更为分化,也无十分明确的证明。从城市内部斗争的激化看,应该是两极分化加剧的反映。我们还有一些城市的具体数字。如根据1525年诺里奇交纳补助金的统计,该城市统计的40%居民是赚工资者,而60%的财富掌握在只占6%的补助金交纳者手中。还可以推算出该城市有2/3的人生活在贫困线或在贫困线以下。④ 在这样的背景下,市政府的组织应该是更趋向寡头统治。不过市政府是趋向寡头抑是民主存在着争论⑤,我们仍然采用趋向寡头的看法。如林城,1524年

---

① Palliser 2000, 273-274.
② Britnell 1996, 171; Palliser 2000, 330-331.
③ 转引自 Palliser 2000, 329。
④ Reynolds 1977, 161.
⑤ Ibid., p. 171; Palliser 2000, 309.

的王室特权证书取消了所有市政的民众参与，城市由市长、12个长老和18个市政委员管理。18个委员由市长和12长老任命，而且随时可以罢免。12个长老最初由国王任命，以后由18个市政委员选举，并且从12个长老中选举市长一人，每年更换。① 约克的情况也是一样，市长每年选举产生，任期一年。他只由一个很狭小的圈子中选出，1399—1509年间85个担任市长的人中，68个是大商人。下面有12名长老，由市长和退职的长老选出，为终身任职。再下面是24人，其资格是需担任过城守者（town reeve，不只一人，协助市长处理司法和财政），所以也是城市中的富人。上述的长老和24人以及其他一些市政官员组成市议会，不定期地开会处理市政府的各项事务。最外面还有一个48人组成的委员会，是各行业的代表，职权很小，只是形式上同意人家已经决定的一切。不过它仍然是表达城市内部矛盾的一个讲坛。② 其他的城市如沃里克、林肯、累斯特、南安普顿、诺里奇等也都是寡头统治。

这时城市中的行会也发生了变化。一方面行会内部的不平等加剧了，另一方面各行会之间的不平等也更明显了。原来行会的首领，特别是大行会的首领，这时大都已经脱离生产，成为大商人，控制、指挥着其他行会成员的活动。各行会的不平等，导致出现了行会的合并。即某个大的、有势力的行会，把属于同一生产过程的其他小行会合并，组成一个组织，被称为公会（company）。这一过程最早是在伦敦开始的。如伦敦的呢绒业公会，就是由织工行会、漂洗工行会、染工行会等共同组成，皮革业公会是由原来的手套匠行会、鞋匠行会、钱袋行会等合并而成。这些公会的成员穿着相同的服装，以和其他人区别，所以又被称为制服协会（livery company）。后来其他的城市也有这种公会产生。公会的制度、规章，和原来的行会并没有太多的不同。它还是一种封建行会的组织，基层仍然是许多小手工业者，只是在他们的上面有一些高高在上的大商人、资本家，控制了公会的活动，小生产者和市场的直接联系被切断，逐渐变成受大商人控制的生产者。

所以，在十四五世纪，英国许多城市内部，充满了各种各样的斗争，有行会之间的斗争，有行会反对城市当局的斗争，有帮工、学徒反对师傅的斗争，也有城市在农民起义时反对王权的斗争，说明城市是不平等的地方。

---

① Palliser 2000, 310.
② Bolton 1980, 260.

二 对外贸易

1. 英国对外贸易的开始

讨论中古时期的国际贸易，首先应该有这样一个概念，即所讨论的不是我们现在意义上的国际贸易，因为当时没有现在这样严格的国家边疆观念。直到中世纪晚期，也就是十四五世纪之时，西欧方才逐渐形成了本国和外国的观念。① 独立的商人很早就已经存在，他们主要是贩运一些奢侈品，穿行于各领地、各国之间，买卖获利。中世纪时西欧有两大贸易区，北海、波罗的海贸易区，为德意志商人所掌握，他们在各地设立货栈和居住区，获得当地国王、领主赐予的贸易特权，进行贸易。这种居住区早先被称为汉萨，所以德国的商人也被称为汉萨商。另一个是地中海贸易区，为意大利商人所掌握，他们也在各地设立货栈和居住区，也获得贸易特权。封建主所以赐给商人以贸易特权，主要是为了得到自己所渴望的货币、金银，而商人为了得到贸易特权证书，必须向国王、封建主等交纳一笔款项，或者给这些封建主以贷款。封建主为了要得到货币，并不管他们是哪一国的商人，所以我们才可以看到，在中世纪的英国，活动的大量商人是意大利商人和汉萨商人。另外，封建主和国王在他的领地内，可以设立关卡，对过往货物征税，以从中牟利。这些就是当时国王们保护商人、保护贸易的原因。以上就是西欧中世纪时期国际贸易的一些前提。

英国中古的国际贸易，可以说就是和大陆西欧的贸易。从很早的时候起，这种贸易就已存在。英国和隔海相望的欧洲大陆沿岸如佛兰德斯、布拉班特、加斯科尼都有贸易往来。英国输往大陆的商品主要是羊毛、铅、锡、粮食、皮革等，而大陆方面主要是酒、高级呢绒等奢侈品。13世纪起贸易大为发展，因为亨利三世即位后对法国友好，所以更消除了贸易中的障碍。这时候佛兰德斯的织呢绒业已经十分发达，而英国的优质羊毛一直是供应佛兰德斯的主要原料，那里的商人大批前来收购。羊毛成为英国出口的大宗。亨利三世还给予佛兰德斯一些城市以贸易特权，伊普斯（1232，1259）、圣奥梅尔（1255）、根特（1259）、杜埃（1260）等，更便利了这些商人的活动。可以说1230—1270年间是以佛兰德斯商人为主控制英国对外贸易的时期，英国因为本国呢绒织造业不发达，所以在输出羊

---

① Guenee 1985, 49-52.

毛的同时，也大量购买佛兰德斯的呢绒，以供应自己的特别是上层人士的需要。伊普斯和杜埃两地的商人专门供应王家的呢绒，1247年，亨利三世欠两地商人的呢绒款达1600镑，而1240—1269年间，国王购买呢绒花费达12000镑，其中80%是由这两地的商人提供的。①

1270年起，英国和佛兰德斯的关系变坏。布拉班特的商人乘机而来，他们得到许多从英国输出羊毛的特权证书，并同时把自己生产的呢绒也输入英国。1307年，爱德华一世即位，为了进行和法国的战争，他大量向意大利商人借款，意大利商人有"国王的银行家"之称。1272—1294年间，卢卡的里加第银行贷给英王40万镑，1294—1310年间，佛罗伦萨的弗列斯克巴第银行贷给爱德华155000镑（包括利息）。② 他们所以能借给国王这么多的钱，是因为他们在英国的进出口贸易中赚了更多的钱。他们出口大量的羊毛，进口许多奢侈品，从国王处取得贸易特权。许多意大利商人居住在伦敦，横行霸道，声名狼藉。

除了意大利商人外，还有加斯科尼的商人，主要是垄断酒的输入；德国的商人，经营传统的北海贸易等。当然，也有英国本国的商人经营对外贸易，这时候也逐渐成长起来。如以羊毛出口为例，大约1279—1290年间，每年出口平均26750袋（一袋合364磅），英国商人占30%—35%的份额，而其余的为外国商人控制。③

英国本国商人原来大部分从事内贸，以伦敦商人为主。他们的力量主要依靠王室，是王室把他们扶持起来的。亨利三世效法法国王室，崇尚奢华。大批伦敦商人由之致富，有锡器商、香料商、呢绒商、金银器商等，他们被称为王室的采购员。如1250年，伦敦商人亚当·得·贝森为亨利三世提供金银镶嵌呢布、天鹅绒等贵重物品，还从卢昂输入蜡烛，参加爱尔兰的粮食和皮革贸易，1242年为王后提供送给西门·德·孟府的银盘，1258年还在赫里福德购买粮食。他的整个资产没有资料，但是他1251年给国王一个300镑的账单，1252年则为200多镑。④ 另外伦敦商人也都从对外贸易中获取利润，1271—1274年，伦敦商人（包括在伦敦的外商）获得1/9的羊毛输出特权，而英国本国商人则只占其中的1/3。⑤

---

① Miller and Hatcher 1995, 198.
② Ibid., p. 201.
③ Bolton 1980, 174-175; Miller and Hatcher 1995, 210-211.
④ Miller and Hatcher 1995, 228-229.
⑤ Ibid., p. 229.

2. 集中地制度的建立

爱德华一世和威尔士、苏格兰、法国处于不断的战争之中，他为了支付庞大的军费开支，开征羊毛出口税。1275 年开始，每袋羊毛征收 6 先令 8 便士，1294 年，和法国的战争爆发，爱德华把羊毛税一下提高了 6 倍，每袋征收 40 先令即两镑，这就是有名的苛税（maltote）。税收由之大增，从 1290—1294 年时的每年 11600 镑增加到 1294—1297 年之间的每年 33000 镑。① 可是它也导致羊毛出口量的下降，引起商人反对，贵族也乘机起事，1297 年被迫取消。

1303 年，爱德华一世召集商人集会，商讨征收新的羊毛税问题，但大多数商人一致反对再征收像苛税这样的重税。不过羊毛仍然是英国王室的重要财源，而且是和大陆上的法国、佛兰德斯斗争的一件武器，所以以后的英国国王仍然频繁使用。围绕着羊毛贸易，在英国引起各方利益冲突。外商希望自由贸易，即他们可直接到英国各地收购优质羊毛。英国本国专营出口的大羊毛商则要求排挤外商，由他们自己垄断这项贸易。但从事国内羊毛贩运的中、小商人和生产羊毛的封建主和农民也希望能和外商逐渐接触，以免受大商人控制。至于王室，则要把羊毛贸易当作一件有力武器，不仅在经济上取利，而且从事政治、外交斗争，和法国争夺佛兰德斯。在这种复杂的背景下，逐渐形成了英国羊毛贸易的集中地制度（wool staple）。

原来当英国商人运销羊毛到大陆时，习惯上已经把一些地方作为交易的集中地点，大部分羊毛都运输到那里转卖，这些集中地有安特卫普、布鲁日等。这还只是羊毛商人的一种自发行动，没有约束力和强制性，所以也有别的商人不经这些地点径自运输羊毛到其他地方销售。爱德华一世为了筹措庞大的军费，1275 年开始征收每袋羊毛 6 先令 8 便士的关税，这种羊毛税被称为旧税（ancient customs）。是为英国有正式关税之始。后来他征收的苛税因遭到各方的反对而作罢。但他的财政问题并没有解决。1303 年爱德华和外国商人进行了谈判，在允许他们自由贸易的基础上，外国商人答应输出的每袋羊毛除了原来的旧税外，还加税 40 便士。但这一措施引起本国商人的反对，因为出口税的增加导致外商提高货物进口价格、压低出口价格以把损失转嫁到英国人身上。不过它有助于英国羊毛商人的强大，逐渐排挤外国商人的羊毛贸易份额，使其只占 1/3 左右。到 1311 年爱

---

① Miller and Hatcher 1995, 235.

德华二世被迫取消了1303年的关税,又恢复了1275年的羊毛关税,本国和外国商人一视同仁。①

爱德华二世的财政困难并未解决,而且因为和佛兰德斯的关系恶化,英国商人出口羊毛遇到许多困难。1313年,爱德华二世建立了羊毛出口的集中地制度。因为本国和外国商人到处出口羊毛,使国王收入减少,所以要求以后无论是本国商人还是外国商人,都把羊毛运送到大陆上的圣奥梅尔集中销售,以便于国王在此统一收税。圣奥梅尔不在佛兰德斯伯爵领的管辖之内,所以英国商人有经商的自由。集中地起初在圣奥梅尔,后来1315年转移到安特卫普,1325年到布鲁日。但集中地制度也引起新的矛盾。外商因为运送的目的地受到限制,所以反对它;本国的中、小商人和羊毛生产者,他们依靠外商对羊毛的收购,所以也反对它。1326年起在国内设立集中地,包括伦敦、纽卡斯尔、约克、林肯、诺里奇、西敏寺、埃克塞特、布里斯托尔等。规定出口的羊毛必须先集中在那里40天,其目的是阻止外商直接向大生产者购买羊毛,有利于中、小生产者。经过一系列的变化,在羊毛出口上英国本国商人到14世纪中期终于取代了外商的地位。

爱德华三世于1327年即位,他好大喜功,四处征战,1337年开始了有名的百年战争,和法国长期作战,需要大笔金钱,他大力扶植本国和外国的羊毛商,给他们以出口特权,但也加重收税。1333年,本国商人出口羊毛每袋在原来6先令8便士的基础上翻一番,成为13先令4便士,而外商则在6先令8便士之外,还要再加原来一度实行过的增加3先令4便士,再加10先令,合计20先令。② 到14世纪末,本国商人出口一袋羊毛交关税40先令,而外商则高达53先令4便士。③ 爱德华由此获得了巨额的关税。1317—1336年,年平均为14750镑,1338—1339年,为65000镑,1345年,曾把关税以5万镑之价包出。到1351—1362年,更高达年平均87500镑。④ 不过对于爱德华三世的庞大开支来说,这些也还是远远不够的。

14世纪上半期爱德华三世在对法战争中节节取胜,1360年双方订立和约,英国从法国取得大片土地,占领了重要大陆港口加来。1363年开始,

---

① Loyn 1980, 389; Bolton 1980, 194.
② Bolton 1980, 194.
③ Postan 1973, 209.
④ Miller and Hatcher 1995, 238.

加来成为英国的羊毛贸易集中地,并形成了羊毛贸易的集中地公司。这是英王和其他各种势力妥协的结果。因为这时意大利的银行家许多已经破产,不能再贷款给不断要求货币的国王。英国本国的商人力量上升了,成为爱德华可以依靠的力量。所以成立了由 200 家左右的商人组成的贸易集中地公司,其中最具实力的是伦敦商人,取得了羊毛贸易的垄断权,外商的贸易也需取得他们的认可。1342 年,商人会议曾经做出决议,规定任何人如不运输羊毛到集中地或未交纳关税将被排斥于本国商人同盟之外,无论本国或外国商人均不得与之来往。[①] 羊毛贸易税进一步增加,15 世纪时,羊毛每袋的税收,外国商人为 66 先令 8 便士,本国商人为 33 先令 4 便士。[②] 外商虽然可以经营出口贸易,但是高额的关税使他们日益败落下来,而让位于英国本国商人。不过这时羊毛出口已经逐渐下降,14 世纪 50 年代高达每年 40000 袋以上,到 1401—1430 年期间,下降到年平均 13000 袋,后来一度因为政治的困扰,羊毛贸易几乎全部停顿。1439 年后有所恢复,但整个 15 世纪,年出口量也不过八九千袋。[③] 英国的羊毛出口已经被呢绒出口所取代了。

3. 贸易组织和呢绒贸易

中世纪生产不发达的条件下,起初手工业和商业是混合在一起的,小手工业者同时也就是一个商人。大商人、独立商人,大都和对外贸易有关,因为这才需要较大的资本和较长时间的活动。为了筹集资本和经营的安全,商人一般会结成一种组织。西欧的有关商人组织资料大都是大陆上的商人,而英国商人的记载很少。这是因为大陆上的意大利商人和佛兰德斯的商人、德国商人等,都发展的比较早,势力强大,组织先进,所以很早就占据了英国的市场。而英国本国的商人是后来才发展起来的。

根据波斯坦的意见,中世纪英国经商的流行模式是合伙制(partnership),可以分为三种,一是由资本(座商)雇佣商人经营赢利,二是由商人雇佣资本(集资)经营赢利,三是参加者既出资本也出劳务。[④] 这和当时意大利商人的商业组织形式是十分相似的。意大利的商业经营组织称 societas,也可分为三种,一种是 commenda,即座商交付资本或货物给行商,由行商进行经营;第二种是 collegatia,有点像是英国的商人雇佣资本进行

---

① Miller and Hatcher 1995, 248.
② 波斯坦、里奇、米勒 2002, 209。
③ Bolton 1980, 293.
④ Postan 1973a, 66.

经商活动的组织，不过经营者往往也有一定资本加入；第三种组织形式称compagna，就是所有参加者都既出资本也出劳务的那种商业组织。① 实际上的合伙情况当然十分复杂，有的是多人参加的，也有的是孤寡无力经营而委托商人代为理财的，也有的是伪装合伙以逃避税收的。因为英国的普通法不承认合伙制的合法性，所以在法庭记录中它大多以契约形式出现，这也就是我们十分难以找到它的原因之一。实际上，用合伙制进行商业活动是中世纪最通常的做法，有大量的事实存在。一个商人往往把他的资本分成若干份，和许多行商进行合伙。一个行商既从事流动的商业活动，同时也投资于别的商人的商业中。这种合伙制起初只是一次性的，经营完毕按照事先规定的协定分成，合伙即告解散。

英国羊毛贸易的兴盛，使商业组织更为发展。起初，外国商人如意大利商人和佛兰德斯的商人来收购羊毛，大都是和盛产羊毛的大贵族或大修道院，订立合同，收取若干袋羊毛付款若干，这种合同有的是一次性的，有的连续好多年，也有的是封建主向意大利等商人贷款若干，然后以羊毛偿还。后来出口羊毛越来越多，只靠几个大封建主已经不足所需，必须向一般地主和农民收购，于是出现了专门的收购商人，他们在全国生产羊毛的地方奔走，搜集样品，送交出口商，同意收购后由专门的运输者运到伦敦和其他出口口岸，然后成交。

加来集中地建立后，形成了集中地贸易公司，严格说来它不是一个商人自己组织的公司，而是半官方的组织。它由200余家羊毛商人组成，其中最有势力的是伦敦的大羊毛商，英国国王把对加来的统治权也交给这个公司，由24个大商人组成加来的市议会，另外两人担任市长，一个管理市政，另一个专门管理集中地羊毛贸易。它具有羊毛贸易的垄断权，所有羊毛都必须经过加来出口，即使外国商人的羊毛也不例外。

与羊毛出口下降的同时，英国的呢绒出口却在不断上升。14世纪60年代，年出口量约为1万匹，到16世纪30年代，增长到年13万匹。而同一时期，伦敦的所占的份额也从10%上升到80%。② 呢绒这时成为英国出口的大宗。呢绒和羊毛不同，羊毛是初级产品，是原料的输出，而呢绒是制成品，是英国的生产发达的结果。经营呢绒出口的，被称为商人冒险家（merchant adventurers），商人冒险家本是经营对外贸易的一些公会，因为

---

① 波斯坦、里奇、米勒 2002，41。
② Palliser 2000，412。

从事外贸风险较大，所以被称为冒险家。他们是经营丝绸、香料、葡萄酒、粮食等而致富，组成公会。商人冒险家和集中地商人不同，后者是在政府指定的地区专营一种商品的贸易，前者则是散布在全国各地，奔走于欧洲大陆各处运销呢绒和其他商品，或者派遣代理人到各地去经销。冒险商人主要来自伦敦和英国的沿海大城市，如约克、赫尔、诺里奇、埃克塞特、伊普斯维奇、纽卡斯尔等地，14 世纪时，英王曾先后授予在佛兰德斯和汉萨地区的商人以在那里贸易的特权，并由他们自己任命领袖。到 15 世纪这一情况更为发展。许多城市的商人纷纷组成了商人冒险家的组织，进行呢绒贸易，并且从英王取得特许状。一般认为 1486 年，在尼德兰进行呢绒贸易的伦敦商人从亨利七世取得贸易特许状，是为商人冒险家组成公司的开始。

商人冒险家公司是一种规约公司（regulated company），比集中地贸易公司那种松散的组织有所进步。参加商人冒险家公司的商人交纳一定的会费，根据公司规定单独贸易，自行决定，自负盈亏。每个商人在国内购买呢绒后，或本人或通过代理商在尼德兰出售，出售所得款项汇回国内，但大半是在当地购买进口货物再行运回。公司商人所要遵守的主要规定一是联合运输时装运货物的数量，二是在安特卫普或其他尼德兰的市场出售呢绒时，应该大家在同一时日、地点展示货物，以互相监督，防止不正当竞争。它还不是后来的合股制公司如东印度公司等，仍然带有很大的封建商业的色彩。

三 商业手段和商人

1. 货币和物价

西欧中世纪之初，墨洛温王朝仍沿用罗马货币，使用的是东罗马所铸造的金币索里达（solidus），其重量为 1/32 罗马镑，约合现在的 4.5 克。到加洛林王朝时，金币在西欧消失不见，于是改用阿拉伯的银币第纳尔（dinar），其重量为现在的 1.7 克。当时商业活动很少，几乎用不着什么货币，一般交易也大都是以物易物，所以这些金、银币铸造过的数量极少。大约在墨洛温王朝时，形成了 1 镑银铸造 240 个第纳尔，12 个第纳尔合 1 个索里达的进位系统。这一系统在西欧中世纪各国通用，只是名称不同。英国为镑—先令—便士，1 镑 = 20 先令（索里达）= 240 便士（第纳尔）。

如前所述，英国在盎格鲁—撒克逊时期已经铸造货币。到了诺曼王

 英国封建社会研究

朝，铸造货币的工作由王室严格控制，铸币点只能由国王批准设立，主要在伦敦，另外坎特伯里和约克有时也有。铸造的是银便士，国家规定了十分准确的成色，不许变更，所以，直到13世纪末期，英国的货币是十分稳定的，是西欧中世纪最好的货币。至于先令和镑，则只是用来计算的货币，实际上并没有这样的铸币存在。根据现代学者的推算，大约在诺曼征服时期，全部货币的价值为2.5万—3.75万镑，到1205年，增加到25万镑，而发展到爱德华一世时，就增加为60万镑，14世纪初的爱德华二世时，更增加到110万镑。这也就是说，货币的供应比人口增加要快得多。如果说，人口在这一时期增加了三倍，那货币就增加了十倍，每人平均占有量从4便士增加为40便士。① 这说明这一时期也产生了通货膨胀，这是物价上涨的一个原因。

货币在流通过程中，也不断减少。首先是一些人把银币收藏起来，使其退出流通；然后是银币在流通中会不断磨损，据说速度很快，每十年就会减少2%。② 还有一个问题就是劣币取代良币，因为英国的银币成色很好，大陆上的许多劣币纷纷涌进英国，把它换走，而英国本国反而尽是这些劣币。爱德华一世于1279年下令重铸一部分良币，但仍然挡不住外国劣币的泛滥。以后重铸不断进行，而且成色也在下降。大量的银币流到大陆，充当军费。到爱德华三世时，还铸造了金币。不过14世纪中期以后，流通的货币却不断减少，出现了通货紧缩。下面引用相关的数字③：

1324年	110万镑
1350年	50万镑
1356年	78.8万镑
1417年	63.9万镑
1470年	90万镑
1544年	119万镑

即直到16世纪中期，货币流通量才又恢复到14世纪初年的水平。由于流通的货币减少，所以不足所需，出现了犹如我国历史上一样的钱荒问题。因为钱币不足，爱德华三世收税时曾经收取实物。而一些封建主也把货币收入折合成劳役或实物来征收。这一现象是否说明货币经济的倒退，

---

① Miller and Hatcher 1995, 396-397；另一本书介绍的情况稍有不同，但基本一致，参看 Britnell, 1996, 103。
② Bolton 1980, 74.
③ Britnell 1996, 180.

还是另有解释，需要我们结合对整个英国中世纪晚期经济发展的看法来研究，而这又是和人口、物价、工资等问题联系在一起的。所以下面我们说明物价问题。

物价问题在西欧经济史研究中，已经有了长久的历史，有了十分深入的讨论和大量的成果，当然也存在着许多的争论。而英国经济史在物价史等的问题上，因为材料丰富，一向是研究的典型，成果也最令人瞩目。英国历史上物价、工资的资料最早是国家财政署卷档（pipe roll）中所记的采购谷物、牲畜等的记录，开始于1165年。到13世纪，许多大领主、特别是大教会领主有了详细的地产记录，有大量的物价、工资等记录可以利用。19世纪后半期，罗吉尔斯利用这些资料，写成了7卷本的《农业与物价史》巨著，是为英国物价史研究之先河。当然这一研究比较粗糙，例如他没有区分买进价与卖出价，也没有区分王室的强买价和市场价。到20世纪初，格拉斯、贝弗里奇又对物价等做了研究。他们的方法也有一定的缺陷，例如没有充分注意到各地度量衡的不同等。罗吉尔斯和格拉斯都认为，在中世纪的长时期内，谷物价格基本上是没有变化的，并没有上涨。① 五六十年代，法莫尔对英国的价格史，特别是中世纪的价格史进行了更为深入、科学的研究。他尽量计算出英国各地区的物价，然后计算出全国各年份的平均价；另外，粮食价格逐年随气候而波动，有时相差很大，在计算物价长年趋势时，为消除短期波动的影响，法莫尔采用了每7年平均计算一次、并且逐年递减计算的办法。对于各地度量衡的不统一，货币的成色，牲畜质量的好坏等对价格的影响，也都有所考虑。所以法莫尔的物价研究结果被公认为最为合理，为大家所普遍采用。② 工资也是物价的一种，即劳动力的价格，所以在计算物价时一般已经都涉及了，当然因为工资的特殊性质，在理论解释方面还会有所不同。

研究物价和工资的当然不只是法莫尔，还有如波斯坦、蒂托等许多学者，综合起来我们大概可以得出如下看法：

1. 12世纪60—80年代，物价基本平稳，13世纪末到14世纪最初十年，物价上升剧烈，基本上翻了一番。此后物价在平稳中持续走高。到14世纪初，因为发生了1315—1316年的大饥荒，物价达到了最高点。

---

① Gras, N. S. B., *The Evolution of the English Corn Market*, Cambridge, 1926, 11-15.

② 他对于英国中世纪物价与工资的研究成果，可参看他在《英格兰与威尔士农业史》第二、三卷中的有关部分。

2. 工资在 13 世纪的走势是平稳的,因为物价上涨,所以实际工资甚至略有下降。
3. 谷物价格在 1325 年后曾一度下降,黑死病后再度上升。但 14 世纪 70 年代复又下降,直到 15 世纪末。
4. 工资在 14 世纪 70 年代后是上升的,和物价分道扬镳。按实际工资计算也是上升的。①

在物价史的研究中,材料如何收集才算合理,如何计算更是仁者见仁,智者见智,各人所见不同,它已经是一门十分专门的学问。但我们更为关注的是物价史所牵涉的理论问题。对物价历史上变化的原因,可以说有两大派,一派就是人口论者,以为人口增加,即意味着需求增加,因此粮食价格必然上涨,而人口增加也就说明劳动力增加了,供大于求,工资自然下降;如果人口减少,则引起的当然是物价回落,工资上升。另一派是货币派,即主张物价的变化和货币的供应成反比,如果货币供应增加,物价自然高涨,货币供应减少,物价就会下降。当然货币的供应量在古代不只是金、银等贵金属是否增加,还涉及货币的流通速度,这就是有名的费希尔方程式,$P = MV/T$,P 是物价水平,M 是货币供应量,V 是货币流通速度,T 是商品的总量。即无论是货币供应增加或者它的流通速度加快,都可以影响物价的上涨。如英国十二三世纪之间物价的突然大幅上涨,有许多学者就是从货币供应方面来解释的,可以说是一种货币论。②

把物价和社会发展、经济增长的理论联系起来,有许多的困难,博学如布罗代尔者在最后也都没有做出什么明确的结论。③ 我们观察到的,一般是丰年粮价下降,灾年粮价上升,而且因为封建时代没有足够的粮食储备,运输条件又差,所以短期内不同地区物价就有大的起伏。这样的起伏,是需求与供给作用的结果。物价的长期起伏趋势,是后来经济学家计算出来的,它是否能和人口的发展趋势吻合,是否是人口这一对粮食最有力的需求起作用的结果,大可怀疑。它是否能用货币供应充足与否来解释,也大可怀疑。这主要就是因为这是用古典经济学理论解释封建经济的结果,它假定的前提就是那时土地、劳动、资本都可以随意流动。而实际上封建时代不是这样的。人口的增加看起来是对粮食需求的增加,但是贫

---

① Bolton 1980, 72, 并参考了李云飞的博士论文《13 世纪英格兰领主经济研究》中的论述。
② 参看 Hilton 1976 a 中 Harvey, P. D. A., The English Inflation of 1180-1220。
③ 布罗代尔,《资本主义论丛》,中央编译出版社,1997, 318—319。

苦的农民虽然挨饿，也无钱去购买粮食。而封建主也用不着去购买粮食，他只要依靠自己的庄园生产就足够了。当时的市场是十分狭小的，人口的增减不一定会反映出来，特别是从长期趋势来看尤其如此。至于工资，更无法用需求与供给的规律来解释。因为封建时期的赚工资者的数目本来就十分少，而且他们大都不是自由劳动者，即使是城市中的工人，许多也没有脱离土地。既然没有自由的劳动力市场，工资也就不是自由形成的，所以它并不能反映劳动力增加抑或减少的情况。这一点哈切尔都已经指出了。①

至于货币供应论不大可能解释中世纪的物价问题，也是因为当时货币的供应、流通是不自由的，受到王室的严格管理。而且在封建的条件下，统计资料缺乏，几乎无法计算。不过是一些猜想而已。

2. 信　用

信用发生于交易中的借贷关系，即由于货币不足，所以交易时暂不付款，等以后再付，并加付一定的利息。中世纪时因为货币是金、银等硬通货，携带不易，所以信用就应运而生，方便了商品的运转，交易的进行。

英国中世纪时原来认为不存在信用，后来波斯坦经过研究，指出信用也是大量存在、使用的。他区分出一是出售信用，即英国进口、出口的货物，如羊毛、酒、皮革、呢绒、粮食、染料等，无论是本国商人，还是外国商人，都使用信用来进行交易，或在大陆上交易，而到英国取款，或到英国交货，而在大陆取款。另外一种信用就是借贷或投资时使用的，借贷也都是商人之间因为要做生意，或借英镑而还外币，或借外币而还英镑，商人在合伙做生意时，也往往有借贷产生，这就是一种投资的信用。② 由于信用流行，所以也产生了作为信用的手段。一种是债券（obligation），记有借方与贷方的姓名，债务数目，还款日期，地点，还款时的货币名称，以及兑换率等，十分详细。后来债务可以转移，即债权人可以把这种债权转移，由第三者代取，于是发明了汇票（letter of payment），这是晚期中世纪英国在对外贸易中常用的手段，并且形成了固定的格式。它包括四方面人士，即出票人，原先的债权人，汇票收取人，受款人。汇票与债券不同，它的任务只是转移债务，即债在早先已经存在了，是一种关于付款

---

① Hatcher 2001, 63.

② Postan 1973a, 5-20.

的命令。① 当时在商业中使用信用手段已经十分流行，我们熟知的例子来自有名的塞利家族。他是 15 世纪的商人家族，保存有完好的账簿，他出售的每 12 笔羊毛生意中，就有 11 笔是用信用支付的。②

当然，和当时的意大利商业相比，英国商业这时还十分落后。它并没有形成有分号的公司，大商人也是靠几个代理人或学徒维持生意。商人使用的合伙制还是相当不稳定的组织，它和契约从法律上难以区分。账目上直到 15 世纪也没有使用复式簿记，所以他也没有发展出银行，中世纪时期意大利银行成为英国国王主要的贷款人，从英国获得许多好处。③ 从此也可看出，说什么中国没有理性的商业组织，理性的簿记等所以发展不出资本主义纯粹是无稽之谈④，可是这一说法还有许多人奉为真理，不禁使人愕然。

3. 商 人

英国独立的商人出现得比较晚，大约是在 13 世纪下半期。原来的商人和手工业者不易区别，所以说不上是独立商人。而独立的商人是由佛兰德斯商人和意大利商人充当的。到 13 世纪下半期，英国自己的独立商人方才开始出现。起初是在国内贸易的领域，对外贸易仍然归外国商人控制。14 世纪时，随着羊毛贸易的兴盛，英国本国商人也逐渐壮大，在外贸领域也崭露头角。所以英国学者提出了英国商人阶级的形成问题，认为商人阶级形成于 14 世纪。1303 年，爱德华一世召集本国的一些商人集会于约克，讨论征收羊毛关税的问题，被认为是英国商人阶级出现之始。以后英国商人在各地组织自己的 "会社"（community），有了 "英格兰的商人会社"（The Community of Merchants of England）之称呼，在行业上显示出自己的独立性，并且脱却了地方习气，不再只承认自己是伦敦商人、约克商人等，而有了全英国商人的观念，所以可以说商人阶级形成于爱德华三世之时。⑤ 也还有人指出，英国这时的商人阶级不是工业资产阶级，他们和生产没有发生太多的关系，只有推行包买制（putting out system）的那部分商人，才和生产发生一定关系。⑥

---

① Postan 1973a, p. 55-57.
② Ibid., p. 21.
③ 波斯坦 2002，98—99。
④ 马克垚主编，《中西封建社会比较研究》，学林出版社，1997，14。
⑤ Miller and Hatcher 1995, 226-236.
⑥ Rigby 1995, 150.

但是，这时的商人仍然具有他的特点，首先就是商业并不单一，他们都是进行多种经营的，虽然大商人的兴起大都是贩运羊毛，可是其他如酒、锡、铅、粮食、染料，什么都贩运。不只是批发，零售也做。如伦敦的大商人威廉·塞尔瓦特，13世纪末就出口羊毛，直到14世纪初期，他还是向pipewell修道院订购羊毛（为期13年）的组织（syndicate）成员之一。他还是一个船主，并向王室供应各种物品如蜡、酒、呢绒、香料等，而其中有些东西是要派遣仆人到普罗旺斯购买的。他还向伦敦市民供应香料和丝绸，并向达勒姆的修士供应酒和糖，也从他们手里收购羊毛。另一个切斯特的商人威廉·顿卡斯特，在14世纪初年在北威尔士租佃了一个铅矿，从那里做铅的生意。他还供应国王马蹄铁，到加斯科尼运送酒，到爱尔兰运送粮食，从伊普斯维奇出口羊毛。①

第二个特点就是当时的商人仍然以巨额金钱购买土地，认为这是防范风险的良方。所以一般说来，商人在经过三代之后，就会变成地主。有些商人是投资于城市内的房地产，这样可以从那里取得收入。但更多的商人要从乡下购买土地，这样财富可以保值，后代可以变成乡绅，而不再投资于商业。像约克的商人理查，原来从特威德河上的伯里克迁来，在赫尔、纽卡斯尔、伯里克都有房产，在约克有11处地产。当他的儿子们1500年出现在约克的郡法庭上时，都已经成了乡绅、从骑士、法学博士等，不再是商人阶级了。②

更重要的第三个特点就是这些商人都是和王室勾结在一起的。王室给他们以特权，这样他们才可以发财致富；而王室从他们得到的回报就是高额贷款、军费、各种王室需要的费用等的供应。像约克的商人亨利，他于1333年是约克城市的管事（bailiff），1338年，他和另外的其他4个商人合伙运送羊毛到大陆上的多尔德雷赫特，1343年还有款1400镑在那里。他还参加一个主要由约克商人组成的组织，替国王在约克郡、兰开郡、林肯郡等地收购羊毛，如这任务全面完成，则要花费32500镑，再加上出口的关税为7750镑。他还参加另外一个商业组织，于1340年替国王向布拉班特公爵付款1400镑，1341年，他和另外几个商人得授权从赫尔、波士顿、伦敦出口羊毛1220袋，合计要交关税3050镑。③爱德华三世依靠的就是不超过40人的商人供应他所需要的税收和借款，而赐给这些商人以出口羊

---

① Miller and Hatcher 1995, 231.
② Bolton 1980, 284.
③ Miller and Hatcher 1995, 241.

毛的各种特权。所以一些商人成为国王的商人。如休·德·乌尔斯比,他起家是为有名的德·拉·波尔的兄弟、国王的司膳理查服务,还曾经做过一些羊毛出口贸易。1339—1340年,他是国王的司膳,并到海外为国王还债。1341年,他和其他几个商人共同为国王购买羊毛。他还是国王在海外典当王冠和其他珠宝时的代理人和送达者。所以1341年他被指定为集中地的市长。①

总起来可以看到,英国这时的商人仍然是封建性很强的商人,和中国的古代商人没有什么不同。

---

① Miller and Hatcher 1995, 247.

第四编
16—18 世纪中期

第十九章　都铎王朝和斯图亚特王朝

过去都认为这一时期是英国的大变革时期，政治制度上建立了专制主义的统治，经济上则是资本主义成长、壮大的时代，文化上更属于欧洲的文艺复兴时期，一派繁荣景象。现在的研究对上述许多说法都提出了疑问。专制主义的说法备受质疑，法国的专制主义已经是有限的，英国的则更是一种有限君主制了（另外一种说法则主张英国和法国没有什么不同，一样是专制君主制）。都铎王朝的创始者亨利七世（1485—1509）并没有创建新的君主政体，他只是恢复了旧日的王权。他的作为是爱德华四世（1461—1483）的延续。有名的埃尔顿所谓的都铎"政府革命"之说，一般也认为有所夸大。至于资本主义，马克思在《资本论》中所构筑的英国资本主义产生的历史在世界历史中的典型性已经大受怀疑。圈地运动使小农破产、两极分化的学说是否成立，在实证上和理论上都有许多争论，成为世界史上研究的难题。这里当然没有能力对这些问题进行回答，只是根据作者的有限知识，略做介绍而已。

一　政治史简述

1485年，里士满伯爵亨利在博士沃思原野击败英王理查三世，即位为英王，是为亨利七世。他与约克家族的爱德华四世的女儿伊丽莎白结婚，从而把争战多年的两大家族兰开斯特和约克结合起来，以利于实现统治。

由于里士满伯爵姓都铎，所以亨利七世开始的王朝被称为都铎王朝（1485—1603）。

亨利七世给国家带来了和平，受到一般群众的拥护。由于连年内战，许多大的封建贵族家族已经自相残杀殆尽，残余的约克家族势力掀起过叛乱，也很快被平息。当时大贵族私养家丁，成为社会动乱之源，亨利于1509年颁布法令，禁止贵族畜养家丁，并交由治安法官向国王法庭起诉违法者，对他们处以罚款。亨利提拔出身并非显贵、但忠于他的人进入御前会议，使御前会议成为执行王命的得力工具，他还尽量扩大王室地产，增加关税等方面的收入，而且厉行节约，避免战争，使财政状况良好，所以没有必要召开议会要求征收税款，在他统治的二十余年里，只召开过7次议会，而他死后留下了180万镑的财富。①

亨利七世去世后，由其子亨利八世（1509—1547）继位。他代表了文艺复兴时代的国王，熟悉多种外语，掌握当时的各种知识，而又身强力壮，善于骑马作战。他抛弃了他父亲的和平外交政策，陷入和法国、西班牙等国的长期战争之中，花费了巨额款项，不但把他父亲留下的积蓄花光，而且使国家财政十分紧张，但英国却没有得到什么有价值的好处。他的另一个举措就是进行了英国的宗教改革，这不是当时德国的马丁·路德所倡导的宗教改革，而是亨利八世个人行为所导致的英国式的宗教改革。他因为王后没有子嗣，希望和她离婚而和他热恋着的宫女安娜·宝琳结婚。国王结婚、离婚都要教皇批准，而教皇不批准这一违反教规的婚姻。于是亨利愤而和教会决裂。亨利操纵议会通过了一系列法律，1533年，通过上诉法案，规定亨利八世是英国的最高主宰，所有世俗和宗教权利都是亨利赐予的，废除教皇对英国教会事务的裁决权；1534年的至尊法案宣布英国国王是英国国教的最高首脑；1534年的王位继承法规定，所有英国人都要宣誓承认亨利和安娜的婚姻有效，和原来的王后凯瑟琳的婚姻无效，而写过《乌托邦》的著名的托马斯·莫尔就因为反对宣誓而被处死。在亨利启动了宗教改革后，新教的思想也逐渐流行起来。

亨利八世为进一步解决财政困难，1536年、1538年两次关闭了修道院，有560所修道院被关闭，其地产没收归国王，这些地产除少量赠给宠臣外，绝大多数是出卖给地主、乡绅、商人和约曼等，使他们从中生产获利。亨利还出卖修道院中大量的金银器皿、珠宝以及其他物品，并从修道

---

① 梅特兰：《英格兰宪政史》，李红海译，中国政法大学出版社，2010，119。

院所有的圣职推荐权获利，亨利虽然由此获取了许多额外收入，但是他又把它花费在和法国、苏格兰、爱尔兰的战争上，所以到他临死时英国仍然处于财政困难之中。

1547年亨利八世死，他的儿子爱德华继位，是为爱德华六世（1547—1552）。爱德华体弱多病，死时年仅15岁，由亨利八世和王后凯瑟琳所生的女儿玛丽（1553—1558）继位，玛丽是个天主教徒，她即位后就恢复了天主教，对流行的新教徒大加迫害，烧死其中的许多人，并且要恢复对罗马教皇的服从，引起全国的不满和恐慌，不久玛丽死去，其妹伊丽莎白即位，英国进入了一个被称为光荣发展的时代。

伊丽莎白（1558—1603）是亨利八世和安娜·宝琳所生的女儿，因此在天主教徒眼中是个私生女，不能继承王位。她即位后长期受到天主教徒的威胁和困扰，苏格兰女王玛丽（1542—1568，后被逐）是亨利七世的外甥的女儿，是狂热的天主教徒，当她因举措不当被苏格兰人驱逐后，流落到英国，成为天主教徒、教皇和西班牙联合反对伊丽莎白的中心，曾经发生好几次暗杀阴谋和公开起兵反叛，但都没有成功。伊丽莎白将玛丽软禁起来，到1587年将她处死。

伊丽莎白小心翼翼地处理国内的宗教问题，当时天主教和新教斗争激烈，各有许多拥护者。她本人并无明确的信仰，一切就看如何有利于政治稳定。1559年，议会通过至尊法案，规定伊丽莎白是英国教会的最高首脑，1563年通过39条信条，内容大致上是在天主教思想和新教思想中找平衡，是温和的卡尔文主义，又经过相当时期的冲突、斗争和磨合，英国宗教问题终得解决，新建立的信仰被称为英国国教，是天主教中的一个派别，中国称为安立甘派。

在对外关系上，伊丽莎白也谨慎从事，她极力避免和强大的西班牙发生正面冲突，利用和西班牙国王腓力二世（1559—1598）谈论婚姻，拖延时间。1587年处死玛丽女王后，腓力二世于1588年发动了对英国的战争，他派遣庞大的"无敌舰队"进攻英国，结果大败于体积较小但火力强大的英国舰队，这一战使原来在欧洲显得弱小的英国脱颖而出，成为一支不可轻视的力量。英国所以在伊丽莎白统治时期逐渐强盛，固然和她的政治措施有关，但更主要的是这时英国的经济状况日益好转，农业发达，工商业兴盛，毛纺织业大为发展，呢绒出口到欧洲许多地方，同时开始了殖民扩张，并且从西班牙的手中抢夺殖民地的利益。

伊丽莎白受过良好的教育，聪慧过人，理智重于情感，而又知人善任,所以在政治上建立起威严,成为英国人普遍尊重的女王。她十分注意节约,不乱花钱,以免受制于议会。她统治的44年中,只开过13次议会。在她统治的晚年,因为向宠臣滥赐专利权,让他们获利,引起议会的不满,发生冲突,预示着演变的开始。

1603年伊丽莎白去世,由苏格兰国王詹姆士继位,是为斯图亚特王朝(1603—1688,1649—1660年为英国革命,史称空位时期)。詹姆士是原来苏格兰国王玛丽的儿子,他在苏格兰是詹姆士六世,到英国是詹姆士一世(1603—1625)。詹姆士是一个专制主义者,他认为君主的特权不受约束,所以和议会、法学家等发生冲突。他又大肆挥霍,给宠臣等分赐专利权,使国家财政更为困难。詹姆士一世死后,其子查理一世(1625—1649)继位,他厉行节约,使财政情况好转,但和议会的冲突越来越激烈,查理后来愤而不再召集议会,实行无议会的统治。但国内的新教势力不满政府的政策,贵族、乡绅、商人等也掀起更大的反对王权任意作为的斗争,终于导致了英国革命。

二 社会阶层

英国在中世纪时也适用三等级说,但是英国的等级很早已分化为若干阶层,当时人即有很好的描述。16世纪的威廉·哈里森在《英格兰概况》中说,

> 在英国,我们一般把我们的人民分为四个集团,即贵族(gentlemen),市民(citizen or burgesses),富农(yeamen)① 和手艺人或工人(artificers or labourers),在贵族当中有首要地位的(仅次于国王)是亲王、公爵、侯爵、伯爵、子爵和男爵。这些人称为大贵族,或(按照普通用语)称为勋爵或贵族(lords and noblemen)。在这些人的下面便是骑士(knights),乡绅(esquires)②。再下面则是绅士(masters)。
>
> 在英国,亲王(prince)这个称号只为国王的长子所专有,他常被称为威尔士亲王(Prince of Wales),是国王的确定的继承人。
>
> 主教也属这个等级,他们被视作可敬的人,称为勋爵。他们在议会里有与男爵同等的地位,为了敬重他们,国王给他们吻右手。

---

① Yeamen 一词现在多译为约曼。
② 现在一般把 gentry 译为乡绅,而 esquire 或译为缙绅,或从骑士。

公爵、侯爵、伯爵、子爵和男爵的称号是由国王册封的，或是做长子的因继承他们父亲的爵位时而取得的。依据封爵制度，公爵的长子当其父在世时位为伯爵，伯爵的长子则称男爵，有时称子爵。……贵族其余的儿子，则只能称乡绅。……在英国只有每年有一千英镑的收入，或者他的资财足以维持这样多的收入的生活和排场，才能被封为男爵。至于子爵、伯爵、侯爵和公爵的地位和荣誉的等级都要超过他们。

骑士的称号不是一生下来就能取得的，也不是任何人通过继承而得的，即使国王或亲王也不能随便得此封号。战士被封为骑士，或是在战争之前，用以鼓励他们发扬冒险精神，或是在战争结束之后，为了表扬他们在战争中勇敢善战的表现而予以升擢，于是他们便被授予 milites 称号。①

虽然有不少中间阶层，但是英国近代仍然是等级森严，人民基本上分为贵族和非贵族两个阶层②，就如罗马法把人分为奴隶和自由人一样。在贵族中，更重要的是有各种头衔的大贵族，被称为 peerage，其意思就是和国王一起讨论国事的集团，是一个集合名词。这些人是由国王召集出席上议院的，其爵位世袭罔替，除非改朝换代被消灭或穷困潦倒而破产被取消资格。他们的特权除了出席上院外，还有除非犯有叛国、重罪（felong 原指背叛领主，后来有多项罪名被称为 felong）等外，不能被逮捕，不能被迫出庭作证，不能被令状传唤出庭，不当陪审员，不当郡守等。不过贵族阶层的社会流动仍然不断进行，有的世家大族没落，而国王更愿意提升新的财富家族或者是对自己效忠的人，所以处于流动之中。关于英国贵族是否是一个开放的阶层，曾经发生过争论。有人主张英国贵族和欧洲其他国家的贵族有所不同，是开放的，低层的人通过努力，也可跻身于贵族，并且举出若干事例。但有人不同意这一说法，其根据是虽然贵族不断更新，许多贵族是新受封者，但是实际上这些人大多是贵族的后代，或者是后代的后代，真正从低层上来的贵族是很少的。③

在 peerage 下面还有众多的骑士、乡绅等，他们被称为低一等的贵族，其地位成为许多人追逐的目标。富裕的约曼或是发财的商人、法律人士，甚至小市民等，都愿意取得贵族头衔，一是为了荣耀，二是为了地位巩

---

① 转引自齐思和等译：《中世纪晚期的西欧》，商务印书馆，1962，194—198，有删节。原文见 Holinshed, R., *Holinshed's Chronicle-England, Scotland and Ireland*, London, AMS Press, 1976, v. 1.
② 斯通 2011，28。
③ Cannon 1984, 19-33.

固。通过向纹章官行贿，就可以得到相关爵位。国王和政府因为财政困难，便把出售爵位当作一桩有利可图的生意来做，而且还出现了把爵位再次转售以从中谋利的事情。另外，英国还规定，年收入在 40 英镑以上，就可以受封为骑士，所以封授骑士不再是因为个人英勇善战，而是因为财产资格，而封授也给国家带来许多收入，骑士的数目很快膨胀。如女王伊丽莎白时，有骑士 550 名。斯图亚特王朝的詹姆士 1603 年即位才四个月，就封了 906 名骑士，到 1604 年 12 月，共新封了 1161 名骑士，比伊丽莎白时增加了三倍。① 因为爵位买卖过于声名狼藉，所以纹章院也负责查办买卖爵位的行为，并加以阻止，不过收效甚微。甚至大贵族的爵位也可以通过买卖得来，男爵、伯爵等的价格在一万镑或以上。② 作为贵族可以出任国家重要官职，这些官职虽然还没有薪水，可是担任官职会给自己带来许多好处，可以领受国王、上级贵族的封赏，还可以贪污腐败，从中渔利，所以一般人仍然趋之若鹜。

虽然英国贵族那时已经不断分化，有的穷困潦倒，以至破产，但总的说来，这仍是一个富有的阶层，大多数贵族过着穷奢极欲的生活，有豪华的宅邸，数十甚至数百名仆从伺候。他们的衣着、食物、佩带等，都和一般民众不同，并且法律上都有规定。他们的生活，除了随待国王左右、参加战斗外，主要就是赛马、打猎、玩各种游戏。采取新生活方式、新经营方式的贵族也不是没有，但只是其中的少数。

英国贵族是一个人数相对较少的统治阶级，据估计，大贵族（peers）有五六十家，骑士有 500 家左右，乡绅 800 家左右。③ 劳伦斯·斯通认为这一时期由于价格革命、市场影响，大贵族的财产不断变化，估计 1559 年时，贵族的平均收入为 2200 镑，1602 年下降到 1630 镑，下降了 26%，但到 1641 年时，又上升到 2290 镑④，这说明贵族阶级仍然是英国社会的富有阶层。欧弗顿估计，英国革命前地产的分布情况如下表⑤：

---

① 斯通 2011，42。
② 同上书，57 页。
③ 同上书，第三章；罗伯茨等，《英国史》上册，潘兴明等译，商务印书馆，2013，250；Guy, J., *Tudor England*, Oxford, 1988, pp. 46-48。
④ 斯通 2011，69。
⑤ 转引自 Overton 1996，168，有删略。

	1436（英格兰）	约1690（包括威尔士）
大地主	15%—20%	15%—20%
乡绅	25%	45%—50%
约曼自由农	20%	25%—33%
教会	20%—30%	5%—10%
王田	5%	

这期间地产最大的变化，一是教会地产因为亨利八世宗教改革的打击而没落，另外一个就是约曼农的兴起。而贵族为主的大地产占有耕地的很大比重，则是没有多大变化的。

前面引的《英格兰概况》中，已经将约曼农单独列为一个阶层，说："他们在自己所有的土地上每年的收入有40先令，或按照我们现在的货币是6个英镑……他们一般生活得很富裕，有很好的住宅，有时为发财而旅行。……他们中间许多人后来发了大财，能够从挥霍无度的绅士手里买得土地。他们把自己的子女送进学校，上大学，或进入法学院学习，或者在死后遗留给他们足够的土地，使他们不用自己劳动而生存，通过种种办法，可以成为绅士。"① 约曼包括自由租地农民，还有富有的公簿农民和租地农民，他们中有一些可以说是农业资本家，但大多数仍然是农业劳动者。他们自己从事生产，也雇佣少数雇工。他们是当时英国农民中的一个特殊的阶层，人数并不多，代表了农民的特殊性与复杂性。② 但当时他们的人数也逐渐增加。

在约曼下面的是大量的一般农民和农村雇工。一般农民就是我们称之为 peasants 的那些人，他们中的大多数是公簿农民，还有贫穷的自由农民等，占到农民中的一半以上。他们的土地大都在30英亩左右，是农村中的主要劳动者，过着过得去的生活，上焉者也可发财致富，下焉者就相当拮据。雇工是农村中的劳动者，土地很小，一般都在5英亩或5英亩以下，单靠土地不足以维生，所以必须另外受雇于别人，主要都是在农村中从事毛纺织业劳动，做纺工或织工，也许他们的大部分收入是工资，但是他们没有脱离土地，仍然是农村中的居民。农民和农村雇工的问题，就涉及英国资本主义的发生、成长问题。过去经典性的论述，就是马克思在《资本论》第一卷第二十四章中所说的，通过农民的两极分化，少数人成为资本

---

① 转引自齐思和等，《中世纪晚期的西欧》，202。
② 黄春高 2011，107—111。

家，大多数成为雇佣劳动者，成为无产阶级。而使这一过程加速的，就是发生在 16 世纪的英国圈地运动。圈地是指当时发生在英国的、地主用强力把农民驱离土地的过程，因为养羊变得十分有利，所以土地权利并不巩固的大批公簿农民、租地农民就被驱逐，这些人流离失所，变成了流浪者，发生了所谓"羊吃人"的悲剧。又在国家关于工资劳动者的立法的驱使下，成为低价受雇的产业工人。

现在，经过细心的研究，对英国早期圈地运动已经有了更深入的认识。圈地在英国当时有多种含义，一种是指农民把自己的条田圈围起来，脱离原来的集体强迫耕作制，单独耕作，来改良农田的耕种制度；另一种是指由于人口增加，农民到公田、荒地等处开垦耕种；还有就是地主为了取利，圈占农村中的荒地、公田来养羊，更甚者则驱逐农民，拆毁农舍，把大片耕地转化为牧场。由于地主圈地造成不少农民流离失所，威胁到都铎王朝的稳定，所以政府曾经下令调查情况，也曾经禁止圈地，但收效甚微。艾伦的圈地研究集中在英国南密德兰地区，包括 10 个郡（鲁特兰、北安普顿、亨廷顿、剑桥、贝德福德、白金翰、牛津、莱斯特、沃里克和伯克郡），1568 个教区，面积为 2850866 英亩，合全国面积的 9%。① 当地的圈地有三种办法，一是由所有者协议圈地，二是由所有者单独圈地，三是由议会下令圈地。他把圈地分成三个阶段，1450—1524 年，1575—1674 年，1750 年以后，而第一和第二这两次高潮就包括我们一般所说的都铎时期和亨利八世宗教改革所引起的圈地。而且 18 世纪以前的圈地，很少是为了改善土地，而是为了发展畜牧业，所以导致人口减少和村落荒废。② 从全国范围来说，现在的估计是 16 世纪为全国面积的 2%，17 世纪为 24%，18 世纪为 13%，19 世纪为 11%。③ 如此 17 世纪是圈地最快的时期，这和以前的看法不同，因为一般都认为 18 世纪以后议会下令圈地才是圈地的最高潮。由于缺乏确实可靠的数据，关于圈地规模因为使用的方法不同，得出的结果也很不一样。

圈地所引起的后果，最受人们关注的就是资本主义农业的兴起。现在一般认为资本主义农业在 16 世纪远没有过去所认为的那样的发展水平，但是也还是有一定程度的发展。这时出现了不少的资本主义租地农业家，他们由富裕的约曼、绅士和商人组成，主要是约曼农。约曼农自己参加生产

---

① Allen 1992, 25.
② Ibid., pp. 28, 30, 34, 54.
③ Overton 1996, 148.

劳动，也雇佣少数雇工，长期和短期的都有，数目则为几个或一两个，相当程度上是为市场而生产，所以受商品、市场的影响很大，16世纪是价格上涨的年代，所以许多约曼农都发家致富，哈里逊写道："过去交出4镑地租都很困难的租地农场主，现在要交40镑、50镑、100镑，但是他们在租约期满时，如果手里没有存积6—7年租金的话，就认为是做了一次不好的生意。"① 根据黄春高综合各种研究的估计，16世纪的资本主义租地农场主数目占农业人口的4%—5%，3万多户②，这应该是一个不小的数目了。当然，资本主义租地农场主的发展仍十分曲折，因为他们的劳动生产率并不高，甚至还不如家庭农场的劳动生产率，或者二者差不多，所以当时并不能一帆风顺地发展，农业资本主义的产生，要走一条十分曲折、复杂的道路。③

三　城市和商品经济

城市这时有了更大的发展，但这个发展是动态的，不断变化的，有的城市因为经济、政治等原因而衰落，也有更多的城市随之兴起。城市的地理分布也在发生变化，以伦敦为中心的东南部一直是城市集聚、工商业发达之地，但后来西北方的约克、兰开夏、伯明翰等也因为工业的发达而兴起。一般估计，英国这时的城市大约有700个，可以划分为三类，第一类是一些主要郡的首府，经济上也十分重要，除伦敦外，包括约克、诺里奇、布里斯托尔、埃克塞特等，其人口应该在5000人以上，后来达到万人。第二类是地方经济中心的城市，其人口在1500—5000人之间，有的后来也达到七八千人。第三类是大量的小城市，数目很多，有五六百个，但其人口则在1500人以下，是地方上的市场中心，和周围区域存在经济联系。

城市的发展，表现为其人口数在全国人口中的比重不断上升，5000以上人口的城市，其人口数1540年占全国人口的5%，1600年占8%，1650年为14%，相应地其绝对人口数分别为125000、335000、680000。到1700年，绝对人口数达到850000。而伦敦一城的人口成长得更快，1520年大约

---

① 转引自马克思：《资本论》第一卷，第二十四章，《马克思恩格斯选集》第二卷，人民出版社，1972，248。
② 黄春高2011，322。
③ 同上书，第六章。

有 55000 人，1670 年达 475000 人，而到世纪之末则达到 50 万。① 如果把全部城市人口估计在内，则 1700 年英国城市人口占全国人口数的 20%—25%，在当时欧洲是城市化最高的，而当时欧洲平均数是 9.5%。② 但是英国的城市是伦敦一家独大，缺少地方性的大城市，17 世纪初，欧洲有 42 个城市人口在 4 万以上，6 个在法国，7 个在西班牙，尼德兰有 7 个，而英国只有伦敦。③

虽然城市发展很快，但是只占广大乡村的一小部分，英国直到 18 世纪仍然是一个农业国家。就是在城市中，也有许多耕地、牧场、草地存在。不少城市居民从事农业生产，供应自己的粮食和肉类，当然这不足以维持城市的需要，所以设法供给城市以生活必需品一直是城市当局注意的大事。有一些新兴城市是由于工业发展而兴起的，不过相当多的城市还是旧日的格局，保持着小手工业和小商业，由行会管辖，也保持着相当的农业成分。

英国中世纪的城市许多是自治城市或自由城市，到了近代早期，随着王权的强大，城市的自治在不断沦落。不过近来的研究也提出不同看法，王权还没有强大到可以完全控制城市，仍然和城市协商、合作，解决需要解决的问题；乡绅在城市中的势力有所发展，表现为城市的议会代表往往由乡绅充任，但城市也通过议会，不断伸张自己的权利。过去的一些教会城市，受主教、修道院长的束缚较强，现在依然如此。世俗领主下的城市，则大都脱离他们的管辖，只剩下按照习惯交纳少数货币而已。城市从王权那里新得到的，主要是可以产生市长和设立治安法官的权利。刑事案件的审判权则各个城市不尽相同，一部分城市的审判和郡法庭合在一起，一部分城市的审判可独立于郡法庭。④ 由于许多小城市是随经济发展兴起的，所以它们并没有得到城市应该有的特权证书，当时只有 20% 的小城市有这种证书，有权选举产生议员。其他大多数的小城市则归教区或庄园管辖。⑤

---

① Clark, P., edited, *The Cambridge Urban History of Britain*, 1540-1840, v. 2, Cambridge, 2000, 197.

② Hohenberg, P. & Lee, L. H., *The Making of Urban Europe*, 1000-1950, Cambridge Mass., HUP, 1985, 110.

③ 克拉克等著：《过渡期的英国城市，1500—1700》，薛国中译，武汉大学出版社，1992，10—11.

④ *Cambridge Urban History of Britain*, v. 2, 236.

⑤ Ibid., p. 169.

伦敦是最大的城市，它的人口不断增长，主要是由外地移民拥入造成的。伦敦地理位置优越，在泰晤士河口，和西欧的许多港口以及英国本地的城市都有水路相通，交通发达，带动商业繁荣，是国际的呢绒业交换中心，又是英国羊毛的输出地，有著名的商人冒险家公司，富裕的商人都集中在伦敦。由此也使伦敦的相关工业发达，如造船业、建筑业、运输业，还有大量的服务人员（包括律师、缮写员、学校教师）。伦敦又是政治中心，皇家宫廷服役人员、贵族、地方绅士，都集中居住在这里，而且许多外地的绅士不断进入伦敦居住，以寻求晋升、发财的机会。这样伦敦就成为富人的天堂，同时伦敦也集中了大量的手工业行会中的学徒、帮工、失去土地的流浪者，无业游民、乞丐等下层，所以这里是两极分化最明显的地方。伦敦西区是富人居住的地方，而东区和城郊广大地区就是穷人聚集的场所，那里生活条件恶劣，疾病流行。

伦敦工商业上层组织起自己的行会，称制服协会，以穿着其特殊的制服而闻名。这些协会有12个，包括绸缎商、呢绒商、香料（杂货）商、鱼商、金匠、毛皮商等，这些协会的领头人控制着市政，伦敦市长和市议会议员许多都是他们充任的。在这些制服协会下面，还有许多独立的手工业行会，如纺织业、造纸业、铁匠、木匠等，这些手工业行会有师傅、帮工、学徒组织，师傅独立开办自己的作坊，下面有帮工、学徒帮助他工作。随着商品经济的发展，这些手工业行会日益分化激烈，发生了制服协会合并手工业行会的事，如食品、杂货等业合并到香料商中，呢绒商合并了制革、制帽、制腰带等的行业，开始形成手工工场这样的组织。下面的帮工、学徒等逐渐转化成为工资劳动者。这些制服协会的成员，还投资于新成立的远洋贸易公司，如莫斯科公司、利凡特公司、东印度公司等，出现了初步的金融家。

从法律地位上看，英国这时的城市居民还有市民和非市民的区别，市民是城市中的自由全权居民，一般占全体成年男性的1/3—1/2。[①] 伦敦城因为人口大量增加，所以市民身份的人越来越少。市民中可以分为三等，最上等是贵族、绅士、富裕商人、银行家等，中等的是手工业师傅、律师等自由职业者，下层则是帮工、学徒等，但更多的是没有市民资格的贫民、流浪者。所以造成贫富对立日益激烈，城市内部因为各种问题而展开斗争，有时会酿成暴力冲突，给城市管理带来很大麻烦。城市的管理由市

---

① *Cambridge Urban History of Britain*, v. 2, 117.

长主持，伦敦市长下面还有 26 个区，这些区长负责主持日常工作。其他主要的郡级城市也都有市议会、市长等，但英国的市政府历来由王室控制，独立性很小。市议会大都由财富寡头组成，人数不多，只照顾富人的利益，和下层群众的冲突不断。

四 政府机关的变化

上世纪 50 年代埃尔顿出版了著名的《都铎王朝的政府革命》一书，认为都铎时期政府发生了巨大的变革，由封建的个人政府转变为近代的官僚制政府，即国王的内府（household）逐渐退出政府管理，而枢密院和国务秘书（secretary of state）走向前台，形成了枢密院组织的各部的国家（national）官僚机构；财政机关也变成国家机关，而不再是由内府官吏管理的国王个人佣仆。这一变化主要是在亨利八世统治时发生的，显得相当突然，所以可以称之为革命。现在这一看法已受到很多质疑，认为当时并没有发生如此大的变革，当时依然是封建的个人政府，亨利八世、伊丽莎白女王仍然实行个人统治，变化是逐渐发生的。

亨利八世牢牢掌控着政府，决定军事、外交、宗教、婚姻等大事，命令他的御前会议成员执行各种决定，当然他也征求他们的意见，他的宫廷内部成员、御前会议成员，以及有相反意见的人，都可以参加讨论，但最终决定由他做出。① 他任命沃尔西为御前大臣（lord Chancellor），（1515 年起）此人又得任红衣主教、教皇代表等职。沃尔西用星室法庭审判许多案件，限制圈地，整理财政，调查兵源，可谓权倾朝野，被称为 alter rex（次王，second king）。但因为他的宗教措施不合亨利八世心愿，1529 年被罢免随即死亡。之后接替的是克伦威尔，他费尽心力，处理亨利的婚姻和宗教改革问题，也取得很大成绩，但因为受反对派陷害而于 1540 年被杀。伊丽莎白也有一些重要大臣，如从亨利八世时即已掌握大权的威廉·塞西尔（伯立勋爵），以及伯立的儿子罗伯特·塞西尔，他们一直是掌管财政的重要人物。还有为她掌管财政、债务的格勒善等。但她本人一直决定一切国家大事，大臣也不能违抗。

一般认为 15 世纪 30 年代枢密院成立，但实际上成立的时间很难确定，因为要寻找御前会议和枢密院的区别十分困难。习惯上认为枢密院的工作

---

① Guy, J., *Tudor England*, 82.

人员应该是官僚制的，有固定的职责和编制，但都铎时期政府不可能做到这一点，无论是沃尔西还是克伦威尔，都没有这么做。国王仍然利用他的个人权威来主管一切，根据需要使用宫廷中的人员或者是枢密院的人员，而枢密院的国务秘书也是逐渐形成的。亨利八世使用的办事人员，中心是他周围的国务大臣、御前会议成员、宫廷绅士、皇家教堂的教士和忏悔师等，以及宠幸的贵族；外面一层是400—700人的宫廷和政府领薪俸的服役人员，第三层则有能够进入国王宫廷的各郡的绅士，包括骑士、从骑士、乡绅招待员、侍卫人员和侍从等。① 枢密院约有人员20余人，每周开三四次会，后来增加到每天开会，讨论重大事件，经国王批准后，由书记下发命令，相关部门执行。所以它既是咨询机关，也是执行机关，它处理的事件包括财政、军事、外交、宗教等，都是国家大事。但这些事情的最终决定者是国君。

有一种说法是星室法庭从御前会议中分出后，枢密院即告成立。御前会议本来就有司法功能，亨利七世1487年曾发表一项公告，授权某些人对某些犯罪进行审判，据说这就是星室法庭成立的根据。亨利八世时星室法庭的司法作用越来越大，沃尔西使它逐渐发展成独立的司法机构，在固定的西敏寺宫的星室中集会，其成员除大法官外，还有国务大臣，梅特兰说它是"一个专制的法庭，是一个供政客们推行其政策的法庭，而不是一个由法官适用法律的场所"。② 它审理刑事案件，如暴动、骚乱、叛乱等，以及贪污、受贿等，沃尔西曾用它来处罚许多显贵人士。它不应用陪审制，不使用普通法法庭的司法程序，而采用纠问式审讯。被告无法和原告对质，而且往往被刑讯拷问，然后定罪。它在镇压叛乱、排除异己方面，发挥了很大作用。

亨利八世时费用日增，沃尔西改革财政制度，把掌握财政的侍从室置于自己的掌控之下。他改善了征收补助金的办法，设立机构在全国重新估计个人财产，并且由国家派遣人员监督，使估产工作取得很大成功，税收也由之不断增加。但亨利八世的费用增加得更快，除了军费开支外又大兴土木，建筑许多宫殿，所以老是入不敷出，不得已用借贷的名义征收税款，但这种借贷从不偿还。伊丽莎白在位时，起初厉行节约，财政还能维持，但后来陷入和西班牙的战争，费用巨大，仍然用征收补助金和贷款补

---

① Guy, J., *Tudor England*, 167；英国史，298。
② 梅特兰，《英格兰宪政史》，170。

充，甚至出卖王室土地。

在地方政府方面，都铎王朝时的变化就是治安法官成为主要力量，执行各项有关任务。每郡的治安法官为20—35人不等，是当地的殷实地主，有时其中也有中央派遣的少数人员。他们的任务包括地方军事、政治、税收、司法等，可谓无所不包，他们是无俸制，都是志愿工作，因为这种工作可以为这些绅士带来许多实际好处，所以还是有很多人愿意参加，付出许多辛苦。伊丽莎白时地方事务日多，治安法官数目也不断增加，每郡由20几人增加到五六十人甚至到90人。到1603年，有309项法律规定的任务由他们审判，其中176项是1485年后增加的。① 另外，他们还要完成各项政府工作，如宗教、经济、济贫法、管理流浪者、维修桥梁和道路，以及裁决星室法庭和大法官庭交办的案件等。

五 国王和议会

都铎王朝的议会已经有许多研究成果，也存在着许多争论，但正如刘新成所指出的，由于研究者大都是从宪政主义出发，从国王与议会斗争的角度观察问题，所以存在着局限性。② 应该说，都铎时期的议会依旧是国王政府下的办事机构，还不具备代议制政府的意义。这时的上院仍然由教、俗贵族组成，起初教会贵族人员众多，亨利八世宗教改革解散修道院后，教会贵族人数减少，俗界贵族占了多数。上院原来主要是司法机关，审理重大案件，特别是审判贵族的案件，后来星室法庭分出，它的司法职能减退，主要成为议事机关。而且因为当时贵族要国王册封，其出席议会与否也由国王召集，所以上院基本上是国王的工具，一切听王命行事。

下院由各郡代表和城市代表组成，由于这时财富增加，所以乡村选举人和被选举人人数都有增加。但这时的选举只是形式，实际上各郡的代表往往由郡守、贵族、权贵等指定，或通过暗中操作使自己人当选。城市的议员名义上由市议会选举产生，但一些中、小城市居民多不愿参加议会，把名额让给乡绅担任。所以都铎时期下院的议员多数由乡绅组成，而乡绅又往往和大臣或贵族勾结在一起，组成势力集团，这些集团还互相争权夺利。下院议员的人数大约500人，其中乡绅占4/5，其次还有政府官员、

---

① Guy, J., *Tudor England*, 386.
② 刘新成 1995, 9—23。

法官、律师等，商人也有一部分。当选议员虽然是乡绅或商人争取的荣誉，但当选后他们并不关心议会事务，认为浪费时间，所以并不参加议会。为了解决这一问题，规定议会实行点名检查，缺席者要被罚款，可是也不起多大作用。积极参加议会、发挥作用的只是少数。

1. 议会的权能

批准税收 从中世纪形成的习惯，国王申请补助金须得到议会的批准，这时也就是下院的批准，因为下院的乡绅和城市商人是主要的税收负担者，而上院贵族大都有免税特权。亨利七世即因一次要求征收的补助金过多而遭到议会的反对，不得已只好削减其数目。亨利八世时在宗教改革问题上，议会和国王一致，议会成为国王的工具，但对过高的补助金，议会也要求削减，不能全部接受。亨利八世时期和伊丽莎白时期议会召开的时间都比较少，因为国王可以从其他渠道取得金钱。斯图亚特王朝时，詹姆士一世和查理一世都因为财政困难，不断向议会要求征税，直到导致革命爆发。

创制议案 我们知道，原来议会通过的提案往往是议员个人提出的请愿，大部分是个人的细小请求，后来也有由议会全体提出的议案。议案的原型是个人或集体提出的请愿书，将其上交上院或下院议长，经初步讨论后交由有意见的议员修改。都铎时期设立了专门改写议案的委员会，把请愿书修改成为合适的议案，然后在议会上、下院表决通过，经国王批准后实行。这种由议会通过、经国王批准的议案此后即成为法律，所以议会取得了创制议案的权利。

辩论自由 中世纪时议会既是司法机关，也是咨询机关，所以开会时议员当然要发表意见，但是如果意见不妥，触犯了国王，也会受到追究。1397年，有人提出对理查二世及其侍臣抨击的提案，国王大怒，上院因而判处提案者汉克思死刑，引起反对，后来这人得到赦免。但是还是不断有类似情况发生。1523年，托马斯·莫尔在作为下院议长发表演说时，对亨利八世说："因此，尊敬的陛下，鉴于在陛下举行的议会上人们讨论的都是有关陛下之王田和陛下之国家的最重要事件，因此不应禁止您的审慎的下议员畅所欲言。应使下议员深信不疑，他们的任何言论，陛下您都能够不采取任何行动。"① 虽然这被认为是议长代表全体议员做出的要求，但是

---

① Elton, G. R., edited and introduced, *The Tudor Constitution*, *Documents and Commentary*, Cambridge, 1960, 262-263.

并没有成为惯例。伊丽莎白时，对议员的辩论自由累加干涉，多次禁止议员讨论宗教问题，而且规定议员只能以"是"或"否"表示意见，进行表决。

2. 国王和议会

总的说来，都铎王朝和斯图亚特王朝时期，议会成为王权的驯服工具，特别是在亨利八世和伊丽莎白女王时期。所以可以称这一时期为专制王权时代。

根据中世纪的传统，国王有一种特权，16世纪的法学家托马士·斯密士说，这些特权包括宣战与媾和；在战争中和战场上，国王有专制权力，他的话就是法律，他可以不经审判而处人以死刑；他还有权发行货币，决定其分量、成色等；他还可以减轻法律的处分，任命各种教、俗官员，收取什一税和首年俸等，以及封建习俗有关的一些权利。但是也说明这些特权是根据普通法来的。①

关于国王的立法权，也是一个模糊的问题，一般认为立法应该是国王加议会的事，即前面说的，由下院申请，国王和上院批准的法案，即成为法律。但是国王也可以发布各种命令、条例，他和枢密院讨论决定后就可以发布，而枢密院是由国王选定的人员组成，当然唯王命是从。伊丽莎白时就为此和议会发生多次争执。按照埃尔顿的说法，都铎时期的国王特权是议会给予国王所必须的、臣民所没有的权力。而斯图亚特王朝则认为它的特权是上帝赐予的，只对上帝负责，因此是在法律之上的。② 詹姆士一世是一个王权至上主义者，他鼓吹专制主义，说："君主制国家是人间的最高事物，因为国王不仅是上帝在人间的代表，坐在上帝的王位上，甚至上帝本身也称他们为神。"③ 他认为国王有类似于神的权力，可以创造或毁灭他的臣民，决定其生死，裁判臣民的一切案件。他还认为，国王是法律的制定者，而不是法律造就了国王。他也否认根据国王的加冕誓词，国王和其臣民之间有一种契约。④ 更重要的是詹姆士一世和其子查理一世想要恢复天主教，这引起了国教徒和清教徒的激烈反对。议会中这些教徒占据了多数，逐渐使议会变成和国王对立的机构，同时，在议会中或者在社会上，批评专制主义的声音也不断加强。当时著名的法学家是爱德华·柯克

---

① Elton, G. R., *The Tudor Constitution, Documents and Commentary*, 18.
② Ibid., p. 19.
③ Sommerville, J. P., edited *King James I Political Writings*, Cambridge, 1994, 181.
④ Ibid., pp. 181, 73, 81.

(1594—1606),他担任过检察总长(Attorney General)、民事法庭首席法官(Chief Justice of Common Pleas)和下议院议长,被认为是普通法的权威,他所著《英国法总纲》(*Institutes of the Laws of England*)是当时通行的法学教科书。柯克强调普通法的权威性,认为久远的习惯就会成为法律,而且主张"王在法下",为此数次和詹姆士一世发生冲突,后来终被解职。[①] 议会下院为了和国王斗争,一些议员和法学家还从英国历史上找寻根据,找出了大宪章、亨利一世加冕誓词,甚至忏悔者爱德华来说明国王权威的有限性。双方展开激烈斗争。

---

① 梅特兰:《英格兰宪政史》,173—175。

第二十章　从英国革命到 18 世纪中期

一　政治史简述

　　1640 年，查理一世因为财政困难，不得已再次召集议会，成为英国革命的导火线。经过两次内战，国王战败，查理一世于 1649 年被处决，英国成为共和国。新成立的共和国充满了派别斗争，有保王派、独立派、平等派，以及掘地派等。1653 年克伦威尔担任护国公，实际上形成了克伦威尔的独裁政权。1658 年克伦威尔死后，其子无力维持统治，1660 年查理二世（1660—1685）复辟。复辟后的斯图亚特王朝查理二世和詹姆士二世（1685—1688）企图恢复天主教，引起不满，于是酝酿迎接詹姆士的女儿、新教徒玛丽即位，詹姆士逃走。1688 年玛丽和她的丈夫、荷兰的奥兰治亲王威廉建立了共同统治，完成了英国历史上的所谓"光荣革命"，政权的形式终以议会君主制稳定下来。

　　1689 年，英国两院把王位授予威廉和玛丽，他们共同统治英国 25 年（1689—1702，1694 年玛丽去世，由威廉单独统治，称威廉三世）。威廉和玛丽接受了议会通过的权利法案，规定国王非经议会同意、不得停止法律的效力，非经议会同意不得征收捐税，议会应该定期召开，议员有言论自由；还规定了王位继承的顺序，天主教徒不得继承王位。这些规定没有什么新东西，不过是原来的权利请愿书和人身保护令的重复，但一般认为，由此建立了国王和臣民的契约关系,英国政治制度开始了新的一页。

威廉和玛丽统治的 25 年,有 21 年在进行战争。威廉之所以前来英国,其目的就是要把英国和荷兰结合在一起,反对法国,进行了奥格斯堡同盟战争(1688—1697),组织了西班牙、英国、奥地利、德国的一些公国,参加对法作战。英国派出陆军到爱尔兰,和詹姆士二世的爱尔兰军作战,取得胜利,从此爱尔兰深深陷入英国的殖民统治之中。英荷海军也在英伦海峡战胜了法国海军,1697 年双方签订和约,路易十四被迫承认威廉为英国国王,归还了大片在大陆上占领的土地。

1700 年,西班牙国王查理二世去世,将王位传给路易十四的孙子、安茹公爵腓力,威廉认为这样威胁到荷兰和英国的利益,所以反对。导致西班牙王位继承战争(1701—1713)爆发。1702 年英王威廉三世去世,玛丽的妹妹、詹姆士二世之女安妮继位,是为安妮女王(1702—1714)。安妮起用约翰·丘吉尔(后来的马尔伯勒公爵)指挥军队,他利用了当时兴起的先进的战术和装备,打败了法国军队,取得了胜利。1713 年签订了乌特勒支和约,规定法国和西班牙的王位不得为同一人,英国占领了直布罗陀海峡等地,从此确立了海上霸权。

安妮女王死后,英国王位由詹姆士一世之外孙女和德国汉诺威选帝侯所生的儿子继承,是为乔治一世(1714—1727),其后又由乔治一世之子乔治二世(1727—1760)继承。这一段时间,形成了英国的两党政治,生产蒸蒸日上,大英帝国的海外扩张也取得巨大成功,我们将分别叙述这些情况。

二 政治制度的变化

1. 革命到光荣革命

斯图亚特王朝早期,国王与议会的斗争越来越激烈。中世纪的议会被认为是国王的司法机关,同时也是国王和贵族讨论国事、议决一些重大事件的场所。在国王弱小时,造反的贵族往往也借议会这个组织和国王斗争、讨价还价,捍卫自己的权利。后来议会中的下院势力越来越大。下院是乡绅、市民集会的地方,他们一方面依附于国王,以追求自己的利益,另一方面也和国王的某些不符合自己利益的行为发生矛盾和斗争。这种斗争越来越激烈,下院逐渐和国王形成对立。当时这些矛盾主要有两方面,一是下院代表清教徒,不满国王越来越天主教化的倾向,二是国王实行的专利权、随意征收税款等,侵害了大批乡绅、商人、市民的经济利益。下院依靠中世纪就形成的惯例,和国王斗争。1628年,议会向查利一世提出权利请愿书,内容为:1. 未经议会批准不得向人民征税;2. 未经法庭合法判决不得逮捕任何人并剥夺其财产;3. 不得根据原来的军事动员训练法处罚人民;4. 未经同意,士兵和水手不得在居民家中留宿。查理一世被迫同意了这一文件,但他并不想执行。

在和国王的斗争中,议会成员逐渐发展出了自己的理论武器。和任何国家的政治斗争一样,英国革命时期的政治斗争,也是古为今用,从古代的事例中为自己找根据。他们首先找到的就是1215年的大宪章,这本来是反叛的封建贵族向国王要求尊重自己权利的文件,是从封建习惯的角度提出的,但是现在被解释为全民的自由、平等、财产权利等的要求。他们认为议会的权利来自不可记忆的远古——当时认为远古就是1189年以前,但是实际上如大宪章也是1189年以后的产物。他们还主张议会民主、议员言论自由、议会的立法权等,都是从远古即存在的,但是实际上议会那时都不存在,也没有这方面的记录,所以只好说记录已经遗失。为了追寻臣民的权利、自由、财产权利等,当时的法学家、律师等,找出如所谓亨利一世的加冕誓词等来证明。① 而国王则认为,国王的地位是由上帝所规定的,他有权任命自己的大臣,议会不得干预,议会只是国王的司法机关,甚至国王征收税款也不需要议会批准。

下院在和国王的斗争中,逐渐出现了领袖式人物,如约翰·皮姆、温特沃思爵士、埃利奥特爵士,以及后来崛起的克伦威尔等,他们代表了新贵族、骑士、商人、乡绅等的利益,但是他们的状况也不一致,如温特沃思爵士,后来受封为斯特拉福伯爵,成为国王的得力助手,大肆镇压国王的反对派。1640年,在长期议会中,皮姆发表了有名的纲领性发言,提出国王侵犯了议会的特权,宗教受到了歪曲,人民的财产、人身自由受到侵犯等。为了和国王对抗,议会弹劾其宠臣斯特拉福,在议会的坚持下,1641年斯特拉福被逮捕并被处死。

议会逐渐掌握了许多权力,它解散星室法庭和高等法院,解散了为和苏格兰作战而招募的由国王指挥的军队,取消了森林法,完全控制了国家财政,而且要求国王任命大臣必须得到议会的同意等,议会已经成为和国

---

① Burns, J. H., edited, *The Cambridge History of Political Thought 1450-1700*, Cambridge, 1991, 384.

王分庭抗礼的机构。查理一世离开伦敦，到北方活动，以约克为根据地，准备作战，走向内战的道路。

在议会和国王作战时，实际上国王已经失去权力，而议会成长为全国政权机关，它统一了国家管理的全部职能，包括立法、军事、司法、行政、财政、教会事务等。不过这时议会还没有进步到废除君主制，它说明作战的目的是维护君主的尊严，并且一边和国王作战一边还向国王表示无限忠诚。① 即使国王战败被俘，议会中的长老派和独立派也还是要保留君主制，不断和国王谈判，希望国王能够妥协。由于复辟的危险增加，平等派的主张终于占了上风，1649年1月审判并处死国王查理一世。随后，下院通过决议，撤销上院，废除国王职位（The office of the king），宣布英国为共和国（commonwealth）和自由国家（free state）。并且发表了宣言，以历史上的罗马共和国、荷兰共和国等为例，说明共和国的好处。②

英国革命走向取消君主制、建立共和国，思想上有一个长期的发展过程。议会在和国王的斗争中，逐渐形成了议会至上的观点，即它是国家政权的代表，而国王不过是徒有虚名的虚君而已。1642年6月，议会通过了"十九条建议"，要求国王任命的官员，包括枢密院大臣和大使等，必须得到议会同意；司法机关应该独立，不受国王控制，国王无权撤换议会同意任命的法官；国王子女的教育和婚姻等事，应该受议会监督；还主张重大国事，只能在议会中讨论等。③ 查理不同意议会的要求，认为如果接受这些建议就会变成议会的俘虏，"我不愿英国的法律被改变"。④ 这样二者的决裂已经不可避免。但是，一直到1648年，许多律师仍然认为，英国的政体应该是君主制，许多大律师都站在国王一边。而议会和国王作战，也是从君主立宪制的原则出发的，那时鼓吹共和就被认为犯了叛逆罪。⑤ 1649年形势之所以急转直下，是因为国王绝不妥协，并且不断向议会挑衅，而军队由平等派掌握，他们要求取消君主制，走向共和。理论上为共和国做了准备的，是英国的普通法中"王低于法"的主张，1215年大宪章和清教徒对《圣经》的解释⑥，于是英吉利共和国终于成立。

共和国的最高统治机构是议会，在议会下面设立了国务委员会，但后

---

① 科斯敏斯基1990，上册，253。
② 同上书，351。
③ 同上书，215。
④ 同上书，216；*Cambridge History of Political Thought 1450-1700*，395。
⑤ 罗伯逊：《弑君者：把查理一世送上断头台的人》，徐璇译，新星出版社，2009，91。
⑥ 同上书，135。

来的发展是国务委员会成为管理一切的机构,当时议会经过历次清洗,人员不多,只有 80 来个人,而国务委员会有 41 人,这 41 人中有 34 人是议会议员,而经常出席议会的议员也就是 56 人,经常出席国务会议的委员不过 15 人。因为国务委员和议会议员重叠者多,所以二者一般不发生矛盾,国务会议成为主持一切的机构。① 可是议会仍然在许多问题上和军队的意见不一致,使许多军队的要求得不到满足,1653 年 7 月,克伦威尔驱散了所谓的长期议会,1653 年年底,由军队中的军官主导,建立了新的政府体制,即护国主制度,选举克伦威尔为护国主,通过了政府约法(The Instrument of Government),这可以说是英国历史上的唯一一个宪法文件,但是它没有经受住历史的考验。

根据新宪法,英国政府由护国主、国务会议和议会组成,护国主和国务会议管理行政工作,立法归 400 人组成的议会,议会议员选举产生,其财产资格为具有资产(包括动产和不动产)200 镑,这样议员都只能是大地主和资本家,一般市民都很难当选。国务会议有 15 名成员,实际上大都为克伦威尔的亲信。后来又恢复了上院,护国主可以指定继承人,所以护国主制度实际上是独裁政权。1658 年克伦威尔死,其子继位为护国主,他无法控制局势,不久退位,在错综复杂的矛盾中,得势的大地主、大资产阶级和保皇派最后走向复辟,1660 年查理二世(1660—1685)即位,恢复了斯图亚特王朝的统治。詹姆士二世(1685—1688)继承王位后,天主教恢复的可能性大增,于是议会决定迎接原来詹姆士一世的女儿和荷兰奥兰治亲王共同主持英国国政,这就是所谓的光荣革命。

2. 汉诺威王朝初期(1689—1760)

这一时期英国形成了稳定的君主立宪制,即国家的主权由国王加议会组成②,立法权属于国王加议会,或者说加上院和下院,行政权属于国王。当时内阁制逐渐形成,国王的行政权力日益缩小,但还相当强大,所以布莱克斯通仍然主张,这时行政机关只包括国王一人。③ 1689 年通过的权利法案,规定国王未经议会同意无权废除法律和实行新的法律,未经议会同意不得以特权为借口征收赋税供王室使用,不得建立宗教事务机构,未经议会同意不得在国内征集军队,议员有人身自由、言论自由、不受弹劾等

---

① 科斯敏斯基 1990,上册,348—350。
② 梅特兰:《英格兰宪政史》,192。
③ 布莱克斯通 2006,第一卷,167。

特权。原来1679年通过的人身保护法已经保障居民人身受法律保护，如遇逮捕时有权要求法院决定逮捕是否合法，如法庭不开审就需将他释放。1701年通过的"王位继承法"，规定国王和高级官吏必须由英国人担任，继承王位须经议会同意，法官须经议会申请罢免才可由国王令其去职，否则终生任职，以保证司法独立权利。但我们要注意的是英国的立宪君主制是没有成文宪法的，这是英国历史发展的特点。如果我们要问什么是英国的宪法，那就是习惯形成的一系列法律，包括大宪章、人身保护法、权利法案等。

3. 议会和两党制

詹姆士二世退位之后，英国议会召开了会议，因为这是没有国王的召集令召开的议会，所以被称为代表议会（convention parliament），代表议会宣称詹姆士二世"抛弃了政府"，因此"王位已经空缺"，从而把王位授予威廉和玛丽。这个议会工作了一年，通过权利法案等，建立立宪君主制。1690年，在威廉三世的召集下，重新进行了选举，产生了新的议会。此后议会选举又采用了以前的40先令财产资格，下院议员有500余人，上院议员则有100多人。下院中有大批的市镇议员，而由于市镇是根据是否有特许状来计算的，所以不少市镇并非经济中心，而是徒有其名的地点，甚至已经没有什么人居住，但仍然有选举代表的权利，所以这些代表完全被地方上的乡绅、地主掌握。

从威廉三世开始，英国议会的两党制逐渐形成。在复辟王朝时期，已经出现了辉格党和托利党的雏形，辉格党比较激进，许多人是原来的长老会派议员，而托利党则比较保守，仍然相信王权神授等。但两派只在议会中出现，而且有许多议员也不属于这两派。到了威廉三世掌握政权后，议会中的两派斗争日益加剧，托利党继续主张君权神授，保护国教会的特权，辉格党主张限制王权，支持非国教徒对国教会的斗争。这时两党不仅在议会中，而且扩大到地方，在郡和市镇的选举中也展开活动，特别在市镇选举活动中争夺激烈，用各种办法拉拢民众选举自己党派的人，这样从中央到地方，都形成了两党的组织。两党争夺的主要目的，是掌握政府，执行有利于自己党派的政策，这就和国王、内阁制等联系在一起。

国王仍然掌握着行政大权，他任命大臣和官吏，召集议会，发布各种诏令，命令设立各种办事机构，调整工商业，铸造货币，颁赐臣下各种恩宠，收集自己的各种封建收入，仍然是一国之君，别人无法干预。大臣办理各种行政事务，也只是向国王负责。议会对王权的限制，主要就是掌握着财政，如果议会不通过给予政府以财政支持，那政府就无法运转，所以议会仍然是强大的力量。

国王的办事机关，是他的枢密院，枢密院成员由国王任命，向国王负责。由于枢密院成员庞杂，威廉三世时期，又形成了国王与之商量国事的小圈子，这就是内阁的雏形。到安妮女王时，内阁的存在就越来越明显。内阁成员由一些有高级职位的人充任，如财政大臣、海军大臣、司法大臣、王玺保管大臣等，威廉三世和安妮女王经常出席内阁会议，和他们讨论国家重大事务，做出决定，交由这些人中的合适人选执行。当时国王挑选这些大臣，既从辉格党中挑选，也从托利党中挑选。虽然国王有自己挑选的"自由"，但要注意和议会取得一致，以取得议会对税收的批准。两党斗争的目的是掌握政府，也就是充任内阁成员，这样可以在和国王讨论、决策时，贯彻本党的主张，所以争取参加内阁成为两党争取的重要目标。1690年到1714年，有辉格党主持的内阁，也有托利党主持的内阁，两党处于激烈斗争时期。到乔治一世和乔治二世时期，他们不大参加内阁会议，这样内阁就逐渐取得了独立的行政权，原来的大臣们施政向国王负责也逐渐转变为向议会负责，如果得不到议会的同意可能就要被迫退出内阁。

从18世纪起，托利党因为支持詹姆士二世党人的复辟活动，势力大减，于是形成了辉格党人长期一党执政的局面，1721年沃尔波尔出任财政大臣，实际上主持内阁直到1742年，被认为是英国第一任首相，这一时期也就是英国内阁制形成的重要时期。沃尔波尔对管理经济十分在行，他尽量避免战争，以减少开支，加强税收的监管，使国家的财政状况有所好转；另外，他十分注意对下院的控制，使用各种手段控制下院议员选举，使辉格党人在下院占了绝对多数。1722年，下院议员中托利党为178人，辉格党329人；1727年，托利党为131人，辉格党为415人；1734年，托利党为149人，辉格党为326人。① 他还注意官吏的任用，以保证他的政府能有效运转。

1746年，威廉·皮特入内阁，他在这里任职直到1761年，长期以来是内阁的重要决策者。威廉的重要功业是对外扩张，他支持普鲁士反对法国的战争，并在北美、加拿大、印度展开争夺殖民地的战争，使英国成为

---

① 转引自沈汉、刘新成1991，210。

海上强国。

无论是辉格党还是托利党,都可以说是代表地主阶级的政党,那时工业资产阶级还没有成熟,商业资产阶级和地主阶级利益没有太大的不同。贵族地主充斥于上、下院。上院本来就是由贵族组成的,18世纪时有200余人。下院议员主要是小贵族和乡绅,有500余人,许多上院贵族在有自己地产的郡势力很大,可以设法让自己满意的人当选为议员。明格指出,直到1761年,3/5以上的下院议员是爱尔兰的peers,英格兰和苏格兰的peers的儿子们,富有的乡绅和独立的乡下绅士,商业既是一些议员的生活来源,他们也和贵族、地产有许多联系。①

三 社会情况

1. 地 主

直到18世纪,土地贵族仍然是英国政治、经济的主导力量,18世纪甚至被称为是贵族的世纪。17世纪英国革命的最大经济成就,就是废除了土地的封建所有制,即废除了地主对国王的封建臣属关系和义务,这样地主就成为土地所有者。当时还没收了许多王党分子的土地和教会土地,用以支付战争费用,但这些土地最后仍然落在贵族手中。

当时的一份材料说,英格兰只有男爵以上才可以称为noble,即贵族,其余都是普通人,甚至包括贵族的后代。这些人有准男爵(baronet)、几种骑士、从骑士、绅士(gentlemen)、商人、约曼和小商人(tradesmen)。准男爵是詹姆士一世于1611年设立的,给予男爵之合法男性继承人,这些人的长子成人后可以得到骑士称号。准男爵是骑士中的高等爵位,但其地位次于有嘉德勋位的骑士、枢密院骑士以及方旗骑士。从骑士是公、侯、伯、子、男等各爵位的后人,也有宫廷中的官员等。绅士是他的祖先除了国王外没有服从于任何人的人,所以"只有生而是绅士的人",不过国王可以赐予这一头衔。所以所有的贵族都是绅士,但不是所有的绅士都是贵族。在peers等级之下的人被称为低级贵族,在他们下面就是约曼农、自由农民、小商人、手艺人(artificers)和劳工(labourers)。② 这样的描述和我们前面引的16世纪威廉·哈里逊的描写是几乎一样的,说明英国当时

---

① Mingay 1963, 113.
② Horn and Ransome 2010, v. 7, 142-143.

的社会等级并没有多大变化。

贵族仍然占有广大的地产，有两个当时人的估计，1688年，格里高利·金估计的数字是大贵族（peerage）有160人，年收入为2800镑，合计收入为448000镑；另外有教会贵族26人，平均年收入1300镑，合计收入33800镑。低级贵族（包括准男爵、骑士、从骑士、绅士）为16400人，全部收入合计5174000镑。全部贵族收入合计5655800镑，约占全国总收入的13%。当然一般都认为金的估计是过低的。1760年，马西估计全国总收入从金当时的4400万镑增加到6000万镑，而高级和低级贵族的收入合计占全国总收入的14.3%。①

关于各阶层占有的土地面积，前引欧弗顿的估算的1790年的百分比是②：

大地主	20%—25%
乡绅	50%
约曼	15%
教会	10%

明格对1790年地产分布的估算是：大地主400户，年收入1万镑以上，应该有土地1—2万英亩，合计大地主共有土地600万英亩，占全国耕地的1/5。这些人大部分是公爵、伯爵等贵族。下面的小贵族分为三等，第一等年收入3000—4000镑，有700—800户，主要是准男爵、骑士、和绅士；第二等收入在1000—3000镑，有骑士，不过大部分是从骑士，有3000—4000户；第三等有15000户，有乡绅和绅士等，年收入几百镑。如果我们计算最富有的乡绅和从骑士，其收入为1000—5000镑，则应有土地为1000到6000或7000英亩，合计土地有800万英亩，占全国耕地的1/4到1/3。如果再把乡村小绅士的土地也加上，则可以达到全国耕地的一半。③

所以到了18世纪，英国的大地主贵族依然势力强大，其土地所占比重更增加了。

农业生产方面，涉及18世纪可以说有两大争论，一是何时发生了农业革命。一种看法是发生于16、17世纪，一种认为发生在18世纪中期以前，

---

① Horn and Ransome 2010, v. 7, 515-516; Cannon 1984, 130.
② Overton 1996, 168.
③ Mingay 1963, 20-22.

更老的一种则认为英国农业革命发生在19世纪中期以后。另一个争论就是家庭农场还是雇佣型农场更有生产效率。可以指出的是，18世纪中期以前，英国的农业技术并没有多少提高，依旧是中世纪沿用的靠人力、畜力为主要原动力，有简单的农业机械。农民在排干沼泽、施肥、采用新的农作物品种、实行草地和耕地轮作等方面，都取得了进展，生产了更多的粮食。这些成绩，许多是小自耕农勤勉的劳动取得的，而并不是雇佣型劳动制造的效率提高使然。①

2. 工　业

呢绒制造的工具改良主要是水力漂洗机具的应用，还用水力推动起绒机，使纺织业的这一道工序大为缩短，提高了效率。呢绒业仍然是英国的传统工业，这时毛纺织业的发展时有起伏，17世纪因为荷兰的衰退再度兴盛，特别是开辟了大陆（德国）的殖民地市场而更为发达。另外，麻织品和丝织品、棉织品也都出现，还有棉毛的混合织品等，使英国的纺织工业多姿多彩。

煤铁的生产则更得益于设备的进步，因为可以使用水力给坑道鼓风和排水，所以坑道可以挖得比较深，开采出更多的煤和铁。18世纪初，纽开门还发明了蒸汽抽水机，使功效更为提高，这一蒸汽机是瓦特蒸汽机——工业革命的象征——的先声。原来的工业动力主要依靠木炭，导致大量砍伐森林，使木材不断减少，不敷供应，所以工业和取暖逐渐都用煤代替。此外，在酿酒、染色、制糖、制肥皂和烧砖等行业中，只要是有加热的过程，就一定用煤来完成，所以煤成了英国工业的必需品。17、18世纪英国用煤的数量大增，一年运到伦敦的煤达三四十万吨。运送这些煤大都靠水路船舶，因为英国的水路四通八达，这就为运煤提供了可能。

和煤同时，或者更为重要的是冶铁业的发展，英国铁矿资源十分丰富，但西欧的冶铁业水平一直不高，因为炼铁炉的炉温过低，长期炼不出铁水。到都铎王朝，才有了可以冶炼铁水的炉子，这主要是因为鼓风机得到改进，采用水力鼓风和锤打铁块，使冶铁业迅速进步，产量大大增加。铁的冶炼更大量消耗木材，18世纪初，发明了焦炭炼铁，但这项技术一直不够成熟，仍然主要靠木炭炼铁，限制了英国铁的生产，所以长期靠从瑞典和俄国输入铁作为补充。

造船业也发展很快。英国无论是内河航行还是海上航行，都需要大量

---

① 文礼朋 2013，第 4 章。

船只，这时的船只在建造技术上没有太大的改进，仍然是三桅式的，使用罗盘和观察天象定位。当时荷兰是最大的造船者，英国的许多船只也从荷兰购买而来。英国的造船业仍然集中在泰晤士河畔，大多数的船只都比较小，一般出海的船只也只有三四百吨，上千吨的大船是少见的。据1760年统计的材料，当时大不列颠拥有船只7081艘，属于苏格兰的约占1/7，总吨位为486740吨，平均每艘船才69吨。①

手工业的组织有许多依然是行会，由一个师傅带领着几个学徒、帮工，在自己的小作坊中进行生产和销售，也就是说，中世纪的传统依然随处可见。在纺织业中，资本的组织大部分也还是被称为呢绒商的资本家，他们购买羊毛，分配给乡村和城市中的纺工纺成毛线，然后付给工资，再将毛线交由织工织成粗糙的毛布，然后由自己组织的工场进行加工、漂洗、压平、起绒等，但染色往往要运输到大陆上进行，于是还不是最后的制成品。这仍然是分散的手工工场，是属于资本主义的初级现象。在采矿、冶炼、造船等业，资本主义的组织有一定发展。由于缺乏大型设备，所以集中的工厂还不是大量的。

3. 贸易和金融

英国从中世纪起，就是一个内外贸易都发达的国家，和地中海上的荷兰、法国、意大利、西班牙、汉萨（德国）商人，波罗的海上的瑞典、挪威以至俄国，都有往来。原来英国的对外贸易（羊毛和纺织品）都为意大利商人和汉萨商人所把持，到16世纪，汉萨的特权被废除，英国本国的商人才逐渐取得有利地位。以后英国于1588年击败西班牙无敌舰队，17世纪击败荷兰，18世纪通过七年战争（1756—1763）又击败了法国，把法国在加拿大的土地几乎全部夺去，而在印度，英国也打败了法国支持的孟加拉土邦的军队，逐渐把法国势力排挤从去，这样英国成为海上强国、巨大的殖民帝国，向着日不落帝国的道路迈进。

海上帝国的维系是海上贸易和殖民地掠夺，而当时海上贸易和殖民地掠夺也几乎是同义词。随着英国人向海上寻找市场和原料产地活动的发展，1555年，建立了莫斯科公司，经营俄国的贸易；1581年，建立了利凡特公司，经营地中海东岸的贸易；1600年，建立了东印度公司，经营和印度的贸易。这些公司是合股公司，即一些富商集资入股，在殖民地建立据点，向政府获得特许状，在相关地区内有贸易垄断权利。其中

---

① 转引自克拉潘：《简明不列颠经济史》，范定九等译，上海译文出版社，1980，325。

以东印度公司最为典型。东印度公司是英国侵略印度的工具,从都铎王朝手中取得在印度进行贸易的垄断权,后来还取得了修筑堡垒、训练军队、司法管理、征收赋税等各种权利,俨然成为政权机关,其派驻的人员成为统治印度的官吏,横行霸道,欺凌人民,无恶不作,通过不平等贸易和直接掠夺,从印度攫取了大量财富。而且把手伸向了中国,为了打开中国的大门,进行可耻的鸦片贸易,最后发生了鸦片战争,带给我国无穷的苦难。

英国的国内贸易有自己的特色,和大陆不同,它没有沿河流岸边收税的困扰,英国的封建主和郡治官员,从中世纪起就不能在自己的管辖范围内收税,所以商品在全国通行无阻,不会因为要纳税而影响价格。在国内贸易的商品主要有谷物、羊毛、呢绒、家畜、铁器及各种手工业品。16世纪整个欧洲白银数量因为殖民地贵金属的大量流入而不断增加,导致物价上涨。17世纪和18世纪上半期是物价平稳的年代,所以商业也表现得繁荣,经济上一片欣欣向荣。新兴的商人资本家、乡绅大量从事贸易,国内、国际贸易都十分发达。

贸易的发达,促使银行业兴起。英国的银行原来由意大利人经营,自己没有银行。直到17世纪,伦敦的金匠开始发展出银行,金匠在自己保险柜中保存私人的金银块,在存户提用之前,他们可以把这种金银贷出,用贷方付给的利息支付给存户,这样源源不断地收入和贷出金银,银行也可以获得利息,发展壮大自己。后来银行又发给顾客一种票据,使顾客可以在别处取现,而顾客也发给银行自己的票据,让银行给某人支付若干金钱,这样银行就形成了存款、取款、汇兑等业务,便利了商业的发展。这些小的银行不断发展,但规模较小,抗风险能力较低,在王朝复辟之后,一次查理二世延期付给小银行债务,便致其破产。1694年成立了英格兰银行,大约有1300个认股者,每股平均900镑以上,起初资本有120万镑[①],它逐渐发展成为银行的银行,主要业务是替政府发行债务。

与此同时,各种公司也在英国成立起来。许多是从事生产的,也有许多公司是商业性质的,还有一些公司是投机的,1695年将近150家,如有名的哈德逊湾公司,是从加拿大的印第安人那里获取贵重的海狸皮等业务的。还有东印度公司,其股票不久就成为投机的对象。最著名的是南海公

[①]《简明不列颠经济史》,375。

司,创立之初是要从事南海上的贸易,但是它却吹嘘要为政府债务提供保证,因而其股票迅速上涨,由 150 镑上升到 1200 镑,不久空话被戳穿而破产,许多人为之付出巨大的代价,甚至自杀。这就是著名的南海泡沫事件。

4. 科学的兴起

工业革命以前,西方、英国的工农业生产仍然是传统的,和中世纪时期比没有大的变化,但是,不同的是,17、18 世纪,西方开始了科学的兴起过程,成为后来其生产发展的强大动力。

西方从文艺复兴和宗教改革开始,对其中世纪的宗教迷信思想给予了有力的冲击,回归古典推动了理性思维的再现,这在当时的西欧知识界影响巨大,逐渐带动了对各种科学技术的学习和追求。

对宗教迷信思想的破除导致对天主教的教条也敢于怀疑。在天文学领域,中世纪盛行的是托勒密学说,古希腊学者托勒密主张地球在宇宙的中心,所有日月星辰都围绕着地球转动。波兰的天文学家哥白尼(1473—1543)经过长期的观察,认为太阳处于中心,地球围绕着太阳运动,地球的转动有自转和公转两种,自转是地球每日自己转动一周,而公转是地球围绕太阳一年转动一圈。这种离经叛道的学说是对天主教权威的挑战,因此哥白尼迟迟不敢发表,直到临死才将《天体运行论》公开出版。此后,意大利学者伽利略(1564—1642)用观察和实验证明了哥白尼的学说,他用自制的望远镜观察到有四颗卫星围绕着木星运动,还看到了月球上的山脉和火山口,他写成了《关于托勒密和哥白尼两大世界体系的对话》并出版,结果导致教皇对他审判并判处终身监禁。

从哥白尼开始,西欧的科学不断取得发展,特别是英国的科学在那一时期发展更快,例如化学家波义耳发现了燃烧需要有空气的供给,哈维通过解剖人体发现了血液循环的现象。而牛顿(1642—1727)发现了万有引力法则,即宇宙中的物质相互吸引,其引力的大小与物质间距离的平方成反比,而与物质的质量的乘积成正比。在光学上,他发现了太阳光的光谱,发明了反射式望远镜,他还总结了物质运动的三大定律,即向心力和离心力以及能量守恒定律。科学的思维促进了人们征服物质世界的努力,开创了工业革命的伟大时代。

在重视实践的思想指导下,当时还不易区分科学和技术,所以许多学者仍然从事科学与技术的研究,动手做各种实验工具、实验仪器,进行各种各样的试验。当时,科学的进步一下子还没有应用于生产,例如我们所知道的巨大的科学进步——哥白尼的天文学和哈维的医学，对实践的影响可以说是微乎其微。各种工农业生产使用的技术仍然是靠经验得来的，没有多大改进。手工艺匠人依然依靠多年传统积累的经验进行生产，也许和科学知识是不相符的。①

---

① 里奇等2003，98。

参考书目

此次再版,对参考书目进行了修订,增加了新出的重要书籍,删除了一些过时的书。为适合学生使用,增加了史料书(现代英文译本,但叙述性史料一般不列)和工具书,并对最简便的入门书标以 * 号,以便于初学者使用。

中文部分

*贝内特(2005),英国庄园生活:1150—1400 年农民生活状况研究,上海人民出版社。

波斯坦(主编)(2002),剑桥欧洲经济史(第一卷),中世纪的农业生活,经济科学出版社。

波斯坦等(主编)(2004),剑桥欧洲经济史(第二卷),中世纪的贸易和工业,经济科学出版社。

波斯坦、里奇、米勒(主编)(2002),剑桥欧洲经济史(第三卷),中世纪的经济组织和经济政策,经济科学出版社。

里奇等(主编)(2003),剑桥欧洲经济史(第四卷),16、17 世纪不断扩张的欧洲经济,经济科学出版社。

布莱克斯通(2006),英国法释义,第一卷,上海人民出版社。

布洛赫(2004),封建社会(上、下),商务印书馆。

程汉大（主编）(2001)，英国法制史，齐鲁书社。

戴尔 (2010)，转型的时代：中世纪晚期英国的经济与社会，社会科学文献出版社。

福蒂斯丘 (2008)，论英格兰的法律与政制，北京大学出版社。

霍尔特 (2010)，大宪章，第二版，北京大学出版社。

黄春高 (2011)，分化与突破：14—16世纪英国农民经济，北京大学出版社。

蒋孟引（主编）(1988)，英国史，中国社会科学出版社。

金志霖 (1996)，英国行会史，上海社会科学院出版社。

卡内冈 (2003)，英国普通法的诞生，中国政法大学出版社。

科斯敏斯基（主编）(1990)，十七世纪英国资产阶级革命，商务印书馆。

李红海 (2003)，普通法的历史解读——从梅特兰开始，清华大学出版社。

李云飞 (2014)，中古英国庄园制度与乡村社会研究，暨南大学出版社。

刘　城 (1996)，英国中世纪教会研究，首都师范大学出版社。

刘新成 (1995)，英国都铎王朝议会研究，首都师范大学出版社。

麦克法兰 (2008)，英国个人主义的起源，商务印书馆。

马克垚 (2001)，西欧封建经济形态研究，人民出版社。

梅　因 (1959)，古代法，商务印书馆。

孟广林 (2002)，英国封建王权论稿，人民出版社。

彭小瑜 (2003)，教会法研究，商务印书馆。

钱乘旦、高　岱（主编）(2011)，英国史新探，北京大学出版社。

奇波拉（主编）(1988)，欧洲经济史（第一卷），商务印书馆。

沈　汉、刘新成 (1991)，英国议会政治史，南京大学出版社。

沈　汉 (2005)，英国土地制度史，学林出版社。

施　诚 (2010)，中世纪英国财政史研究，商务印书馆。

斯　通 (2011)，贵族的危机：1558—1641年，上海人民出版社。

文礼朋 (2013)，近现代英国农业资本主义的兴衰：农业与农民现代化的再探讨，中央编译出版社。

英文部分

Allen, R. C. (1992), *Enclosure and Yeoman*, Oxford: Clarendon Press.

Astill, G. and Langdon, J. ed. (1997), *Medieval Farming and Technology: the Impact of Agriculture Change in Northwest Europe*, Leiden.

Aston T. H. et al., eds. (1983), *Social Relations and Ideas, Essays in Honour of Hilton*, Cambridge.

Aston, T. H. et al. eds. (1985), *The Brenner Debates: Agrarian Class Structure and Development in Pre-Industrial Europe*, Cambridge.

Ault, W. O. (1972), *Open-field Farming in Medieval England*, London.

Ballard, A. (1923), *The Domesday Inquest*, London.

Bean, J. M. W. (1968), *Decline of English Feudalism*, Manchester.

Bean, J. M. W. (1989), *From Lord to Patron: Lordship in Later Medieval England*, Manchester.

Blair, P. H. (1956), *An Introduction to Anglo-Saxon England*, Cambridge.

Bloch, M. (1975), *Slavery and Serfdom in the Middle Ages*, Los Angles.

* Bolton, J. L. (1980), *The Medieval English Economy 1150-1500*, London.

Bridbury, A. R. (1962), *England in the Later Middle Ages*, London.

Britnell, R. H. (1996), *The Commercialization of English Society 1000-1500*, Manchester.

Britnell, R. H. and Campbell, B. M. S., eds. (1995), *A Commercializing Economy: England 1086 to c. 1300*, Manchester.

Brown, R. A. (1973), *Origin of English Feudalism*, London.

Butt, R. (1989), *A History of Parliament: The Middle Ages*, London.

Cannon, J., (1984), *Aristocratic Century: The Peerage of Eighteenth-century England*, Cambridge, CUP.

Cam, H. M. (1930), *The Hundred and the Hundred Rolls: An Outline of Local Government in Medieval England*, London.

Cam, H. M. (1963), *Liberties and Communities in Medieval England*, London.

Cam, H. M. (1979), *Law-finders and Law-makers in Medieval England*, London.

Campbell, B. M. S. (2000), *English Seigniorial Agriculture 1250-1450*, Cambridge.

Campbell, B. M. S. and Overton, M. eds. (1991), *Land, Labour, and Livestock: Historical Studies in European Agricultural Productivity*, Manchester.

Carus-Wilson, E. M. (1954), *Essays in Economic History*, v. 1, London.

Carus-Wilson, E. M. (1967), *Medieval Merchants Venturers*, London.

Chambers, J. D. (1972), *Population, Economy and Society in Pre-industrial England*, Oxford.

Cheyette, F. L. (1975), *Lordship and Community in Medieval Europe*, N. Y.

* Chrimes, S. B. (1966), *An Introduction to the Administrative History of Medieval England*, Oxford.

* Clanchy, M. T. (1998), *England and Its Rulers 1066-1272-1307*, Blackwell.

Clanchy, M. T. (1993), *From Memory to Written Record: England 1066-1307*, Oxford.

Coulton, G. G. (1925), *Medieval Village*, London.

Dahlman, C. (1980), *The Open-field System and Beyond: A Property Rights Analysis of an Economic Institution*, Cambridge.

Darby, H. C. ed. (1973), *A New Historical Geography of England Before 1600*, Cambridge.

Davenport, F. G. (1967), *The Economic Development of a Norfolk Manor 1086-1565*, N. Y.

Davies, R. C. and Denton, J. H. eds. (1981), *The English Parliament in the Middle Ages*, Philadelphia.

Day, J. (1987), *The Medieval Market Economy*, Oxford.

Denholm-Young, N. (1937), *Seigniorial Administration in England*, Oxford.

Dobson, R. B. (1983), *The Peasant Revolt of 1381*, London.

Dodgshon, R. A. (1980), *The Origin of British Field Systems, An Interpretation*, London.

Dowell, S. (1965), *A History of Taxation and Taxes in England, from the*

Earliest Times to the Present Day, v. 1, 3rd ed., London.

Duby, G. (1968), *Rural Economy and Country Life in the Medieval West*, London.

Dyer, C. (1980), *Lords and Peasants in a Changing Society: The Estate of the Bishopric of Worcester 680-1540*, Cambridge.

Dyer, C. (1989), *Standards of Living in the Later Middle Ages, Social Change in England c. 1200-1520*, Cambridge.

Finberg, H. P. R. ed. (1972), *The Agrarian History of England and Wales*, v. 1, part 2, A. D. 43-1042, Cambridge.

Finberg, H. P. R. (1986), *The Formation of England 550-1042*, London.

Galbraith, V. H. (1961), *The Making of Domesday Book*, Oxford.

Gras, N. S. B. and Gras, E. C. (1930), *The Economic and Social History of an English Village (Crawley, Hampshire), A. D. 909-1928*, Harvard.

Gross, C. (1927), *The Gild Merchant*, 2 vols, Oxford.

Guenée, B. (1985), *States and Rulers in Later Medieval Europe*, N. Y.

Hallam, H. E. (1981), *Rural England 1066-1348*, Sussex.

Hallam, H. E. ed. (1988), *The Agrarian History of England and Wales*, v. 2, 1042-1350, Cambridge.

Harriss, G. L. (1975), *King, Parliament and Public Finance in Medieval England to 1369*, Oxford.

Harvey, B. (1977), *Westminster Abbey and its Estate in the Middle Ages*, Oxford.

Harvey, P. D. A. ed. (1984), *The Peasant Land Market in Medieval England*, Oxford.

Hatcher, J. (1973), *English Tin Production and Trade before 1550*, Oxford.

Hatcher, J. (1988), *Plague, Population and the English Economy 1348-1530*, London.

＊Hatcher, J. and Bailey, M. (2001), *Modelling the Middle Ages: The History and Theory of England's Economic Developments*, Oxford.

Hicks, M. (1995), *Bastard Feudalism*, London.

Hilton, R. H. (1975), *The English Peasantry in the Later Middle Ages*, Oxford.

Hilton, R. H. ed. (1976), *The Transition from Feudalism to Capitalism*, London.

Hilton, R. H. ed (1976a), *Peasants, Knights and Heretics in Medieval English Social History*, Cambridge.

*Hilton, R. H. (1980), *Bondmen Made Free*, London.

*Hilton, R. H. (1983), *The Decline of Serfdom in Medieval England*, London.

Hilton, R. H. (1983a), *A Medieval Society: The West Midlands at the End of the Thirteenth Century*, Cambridge.

Hilton, R. H. (1985), *Class Conflict and the Crisis of Feudalism*, London.

Hilton, R. H. (1992), *English and French Towns in Feudal Society: A Comparative Study*, Cambridge.

Holdsworth, W. (1922-1927), *History of English Law*, 7 vols, Boston.

Hollister, C. W. (1969), *The Impact of the Norman Conquest*, N.Y.

*Hollister, C. W. (1988), *The Making of England 55 B.C. to 1399*, Toronto.

Holmes, G. A. (1957), *The Estate of Higher Nobility in the 14th Century England*, Cambridge.

Holt, J. C. (1985), *Magna Carta and Medieval Government*, London.

Homans, G. C. (1941), *English Villagers of the Thirteenth Century*, Harvard.

Hoskins, W. G. (1957), *The Midland Peasant, The Economic and Social History of a Leicestershire Village*, London.

Hoyt, R. S. (1950), *The Royal Demesne in English Constitutional History 1066-1272*, Ithaca.

Hyams, P. R. (1980), *Kings, Lords and Peasants in Medieval England*, Oxford.

Hybel, N. (1989), *Crisis or Change: The Concept of Crisis in the Light of Agrarian Structural Reorganization in Later Medieval England*, Arrhus.

Jolliffe, J. E. A. (1937), *The Constitutional History of Medieval England*, London.

Keefe, T. K. (1983), *Feudal Assessments and the Political Community under Henry II and His Sons*, Berkeley.

Kosminsky, E. A. (1956), *Studies in the Agrarian History of England in the Thirteenth Century*, Oxford.

Langdon, J. (1986), *Horses, Oxen and Technological Innovation: The Use of Drought Animals in English Farming from 1066 to 1500*, Cambridge.

Lennard, R. (1959), *Rural England*, Oxford.

Lipson, E. (1921), *The History of the Woolen and Worsted Industry*, London.

Lipson, E. (1929), *The Economic History of England*, v. 1, London.

Lloyd, T. H. (1977), *The English Wool Trade in the Middle Ages*, Cambridge.

Loyn, H. R. (1991), *Anglo-Saxon England and the Norman Conquest*, London.

Lyon, B. (1957), *From Fief to Indenture*, Harvard.

*Lyon, B. (1980), *A Constitutional and Legal History of Medieval England*, N. Y.

MacFarlane, A. (1979), *The Origin of English Individualism*, Oxford.

Maine, H. (1913), *Village Community in the East and the West*, London.

Maitland, F. (1921), *Domesday Book and Beyond*, Cambridge.

Maitland, F. (1946), *The Constitutional History of England*, Cambridge.

Masschaele, J. (1997), *Peasants, Merchants and Markets: Inland Trade in Medieval England, 1150-1350*, N. Y.

McFarlane, K. B. (1980), *The Nobility of Later Medieval England*, Oxford.

McFarlane, K. B. (1981), *England in the Fifteenth Century*, London.

Middicott, J. (1974), *The English Peasantry and the Demands of the Crown 1294-1341*, Oxford.

*Miller E. and Hatcher, J. (1980), *Medieval England: Rural Society and Economic Changes 1086-1348*, London.

*Miller E. and Hatcher, J. (1995), *Medieval England: Towns, Commerce and Crafts, 1086-1348*, London.

Miller, E. ed. (1991), *The Agrarian History of England and Wales*, v. III, 1348-1500, Cambridge.

Mingay, G. E. (1963), *English Landed Society in the Eighteenth Century*,

London, Routledge & Kegan Paul.

Mitchell, S. K. (1971), *Taxation in Medieval England*, Archon Books.

Moore, E. W. (1985), *The Fairs of Medieval England*, Toronto.

Orwin, C. S. (1954), *The Open Fields*, Oxford.

Overton, M. (1996), *Agricultural Revolution in England: The Transformation of the Agrarian Economy*, Cambridge.

Painter, S. (1943), *Studies in the History of the English Feudal Barony*, John Hopkins.

Pluncknett, T. F. T. (1940), *A Concise History of the Common Law*, London.

Polleck, F. and Maitland, F. W. (1923), *History of English Law before the Time of Edward I*, 2 vols, London.

Poole, A. L. (1955), *From Domesday Book to Magna Carta*, Oxford.

Postan, M. M. (1954), *The Famulus, The Estate Labourer in the 12th and 13th Centuries*, Cambridge.

Postan, M. M. (1973), *Essays on Medieval Agriculture and General Problems of the Medieval Economy*, Cambridge.

Postan, M. M. (1973a), *Medieval Trade and Finance*, Cambridge.

*Postan, M. M. (1981), *The Medieval Economy and Society*, London.

Postan M. M. and Miller, E. eds. (1987), *The Cambridge Economic History of Europe*, v. 2, Cambridge.

Power, E. (1941), *The Wool Trade in English Medieval History*, Oxford.

Power, E. and Postan, M. M. eds. (1933), *Studies in English Trade in the 15th Century*, London.

Powicke, M. (1975), *Military Obligation in Medieval England*, Connecticut.

Raftis, J. A. (1957), *The Estate of Ramsey Abbey, A Study of Economic Growth and Organization*, Toronto.

Reynolds, S. (1977), *An Introduction to the History of English Medieval Towns*, Oxford.

Reynolds, S. (1996), *Fiefs and Vassals*, Oxford.

Richardson H. G. and Sayles G. O. (1981), *The English Parliament in the Middle Ages*, London.

Richardson H. G. and Sayles, G. O. (1963), *The Governance of Medieval England from the Conquest to Magna Carta*, Edinburgh.

Rigby, S. H. (1995), *English Society in the Later Middle Ages: Class, Status and Gender*, London.

Rogers, J. E. T. (1866), *A History of Agriculture and Prices in England*, v. 1, Oxford.

Sawyer, P. H. (1998), *From Roman Britain to Norman England*, London.

Sayles, G. O. (1974), *The King's Parliament of England*, London.

Sayles, G. O. (1988), *The Functions of the Medieval Parliament of England*, London.

Seebohm, F. (1926), *The English Village Community*, Cambridge.

*Smith, L. B. (1988), *The Realm of England 1399-1688*, Toronto.

Smith, R. M. ed. (1984), *Land, Kinship and Life-Cycle*, Cambridge.

Stenton, F. M. (1932), *The First Century of English Feudalism 1066-1166*, Oxford.

Stenton, F. M. (1984), *Anglo-Saxon England*, 3rd edition, Oxford.

Stephenson, C. (1933), *Borough and Town: A Study of Urban Origins in England*, Cambridge, Mass.

Stephenson, C. (1967), *Medieval Institutions*, N. Y.

Stubbs, W. (1880), *The Constitutional History of England*, 3 vols, Oxford.

Titow, J. Z. (1972), *Winchester Yields: A Study in Medieval Agricultural Productivity*, Cambridge.

Titow, J. Z. (1972a), *English Rural Society 1200-1350*, London.

Tout, T. F. (1920-1933), Chapters in the *Administrative History of Medieval England*, 6 vols, Manchester.

Unwin, G. (1963), *The Gilds and Companies of London*, London.

Vinogradoff, P. (1920), *The Growth of the Manor*, London.

Vinogradoff, P. (1927), *Villeinage in England*, Oxford.

White, L. Jr. (1964), *Medieval Technology and Social Change*, Oxford.

Wilkinson, B. (1961), *Constitutional History of Medieval England 1216-1399, with Selected Sources*, 3 vols, London.

Wolffe, B. P. (1971), *The Royal Demesne in English History 1066-1509*,

London.

Young, C. R. (1979), *The Royal Forests of Medieval England*, Pennsylvania.

Young, C. R. (1961), *The English Borough and Royal Administration 1130-1307*, Duke.

俄文部分

Барг, М. А. (1962), Исследования по Истории Английского Феодализм в XI-XIII вв , Москва.

Барг, М. А. (1973), Проблемы Социальной Истории, Москва.

Гутнова, Е. В. (1960), Возникновение Английского Парламента, Москва.

Косминский, Е. А. (1963), Проблемы Английского Феодализма и Историографии Средних Веков, Москва.

Левицкий, Я. А. (1960), Города и Городское Ремесло в Англий в X-XII вв. , Москва.

Удальцова, З. В. (1985-1987), История Крестьянства В Европе, эпоха Феодализма, В трех томах, Москва.

史料和工具书

Archer, Ian, W. & Price, F. D (2011), *English Historical Documents, 1558-1603*, v. 5(a). London, Routledge.

Arnold-Baker, Ch. ed. (2001), *The Companion to British History*, London.

Bracton (1968), *On the Laws and Customs of England*, Translated by Thorne, S. E. 4 vols, Harvard.

Browning, A. (1988), *English Historical Documents, 1660-1714*, v. 6, London, Routledge.

Coward, B & Gaunt, P. (2010), *English Historical Documents, 1603-1660*, v. 5(b), London, Routledge.

Domesday Book: A Complete Translation by Williams, Ann (2003), London,

Penguin Books.

Douglas, D. C. and Greenaway, G. W. ed. (1998), *English Historical Documents*, v. 2, 1042-1189, London.

Glanville(1980), *A Translation of Glanville by Beames*, J., Colorado.

Harmer, F. E., ed. (1952), *Anglo-Saxon Writs*, Manchester.

Hollinshed, R. (1976), *Hollinshed's Chronocles: England, Scotland and Ireland*, v. 1, N. Y.

Horn, D. B. & Ransome, M. (2010), *English Historical Documents, 1714-1783*, v. 7, London, Routledge.

Morris, J. ed. (1983), *Domesday Book, with Modern English Translation, Glossary, Notes and Maps*, 35 vols, London and Chichester.

Myers, A. R. ed. (1998), *English Historical Documents*, v. 4, 1327-1485, London.

Rothwell, H. ed. (1998), *English Historical Documents* v. 3, 1189-1327, London.

Stephenson C. and Marcham, F. G. ed. (1937), *Sources of English Constitutional History*, N. Y.

Strayer, J. R. ed. (1982-9), *Dictionary of the Middle Ages*, v. 1-13, N. Y.

Williams, C. H. (1996), *English Historical Documents, 1485-1558*, v. 5, London, Routledge.

Whitelock, D. ed. (1930), *Anglo-Saxon Wills*, Cambridge.

Whitelock, D. ed. (1998), *English Historical Documents*, v. 1 500-1042, London.

盎格鲁—撒克逊编年史（2004），商务印书馆。

比　德（1991），英吉利教会史，商务印书馆。

拉蒙德，坎宁安编（1995），亨莱的田庄管理，商务印书馆。

米勒等编（2002），布莱克维尔政治学百科全书，中国政法大学出版社。

薛　波（主编）（2003），元照英美法词典，法律出版社。

伊特韦尔等编（1992），新帕尔格雷夫经济学大辞典，经济科学出版社。

索 引

A

爱德华（忏悔者）/4-6，16，23，24，26，48，52-56，62，67，72，77，89，94，144，186，202，229，245，246，248，251，267-269，276，297，305-308，323，336，337

爱德华一世/52，61，62，67，73，76，77，79，82，83，85，93-96，99-101，109，117，166，186，207，213，215，216，223，234，245，255，259，261，263，265，271，274，305，306，311，315

爱德华二世/234，245，246，250，262，267-269，306，307，311

爱德华三世/120，241，246-248，250，251，253，255，261，264-269，273，276，286，298，307，311，315，316

爱德华四世/248，252，265，267，268，321

B

巴尔格/127，129，133，139，140，180，182，192，193

百户区卷档（hundred rolls）/52，83，127，129，133，135，139，183，185，193，197，240

伯爵（count）/5，9，47-49，62，70，79，80，97，99，121，124，125，129，148，153，155，157，161，230，234，245，248，250，251，262，266，269，273-276，286，287，307，321，322，324-326，340，346

帮工/207，208，221，227，228，303，331，348

堡（burgh）/4，8，9，12，18，24，28，33，36，41-43，49，50，81，87，200-205，208，209，214，222，223，230，247，294，299，339，349

北安普顿敕令/87，88，174

庇护制（patronage）/275

边农（bordar）/123，125，136，137，146，178，179，187，188，282

变态封建主义（bastard feudalism）/273-275，277

勃拉克顿（Bracton）/65，66，78，93，110，112，159，160，168-174，176，180，236，237

不自由土地/104，165，167，168，170，171，184，281

C

采邑（beneficium）/21，22，116，272

财政署（exchequer）/57，71-81，87，88，97，108，151，165，166，174，211，213，225-227，250，253-256，312

查理一世/324，335，336，338，340，341

偿命金（weregeld）/6，10-15，27，31，32，34，37

超经济强制/161，280

城市/4，9，39，41-43，58-62，64，67，75，81，85，87，94，98，136，141，167，187，200-220，222，224-232，235，237-241，254，260-263，265，266，269，273，283，285，290，297，299-304，310，314，316，329-332，334，335，348

城守（town reeve）/39，209，211，212，215，230，303

臣服礼（homage）/50，87，103，109，110，113

诚实保证调查（the view of frank-pledge）/82，84，87，101

从骑士（esquire）/274，276，288，316，324，333，345，346

D

大会议/52，60，70，71，79，93，94，252，257，259-261，264，267

代替（substitute）/18，31，78，83，95，108，116，118-120，127，268，272，273，347

丹麦金（dangeld）/5，8，35，60，78，101，133，136，175，179

大宪章/50，51，55，61，62，66，67，71，91，93，98，112-114，119-121，166，168，173，215，265，268，337，340，341，343，353

大玉玺（great seal）/77，101，251，253，269

大罪（felong）/24，101，102，111，115，186，255，257，264

动产税/59，61，62，132，175，199，213，265

盾牌钱（scutage）/56，60，61，71，81，108，109，112，113，155，165，183，192，265，271，273

督察官（验尸官 coroner）/211，255

都铎王朝/247-249，258，267，268，321，322，328，332，334，336，347，349，353

E

厄尔（eorl）/6，11，12

F

法庭罚金/18，58，81，148，151，153-156，193，211，254

纺织业/210，222，224-226，235，248，298，300，301，323，327，331，347，348

封臣（vassal）/7，13，21，26，51，53，54，56，58-61，67，70，81，86，87，90-92，100，101，104-116，118-124，

126-128，131，155，203，262，272，273，277

封臣制（vassalage）/13，15，21，53，54，56，58，61，64，70，77，100，103，129，265，272，274，275

封君（lord）/7，10，13，53-55，59，61，67，86，91，92，100，101，104-106，108-121，124，127-129，132，155，163，165，254，262，273，332

封土/20，22，51，52，54-56，103-107，109，110，113-121，123，127-131，136，204，247，259，271，272，274，275，277，279

分化/35，37，54，79，188，193-195，228，229，288，293-296，302，321，324，326，327，329，331，353

G

高恩脱的约翰（John of Guant）/246-248，251，268，277

格布尔（gebur）/25-27，34，37

格兰维尔（Glanville）/65，78，86，92，110，116，168，230

格尼特（geneat）/26，27

格塞特（gesith）/11，12，14，23，27，40，42，201

公簿农民（copyholder）/282，327，328

公爵（duke）/5，47，48，51，101，246-248，251，268，276，277，316，324，325，339，346

工资/70，96，108，147，152，153，158，197，222-224，228，256，279，284，286，288，295，298，299，302，312-314，327，328，331，348

管家（bailiff）/56，57，75，81，83，89，100，101，131，133-135，143，151，153，155，158，170，171，186，197，209-212，216，236，239，256，274，276，280

关税/42，213，215，226，247，254，265，306-308，315，316，322

H

汉萨（hansa）/300，304，310，348

行会/96，206-208，210，212，217-219，222，223，225-229，231，298，303，330，331，348

合伙制（partnership）/224，308，309，315

汉诺威王朝/342

亨利一世/48，49，61，71，73，78，80，86，95，108，109，111，144，147，209，211，216，229，337，340

亨利二世/49，50，57，60，61，63，65，71，72，74，75，78，80，85-93，100，108，109，122，168，175，179，180，182，209，213-215，229，273

亨利三世/51，52，60，61，66-68，73，75-79，93，96，100，109，128，150，198，210，213，216-218，304，305

亨利七世/253，310，321-323，333，335

亨利八世/322，323，327，328，332-336

衡平法（equity）/85，257-259

合谋诉讼（common recovery）/120，258

合同制/274，275

黄宗智/292

侯爵（marquise）/276，324，325，365

货币/8，12，26，27，37，40，41，74，75，77，95，105，106，126，128，134，138，143，144，146-148，150，152，153，157，170，171，179，184，186，191，192，195，203，204，207，

216，232-234，237，238，274，277，278-280，284，288，289，294，298，304，308，310-314，327，330，336，343

货币地租/107，146-148，150，153，170，180，183，190，209，211，281，289

护国主（protector）/342

辉格党（whig）/259，343-345

汇票/314

J

加来/248，307，309

监护与婚姻（wardship and marriage）/113，114

建筑业/221，222，299，331

教会领（frankalmoin）/26，105-107，119，149，183，233，312

继承金（relief）/12，48，56，58，106，112-114，116，119，121，131，155，165，254

结婚税（formariage）/162，163，186，190，192，279，281

进入税（entry fine）/148，153，155，156，164，165，190，194，279，280

警卫长（constable）/70，88

锦衣库（wardrobe）/73，76，77，250，253，254

集中地制度（staple）/239，305-307

军役领（military service）/105，107，108，112，116

K

开田制（open field system）/29，83，135，197

卡特尔（cottar）/27

卡鲁卡特（carucate）/30，60，107，130，131，140，175

刻尔（ceorl）/6，11-14，22，25，26，29，31-37，39，43，203

克拉伦敦敕令/87-89，174，213

克拉伦敦宪章/71，86，91，105

克努特/5，12，15，24，31，37，104

克伦威尔/332，333，338，340，342

坎特伯里/18，19，41，71，72，78，123，149，201，202，206，207，214，216，227，264，269，287，302，311

苛税（maltote）/306

科斯敏斯基/135，138，139，147，148，183-185，188，192-194，293，341，342，353

扣押/80，81，90，108，115，165，210，212，241，280

L

拉姆齐/107，123，124，144，146，147，149，184，239，283，287

劳动生产率/286，289-292，329

劳役地租（labour service）/134，135，138，140，145-148，150，170，181，190，192，278-281

理查二世/246，247，251，267，268，270，278，282，335

林肯/8，56，57，96，123-126，137，147，190，197，202，204，206，209，216，218，225-227，229，234，239，285，301，303，307，316

领主/12-15，20，22-27，34，37，38，53-55，64，87，98，100-102，104-107，109，110，113-115，119，123，124，126，128，134，135，137，138，141，144-146，149-155，158，161，163-174，178-180，183，186，197，198，201，

203，204，211，212，223，224，231，233，234，239，240，275，278，280-282，304，312，313，325，330

令状（writ）/8，67，72，75-78，80，81，86-98，109，113，115，121，164，168，169，174，186，250-259，262，263，269，276，325

利润/150，151，154，155，158，166，236，237，279，283，284，293，305

利息/305，314，349

伦敦/4，5，39，40，42，48，67，136，154，202，205-209，211，214，216，218，224，226-229，231，234，236，240，241，247，248，263，268，299-303，305，307-311，315，316，329-332，341，347，349，366

M

茅舍农（cottar）/123，134，178，179，187，188，203，209，289

煤/224，234，300，347

梅特兰/18，20-22，26，103，107，110，117，133-135，162，163，170，172，175，177，178，196，260，271，272，322，333，337，342，353

命令令状（writ of praecipe）/民事巡回法庭（justices of assize）/98

民田（folkland）/16，17，21，22

末日审判书（domesday book）/48，57，60，105，106，123，124，126，127，129，133，136，139，143，178，179，184，186，187，189，202-204，209，230，240，273

没收与收回（escheat and forfeiture）/115

N

男爵（baron）/48，49，52，62，70，73，74，76，79，107，113，121，128-130，161，166，230，245，246，250，254，262，265，266，269，273-276，287，324-326，345，346

男爵领清册（carta baronum）/109

内府（household）/67，70，279，332

内阁（cabinet）/249，342-344

内卷化/291，292

牛津条例/52，55，67，68，73，94

拟制（fiction）/256，257

农村公社/28，29，37，83，135，141，146，172，187，194-199，219，227，280

农奴制/38，138，140，142，145，159-162，166，171-173，176-182，185，186，191，278，280-283，289

诺曼底/5，47-51，78，116，202，224，235，239，273

奴隶/11，16，17，23-26，33-35，37，42，66，123，125，126，136，146，147，152，159-163，166，172，173，176，178，179，182，281，282，325

奴仆（famulus）/143，152

P

叛逆罪（treason）/101，246，256-258，264，341

陪审制（jury）/87-91，98，102，198，257，333

漂工/217，221，225-227

普通诉讼法庭（court of common pleas）/87，97，256

Q

恰亚诺夫/187，233，291-293，295

请愿书（petition）/251，262，264，266，

267，280，282，335

强买（purveyance）/58，62，81，312

契约/10，98，110，111，145，146，165，174，215，282，309，315，336，339

骑士/12，21，26，48-52，60，62，64，74，80，92，96-98，103，104，106-109，112，114，125，127，129，131，132，136，175，198，203，206，210，246，256，261-265，273-277，287，288，324-326，333，340，345，346

骑士领（knight's fee）/56，61，107，108，113，183，184，271，273

区长（warden）/88，206，207，209，218，263，332

圈地（enclosure）/129，321，328，332

权利法案（bill of right）/338，342，343

权利令状（writ of right）/92

权利请愿书（petition of right）/338，340

R

染工/222，225，303

人口论/156，231，232，279，284-286，290，313

人头税（poll tax）/148，155，157，162，167，190，198，199，254，281

人身保护法（habeas corpus act）/343

S

塞恩（thegn）/5，12-15，18，20，21，34，36，42，43，88，103，104，201，227

三项义务（trinoda necessities）/12，18，33，36，43

膳食长（master-butler）/70

商品经济/140，141，195，233，294，295，329，331

商品生产/39，194，195，229，233，290，294

商人/12，40，42，43，77，153，202，206-208，210，211，215-218，222，224，226，230，235-239，241，246，265，287，298-301，303-310，314-317，322，324，325，328，331，335，340，345，348，349

商人行会（merchant gild）/210，211，217，225，227，229-231，299

商人冒险家（merchant adventurer）/309，310，331

上院/251，257，262-268，276，278，286，325，334-336，341-343，345

神判法（ordeal）/31，41，82，87，89，90，102

圣职推荐（advowson）/86，98，323

圣职推荐敕令（assize of darrein presentment）/92

绅士（gentry）/265，275，276，288，324，327，328，331，333，334，345，346

市场（market）/34，42，43，64，144，145，150，153-155，157，162，172，186，191，194-196，200-202，204，208，211，217，218，221，222，228，229，231-241，275，279，284，287，288，292-294，297-299，303，308，310，312，314，326，329，347，348

市场税/209，211，237

十户（tithing）/9，28，82，175，276

市民/52，64，125，176，200，202-204，206，208-214，217，218，225，229，230，261-265，273，301，316，324，325，331，339，340，342

食品地租/18，24，33，35，143，146

实物地租/8，24，145，146

市议会/98，211，212，303，309，331，332，334

市长/98，207，211，212，215，216，218，226-228，231，256，263，303，309，317，330-332

手工业/39，42，157，200，202-208，217-222，224，226-230，234-236，238，276，289，291，297-301，303，308，315，330，331，348，349

书田（bookland）/12，16，17，21，22，273

司法权调查（quo warranto）/75，99

司宫（chamberlain）/8，73，74，106，151

死后调查（inquisitio post mortem）/113，129，138

司厩（marshal）/8，70，74，106

死去先人占有敕令（assize of mort d'ancester）/91，92

死手（morte main）/27，94，106，120，121，258

索克领（socage）/105-107，170，183，184

索克曼（sokeman）/106，136-138，171，178，184，186

枢密院（privy council）/249，332，333，336，341，344，345

T

弹劾（impeachment）/246，251，257，268，340，342

特权证书（charter）/209-212，216-218，224，225，227，229，230，236，237，241，263，303-305，330

托利党（tory）/259，343-345

铁/11，40，100，202，203，221，223，224，234，241，268，299，300，316，331，347，349

土地生产率/290-292

土地市场/162，193-195

W

王田（domain）/9，16，17，21，22，52，55-58，61，75，81，86，87，99，100，125-127，129，143，186，254，255，327，335

王廷（curia regis）/7-9，60，66，70，71，73，75，76，78-80，86-88，90-93，95-97，102，105，106，115，124，168，171，172，175，183，186，254

王位继承法（act of settlement）/322，343

王座法庭（king's bench）/67，87，97，101，173，198，256，257

王座之诉（pleas of the crown）/86-88，97

王印（signet）/252，255

维格特（virgate）/27，30，187，188，192，193，295

维兰（villein）/37，60，62，80，81，123，125，134，136-138，143，146，147，159-175，178-194，203，209，223，224，230，281，282

物价/149，150，154，218，238，256，284，310-314，349

无条件继承地（fee simple）/117，118

伍斯特/16，20，23，26，40，123，128，132，146，148，149，155，184，191，201，282，283，287，289，295

X

锡/100，223，224，235，241，299，304，305，316

先改正后供给（redress before supply）/266

贤人会议（witan）/6-9，18，65，70

限嗣继承（fee tail）/118-120，258

宪章确认书（confirmatio cartarum）/52，265

小会议/61，71，74，78，79，87，88，94，260

小农经济/36，186，187，194，195，219，231，233，292，296

小玉玺/73，76，77，101，250-255

下院/251，252，260，262-268，277，280，334-337，339-345

西门·德·孟府/52，73，261

西敏寺/5，48，52，74，87，88，96-98，115，118，121，144，149，166，184，192，198，246，260，279，287，297，301，307，333

新近被夺占有敕令（assize of novel desseisin）/91

信用/298，314，315

西妥僧团/151，286

协助金（aids）/56，58，62，71，79，81，112，113，131，155，192，263，265

乡绅（gentry）/132，255，262，287，288，316，322，324-327，330，333-335，339，340，343，345，346，349

星室法庭（star chamber）/253，258，332-334，340

宣誓效忠（fealty）/5，14，87，109，110

学徒/206-208，221，223，227-229，303，315，331，348

巡回法庭（eyre）/57，82，87-89，97，98，102，175，213，255，256，367

Y

亚弗烈特/4，6，8，14，16，17，20，23，31-33，37，40，43，65，201

养主（hlaford）/13，36，37

羊毛/25，26，40，151，154，155，213，215，225，226，231，235，239，241，247，265，266，298，300，301，304-309，314-317，331，348，349

议案（bill）/267，277，335

遗产税（heriot）/12，162，165，180，190，203

议会/52，60-62，94，120，121，246-252，254，257，259-270，276，277，288，322-324，328，330，334-344，353

伊丽莎白女王/332，336

伊尼王法典/29-31，65，201

伊普斯维奇/206，211，212，216，230，231，241，302，310，316

用益制（use）/258，259

有条件继承地（fee conditional）/117，118

约克/4，23，26，34，40，47，123，124，137，138，197，202，204-207，211，215，216，219，225-227，229，230，239，240，247，248，252，264，276，283，285，298，300，302，303，307，310，311，315，316，321，322，329，341

约曼（yeoman）/276，282，289，322，324，325，327-329，345，346

御前会议（king's council）/7，61，78，79，94，246-253，257-261，267，322，332，333

Z

长子继承制（primogeniture）/51，115，116，126，127，190

杂役领（serjeanty）/105，106，107，183

再分封（subinfeudation）/107，109，118，

119，122-124，126，127，129，139，258

宰相（justiciar）/51，71，74，75，77，78，87，88，96，105，253

占有/4，7，10，16，17，22，25，27，29，34，36，47，54-57，85，90-92，98，107，110，112-115，122-127，129，132，137，144，159，164，165，167-169，174，178，187-189，206-208，213，214，235，259，264，289，294-296，311，327，346，368，369

治安法官（justices of the peace）/82，255，256，263，276，288，322，330，334

制服协会（livery company）/303，331

织工/39，217，221，225-228，298，303，327，347，348

直接领主（demesne lord）/112，114-116，119，126

中书令（chancellor）/50，70，72-75，78，79，88，94，101，250，252，253，257，258

中书省（chancery）/71-73，75-77，79，150，251，253，255，257

子爵（viscount）/276，324，325

自然经济/36，181，200，233，235

自由土地（free tenure）/66，81，97，104，107，116，117，134，164，165，167-170，183，184，191-193，281，363

自由农民/9，37，38，59，133，137，138，145，152，159，169，182-185，187-189，191，193，194，281，327，345

自主地（allod）/22，55，104，272

总佃户（tenants in chief）/56，58，86，104，107-109，113，119-127，130，131，138，273，275

总管（steward）/8，70，133，151，153，171，218，231，276

专制主义/63，64，68，321，324，336

庄园/23，24，26，27，29，37，39，40，43，56，57，61，83，90，101，106，123-125，128，132-158，160，163-165，167，168，170-173，175，177-181，183，184，186，188-194，197，198，202-204，208，211，212，233，234，239，240，278-282，291，294，295，314，330，352，353

庄头（reeve）/35，40，97，133，134，143，152，153，198，203，209，212，274，276

租佃制/143，144，280

后 记

感谢北京大学出版社刘方同志的建议与操劳，本书才能出版第三次增订版。此次增订，主要是又写了第四编，共两章，从16世纪一直写到18世纪中期截止。我对近现代英国史所知甚少，而且国内学者这方面的研究已十分充分，佳作众多，所以这两章写得十分简略，只采摘别人研究成果，略作叙述。所以如此，只是为了表示一下，英国直到工业革命以前，基本上仍然是封建社会，生产技术、生产方式等大体是中世纪的延续，贵族地主统治着国家。王权还相当强势，甚至可以实行专制。另外，前面各章、包括参考书目和索引，也略有修改处，敬请读者留意。这一版的责编对全书进行了仔细的核对和审校，多所匡正，特致谢意。

北京大学历史学系　马克垚
2015年3月